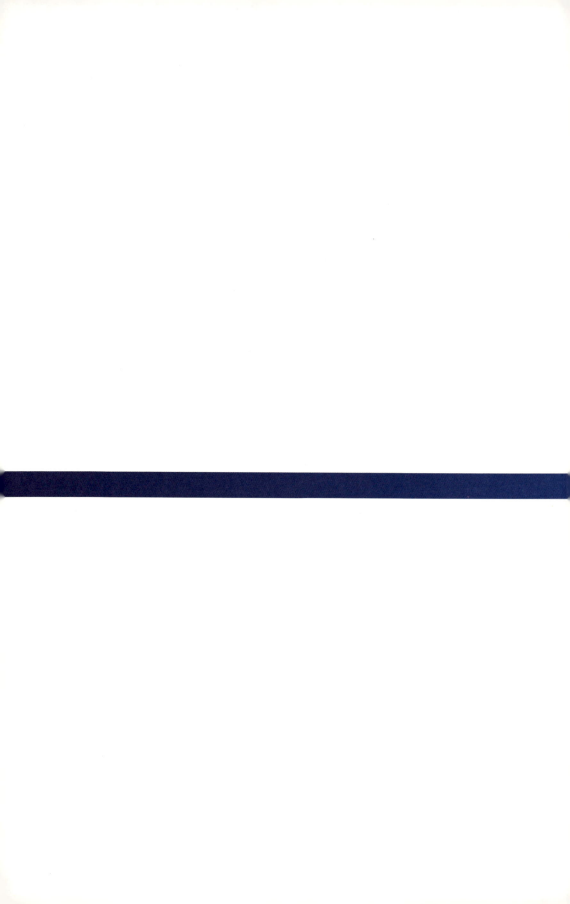

BORDER OPENING
DEVELOPMENT

沿边开放
发展报告

REPORT

（2020~2021）

BORDER OPENING DEVELOPMENT REPORT

曹 立／主编

社会科学文献出版社
SOCIAL SCIENCES ACADEMIC PRESS (CHINA)

目 录 ↳

Ⅲ　实践篇

Ⅳ　政策篇

Ⅴ　大事记

总 报 告

General Report

探寻新时代高水平开放新路径

曹 立 韦 力*

摘　要： 进入新时代，我国经济从高速增长阶段进入高质量发展阶段，发展水平不断提升，高水平开放也进入提速阶段。然而，新时代高水平开放面临国内外一系列严峻挑战，如国际格局发生深刻调整等外部挑战和经济结构调整转型等内部挑战。在新的背景下，党中央提出推动形成以国内大循环为主体、国内国际双循环相互促进的新发展格局。因此，面对新要求、新挑战，可以从六个方面探索高水平开放新路径：建设更高水平开放型经济新体制；持续稳定产业链和供应链；在开放合作中培育新竞争优势；提高贸易发展水平促进对外开放；在国内国际双循环中拓展开放空间；积极参与和促进全球治理体系变革。

关键词： 新时代　高水平开放　新发展格局

---

* 曹立，中共中央党校（国家行政学院）经济学教研部副主任，教授，博士生导师；韦力，中共中央党校（国家行政学院）经济学教研部政治经济学专业博士研究生。

改革开放四十多年来，我国逐步扩大开放领域，不断提高开放水平，取得了举世瞩目的成就。中国特色社会主义进入新时代，标志着我们党和国家事业发展进入到了一个新的阶段。我国经济从高速增长阶段进入高质量发展阶段，发展水平不断提升，高水平开放也进入提速阶段。着眼我国发展阶段、发展环境、客观条件等方面变化，党中央提出，要推动形成以国内大循环为主体、国内国际双循环相互促进的新发展格局。从双循环视角来看，要通过更好发挥内需潜力，更高水平对外开放，使国内市场和国际市场更好联通，在国内国际双循环中实现更加强劲可持续的发展。因此，要全面准确把握新时代更高水平对外开放的新内涵，坚持更大力度的开放，更高质量的开放，更加包容的开放，更加安全的开放。

一 新时代高水平开放的新要求

历史已经反复证明，大开放大发展、小开放小发展、不开放不发展。改革开放以来，我国持续推进对外开放事业。进入新时代，我国的对外开放站在新的历史起点上，向着构建全面开放新格局的目标稳步迈进，开放发展跟过去相比，必然有很多新的要求。

（一）新时代高水平开放要体现新理念

新时代高水平开放要以"新发展理念"作为价值引领。理念是行动的先导，有什么样的认识，就有什么样的行为。开放发展作为引领我国未来长期发展的"五大发展理念"之一，向世界庄严宣告了中国开放的大门永远不会关闭，也为提高我国开放发展有效性和增强发展内外联动性提供了行动指南。新时代高水平开放要充分体现出新发展理念的价值引领，不仅开放发展是应有之义，也要在开放发展过程中兼顾创新、协调、绿色、共享发展。

新时代高水平开放要以"人类命运共同体"为目标追求。习近平总书记强调："必须坚持扩大开放，不断推动共建人类命运共同体。"① 构建人类命运共同体，是中国作为世界和平的建设者、国际秩序的维护者、全球发展的贡献者的庄严承诺与目标追求。新时代高水平开放发展进程中，要积极参与全球治理体系改革和建设，推动经济全球化朝着更加开放共赢的方向前进，这正是构建人类命运共同体的必由之路。

新时代高水平开放要体现总体国家安全观。开放发展既为我国经济发展和社会进步打开了世界大门，提供了历史机遇，同时在开放发展过程中，也给国家安全带来了挑战和威胁。特别是在经济领域，我国金融系统尚不够健全，产业链水平仍有待提高等问题，是开放过程中必须高度重视的大问题。新时代总体国家安全观以政治安全为根本，以经济安全为基础，以社会、军事、文化等各方面安全为保障，以促进国际安全为依托，维护各领域国家安全。因此，在开放发展过程中，要关注总体国家安全观，提高防范和化解各种风险的能力，更好地统筹开放与安全、增长与风险，做到既实现高水平开放发展，实现合作共赢，又切实维护国家安全。

新时代高水平开放要体现国内国际双循环。习近平总书记多次强调，国内大循环，在本质上也是开放的，它要与国际循环相互促进、相互配合。从马克思主义政治经济学角度来看，经济活动中生产、交换、分配、消费各个环节组合在一起是一个动态的周而复始的循环过程。在考虑到经济活动的国家边界前提下，经济循环可以分为国内经济循环和国际经济循环。在当今经济全球化深度发展、全球价值链分工日益频繁的情况下，没有绝对不参与国际经济循环、与世隔绝的国家。我国现阶段将经济发展的战略重点从出口导向转向扩大内需，在此背景下，中央提出加快形成以国内大循环为主体、国内国际双循环相互促进的新发展格局。国内经济循环为主体，绝不意味着不再重视国际经济循环，而是强调提高经济自我循环能力，更好促进更高水平的对外开放，实现国内国际双循环。

---

① 习近平：《在庆祝改革开放 40 周年大会上的讲话》，人民出版社，2018，第 32 页。

（二）新时代高水平开放要形成新格局

新时代开放发展要形成更高水平的全方位、多层次、多元化开放新格局。在过去开放格局的基础上进一步扩大开放范围、扩宽开放领域、丰富开放主体、提升开放层次，最终形成新时代高水平开放新格局。

实现全方位的开放。一方面体现在区域上，不再将开放区域局限于沿海、沿边等部分区域，而是在全国范围整体开放，内陆地区也要建设开放发展新高地。另一方面体现在产业上，第一、二、三产业全面开放。我国制造业是较早开放的产业领域，相对发展较快，竞争力也更强。但服务业等产业开放程度相对滞后，开放范围相对狭窄。因此，全方位开放新格局不单是要进一步拓宽、加深制造业等第二产业开放的范围和深度，还要加快推动农林牧渔等第一产业和以金融服务业为代表的第三产业开放发展，以高水平开放促进深层次结构调整，提升开放水平。

实现多层次的开放。一方面要注重多边开放与区域开放更好结合，多边贸易体制是经济全球化发展的重要支撑，我国对外开放也是在世界贸易组织（WTO）框架下不断完善发展的。但是近些年，多边贸易体制发展受到一些阻碍，贸易投资保护主义升温，经贸摩擦政治化倾向加强。与此同时，区域性经济合作沟通成本较低，开放水平更高，因此得以迅速发展。所以，很多国家更注重发展区域性或双边贸易制度性安排，建立区域自由贸易协定。我国开放发展要兼顾多边开放的支撑性和区域开放的灵活性，这既是维护国际经济秩序的责任体现，也是拓展自身开放空间的客观要求。多层次开放新格局还要注重国内开放区域更加协同，根据各地区资源禀赋、区域优势等实际情况，通过经济特区、经济技术开发区、沿海沿边和沿江地区以及内陆省区等不同区域进行不同形式的开放，总体形成全国范围内分层次的开放发展格局。要重点建设开放发展新高地，深入推进区域协同发展，沿海开放与内陆沿边开放更好结合，充分发挥开放发展新高地的带动效应，打造经济引擎，带动经济腹地的扩大拓展，最终实现全面开放。

实现多元化的开放。一方面强调进出多元，不再单向；另一方面强调方向多元，降低风险。要形成"引进来"与"走出去"双向开放新格局，"引进来"与"走出去"更好结合，能够拓展我国经济发展空间。不再执行单向对外开放，而是有意识地推动国内产业"走出去"发展，内外联动，有利于培育壮大我国优势产业。从贸易加工大国到进口投资大国，是产业升级发展的必由之路，商品生产销售是经济发展的初级阶段，资本投资与输出是经济发展高水平的体现。同时，高水平的开放发展要坚持向发达国家开放和向发展中国家开放并重，实现投资贸易伙伴多元化、出口市场多元化、进口来源多元化，进一步降低开放发展的风险。

（三）新时代高水平开放要注入新动力

一是新科技革命激发新动力。新一轮科技革命和产业变革，会带来科技创新、产业升级、市场扩大等多方面效果，能够有效培育新的经济增长点。开放发展从客观上带来了科技产业等一系列链条的交汇融合，科研、投资、设计、生产等多环节在开放发展过程中更容易带来新技术、新产业、新业态的孕育和成熟。目前，新一轮科技革命和产业变革蓄势待发，5G 技术快速推广普及，大数据、云计算、人工智能、物联网、工业互联网等信息产业技术也同样快速发展，这些科技革命和产业变革的兴起，将持续为经济发展提供强劲的市场需求和投资方向。2020 年突如其来的新冠肺炎疫情，使得远程会议、在线教育、无接触智能零售、智慧医疗等新业态迅速发展壮大，将数字经济和数字化媒介架上助推器，也推动了整个商业社会和市民生活数字化进程的加速，整个社会加速进入数字化信息化时代，世界的开放与联动更加便捷和普及。这些变化都将激发新的开放发展动力。

二是新旧动能转换提供新动力。2008 年国际金融危机爆发以来，世界经济陷入衰退，国际金融危机影响深远，世界经济复苏艰难曲折。这次新冠肺炎疫情的发生，又给世界经济复苏之路蒙上一层阴影。根据商务部转载国际货币基金组织（IMF）的报道①，2019 年全球经济增速跌至 3%，这是自 2009 年以来最低增速。世界经济虽然在过去的几年呈现回暖向好态势，但尚未走出疲软增长的调整期，深层次结构性矛盾并未真正解决。因此，新旧动能能否顺利转换，成为经济复苏的关键。我国社会主要矛盾发生变化，经济进入新常态，客观上需要新旧动能转换。只有新动能才能为开放发展注入新动力。新动能并不是单纯的新技术新产业，而是包括新经济结构、新开放格局、新发展战略在内的整体。培育打造新动能要通过培育市场主体、提高创新能力、促进居民消费、持续扩大就业、保障民生兜底等一系列组合型举措，来推动经济增长，避免回到单纯依靠投资出口拉动经济的老路上。

三是新思想观念带来新动力。理念决定方向，思想决定行动。高水平开放的新动力来源于开放发展思想观念的同步更新升级。社会实践的开放与思想观念的开放要兼容并重，才能为形成全面开放新格局扫清体制机制障碍，冲破思想旧俗束缚。习近平总书记深刻指出："解放思想是前提，是解放和发展社会生产力、解放和增强社会活力的总开关。"② 思想解放的程度决定开放发展的广度、深度与高度。只有在思想上有了全面开放的意识，坚持思想开放和实践开放兼容并重，才能扫清一切障碍和束缚，实现全面开放新格局。

二 新时代高水平开放面临新挑战

尽管国内外形势正在发生深刻而复杂的变化，但和平与发展仍然是当今时代主题，经济全球化的大趋势不可逆转，正如习近平总书记曾经指出的那样，全球化是历史大势，当前世界上出现的一些逆全球化动向只不过是全球

---

① 《IMF 称 2019 年全球经济增速或降至金融危机以来最低水平》，http://www.mofcom.gov.cn/article/i/jyjl/m/201910/20191002907309.shtml。

② 中共中央文献研究室编《习近平关于全面深化改革论述摘编》，中央文献出版社，2014，第 16 页。

化潮流中激起的几朵浪花，阻挡不住全球化大潮。改革开放以来，特别是党的十八大以来，中国作为世界第二大经济体、货物贸易第一大国、外汇储备第一大国，中国经济在世界经济中占有举足轻重的地位，世界各国对我国市场有较大的依赖。以大数据、区块链、人工智能等为代表的新科技革命，带动起新产业变革，新一轮科技革命和产业变革正在重构世界创新版图、重塑全球经济结构。国内持续深化重点领域改革，实施更大规模减税等政策举措，使得我国经济拥有足够的韧性和巨大的潜力，经济长期向好的态势没有改变。我国在新一轮科技革命和产业变革中赢得了先机，在国际格局和力量对比的变化中掌握了主动，在全球治理体系的调整中把握住了节奏。习近平总书记明确指出，"我国发展仍处于并将长期处于重要战略机遇期"①，这也给我国开放发展带来前所未有的机遇。但是，要实现新时代高水平开放，依然面临许多新的严峻挑战。

（一）高水平开放面临世界百年未有之大变局的严峻挑战

当今世界国际格局发生深刻调整，全球治理体系亟待重塑，"逆全球化"思潮逆势上扬，大国博弈形势错综复杂，经济增长乏力、经济复苏迟缓，非传统安全问题影响增大，世界不稳定性进一步增强，使我国开放发展的外部环境更加复杂。

一是国际格局发生深刻调整。新兴经济体逐步崛起，发展中国家在全球经济中地位愈加重要，对于全球治理体系重塑和世界范围内经济、政治等方面话语权的诉求也会愈加强烈。国际力量对比中"东升西降"和"南升北降"态势也趋于明显。经济全球化与政治多极化的不匹配不平衡状况，给国际格局稳定带来隐患，单边主义和国际合作在当下尚能共存，但未来会不会打破平衡难以预测。不同文化、文明之间的冲突有加剧倾向，南北经济之间的差距缩小趋势不够显著，南北合作、南南合作发展缓慢等。这些方面的

---

① 中共中央宣传部：《习近平新时代中国特色社会主义思想学习纲要》，学习出版社，2019，第65页。

变化和调整，对我国开放发展带来了严重挑战。

二是大国博弈日趋复杂激烈。中美经贸摩擦并不是偶然发生，也不会是短期现象，只要中国持续开放发展，综合实力继续提升，与美国的竞争与摩擦是不可避免的。中美经贸关系中，根据比较优势理论及相关统计数据，美国整体并没有在中美经贸往来中吃亏，但是美国国内的分配不公平，没有照顾到在全球化分工格局下的产业工人，部分政客利用民众对自己境遇的不满，不断将内部不可调和的矛盾对外甩锅给中国，这是博弈趋于激烈化的根本原因。在这种大国博弈日趋激烈的情况下，从经贸摩擦到科技制裁再到军备竞赛、金融战等，将会有一系列风险和挑战需要去面对。

三是逆全球化趋势日益明显。以贸易和投资的自由化便利化为代表的经济全球化趋势，助推了很多国家的经济社会发展，也在一定程度上促进了世界的和平和稳定，而经济全球化是全球化进程中最重要的方面。可以说，经济全球化代表了人类文明发展的方向。但是经济全球化从来不是一帆风顺的，当前贸易保护主义抬头的迹象十分明显。虽然近年来全球贸易深化带来的贸易链的延伸，使得贸易对于经济发展的重要性有所凸显，但这样的拓展目前仍受到诸多阻碍，譬如，世界贸易组织（WTO）自身改革迟滞等。所以全球产业链供应链已经呈现出本地化、区域化、分散化的逆全球化趋势。逆全球化在经济上的表现主要是贸易保护主义，在政治上则表现为"美国优先"战略、英国"脱欧公投"等。逆全球化虽然不能从根本上扭转全球化的大趋势，但是使我国开放发展的环境更为复杂。

四是世界经济复苏前景不明。经济增长面临诸如人口增速放缓、老龄化程度加快、环境保护约束严格等诸多挑战，还面临新冠肺炎疫情等非传统安全问题阻碍经济发展。自2008年国际金融危机以来，各国出台了一系列经济刺激计划，随后出现了经济一定程度的复苏，主要是政府短期经济刺激的结果。从根本上说，在没有出现大的技术革命的前提下，全要素生产率未能有效提升，通过增加资本投入扩大投资的方式来刺激经济，仍然是治标不治本。而老龄化问题的突出，使得在供给侧方面经济增长的推动力和需求侧方面市场规模的拉动力都会减弱，经济增长更难实现大幅提升。此外，大宗商品价格下挫与震荡也会影响经济复苏水平。

（二）高水平开放面临国内发展环境深刻变化的重大挑战

改革开放以来，特别是党的十八大以来，我国经济持续稳定增长，2019年人均 GDP 突破 1 万美元，产业结构、需求结构、收入分配结构等不断优化，新经济新动能也快速增长，经济的量与质同步提升，经济发展进入了新阶段。习近平总书记在党的十九大报告中指出："我国经济已由高速增长阶段转向高质量发展阶段。"① 2020 年 7 月 30 日中央政治局召开会议，会议指出，"我国已进入高质量发展阶段"②。从高质量发展这一表述上，可以看出质量和效益替代了规模和速度，成为当前和今后经济社会发展的首要问题。过去的发展阶段可以概括为经济增长依靠投资、出口拉动，依靠人口红利效应，依靠引进消化国外技术等。我国经济社会迈入高质量发展阶段之后，呈现出新特征和新要求。

一方面，经济结构调整转型的压力增大。过去依靠生产性要素的简单扩大型高投资、高消耗发展方式拉动经济增长已经难以为继。从土地角度来说，我国人均土地资源短缺的现实叠加过去几十年大开发更加造成土地资源约束紧张。从劳动力角度来说，我国劳动年龄人口不断减少，根据国家统计局的数据③，我国劳动年龄人口增长在 2011 年由正转负。同时，也有许多预测表明我国总人口的拐点，即人口从增长到减少的转折点也很快会到来。人口红利的消失必然会影响经济增长速度和经济结构，需要通过供给侧结构性改革，培育经济增长新动能。因此，经济结构调整转型的压力增大。

另一方面，对高质量发展的要求提高。党的十九大报告指出，"中国特

---

① 《中国共产党第十九次全国代表大会文件汇编》，人民出版社，2017，第 24 页。
② 新华社：《中共中央政治局召开会议决定召开十九届五中全会分析研究当前经济形势和经济工作》，http：//www.xinhuanet.com/politics/leaders/2020－07/30/c_ 1126306023.htm。
③ 国家统计局：《2011 年我国人口总量及结构变化情况》，http：//www.stats.gov.cn/tjsj/zxfb/201201/t20120118_ 12783.html。

色社会主义进入新时代，我国社会主要矛盾已经转化为人民日益增长的美好生活需要和不平衡不充分的发展之间的矛盾"①。我们党根据历史条件和实际情况的变化，对我国社会主要矛盾这一重大问题作出了从"人民日益增长的物质文化需要"转变为"人民日益增长的美好生活需要"，从"落后的社会生产"转变为"不平衡不充分的发展"的重大判断。人民对美好生活的需要日益广泛，单纯的"物质文化"不能满足人民群众多样化的需求。经过40多年的改革开放，我国社会生产力水平显著提高，社会生产效率与社会生产能力在很多方面已经进入世界前列，但与发达国家相比，我国生产力发展在总体上依然处于中等水平，发展不平衡不充分的状态也依然没有根本性改变。这种不平衡表现为经济、政治、社会、文化和生态文明建设等领域发展不平衡，表现为东中西部、城市与农村、发达地区与欠发达地区等区域的发展不平衡，表现为经营管理者、普通职工、农民、农民工、知识分子等不同社会群体在共享发展成果方面的不平衡。由此可见，发展不平衡不充分已经成为满足人民日益增长的美好生活需要的主要制约因素。因此，对高质量发展和高水平开放有更高要求。

三 新时代高水平开放的新路径

从国际上看，对外开放是应对百年未有之大变局的必然选择。从国内来看，对外开放是实现"两个一百年"奋斗目标的必然选择。面对新阶段新要求，必须探索新时代高水平开放的新路径。

（一）建设更高水平开放型经济新体制

开放型经济新体制指的是适应经济全球化新趋势、准确判断国际形势新变化、深刻把握国内改革发展新要求的经济体制，要以更加积极有为的行动，推进更高水平的对外开放，加快实施自由贸易试验区等战略，以对外开

---

① 《中国共产党第十九次全国代表大会文件汇编》，人民出版社，2017，第9页。

放赢得经济发展的主动、赢得国际竞争的主动。

一是进一步加强自由贸易试验区建设。建设自由贸易试验区是新时代高水平开放发展的战略性举措，党的十九大报告强调，要"赋予自由贸易试验区更大改革自主权"①，习近平总书记指出，"自由贸易试验区建设的核心任务是制度创新"②。这也为新时代自由贸易试验区建设指明了新方向、提出了新要求。在过去几年的实践中，一些高水平建设的自由贸易试验区取得了一批有样板意义的改革成果，形成了一批可复制推广的经验做法。要建设好、管理好、发展好现有的自由贸易试验区，并进一步扩大开放发展，压缩负面清单，放宽市场准入，完善基本体系，加大制度创新，继续做好试点经验复制推广工作，利用自由贸易试验区建设经验带动新的地区和新的自由贸易试验区发展，进一步扩大自由贸易试验区试点工作的带动效应。

二是进一步推动"一带一路"倡议落实。"一带一路"倡议得到世界上多数国家的积极响应，表明国际开放通融，互利合作依然是主旋律，"一带一路"倡议在统领区域性的经济全球化进程中发挥了重要作用。我国与共建"一带一路"国家（地区）的贸易合作潜力正在持续释放，根据商务部统计数据，2020 年 1~7 月，我国企业对 54 个共建"一带一路"国家非金融类直接投资 721.8 亿元人民币，同比增长 33.2%。③ 推进"一带一路"建设，是新时代我国开放发展和经济外交的顶层设计，其他方面诸如建立亚洲基础设施投资银行和丝路基金等专项规划，都是在"一带一路"倡议之下的具体举措。要充分发挥"一带一路"倡议的统领效应，统筹推进，协调布局，更好发挥"一带一路"倡议对高水平开放发展的引领推动作用。

三是进一步深化体制机制改革。新时代高水平的开放应该是规则制度环境上的深度开放，深化体制机制改革才能有效提供与国际接轨的制度环境。

---

① 《中国共产党第十九次全国代表大会文件汇编》，人民出版社，2017，第 28 页。
② 中共中央文献研究室：《习近平关于社会主义经济建设论述摘编》，中央文献出版社，2017，第 301 页。
③ 商务部：《2020 年 1~7 月我对"一带一路"沿线国家投资合作情况》，http://www.mofcom.gov.cn/article/tongjiziliao/dgzz/202008/20200802995596.shtml。

无论境内外市场参与主体，都能享受高水平的生活环境、投资环境、法治环境、规则环境。特别是良好的营商环境作为一个国家竞争力要素之一，更是打造开放型经济的抓手、提升对外开放层次的标志。一旦通过深化体制机制改革，去除革新掉一些不适应新时代高水平开放型经济新体制的旧做法、旧规则、旧制度，就会极大激发市场活力。同时，开放发展也能倒逼改革，深化改革后反过来又能进一步推动开放发展，这是一种螺旋式互相促进相辅相成的关系。一旦改革突破关键节点上的中梗阻，便容易进入正向发展循环之中。

四是进一步发挥深圳先行区的示范作用。深圳建设中国特色社会主义先行示范区进程中，作为对外开放的前沿地带，一方面，要把深圳建设成为高水平开放发展的示范区、主阵地。譬如，深圳充分利用数字产业集群效应优势，大力推进数字中国建设在深圳落地，让政务服务搭上数字化顺风车，减轻行政审批等公共事务负担，这也是优化营商环境、深化开放发展的重要举措。另一方面，要把深圳这一新时代开放高地作为打造世界级现代化大湾区的发展驱动引擎。着力完善综合创新生态体系，不断提升自主创新能力，抓牢抓实创新驱动发展战略，用创新推动经济社会开放发展。通过深圳先行示范区的高水平开放发展，形成示范效应，波浪形带动全方位开放区域建设。

（二）持续稳定产业链和供应链

在 2020 年 7 月 30 日中央政治局会议上，中央明确指出，"要提高产业链供应链稳定性和竞争力，更加注重补短板和锻长板"①。产业链供应链的稳定对于开放发展有着重要作用。

优化产业升级布局。从产业链角度来看，2020 年初突如其来的新冠肺炎疫情，给中国的世界工厂地位带来了重大冲击和负面影响。同时也给世界各国一个警示，各个国家会强烈意识到产业链布局对国家经济安全的极端重

---

① 新华社：《中共中央政治局召开会议决定召开十九届五中全会分析研究当前经济形势和经济工作》，http://www.xinhuanet.com/politics/leaders/2020-07/30/c_1126306023.htm。

要性。可以想见，出于对产业安全和自主可控方面的考虑，很多有条件的国家都会想尽办法在自己国家内或靠近自己国境线的周边国家中建设新的供应链、产业链。例如，日本政府出台巨额经济刺激计划，明确提出对国际供应链进行改革，帮助日本企业将海外生产据点撤回日本国内①。面对这种情况，我国要积极应对，重视国内产业升级布局。一方面，要想方设法补齐短板，锚定高新技术方向不松懈，以超大规模国内市场为依托，助力突破部分诸如集成电路等基础产业瓶颈。加大对基础科学的投入研发力度，以举国之力提升基础教育和基础研究水平，补齐现代产业体系建设中的重点薄弱环节。另一方面，要竭尽全力锻造长板，壮大我国在全球产业链中的龙头企业和核心企业，促进全球产业链中的重要企业提升竞争力，适当给予优先支持，包括劳动用工、财政金融等方面的政策支持，也包括给予国内区域市场和海外市场开拓的战略支持，鼓励这些企业在新一轮竞争中抢占世界经济复苏的先机，扩大在全球市场的份额，稳固并提升其在产业链中和在行业内的地位。

吸引生产要素流入。在产业链的建立、成熟、转移等过程中，伴随着资本、人才、技术、劳动力等生产性要素的流动。要稳定产业链供应链，首先要从源头做起。要素的流向，决定了产业链的转移。产业链转移作为一种经济活动，从微观上看是企业生产地址进行转移；从宏观上看是不同地区的比较优势变化，使产业从较低优势地区迁移到较高优势地区。改革开放之初，深圳特区搞"三来一补"，利用引进的外资和先进技术设备，做补偿贸易和加工装配，进行合作经营，就是充分利用了自身土地价格和劳动力价格低廉的比较优势，吸引生产要素流入，利用外资、引进技术、进口设备这些途径，带来了深圳快速发展。进入新时代，劳动力、土地等要素供给基本面发生变化，需要我们更大程度地开放市场，为投资者提供更加安全和自由流动的市场环境。这样全世界的生产性要素才愿意进来。产业内贸易理论表明，

---

① 《日本政府借疫情改革供应链》，http://www.livejapan.cn/news/news_between/20200410/26665.html。

经济发展水平越高，生产力越发达，产业内部分工就越细致，这会导致产业内贸易产生，在这种情况下生产性要素的跨国或跨区域流动，更加注重流动性。其中金融领域是重点方向，首先资金的流动带来了效益，人才、物流、品牌、信息、数据等方面要素才会在与资金结合融通中创造效益。

优化地理区位分布。根据产业链供应链的技术分布规律和地理区位优势，合理引导产业园区专业化集中化，对产业聚集区进行有效整合，发挥产出规模效应和配套叠加效应，将新兴产业园区打造成为吸引全球高精尖要素的产业集群平台。同时，我国已建成门类齐全、独立完整的现代工业体系，要发挥我国工业体系完整的优势，发展关联产业集群。根据波特的国家竞争优势理论，产业集群形成之后，可以通过降低交通运输成本等方式降低企业成本，通过原材料零部件等高效匹配来提高生产效率，通过研发部门联动生产等方式刺激创新开发，这种产业集群方式能够有效提升产业聚集区的竞争能力，最大化发挥产业地理区位分布优势。

（三）在开放合作中培育新竞争优势

要在开放合作中发挥国有企业竞争优势。国有企业特别是中央企业要在开放合作中发挥关键的作用。"一带一路"建设是我国进一步提升开放发展水平的重大举措，也是开放合作的新平台。在"一带一路"建设中，引导国内企业"走出去"，支持国有企业作为龙头带动国内企业到海外集群发展。加强对国有企业在海外并购的引导，重在扩大市场渠道、提高创新能力、打造国际品牌，增强企业核心竞争力。推动国内优势产业对外投资合作，扩大服务业领域的双向投资等合作开发机制。

要注重发挥我国超大规模市场优势。习近平总书记指出，"中国是世界第二大经济体，有13亿多人口的大市场，有960多万平方公里的国土，中国经济是一片大海，而不是一个小池塘"[①]。习近平总书记的话生动形象地

---

① 习近平：《共建创新包容的开放型世界经济——在首届中国国际进口博览会开幕式上的主旨演讲》，人民出版社，2018，第10页。

阐述了我国无论在人口数量、国土空间，还是在经济体量、统一市场等方面，完全具备超大规模的市场优势和内需潜力。这就为我国在面临国际不确定性因素时提供了充足有效的回旋余地，也为国内经济持续稳定发展提供了巨大潜力和强力支撑，更为对外开放赢得了极大的竞争优势。

（四）提高贸易发展水平促进对外开放

扩大货物贸易竞争力。外贸进出口反映了国家开放发展水平和开放型经济的发展态势。我国货物进出口总额从 206 亿美元增长到超过 4 万亿美元[1]，货物贸易水平不断提高。货物贸易综合竞争力的提升，要从过去依靠成本优势、规模优势转向技术、品牌、服务推动竞争力提升。在巩固传统制造业商品竞争优势的同时，大力发展新技术新产业，货物出口主导产业要逐渐从轻工、纺织等传统劳动密集型产业，向装备制造业、高新技术产业等资本、技术密集型产业升级。培育跨境电商、国际物流、市场采购贸易、外贸综合服务等新兴贸易产业，提高贸易外汇收支结算等便利化水平，试点数字贸易管理，打造贸易产业新业态。

瞄准服务贸易新趋势。服务贸易是当下全球贸易中最具活力的部分，是驱动全球贸易和世界经济的新引擎。2019 年我国贸易总量达到 31.54 万亿元人民币[2]，2019 年服务贸易进出口总额为 54152.9 亿元人民币[3]，但是服务贸易占对外贸易比重仍然只有 17.2%。习近平总书记在 2020 年中国国际服务贸易交易会全球服务贸易峰会上的致辞中强调，服务业开放合作正日益成为推动发展的重要力量。因此，要瞄准服务贸易新趋势，加快实施服务贸易保障和引导措施，才能更好地把我国建设成为以服务贸易为主导的贸易强国。要进一步扩大服务贸易开放，推出更多细化政策举措，诸如批准合资保

---

[1]　习近平：《在庆祝改革开放 40 周年大会上的讲话》，人民出版社，2018，第 12 页。
[2]　国务院新闻办公室：《2019 年我国对外贸易总体平稳、稳中提质》，http：//www.scio.gov.cn/xwfbh/xwbfbh/wqfbh/42311/42414/zy42418/Document/1671837/1671837.htm。
[3]　商务部：《2019 年我国服务进出口总体情况》，http：//coi.mofcom.gov.cn/article/y/gnxw/202002/20200202936521.shtml。

险资管公司成立，扩大沪港通、深港通证券交易额度，放宽养老、医疗、教育等重点领域市场准入条件，出台服务贸易创新发展"服务清单"，打造服务贸易公共服务平台，探索金融服务业开放负面清单制度等，以制度型开放为引领，持续推动服务贸易领域持续开放，着力打造面向国内外企业和各类所有制企业公平竞争的大市场，赢得更多投资者的青睐。

（五）在国内国际双循环中进一步拓展开放空间

习近平总书记2020年7月21日在企业家座谈会上的讲话再一次谈道，"我们要逐步形成以国内大循环为主体、国内国际双循环相互促进的新发展格局"①。中国选择走"双循环"并不是要走向"闭关自守"，而是选择通过向内发力，为高水平开放拓展向外空间。

从扩大内需中创造开放空间。转向高质量发展阶段以来，我国逐步将经济发展引擎从出口转向投资和内需上来。现在提出以国内大循环为主体，就是以扩大内需为战略基点，充分发挥我国超大规模市场的内需潜力，吸引外资、跨国企业参与到国内经济循环活动中来，创造开放合作的空间。

从制度创新中拓展开放空间。要在国内国际双循环中进一步拓展开放空间，需要从商品和要素流动型开放向规则制度型开放升级，打造开放程度高、制造业规模大、产业体系完善、消费能力较强的经济循环体系，创造法治化、规范化、制度化、便利化、国际化的营商环境，进一步扩大高水平对外开放。

从畅通内外联动中赢得开放空间。经济上的互联互通是对外开放的前提和基础。国际经济大循环需要有一系列配套的基础性制度和设施作为保障，要强化交通枢纽建设、畅通商品物流通道、促进贸易投资便利、汇聚产业企业集群、升级优化营商环境等，这些制度和设施的完善，既有利于我国顺畅加入国际经济大循环，也有利于衔接国内大循环，同时畅通内外联动，将外

---

① 习近平：《在企业家座谈会上的讲话》，人民出版社，2020，第9页。

循环制度设施在内循环使用，做到制度规则衔接、生产要素畅通，人员往来便利，内外双赢，多一份开放空间。

（六）积极参与和促进全球治理体系变革

坚持现有治理框架内改革。现有的全球治理框架是以联合国、世界贸易组织、国际货币基金组织、世界银行等机构为主要载体构成的。我国也是现有框架的重要参与者，因此，要积极发挥大国影响力并承担大国责任。加强多边合作机制，促进全球多边治理机制的完善，增强我国在治理体系中的话语权。利用好现有全球治理体系的平台，如二十国集团（G20）等，发挥好"一带一路"倡议等中国版全球治理公共产品的影响力，维护国际多边规则和现有国际秩序，创造更好条件推动世界经济稳定发展。

主动引领治理体系变革。坚持"共商共建共享"全球治理理念，推动全球治理体系变革。现有全球治理体系虽然在推动世界和平与发展中发挥了一定作用，但仍存在一定问题。因此，我国要积极参与并努力引领全球治理体系变革，参与国际经贸规则制定，主动提供国际公共产品，在全球经济治理体系变革中发挥更大作用，推动全球经济治理体系变革朝着于我有利的方向发展。譬如，积极主动提出世界贸易组织（WTO）改革方案和多边贸易规则，打好发展权益保卫战，维护广大发展中国家的正当权益，打破发达国家在国际贸易规则制定上的垄断。

参考文献

［1］习近平：《习近平谈治国理政》第 2 卷，外文出版社，2017。
［2］习近平：《在庆祝改革开放 40 周年大会上的讲话》，人民出版社，2018。
［3］习近平：《共建创新包容的开放型世界经济——在首届中国国际进口博览会开幕式上的主旨演讲》，人民出版社，2018。
［4］习近平：《开放合作 命运与共——在第二届中国国际进口博览会开幕式上的主旨演讲》，人民出版社，2019。

［5］《中国共产党第十九次全国代表大会文件汇编》，人民出版社，2017。

［6］《中共中央国务院关于构建开放型经济新体制的若干意见》，人民出版社，2015。

［7］《中华人民共和国国民经济和社会发展第十三个五年规划纲要》，人民出版社，2016。

［8］中共中央宣传部：《习近平新时代中国特色社会主义思想学习纲要》，学习出版社，2019。

［9］中共中央文献研究室：《习近平关于全面深化改革论述摘编》，中央文献出版社，2014。

［10］中共中央文献研究室：《习近平关于社会主义经济建设论述摘编》，中央文献出版社，2017。

［11］慎海雄：《习近平改革开放思想研究》，人民出版社，2018。

理 论 篇
Theory Topics

沿边开放带动区域高质量发展研究

曹 立　徐晓婧*

摘　要：　沿边地区是我国对外开放的重要门户，是我国深化与周边国家和地区合作的重要平台，在我国经济社会发展中具有重要战略地位。以沿边开放带动区域高质量发展，是发展好开放型经济的重要平台，是实施好“一带一路”建设的关键，是落实好区域协调发展战略的载体。近年来，我国沿边开放已经取得了很大进展，边境口岸开放能力日益提高、边境贸易稳步增长、开发开放平台载体不断丰富。但是，当前仍然存在一些制约发展的问题，如沿边经济的总体发展水平较低、沿边政策缺乏稳定性和连续性、沿边地区与周边国家和地区的合作机制不健全、边境口岸管理水平滞后等。对此，应着眼于创新沿边开放型经济体制、统筹推进沿边地区基础设施建设、推进沿边地区开发开放平

* 曹立，中共中央党校（国家行政学院）经济学教研部副主任，教授，博士生导师；徐晓婧，中共中央党校（国家行政学院）经济学教研部政治经济学专业博士研究生。

台建设、构建沿边地区特色产业链、加快人才引智建设以及提供政策支持。

关键词： 沿边开放　区域高质量发展　开放型经济　"一带一路"建设

党的十九大报告提出，"推动形成全面开放新格局"，以"一带一路"建设为重点，"形成陆海内外联动、东西双向互济的开放格局"。① 习近平总书记在 2018 年博鳌亚洲论坛开幕式上强调，中国对外开放的大门只会越开越大。中国已成为全球第二大经济体，世界的发展越来越离不开中国。随着经济全球化向前发展，中国同世界各国的经济联系不断加深，对外开放成为不可阻挡的历史潮流。根据 2015 年《国务院关于支持沿边重点地区开发开放若干政策措施的意见》的安排，沿边地区共设立了 5 个重点开发开放试验区、72 个国家级口岸、17 个边境经济合作区、1 个跨境经济合作区，沿边地区对外开放的发展空间广阔。我国的沿边开放是面向周边邻国的开放，通过向邻国的开放，深化与周边国家的经贸关系，实现周边外交战略目标，打造周边命运共同体。沿边地区是我国对外开放的重要门户，是我国深化与周边国家和地区合作的重要平台，是体现我国与邻为善、与邻为伴、睦邻安邻富邻的重要窗口，是古老丝绸之路沿线的重要区域；同时，也是国家重要的战略资源储备基地和安全屏障，是我国少数民族聚居地，在我国经济社会发展中具有重要战略地位。加快沿边地区开发开放，不仅是全方位对外开放的要求，而且对于保障国家安全、深化次区域合作、促进民族团结和边疆稳定具有特殊重要意义。我国边境线长、邻国数量多，沿边地区正是"一带一路"国际经济合作的"衔接带"和"接合部"，正在由过去开放的"边缘地区"，转变为对外开放与国际合作的前沿。

---

① 中共中央宣传部：《习近平新时代中国特色社会主义思想三十讲》，学习出版社，2018。

一 沿边开放带动区域高质量发展的重要意义

进入新时代，沿边地区的繁荣、发展和稳定事关我国新一轮改革开放和"两个一百年"目标的实现，必须从全局和战略高度，充分认识沿边地区特殊的战略地位和承担的历史使命，以加快沿边地区开放带动区域高质量发展。

（一）沿边开放是发展好开放型经济的重要平台

党的十八大以来，我国进入发展开放型经济新阶段，如何营造一个稳定的周边环境、服务于我国发展开放型经济成为重要问题。习近平总书记在周边外交工作座谈会上强调"要加快沿边地区开放，深化沿边省区同周边国家的互利合作"。通过进一步加快沿边开放，与东盟、南亚、中亚、蒙古、俄罗斯等周边国家深化经贸合作，推动边境贸易发展，加强跨境产业合作，使中国经济成果外溢并惠及更多的周边国家及边境居民，让周边国家共享我国经济增长的利益、实现共同繁荣与发展，这不仅有助于"让命运共同体意识在周边国家落地生根"，而且有助于增强与周边国家的政治互信，加深国民相互理解，牵制乃至化解各种周边矛盾冲突，为我国实现"两个一百年"奋斗目标、实现中华民族伟大复兴的中国梦营造和谐稳定的周边环境。加快沿边开放步伐，推进沿边重点地区与周边国家深化合作，既是推进"一带一路"建设的重要内容，也是构建东西共济、海陆并举的全方位对外开放新格局的内在要求，有利于完善我国区域开放格局，协同推动沿海、内陆、沿边开放，全面提高对外开放水平。[1] 沿边重点地区与周边国家长期友好往来，有着良好的合作基础和巨大的合作潜力，正在成为推进"一带一

---

[1] 《商务部、发展改革委有关负责人就〈国务院关于支持沿边重点地区开发开放若干政策措施的意见〉接受中央主流媒体采访》（2016 - 01 - 11）[2020 - 10 - 11]，http://www.mofcom.gov.cn/article/zhengcejd/bj/201710/20171002662756.shtml。

路"建设的主力军。① 因此，营造良好的周边环境，促进沿边地区高质量发展，是我国进入新时代改革开放的重要平台。

（二）沿边开放是实施好"一带一路"建设的关键

2013 年，习近平总书记在出访哈萨克斯坦和印度尼西亚时，先后提出共建"丝绸之路经济带"和"21 世纪海上丝绸之路"，即"一带一路"倡议。自此，开启了"一带一路"建设的新篇章。"一带一路"建设是国家顺应全球发展大势、统筹国内国外两个大局做出的重大战略决策，有利于我国与沿线国家深化合作，打造利益共同体和命运共同体，实现区域共同发展与繁荣。② "一带一路"建设的六大国际经济合作走廊和海上建设的方向以中国沿边地区和沿海港口为起点，经中亚、俄罗斯、东南亚、南亚等周边国家，向西亚、地中海、印度洋以及欧洲延伸。六大国际经济合作走廊的起点都是沿边地区，可以看出，沿边地区是连接东盟、南亚、中亚、俄罗斯等周边国家的"一带一路"起点，建设好沿边地区是"一带一路"建设的关键。③ 我国沿边地区外连周边国家，内通中部与沿海省份，是当前国家"一带一路"远景规划建设的重要门户，在"一带一路"建设中能够起到连接、交汇的战略支撑作用。"一带一路"建设使我国西北、东北、西南等沿边地区变为对外开放的前沿和核心区，新亚欧大陆桥、中蒙俄、中国—中亚—西亚、中国—中南半岛、中巴和孟中印缅六大国际经济合作走廊的建设也是推进"一带一路"建设的重要内容。

（三）沿边开放是落实好区域协调发展战略的载体

我国对外开放最早是从沿海开始的。自 1992 年以来，虽然沿边开放成

---

① 《商务部、发展改革委有关负责人就〈国务院关于支持沿边重点地区开发开放若干政策措施的意见〉接受中央主流媒体采访》 （2016 - 01 - 11） ［2020 - 10 - 11]，http：//www. mofcom. gov. cn/article/zhengcejd/bj/201710/20171002662756. shtml。
② 李光辉、王芮：《新时代沿边开发开放的新思考》，《中国—东盟研究》2019 年第 4 期，第 3～21 页。
③ 《2019 中国沿边开发开放论坛在京举行》 （2019 - 12 - 15） ［2020 - 10 - 11]，http：//gx. people. com. cn/n2/2019/1215/c179462 - 33633171. html。

绩显著，但沿边区域经济发展水平始终低于全国平均水平，地区生产总值多年来未及全国的 1.5%，人均生产总值也明显低于全国平均水平。[①] 正是在这样一种形势下，2013 年 11 月，《中共中央关于全面深化改革若干重大问题的决定》提出"扩大内陆沿边开放""加快沿边开放步伐"的战略举措。此后，国务院陆续出台《沿边开发开放规划》《关于支持沿边重点地区开发开放若干政策措施的意见》等文件，为新时期加快沿边开放做出了系统部署。当前，随着新发展理念的提出，东中西部、沿海、内陆与沿边地区的统筹协调发展得到更加重视。沿边地区作为我国经济发展的短板和需要扶持的特殊类型地区，在全国层面的统筹协调发展中具有重要地位。进一步加快沿边开放步伐，不仅是贯彻落实习近平总书记新发展理念的内在要求，也是沿边地区实现自身经济发展的内在需求。[②] 我国沿边地区区位优势独特，其自然资源以及特有的人文、旅游资源极为丰富。加快沿边开放步伐，积极开展边境经济贸易合作，能促使我国沿边地区与周边国家以及我国沿海、内陆地区的联系更为密切，起到连接内陆地区与周边国家桥梁的作用。沿边地区摆脱过去经济边缘地带的地位，由自给自足的自然经济向市场经济转化，对于贯彻落实区域发展战略、促进区域经济协调可持续发展具有重要意义。

二 沿边开放带动区域高质量发展的成效与存在的问题

（一）沿边开放带动区域高质量发展的成效

我国陆地边境线东起辽宁省丹东市的鸭绿江口，西迄广西壮族自治区防城港市的北部湾泮，总长度约 2.2 万公里。[③] 位于边境线上 9 个省区的 45 个

---

① 李光辉、王芮：《新时代沿边开发开放的新思考》，《中国—东盟研究》2019 年第 4 期，第 3~21 页。

② 李光辉、王芮：《新时代沿边开发开放的新思考》，《中国—东盟研究》2019 年第 4 期，第 3~21 页。

③ 张卉：《西部毗邻中外边境城市地缘经济效应研究》《西北民族大学学报（哲学社会科学版）》2006 年第 2 期，第 114~117 页。

边境城市（见表1）分别与15个国家接壤，具有得天独厚的地缘优势。近年来，我国沿边地区的开放程度逐步扩大，与接壤国家和地区的经济合作及文化联系不断加强。尤其是2013年以来，我国沿边地区积极融入"一带一路"建设，跟周边国家发展边境经贸合作，依托边境经济合作区、跨境经济合作区等平台，打造跨境产业链，沿边开放取得许多创新和突破。

表1 沿边9个省区以及45个地级市（地区、自治州、盟）

省区	地级市（地区、自治州、盟）
广西	崇左市；百色市；防城港市
云南	怒江傈僳族自治州；德宏傣族景颇族自治州；西双版纳傣族自治州；文山壮族苗族自治州；红河哈尼族彝族自治州；临沧市；普洱市；保山市
甘肃	酒泉市
辽宁	丹东市
吉林	通化市；白山市；延边朝鲜族自治州
内蒙古	包头市；乌兰察布市；锡林郭勒盟；呼伦贝尔市；巴彦淖尔市；阿拉善盟；兴安盟
黑龙江	鹤岗市；双鸭山市；鸡西市；伊春市；牡丹江市；佳木斯市；黑河市；大兴安岭地区
新疆	哈密市；和田地区；阿克苏地区；喀什地区；克孜勒苏柯尔克孜自治州；昌吉回族自治州；博尔塔拉蒙古自治州；伊犁哈萨克自治州；塔城地区；阿勒泰地区
西藏	山南市；日喀则市；阿里地区；林芝市

1. 边境口岸开放能力日益提高，成为"一带一路"建设的重要依托

我国沿边9个省区总共有72个经国家批准对外开放的陆路边境口岸，其中，铁路口岸11个、公路口岸61个，这些边境口岸为促进沿边地区的开放发展、推动我国与周边国家的睦邻友好发挥了重要的作用。[①]

2. 边境贸易稳步增长，成为沿边地区经济增长的重要推动力量

2018年，我国边境小额贸易突破400亿美元，若从2010年开始计算，年均增速在5.6%左右。广西、新疆、西藏等沿边省份的边境小额贸易加上边民互市贸易，成为沿边地区经济增长的重要推动力量，对于沿边地区的发

---

① 袁波：《"一带一路"建设与我国沿边地区的开放发展》，《中国民族报》2019年12月24日。

展意义重大。[①]

3. 开发开放平台载体不断丰富，成为沿边地区制度创新的高地

我国开发开放平台资源较为丰富，沿边 9 个省区共有 4 个自由贸易试验区、5 个国家级新区、7 个沿边重点开发开放试验区、49 个国家级经开区、30 个国家级高新区、17 个边境经济合作区、3 个跨境经济合作区、2 个边境旅游试验区和 3 个金融改革试验区，为沿边地区的经济发展提供动力支撑，也成为沿边地区制度创新的高地。[②]

（二）沿边开放带动区域高质量发展中存在的问题

近年来，虽然我国沿边开放已经取得了很大进展，但是，仍然存在一些制约发展的问题。

1. 沿边经济发展的不确定性仍然显著

受到位置偏远、基础条件差、历史欠账多、周边国际政治环境复杂等多方面因素制约，与东部沿海地区、内陆地区相比，沿边开放整体水平较低，有待进一步提高，全国对外开放格局总体上呈现"东比西强、海比边强"的局面。沿边开放发展重点开始于后金融危机时期，全球经济形势不确定性大增，贸易保护主义抬头，经济与政治问题交织在一起，并面临反恐和民族矛盾等问题。[③] 与沿海地区相比，沿边地区存在资金短缺、人才匮乏、基础设施建设滞后、特色优势产业体系尚未形成等突出问题，且其发展对中央政府资金和政策扶持的依赖度很高。

2. 沿边经济的总体发展水平较低

为方便管理，我国对沿边地区边境贸易的地域范围、主体资格和贸易业态有着严格规定并进行针对性管理。[④] 但是，这种缺乏兼容性的管理模式使沿边开放与中国总体开放处于割裂状态，工业发展缺乏腹地且不成规模，商品

---

① 袁波：《"一带一路"建设与我国沿边地区的开放发展》，《中国民族报》2019 年 12 月 24 日。

② 袁波：《"一带一路"建设与我国沿边地区的开放发展》，《中国民族报》2019 年 12 月 24 日。

③ 高歌：《中国新一轮沿边开放的形势与对策》，《对外经贸》2012 年第 4 期，第 74～76 页。

④ 罗来军：《为"一带一路"筑就战略支点》，《光明日报》2015 年 8 月 26 日。

贸易层次较低，导致边境贸易存在"过货"化和对外贸易代理化等问题。① 当前中国沿边开放以边境小额贸易和边民互市贸易为主，但内外贸结合商品市场和配套产业不活跃，边境工业投资与生产未得到有效发展。目前，沿边地区与毗邻国家的资源要素共享和优势互补仍处于简单的贸易层次，未能有效利用地缘优势吸引国内外投资来发展外向型的生产能力，区域经济增长的产业支撑不足，产业结构升级任务艰巨。② 沿边经济的孤立化造成发展可持续性不够，对当地人力资源和物质资源的吸纳和利用范围有限，富民效果不显著。

3. 沿边政策缺乏稳定性和连续性

一直以来，我国沿边开放政策以边境贸易政策为主，未形成统揽全局的政策支撑体系。为鼓励沿边地区积极发展与毗邻国家间的边境贸易与经济技术合作，提升沿边开放水平，我国相继出台了一系列扶持、鼓励边境贸易发展的政策措施，对增强民族团结，繁荣、稳定边疆，巩固和发展我国同周边国家的睦邻友好关系发挥了积极作用。③ 由于我国法律体系尚不十分完善，边境贸易政策制定缺乏法律依据和相关配套政策，边境贸易政策缺乏稳定性和连续性，各个地区在政策执行过程中经常面临许多新问题，因而不断进行修改和调整，这可能会造成其他国家误解，也使得边贸企业经营受到较大影响，难以适应。④

4. 沿边地区与周边国家和地区的合作机制不健全

与深化合作、务实合作的现实需求相比，沿边地区目前与周边国家建立的各类合作机制和平台的政治、外交、经济的聚集效应还不够显著，在促成经贸合作、推进高层对话、敲定合作项目等方面的作用亟待增强，运作各类合作机制和平台的制度基础、运营模式、专业化程度有待提升。而且，在外

---

① 刘建利：《我国沿边口岸经济发展对策》，《宏观经济管理》2011 年第 9 期，第 39~40、49 页。

② 章海源：《我国沿边开放问题及发展方向研究》，《国际贸易》2017 年第 8 期，第 14~17、24 页。

③ 《国务院关于边境贸易有关问题的通知》，《中华人民共和国国务院公报》1996 年第 1 期，第 10~12 页。

④ 张丽君、陶田田、郑颖超：《中国沿边开放政策实施效果评价及思考》，《民族研究》2011 年第 2 期，第 10~20、107 页。

资审批制度、行政性垄断、政府采购制度、环保标准及知识产权制度等方面，存在未与国际规则接轨的地方。①

5.边境口岸管理水平滞后

沿边地区虽然紧贴周边市场，但是边境口岸管理职能分散在多个部门，多边、双边在金融、交通运输、海关、检验检疫等方面制度衔接和协调滞后。边境口岸通关及进出口环节的行政审批事项繁杂，涉及多部门，通关环节繁多，规章制度、操作程序各不相同；边境口岸通关现场侵入、干扰式检查检验比例太高，查验效率低下；最终导致资金进出受限制，货物进出不快捷，人员进出不便利，进一步制约了沿边、临近周边市场优势的发挥。②

三 沿边开放带动高质量发展的对策建议

尽管沿边开放取得了巨大的成就，但限于复杂的自然条件、相对落后的经济实力、多变的地缘政治环境，深化沿边地区对外开放任重道远。党的十九大报告首次提出"高质量发展"的概念，指明中国正处于转变发展方式、优化经济结构、转换增长动力的攻关期，而提升对外开放水平正是高质量发展的重要表现。③

（一）创新沿边开放型经济体制

根据沿边地区的不同特点，探索沿边地区新的发展路径，创新发展模式，对标国际经贸规则，营造国际化、法治化、便利化的营商环境，创新沿边地区开放型经济体制机制。赋予重点开发开放试验区先行先试的权利，建立特殊的法律政策支撑体系，实施自由贸易试验区与其他园区的联动发展。

---

① 孙久文、周玉龙、和瑞芳：《中国的沿边经济发展：现状、问题和对策》，《经济社会体制比较》2017年第2期，第28~38页。
② 孙久文、周玉龙、和瑞芳：《中国的沿边经济发展：现状、问题和对策》，《经济社会体制比较》2017年第2期，第28~38页。
③ 张军扩、侯永志、刘培林、何建武、卓贤：《高质量发展的目标要求和战略路径》，《管理世界》2019年第7期，第1~7页。

加强政府职能转变，实行大部门管理体制改革，实现"小政府、大服务"，按照放宽市场准入、加强事中事后监管的原则探索推动行政体制的改革，构建符合沿边特点的创新管理机制。构建起符合沿边地区经济发展的创新治理体系，降低各种制度性成本，通过培育创新主体，集聚创新要素、打造创新网络、推进产业创新和区域创新。通过建立多边、双边定期会晤机制，创新国际产能合作机制、国际劳务合作机制和贸易机制，与毗邻国家形成保留特色差异、并排向前发展、可供调和的国际合作模式。

（二）统筹推进沿边地区基础设施建设

以构建国际大通道为重点，航空为先导，铁路和公路为骨干，水运为补充，口岸为节点，管道运输为辅助，加快构建沿边畅通、功能配套、安全高效的现代化基础设施体系，提高沿边开发开放支撑能力。坚持以畅通"一带一路"沿边节点为重点、适度超前的原则，统筹推进沿边地区的基础设施建设，形成互联互通的基础设施体系，增强沿边开放发展的支撑保障。[①]加快国际公路运输网络建设，统筹推进沿边地区公路网建设，如中国凭祥—越南河内高速公路建设、中国水口—越南驮隆界河二桥重点口岸跨国桥梁项目等。加快构建铁路运输大动脉，打造面向东盟、贯通中南半岛国家的快速铁路通道，全力推进中朝、中俄、中缅、中老等铁路建设，加快实施云南与老挝互联互通规划，尽快建成中国—中南半岛经济走廊中线陆路大通道。加快边境物流通道建设，整合现有物流资源，积极建设物流通道，打造国际物流枢纽，深化实施贸易通道建设，加强与沿边国家的协商合作，加快签署双边汽车运输协定。加强和完善边民互市点基础设施、城镇基础设施、园区基础设施和信息化基础设施建设，围绕提高口岸通关效率，加快贸易畅通和人员往来，加快提升口岸功能。加快推动多式联运建设，引导建设集货"无水港"，加强多种运输方式衔接。

---

① 孙久文、蒋治：《沿边地区对外开放70年的回顾与展望》，《经济地理》2019年第11期，第1~8页。

（三）推进沿边地区开发开放平台建设

立足边境地区资源禀赋和产业优势，统筹国内国外两个市场、两种资源，科学规划，合理布局，强化产业集聚，发挥载体和平台叠加功能优势，推进沿边地区的开发开放平台建设。做好城市布局，结合"一带一路"六大经济走廊建设，切实推进六大经济走廊的节点城市（口岸）建设，并推动建设丹东、珲春、瑞丽、畹町等沿边重点城市。提升现有7个沿边重点开发开放试验区的发展水平，加快在土地使用、人才引进等方面的体制机制创新，加大支持力度，大胆探索、先行先试。加快推进边境经济合作区建设，创新边境经济合作区的发展模式，根据沿边地区的经济发展需要，进行扩区、置区和新批，根据边境地区资源禀赋、优势特色产业、人力资源等强化产业聚集。深化园区与园区的合作，鼓励和支持边境地区与周边国家经济特区、产业园区开展跨国合作，探索跨境产业园区合作新模式和新机制。依托沿边地区的各类产业园区，开展产业链上下游园区之间的跨境合作，探索边境地区产业园区与境外产业园区、境外经济合作区建立新的合作关系。加快推进与周边国家境外经济贸易合作区建设，发挥边境地区人才、语言、文化、区位等优势，推进边境地区参与周边国家境外经济贸易合作区建设。

（四）构建沿边地区特色产业链

立足边境城市特色产业，依靠沿边省区中心城市、工业城市面向周边国家的优势产业，发挥资源和区位比较优势，构建具有特色的产业链。我国沿边地区自然资源富集，特别是矿产资源、农畜产品、旅游资源等极为丰富。加快沿边地区能源资源开发利用，扩大与周边国家的能源资源合作与贸易规模，支持优势能源企业参与沿边地区和境外能源资源开发，鼓励中小企业和民间资本参与煤炭、矿产、原木贸易，加大油气、优质煤炭、电力、矿石、木材等能源资源产品的进口力度，依托资源进口通道大力发展沿边地区的能源资源深加工产业，建立境内外上下游产业互通、互动的周边能源资源合作机制，构建能源资源产业链。加快农业种植及加工产业链建设，进一步加大基本农田和草原保护力度，建立国家优质棉基地（新疆）、畜产品基地、林果基地和国家粮食安全后备基地，积极发展沿边地区外向型特色农业和农产品深加工，利用我国的技术、资金优势和周边国家的资源优势，加强与周边国家在农业综合开发领域的合作，把国家援外项目与境外投资、农业合作结合起来，实行土地资源、作物栽培技术、农林牧品种等农业资源的区域性合作配置和优势互补，推进多边、双边农业经济技术合作，实现互利共赢。大力发展以旅游为主导的产业链，包括休闲、养老、餐饮、娱乐等，开发具有边境地域特色、民族特点的旅游项目，办好民族风情节，提升文化旅游层次和水平。打造以商贸物流为主的服务产业链，依托区域中心城市、产业集聚区、货物集散地、交通枢纽等，建设一批集产品加工、包装、集散、仓储、运输等功能于一体的国际物流节点和配送中心、物流园区，鼓励和支持发展跨国商贸物流产业，大力发展沿边地区农产品集散地、批发中心、连锁经营，发展鲜活农产品配送系统。加快沿边地区银行、保险、证券、期货、金融租赁等金融服务业发展，鼓励金融机构调整和优化网点布局，加强边境城市和口岸金融服务网点建设，增强中心城市金融业对边境城镇的辐射力和影响力。

（五）加快人才引智建设

人才是沿边开放带动区域高质量发展的关键，加快培养和引进开放型人才，既要加强本地人才的教育培训，又要积极引进先进地区及海外高层次人才和专家，围绕产业布局，扎实推进人才的培养、引进、流动和使用，形成人才集聚区，打造"人才小高地"。制定开放型人才引进培育政策，在平台建设、人才管理、待遇分配、创业基金、服务保障等方面探索并实施先行先试。进一步整合优化沿边地区行政、事业机构设置，合理配置编制资源，完善干部职工工资待遇政策，争取获中央批准逐步提高沿边地区财政供养人员津贴补贴标准。建设沿边国际学校（或国门学校），培养适应沿边开发开放的专业人才。加快发展职业教育，促进沿边劳动力自由流动。在沿边地区引进职业教育和培训机构，建立面向沿边国家的国际教育中心，鼓励沿边地区国家的学生到沿边地区就读，提高劳动力素质，培养相关就业技能。允许中国及沿边国家劳动力到跨境经济合作区就业，促进沿边国家劳动力在跨境经济合作区内自由流动。

（六）提供政策支持

探索创新贸易发展模式，全面落实《国务院办公厅关于促进边境贸易创新发展的指导意见》，支持边民通过互市贸易进口周边国家商品，并允许边疆地区的加工企业进行加工，放宽沿边地区企业进口邻国资源类商品资质条件，扩大边境贸易进口商品的种类，增加企业进口商品配额等。完善边民互市贸易政策，加快修订《边民互市贸易管理办法》，加快出台《边民互市贸易进口商品负面清单》，加强对互市贸易多元化发展相关试点工作的监管，深化边民互市贸易改革。完善投融资政策，缩减政府核准投资项目范围，精简前置审批，规范中介服务，实施企业投资项目网上并联核准制度，建立健全投资项目纵横联动协同监管机制，鼓励银行业将沿边地区列为业务发展和信贷支持重点区域，扩大民间资本市场准入范围，引导企业探索建立"非资金回报"模式，创新产业投资方式，以市场化方式引导社会资本投资新兴产业。完善财政税收政策，抓住东部沿海地区加工贸易向中西部转移的机遇，加大财政对加工贸易产业发展的扶持力度，研究设立可循环使用的外贸和跨境电商公共服务平台资金池，推动建立政府引导、社会参与、市场化运作的各类投资基金，通过项目资金补助、"以奖代补"、贷款贴息、竞争性资金分配等多种方式来支持重点园区、重点产业、重大项目建设，积极争取亚洲基础设施投资银行、开发性国家金融机构等对沿边地区重大项目、重大工程建设的资金支持。

国际经济新形势下我国沿边开放战略思考

庄 芮　张晓静　宋荟柯*

摘　要： 新冠肺炎疫情冲击之下，世界经济出现整体衰退成趋势、全球供应链向区域化多元化转变等六大特征。在复杂严峻的新形势下，我国亟须调整战略方向，适应新变局。就沿边开放而言，经过近30年的发展，我国沿边地区对外开放的层次和平台已日趋丰富，开放力度也逐渐增大，并且随着自贸试验区在部分沿边省区的设立，沿边开放发展日益成为国家战略的重点以及构建全面开放新格局的重要组成部分。我国沿边开放目前仍存在着基础设施建设滞后、产业集聚发展有限、高端要素缺乏、创新能力不强等问题。在新形势下，沿边地区应从开放理念、基础设施、平台建设、特色产业、边境合作、优惠政策和边境疫情防控等方面做出切合实际的政策调整，推动形成沿边开发开放新格局。

关键词： 国际经济新形势　沿边开放　战略调整

一　国际经济新形势与我国战略调整方向

2020 年，新冠肺炎疫情对全球经济造成巨大冲击，由此引起的世界经济新变局逐步呈现六大特征。

---

* 庄芮，对外经济贸易大学国际经济研究院副院长，教授，博士生导师；张晓静，对外经济贸易大学国际经济研究院副研究员；宋荟柯，对外经济贸易大学国际经济研究院世界经济专业博士研究生。

（一）世界经济整体衰退已成趋势

新冠肺炎疫情及其防控措施造成的经济停摆，正在不断加大世界经济衰退风险。国际货币基金组织（IMF）于2020年6月发布报告，预测2020年全球经济增长率将为−4.9%。[①]世界银行最新估算也显示，全球经济2020年将收缩5.2%，这将是二战以来程度最深的经济衰退。由于内需和供应、贸易及金融严重中断，预计发达经济体2020年的经济活动将收缩7%，新兴市场及发展中经济体（EMDE）2020年将收缩2.5%（60年来首次整体收缩）；预计人均收入将降低3.6%，2020年将有亿万人陷入极端贫困。

（二）全球供应链向区域化、多元化转变

21世纪以来，全球科技创新活动进入空前活跃期，新一轮技术革命正在重构全球创新版图、重塑经济发展模式。在新冠肺炎疫情倒逼之下，新科技、新产业快速发展，如数字化、绿色化、智能化推动全球化转型，远程办公带动干线城市和中小城市发展，传统零售业加速向线上零售业转变，制造业数字化步伐加快，等等。未来全球供应链布局可能出现两种变化：一是物理供应链缩短、减少对较长供应链的依赖，某些经济体将更加重视自身供应链的完整性和自主可控性，从而促使某些供应链区域化集聚。二是各国出于分散风险的考虑，会尽量避免单一供应链，故而将更加重视对供应链进行多元化布局。

（三）不确定性或成"新常态"

近年来，世界经济遭遇诸多不确定性冲击，如快速传播的新冠病毒、贸易摩擦加剧以及与气候相关的自然灾害，等等。IMF研究显示，与"非典"和埃博拉病毒相比，新冠肺炎疫情导致的不确定性分别高于两者3倍和20倍，当前世界经济的不确定性已经达到了历史高点。因此，未来中短期内，不确定性恐将成为"新常态"。

---

① *World Economic Outlook*，June 2020，https：//www.imf.org.

（四）中美博弈日趋白热化

疫情使国际地缘政治形势变得更加严峻，大国战略竞争日益激烈，尤其是中美博弈更趋白热化。特朗普上台以来，以 2017 年《美国国家安全战略》为起点，以贸易冲突显性化为特征，中美关系已发生根本性变化。疫情本应成为中美两国加强合作与协调的契机和动力，但是在美国对华政策错误导向的影响下，疫情不仅未能推进中美合作，反而成为中美关系进一步恶化的催化剂。中美博弈加剧的深层次原因是：一方面美国对华战略发生了不以疫情为转移的根本性变化，将中国视为主要战略对手、极力打压遏制中国已成美国核心目标；另一方面是美国国内政治的原因，由于疫情和 2020 年 11 月美国大选叠加，美国国内政治斗争白热化，围绕中国议题的炒作会变本加厉。

（五）全球治理"信任赤字"加剧

国际多边合作在此次疫情应对方面暴露出全球领导力缺失问题。多边治理体系效能不足，加剧了国际社会对全球治理机制的"信任赤字"。既有的多边主义和全球治理制度无法应对政治多极化、经济全球化、社会信息化、文化多元化和新科技革命带来的新问题和新挑战，国际多边合作面临"碎片化"和"意识形态化"的双重压力。当前，全球治理正进入新一轮的深度转型与重塑周期，如何防止"信任赤字"扩大成为世界共同难题。

（六）国际卫生合作成为新焦点

必须看到，21 世纪以来所发生的重大危机都推动了相关领域的国际合作，如"9·11"事件促进了全球反恐合作，2008 年金融危机促进了全球和地区的金融合作。此次新冠肺炎疫情，同样将使卫生健康领域的国际合作成为新焦点，国际社会亟待探索新型合作方式，以应对可能常态化的公共卫生危机。相对于反恐、经济和气候变化，健康卫生合作的政治敏感度更低，利益博弈的成分相对较少，合作的必要性和迫切性更强。合作将在全球、区域、国家等多个层面展开，一些比较成功的合作模式将得到推广，一些被证明行之有效的预防和应对措施将成为普遍遵守的规则，这将广泛影响人们的生产和生活方式。

面对世界经济变局的上述特征，我国需要及时调整发展战略，从宏观层面看，必须把握好几个重要方向。

第一，要从周边和"一带一路"着手，深化国际合作，实现政策协同，有效防止危机扩散和经济陷入恶性循环。

历次危机的应对表明，迅速恢复市场信心、避免恐慌情绪蔓延导致的"多米诺骨牌"效应，是危机救助措施的首要目标和政策着力点。我国应充分运用"互联网＋"和大数据，搜集舆情信息并总结规律，引导公众理性对待疫情；同时通过政府、民间等多种渠道，鼓励东北亚、东南亚等周边国家乃至"一带一路"相关国家和地区携手合作，共同应对危机，尽量减少经济衰退所带来的负面冲击。

第二，要构建国内国际"双循环"，内外联动促进形成新发展格局。

在全球疫情仍继续蔓延的情况下，我国一方面要通过深化供给侧结构性改革、挖掘国内大市场潜力来加快补短板、强优势，形成若干国内的全产业链，实现"内循环"；另一方面，还要继续加大对外开放力度，在全球化背景下与国际循环实现有机衔接，如中国和日韩、东盟、南亚产业链关联度比较高，可以在联合抗疫的同时，谋求亚洲产业链的重新联结，形成"外循环"。如此，才能确保中国经济在内外联动过程中避免"断链"风险。

第三，要处理好防风险和稳增长的辩证关系，有效提升我国经济应对不确定性的能力。

在不确定性或成常态的情况下，我国政策制定更需具有稳增长和防风险的"双底线思维"，既要完善国内体制机制以增加防控确定性，从而高效应对疫情的不确定特点，又要针对这些不确定性风险点，制定一套反应迅速的风险预警方案，同时提前筹划多种财税金融组合措施，为疫情结束后刺激消费投资做好政策准备。

第四，以应对疫情为契机，推进构建命运共同体，加强区域和跨区域合作，应对全球治理新趋势。

应对疫情是当今世界各国的共同关切。我国可根据国际政治经济形势变化，赋予"一带一路"等区域和多边合作框架更多现实内容，包括与周边及"一带一路"相关国家和地区加强卫生健康命运共同体建设，拓展合作范围，推动经济合作、卫生合作、环境治理合作等。在此过程中，我国将继续发挥负责任大国作用，积极提供国际公共物品，维护重要国际机制的正常运作，提高全球公共卫生治理水平。

二　我国沿边开放现状与问题

经过将近30年的发展，全国9个沿边省区[①]的开放取得了一系列成就，沿边开放平台的种类和数量日益增多，沿边地区开放层次不断提高，其布局和功能也在不断地优化和完善。特别是随着"一带一路"建设的推进以及自贸试验区在部分沿边省区（如云南、广西等）的实行，沿边地区正逐渐由改革开放的末梢走向前沿，沿边地区的开放发展也成为国家战略的重点以及构建全面开放新格局的重要组成部分。与此同时，与沿海、沿江地区相比，受市场、基础设施、资本、人力、技术等要素的制约，沿边地区的开放水平还有待进一步提高，仍面临着贸易结构有待优化，基础设施建设滞后，地区辐射能力集聚不足等问题。

（一）我国沿边开放现状

自1992年我国开始实施沿边开放战略以来，沿边9省区不断地进行探索，在国家政策的扶持之下，借助自身地缘优势和区位优势，深化与周边国家的经贸合作，以开放促开发，以开发促发展，不断扩大开发开放的范围和力度，实现了开放程度和发展水平的显著提升。

---

① 本文所指沿边开放9省区包括：云南省、甘肃省、黑龙江省、吉林省、辽宁省、广西壮族自治区、西藏自治区、新疆维吾尔自治区、内蒙古自治区。

1. 对外贸易稳步提升，未来发展潜力巨大

实施沿边开发开放战略以来，沿边9省区对外贸易不断增长，进出口总额由1992年的169.39亿美元增加至2018年的2962.04亿美元（如图1所示），1992~2008年，沿边地区对外贸易稳步提升，特别是中国加入世贸组织之后，增长势头迅猛，后受金融危机影响，贸易额有所下降，但其后迅速回稳向好，2015~2016年受国际贸易形势和汇率波动影响，贸易额有所下滑，但近年来迅速回升。值得注意的是，虽然沿边地区的贸易额实现了迅速增长，但其在全国进出口总额中的比重由1992年的10.23%逐渐降至2018年的6.41%，这说明与沿海地区相比，沿边地区的贸易潜力还有待开发，在当前加快沿边开放步伐的政策推动之下，沿边地区未来具有广阔的发展前景。

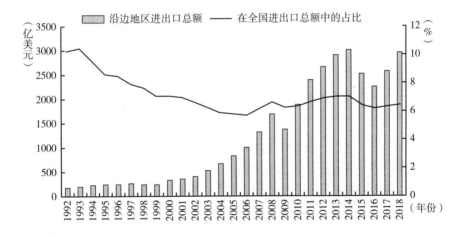

图1　沿边9省区1992~2018年进出口总额

资料来源：笔者根据各省区历年统计年鉴及国家统计局数据整理而得。

2. 利用外资金额稳中有进，营商环境大为改善

整体来看，经过多年发展，沿边各省区利用外资金额除2015年外，其在全国实际利用外资金额中所占的比重基本维持在30%左右，且自2013年"一带一路"倡议提出以来，沿边地区利用边境经济合作区和跨境经济合作区进行招商引资的力度不断加大，通过对标国际水准和东部沿海发达地区做

法，积极推进体制机制改革，提升管理服务水平，优化投资环境，沿边地区利用外资金额整体呈上升趋势，并在 2017 年达到峰值 481.35 亿美元。如珲春边境经济合作区深入推动"放管服"改革，持续简化行政审批事项和流程，开通了投资项目在线审批监管平台；二连浩特边境经济合作区整合政、商、产、学、研优势资源，为入园企业提供一站式保姆服务；临沧等边境经济合作区充分发挥市场机制作用，引进商会和企业建设运营园区，取得积极进展①。

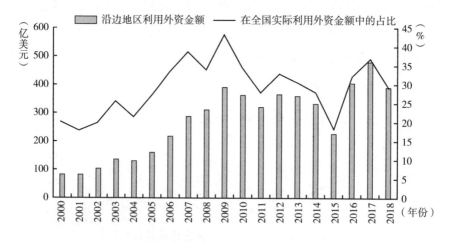

图 2　沿边 7 省区 2000~2018 年利用外资金额

资料来源：笔者根据各省区历年统计年鉴及国家统计局数据整理而得。

（注：鉴于数据可得性，此处未计算沿边 9 省区中的新疆和西藏两个地区；占比中的分母为全国实际利用外资金额；因各省区统计口径不同，利用外资数据中，黑龙江数据为利用外资合同金额，内蒙古数据为实际利用外资金额，其他省区皆为外商直接投资合同金额）

3. 沿边开放载体和平台数量日益增多，布局和功能进一步优化

沿边地区当前已形成了以沿边口岸、边境城市、边境经济合作区、跨境经济合作区、重点开发开放试验区和自贸试验区等为主体的全方位、多层次开放平台（如表 1 所示）。同时，沿边 9 省区皆位于"一带一路"沿线，这些平台和载体通过与新亚欧大陆桥、中蒙俄、中国—中亚—西亚、中国—中

---

① 资料来源：《中国外商投资报告 2018/2019》，详见商务部网站（http://www.mofcom.gov.cn）。

南半岛、中巴、孟中印缅六大经济走廊的重要支点建设相结合，在构建陆海统筹、东西互济、南北贯通的开放格局中进一步发挥重要作用，形成了沿边开放的新格局。

表 1　沿边地区开放平台和载体

	沿边口岸	边境城市	边境经济合作区	跨境经济合作区	重点开发开放试验区	自贸试验区
辽宁	13	2	1	0	0	1
吉林	17	8	2	0	0	0
黑龙江	25	5	2	0	1	1
内蒙古	18	3	2	0	2	0
广西	20	2	2	0	3	1
云南	18	4	4	1	2	1
西藏	4	2	0	0	0	0
新疆	19	8	4	1	0	0
甘肃	3	0	0	0	0	0
沿边累计	137	34	17	2	8	4
全国	306	34	17	2	8	21

资料来源：笔者根据中国口岸协会、《中国外商投资报告 2019》相关数据整理而得。

4. 与周边国家跨境合作增加，互联互通能力增强

早期阶段，我国沿边开放主要以单边的边境贸易为主，近年来，在互市贸易、边（跨）境经济合作区、境内外园区、综合保税区以及自贸区等平台和载体的带动下，部分沿边地区将跨境贸易与跨境加工制造、跨境金融、跨境电商、跨境物流以及跨境旅游等模式相结合，不断深化与周边国家的跨境合作，加强互联互通，形成了以贸易为主，投资、加工制造、电子商务、旅游等协同带动的综合发展模式，不断促进跨境贸易由"通道型经济"向"落地经济"、"产业经济"转型升级。

（二）我国沿边开放现存问题

近年来，沿边地区对外开放在国家政策支持下取得了较大的成效，开放

层次和平台日益丰富，开放力度也逐渐增大，但与沿海地区相比，因受到多重因素的制约和内外部问题的困扰，沿边地区的区位优势和潜力未能充分发挥出来，开放的效果仍不够显著。

一是外贸市场规模和结构有待优化，产业集聚发展受到制约。

产业的集聚发展需要一定的市场规模才能够实现，沿边地区周边国家目前大多处于工业化发展初期阶段，市场规模较小。一方面，当前沿边9省区的对外贸易进出口总额在全国的占比仅为6%~7%，整体外贸发展水平滞后于全国平均水平，对跨境产业集聚发展的拉动效应有限。另一方面，在贸易层次和贸易结构上也有待优化。部分沿边省区的边境贸易和边境小额贸易占比过高，如新疆2018年边境小额贸易进出口总额占比高达60.14%，西藏为50.76%，从而难以对优质生产要素形成有效集聚。此外，沿边地区进口商品多为资源型产品，出口商品大部分为低附加值型的劳动密集型产品，难以获得贸易商品的增值。这些因素综合导致了沿边地区"通道经济"、"口岸经济"特征突出。

二是基础设施建设滞后，招商引资难度较大。

近年来，在"一带一路"设施联通政策的支持和国家有关部门的大力促进下，沿边地区的基础设施建设取得了一定的成果，但到目前为止，由于沿边地区地理位置偏远，发展基础薄弱，地方财政能力有限，大部分沿边地区的基础设施仍处于供给不足的状态，边境通道条件差，区域间总里程不足，公路、铁路不够密集，通关和口岸运输能力差等问题持续制约着沿边地区的跨境贸易往来和产业合作。薄弱的互联互通水平不仅难以适应新形势下沿边地区进一步开发开放的要求，也进一步影响着沿边地区的招商引资水平，以利用外资为例，基础设施条件相对较好的东三省在沿边地区利用外资占比中高达60%~70%。

三是高端要素缺乏，创新发展能力不强。

沿边地区往往地处偏远且多为经济不发达地区，不仅基础设施等硬环境不强，创新环境、人才环境、金融环境等软环境与东部乃至中部地区相比也存在不小的差距，因此在吸引资金、人才、技术等高端要素方面的竞争能力较弱，由此引致的创新能力不足问题又进一步制约着沿边地区的产业和经济发展。而经济发展程度的相对落后又反过来影响着企业在沿边地区的投资倾向、高端人才的落户选择以及金融市场的发达程度。若不及时制定和完善适用于沿边地区的人才培养体系，强化资金支持，沿边地区的贸易发展模式和产业结构很难发生大的改变，这无疑将会影响到沿边地区未来的发展空间和开放进程。

四是体制机制不够畅通，政策优势尚待转化。

首先，与我国推动自贸试验区体制机制创新的思路相比较，沿边地区还局限于旧思维，着力于政策上的优惠，并未从更加开放的视角去探索完善竞争协调、贸易便利化、投资管理、金融制度、海关监管等体制机制[1]。其次，沿边地区目前尚未形成强有力的政策支撑体系，大部分配套政策片面参照沿海地区的经验做法，与沿边地区自身的开放需求不甚匹配，边境贸易政策缺乏稳定性和连续性，新政策缺乏具体的配套支持措施，政策优势难以发挥[2]。最后，沿边地区与周边国家地区政府间尚未建立起推动跨境产业合作的沟通协调机制，导致合作区的功能定位、建设进度、产业发展等方面也难以协调，跨境产业合作在贸易、投资等领域仍存在制度障碍[3]。

新形势下，突破和解决上述制约发展的瓶颈，将成为进一步激发沿边地区活力、破解沿边地区开放难题的重要抓手和支撑。

三 新形势下我国沿边开放战略调整建议

在新形势下，我国沿边开放呈现出许多新特征，为进一步提高沿边地区开放水平，创造稳定的周边环境，我们必须要把握好当前的机遇，同时也要

---

① 全毅、王春丽：《"一带一路"倡议与我国沿边开发开放新格局》，《边界与海洋研究》2019年第2期。

② 谭秀杰等：《"一带一路"建设下沿边地区开发开放的机遇与挑战》，《边界与海洋研究》2019年第1期。

③ 向晓梅等：《沿边地区跨境产业合作：问题、路径及对策》，《开放导报》2019年第5期。

做好迎接挑战的准备，可从开放理念、基础设施、平台建设、特色产业、边境合作、优惠政策和边境疫情防控等方面对沿边开放战略进行切合实际情况的调整，打造高水平、全方位的开放格局。

（一）坚定沿边高质量开放理念，助推双循环新格局

中央提出的"加快形成以国内大循环为主体，国内国际双循环相互促进的新格局"，要求我们在推进国内大循环的同时，要注重形成高质量的对外开放格局。外资外贸是双循环新格局的重要桥梁，也是沿边开放的主要内容。沿边地区应充分认识新格局下扩大开放的重大意义，进一步增强大局意识、机遇意识，把沿边地区开放与沿海开放、沿江开放、"一带一路"倡议等开放战略统筹起来，加快培育贸易新业态新模式、加强区域联动、促进创新能力开放合作、积极承接产业转移、吸引外来投资、深化国际产能合作，形成主动型开放新格局。国家、省级、市县、对外开放平台等各个层面建立起相应的协商机制，推动解决沿边开放中的重大问题，加大沿边省区发展战略和口岸建设规划的协调力度，坚持错位发展。

（二）构建沿边开放基础设施体系，提升支撑保障水平

沿边地区加快构建以国际大通道为重点，航空基础设施为先导，高速铁路和高速公路为骨干，航运为补充，口岸为枢纽，管道运输为辅助的安全高效的现代化交通基础设施体系，着力构建面向东南亚、南亚、中亚、东北亚等方向的国际综合运输通道。完善口岸基础设施，支持沿边重点地区完善口岸功能，有序推动口岸对等设立与扩大开放，加快建设"一带一路"重要开放门户和跨境通道。按照适度超前、保障重点、分步实施的建设理念，建立和完善、更新边境监控系统，实现边检执勤现场、口岸限定区域和重点边境地段全覆盖，打造"智慧边境线"。

加强政府间磋商，充分利用国际国内援助资金、优惠性质贷款、区域性投资基金和国内企业力量，加快推进我国与周边国家基础设施互联互通建设。积极发挥丝路基金在投融资方面的支持作用，推动亚洲基础设施投资银

行为互联互通建设提供支持。将我国与周边国家基础设施互联互通境内段项目优先纳入国家相关规划，进一步加大国家对项目建设的投资补助力度，加快推进项目建设进度。

（三）推进沿边开放平台建设，聚焦制度创新

顺应对外开放新趋势，统筹打造重点开发开放试验区、自由贸易试验区、综合保税区、边境合作区、边民互市区等各类开发开放平台，充分发挥战略叠加优势，通过制度创新破解发展难题，推动发展质量变革、效率变革、动力变革，聚集新产业、新业态、新模式。通过创新助推沿边开放，带动沿边地区发展。加大对对外开放平台建设的支持力度，扩大中央财政转移支付支持力度，对平台建设给予专项支持。

依托"一带一路"六大经济走廊，构建沿边特色城镇体系。发挥沿边省区中心城市的支撑作用和口岸城市的通道作用，以重点开发开放试验区、边境经济合作区、跨境经济合作区、边境城镇、边境口岸等为载体，加强人口和产业集聚，不断提高对外合作能力。支持大型专业市场转型升级，培育一批特色边贸商贸小镇和边境城市边民互市市场。

（四）培育沿边特色优势产业，集聚生产要素

沿边地区虽然具有丰富的自然资源和优越的地理位置，但是由于过往沿边地区更加注重贸易量的增长且出口商品多为劳动密集型产品，忽略了推动当地产业的发展，缺乏大工业产业和大型企业的支持，部分沿边地区充当的是进出口通道，并没有有效地利用自身的区位优势，使得该地区的对外贸易发展水平落后于全国整体水平。加快沿边地区的发展，我们应该更加注重沿边地区产业的发展，通过差异化政策，支持沿边重点地区大力发展特色优势产业，推动产业聚集联动，实现重点产业突破。

在稳步发展制造业、夯实产业基础的同时，通过互联网、跨境电商等渠道，加强农业、制造业、服务业等产业间的对接协作，建立具有沿边特色的现代产业体系，深化与周边国家合作。利用口岸通道优势，大力发展边境贸

易、矿产资源加工、农副产品加工、物流和电子商务等产业；利用当地农业转移人口和外籍务工人员优势，有针对性发展劳动密集型产业；利用沿边开放政策和平台优势，有选择地发展高端制造业。

（五）深化与邻国的边境合作，加大对沿边企业支持力度

当今世界，贸易保护主义不断抬头，世界各国纷纷利用关税和各种非关税壁垒来保护本国市场和本土产业的发展，这对我国与周边国家开展经济合作产生了一定的不利影响；同时，周边国家经济发展相对落后，沿边开放程度较低，压制了我国沿边地区的开放水平。为此，我国应该积极主动地与周边国家建立良好的交流沟通机制，实现与周边国家基础设施的互联互通，加强边境口岸合作机制的建设，尝试主导和引领与周边国家的区域经济合作，利用我国与周边国家的经济互补性，推动边境贸易和产业的发展，构建互利共赢的跨境经济合作区。

（六）实施更有针对性的配套政策，增强沿边地区发展动力

沿边地区虽然具有独特的优势，但是由于其地处中国边界，与中国沿海和内陆地区相比，这些地区的基础设施建设落后以及生活条件艰苦，使得其对人才和资金的吸引力不够，这在一定程度上制约了沿边地区的开放发展。对此，国家应该针对不同地区提出各有侧重的配套政策。在财税政策方面，加大中央财政转移支付规模，强化中央专项资金支持，实行差别化补助政策，加大税收优惠力度。在金融政策方面，大力实施跨境金融改革和便民金融服务措施，推进企业通过发行企业债券、公司债券、中期票据、结构化融资产品等融资形式，不断拓宽项目融资渠道。在边贸政策方面，放宽边民互市贸易产品来源国，适当放宽边民互市贸易产品原产地证明，进一步提高边民互市进口免税额度，为边民互市商品落地加工创造条件。在土地政策方面，对沿边地区新增建设用地指标予以倾斜支持，在园区土地开发整理方面给予资金支持。在人才和劳动力政策方面，实施特殊政策支持引进紧缺人才，鼓励广大青年投身沿边地区的开发开放事业，建

立灵活合适的人才制度，支持国际人才管理改革试点，为沿边地区打造良好的经济发展环境。

（七）加强边境疫情防控工作，保障经济活动正常进行

2020 年初突如其来的新冠肺炎疫情引起了全球市场动荡，客观上阻碍了我国沿边地区进一步的对外开放。在疫情还在持续的情况下，我们要加强边境的疫情防控工作，严格筛查，吸取云南瑞丽疫情反弹的教训，同时加强国外进口货物的核酸检测。在做好本国疫情防控工作的同时，可以与邻国交流疫情防控经验，只有当全球疫情逐步得到控制时，人们才会更加放心地进行边境贸易活动，各国才能更好地谋求共同发展。

"一带一路"高质量发展中的
风险、挑战及应对

李　蕾*

摘　要：　"一带一路"建设已经进入高质量发展阶段。随着"一带一路"建设的走深走实，其发展中面临的风险和挑战也呈现出新的变化和特点，有必要进行系统的梳理。高质量发展阶段，"一带一路"建设存在政治风险、经济风险、安全风险和法律风险等四类风险，面临外部和内部两种挑战。面对客观存在的风险与挑战，需要迎难而上，通过深化国别研究，提升企业跨国经营能力等措施进行有效应对。

关键词：　"一带一路"　高质量发展　风险　挑战

　　2013 年 9 月 7 日，国家主席习近平在访问中亚四国时提出共建"丝绸之路经济带"的构想；同年 10 月，习近平又在访问东南亚国家时提出共建"21 世纪海上丝绸之路"的倡议。"一带一路"发端于中国，贯通中亚、东南亚、南亚、西亚乃至欧洲部分区域，东牵亚太经济圈，西系欧洲经济圈，覆盖约 44 亿人口，经济总量约 21 万亿美元，人口和经济总量分别占全球的 63% 和 29%。

　　"一带一路"倡议作为我国提出的国际合作以及全球治理新模式，经过近七年的发展，从中国倡议到多国共识，从探索性的总体布局"大写意"到落

---

* 李蕾，中共中央党校（国家行政学院）经济学教研部教授，博士生导师。

地生根的各合作领域"工笔画"，已经从初创阶段进入高质量发展阶段。截至
2020 年，中国已同 138 个国家和 30 个国际组织签署 200 份共建"一带一路"
合作文件，共同开展了超过 2000 个合作项目，"一带一路"已经成为促进沿
线国家经济社会发展的重要推手。但是，随着"一带一路"建设的深入推进，
各种风险和不可控因素的影响也在凸显。特别是近两年来，以中美经贸摩擦
为标志的国际关系的新情况给"一带一路"建设带来新的不确定性。"一带一
路"高质量发展中面临的风险与挑战需要进一步深入研究。

一 "一带一路"高质量发展中的风险

1901 年，美国学者威雷特（A. H. Willett）首次对风险进行了界定：风
险是关于不愿意发生的事件发生的不确定性的客观体现。这个定义指出了风
险的两个重要特征：一是客观性，风险是客观存在的，不以人的意志为转
移；二是不确定性。不确定性的产生一方面是源于事物本身发展结果的不确
定，另一方面也是因为人的主观认知的局限性。因此，事先对可能存在的风
险进行详尽的分析和评估，是做好风险管理的前提条件。

（一）"一带一路"建设的基本情况

"一带一路"沿线涉及的国家数量众多，各个国家在地缘政治、宗教文
化、法律体系、经济结构等方面差异较大，这就使得投资企业面临着异常复
杂的风险因素。

"一带一路"高质量发展阶段合作涉及的领域更广，项目数量更多，对各个
国家的经济社会影响更深。2019 年我国企业对"一带一路"沿线 56 个国家非金融
类直接投资 150.4 亿美元，同比下降 3.8%，占同期投资总额的 13.6%（见图 1）。

对外承包工程方面，2015～2019 年我国与"一带一路"沿线国家签订
对外承包工程项目数量超过 3 万项。2019 年，我国企业与"一带一路"沿
线的 62 个国家新签对外承包工程项目合同 6944 项，较 2018 年减少 777 项
（见图 2）。

图 1 2015～2019 年我国对"一带一路"沿线国家非金融类直接投资额

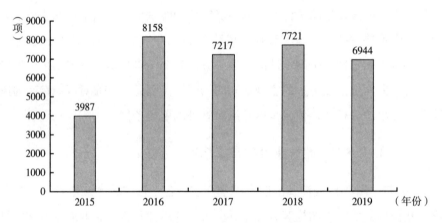

图 2 2015～2019 年我国与"一带一路"沿线国家每年新签对外承包合同项目数量

过去 5 年，我国对"一带一路"沿线国家承包工程完成营业额超过 4000 亿美元。2019 年，我国对"一带一路"沿线国家承包工程完成营业额 979.8 亿美元，同比增长 9.7%（见图 3）。

共建"一带一路"倡议提出以来，中国与"一带一路"沿线国家贸易规模持续扩大，2016～2019 年贸易值累计超过 31 万亿元，中国已经成为沿线 25 个国家最大的贸易伙伴（见图 4）。

我国承接"一带一路"沿线国家服务外包业务规模增长较快。2019 年

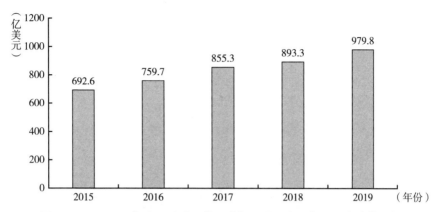

图3 2015～2019 年我国对"一带一路"沿线国家承包工程完成营业额

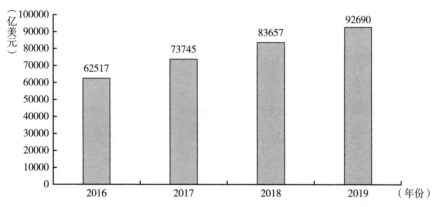

图4 2016～2019 年我国与"一带一路"沿线国家进出口总额

承接"一带一路"沿线国家服务外包合同执行额为 184.7 亿美元，占我国服务外包合同执行总额的 19.1%（见图5）。

从过去 5 年的数据可以看出，"一带一路"建设顺利推进，逐步成为沿线各个国家经济社会发展的重要推动力量。同时，合作项目的规模不断扩大，投资项目的存量积累越来越多，对沿线各国的影响力逐步显现。进入高质量发展阶段风险也在累积，新的情况可能产生新的风险。

（二）"一带一路"高质量发展中的风险分析

机遇与风险总是并存的，把握机遇的前提是对风险有足够的认识和准

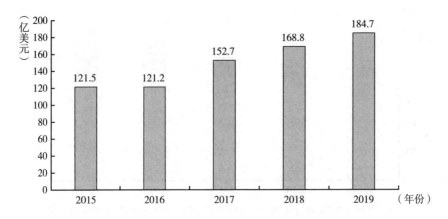

图5 我国承接"一带一路"沿线国家离岸服务外包合同执行额

备。《礼记·中庸》中说：凡事预则立，不预则废。"一带一路"高质量发展中的首要任务是对可能存在的风险进行详尽周到的分析评估。

1. 政治风险

政治风险是指东道国政府政策的突然改变而导致投资企业的经营利益受损的可能性。东道国的政治局势动荡对投资企业造成的损失是投资企业面临的首要风险。政治风险的来源有五大类：（1）战乱因素。一旦战争爆发，将导致海外投资和人员安全受到巨大威胁，可能造成重大损失；（2）政权更替。新政权上台后，执政理念、经济政策、政府财政支出可能发生变化，会导致原先所订立的合约与条款面临违约风险；（3）财产剥夺。东道国通过没收征收的方式把外国投资者的债券和股份收为国有；（4）政府规制的限制性措施。东道国对外国企业经营活动设置障碍，包括行业进入壁垒、投资限制、价格管制和劳务用工限制；（5）第三国干预。第三国出于打压投资国的考虑，对东道国进行干预，迫使东道国对外国企业的投资行为进行干预。

"一带一路"建设涉及60多个国家和地区及相关周边市场，合作范围覆盖东南亚、南亚、中亚、中东、东欧、非洲，沿线国家大多数为新兴经济体和发展中国家，政治治理能力差异很大，社会安全形势严峻，地缘政治关系错综复杂，宗教信仰等社会因素盘根错节，政治风险尤为显著。政治风险具有"难以影响"的特性，而且风险一旦发生，影响力大、波及范围广，往往对投资者的利益造成巨大损失，因此是"一带一路"建设各主体必须首先考虑的风险。政治风险要考虑的因素主要有：政局稳定性、政府管制以及地缘政治。各国政治风险情况两极分化：部分国家完成选举和政府更迭，政治格局趋向稳定，表现出对外资和外国企业的欢迎态度；部分国家遭受战争蹂躏和恐怖主义威胁，国家政治秩序非常脆弱。

根据联合资信评估有限公司推出的一份报告，2019 年"一带一路"沿线国家政治风险从区域上看，独联体地区（俄罗斯、乌克兰和中亚五国）政治风险最高，主要源于地缘政治风险高、政局稳定性差、政府治理风险突出。亚太地区政治风险呈现国别分化情况，新加坡、马来西亚等国政治风险较低，尼泊尔、巴基斯坦、孟加拉国等国政治风险处于高位。中国和印度作为亚洲地区的两个大国，双边关系因边境争端、地缘政治等原因，不时会呈现出被称为"龙象之争"的局面。2020 年 5 月，中印两国边防部队在西部边境地区对峙。6 月又发生了冲突，造成双方人员伤亡，这既是两国老问题与新矛盾相互叠加所致，也与国际和地区形势深刻变化密切相关，给两国政治互信、经贸合作、民意基础带来了极为严重的损害。可以预计，印度的政治风险未来一段时期会处于高位。中东北非地区的政治风险较大，主要是因为地缘政治风险突出，社会安全环境较差。东欧地区政治风险整体较低，除巴尔干半岛部分国家外，东欧地区大多数国家政治制度化程度较高，各国执政党普遍采取开放、鼓励外资的政策取向，地缘政治稳定性也比较高。

2. 经济风险

经济风险主要指在"一带一路"建设中由于东道国的经济环境发生变化而对投资企业造成的负面影响，这种负面影响主要表现为投资企业承受的经济损失。经济风险主要取决于东道国的经济基础、经济形势的变化、金融体系的稳定性等。由于"一带一路"沿线的大多数国家经济基础薄弱，经济金融的稳定性较差，受国际经济形势的影响较大，所以经济风险成为"一带一路"投资风险中的重要因素。经济风险具体表现为宏观经济风险、严重通货膨胀、国际收支失衡、汇率波动风险、利率波动风险等。

"一带一路"沿线国家经济发展水平参差不齐。按照世界银行对收入水平的划分，沿线64个国家中高收入国家有19个，中高收入国家有19个，中低收入国家有24个，低收入国家有2个。东南亚国家经济发展水平较高，但多数国家经济结构单一，对外依赖程度高，内生动力不强，抗外部经济和金融冲击的能力较弱。以马来西亚为例，2016年马来西亚推出了国家2020~2050年发展规划——2050国家转型计划（TN50）。当时，国际货币基金组织（IMF）曾经预测，马来西亚将在2020年前后，成为继新加坡与文莱之后的东南亚第三个高收入经济体，初步进入发达国家的行列。但是，马来西亚的经济严重依赖外贸，近几年，受到全球需求疲软和中美经贸摩擦的影响，作为马来西亚主要出口产品的电子产品的出货量增速放缓拖累了经济增速，目前来看，马来西亚距离进入发达国家行列的目标还有相当差距。南亚国家长期受到基础设施建设落后、能源短缺、货币疲软、通货膨胀率高等问题的困扰，经济增长的潜力不能得到释放。印度经济增长率长期保持较高水平，但是独立以来，印度在经济发展中一直面临着严重的通货膨胀问题，甚至有时超过两位数的通货膨胀，成为世界上通货膨胀率最高的国家之一。莫迪上台后将抗通胀作为首要任务，将货币政策从调控货币供应转向调控利率，并将利率和通胀目标挂钩。

一些"一带一路"沿线国家经济结构单一，内生动力不强，并且过于依赖外资，很容易受到全球经济增长因素和大国经济金融政策的影响，汇率出现大幅度的波动。比如，美联储每次释放"量化宽松"信号，都会引发多个"一带一路"沿线国家的汇率大幅波动。再比如，国际金融危机对一些国家的汇率产生重大影响。1997年东南亚金融危机期间，我国在泰国、韩国投资的企业也因汇率变化遭受损失；2008年，津巴布韦货币贬值，在津投资的中国企业很多损失惨重；2014年，俄罗斯卢布出现大幅贬值，在俄罗斯投资的中国企业受到影响。

3. 安全风险

安全风险指企业及员工在海外因社会治安、社会动荡、绑架、恐怖袭击以及战争等，遭遇到或可能遭遇到造成或者意图造成人员伤亡、重大财产损失、公共设施损坏、社会秩序混乱等产生严重社会危害的行为。国际合作项目的开展、国际商贸的往来以及文化的交流都会产生大量的人员往来，"一带一路"高质量建设始终坚持以人民为中心的发展理念，只有保障往来人员的人身安全，"一带一路"高质量发展才有意义和价值。"一带一路"建设经过中亚、中东、东南亚地区，这些地区的一些国家，恐怖主义、极端主义、分裂主义分子活动频繁。

根据澳大利亚经济与和平研究所《2020 全球和平指数》报告，中东和北非仍然是全世界受冲突和暴力影响最大的地区。其中，阿富汗连续两年成为世界上最危险的国家。紧随其后的是叙利亚、伊拉克、南苏丹和也门。全球每年一半以上的恐怖袭击发生在伊拉克、阿富汗与巴基斯坦等国家。

4. 法律风险

法律风险是由法律原因导致的投资受损甚至投资失败的风险。"一带一路"沿线 60 多个国家，在法律体系方面，分属英美法系、大陆法系、混合法系和伊斯兰法系等不同的法律体系。即使在同一地区，不同国家的法律术语、法律形式、法律适用规则、法律审判模式等也存在着严重差别。复杂的法律体系、庞杂的法律条文，如果不加以高度重视，很容易因为不了解或者误读法律规定为企业的经营活动埋下隐患。"一带一路"高质量发展中的法律风险是每一个企业必须面对的重大风险。

由于"一带一路"沿线国家多为发展中国家，这些国家针对外国直接投资的政策和法律各不相同，在国家安全、反垄断、环境保护、劳工、税务以及行业限制等方面都有不同的规定，加上不同国家有关投资的相关政策与法律经常会因为外部经济环境的变化而进行调整，给进入东道国的企业增加了潜在的法律风险。

国务院国资委新闻中心发布的《"一带一路"中国企业路线图》显示，目前，在"一带一路"沿线国家中，我国有 90 多家央企设立了分支机构。但受政治倾向的影响，有些国家对外国投资特别是外国国有企业投资设立专门的审查制度。如澳大利亚利用所谓的"竞争中性原则"，来加强对外国投资审查，阻断或妨碍外国企业包括中国企业和产品的进入。

跨国并购活动也是法律风险的高发地。跨国并购过程中及并购成功后的整合过程中如果不了解东道国相关法律，就有可能受到政府管制或制裁，产生相应损失。并购投资的法律风险贯穿了从东道国的外资并购审查到并购成功后对目标企业进行经营管理的全过程，不仅包括东道国对并购的立法规范，还涉及并购企业的劳工处理、债权债务和法律责任等更为隐蔽的风险，以及并购成功后的经营过程中，并购合同中出现的签约风险，东道国为维护市场竞争和消费者利益的反垄断问题，保护中小股东权益的公司法与证券法问题等一系列风险，稍有不慎即可能给企业带来巨大损失。近几年国企"走出去"之后屡遭挫折的现象正说明识别和应对法律风险的重要性。

二 "一带一路"高质量发展中的挑战

2019 年 4 月，习近平总书记在第二届"一带一路"国际合作高峰论坛上发表的重要讲话为"一带一路"高质量发展指明了方向。习近平总书记提到了四个要点，即"一带一路"高质量发展要秉持共商、共建、共享原则，坚持开放、绿色、廉洁理念，努力实现高标准、惠民和可持续的目标，"一带一路"高质量发展应坚持以人民为中心的发展思想。

对比高质量发展的目标要求，"一带一路"建设还面临着外部和内部的双重挑战。

（一）外部挑战

世界秩序正处在巨大的不确定性中，全球化进程受到重大挑战，反全球化、逆全球化的思潮不时出现，美国从全球化的"领导者"角色上退出，保护主义和单边主义不断发酵。世界正处于百年未有之大变局。美国总统特朗普执政后，强调"美国优先"原则，在对华政策上逐步走向强硬。2017 年，在特朗普上台后公布的首份国家安全战略报告中将中国定位为美国"战略上的竞争对手",认为国家间权力平衡正朝着对美国不利的方向发展,美国要采取相应措施扭转不利局面。2020年,美国国防部长埃斯珀(Mark T. Esper)声称,美国正处于大国竞争时代。美国的首要战略竞争对手是中国,因为中国有足够的人口和足够大的经济体来取代美国。中国外交部发言人华春莹回应指出美国部分人是出于意识形态的偏见,把中国渲染成对手甚至敌人并变本加厉地抹黑攻击中国,并强调这种行为对美国自身和世界都造成了严重伤害。

在此背景下,西方国家对"一带一路"建设的不理解和误解又增多了。一些国家的媒体、智库、非政府组织不断抛出"债务陷阱论""地缘战略论"等负面言论,利用共建国家民众对国家主权、资源能源等问题的敏感心态,抹黑"一带一路"。

如何通过"一带一路"建设实实在在的发展成绩,让沿线国家政府和人民切实感受到合作带来的实惠,贯彻好开放、廉洁、绿色的发展理念,是"一带一路"高质量发展必须面对的挑战。

(二)内部挑战

"一带一路"高质量发展从根本上说要靠沿线各个国家的内生动力,内生发展动力强了,无论外部有多少威胁和压力都能够克服。从中国方面来说,推进"一带一路"高质量发展的关键是中国企业是否具备"走出去"的能力和素质。"一带一路"倡议是全新的全球合作发展的平台,对中国企业来说,能力和素质的差距是重大的内部挑战。

从跨国企业国际化经营的实践看,"一带一路"高质量建设带动的企业"走出去"具有同以往国际化经营不同的新特征,对企业能力素质提出了新要求。二战后,欧美企业是跨国经营的主力军,它们的经营模式采取了以跨国公司为投资主体,跨国企业和当地市场"点对点"的发展模式。欧美跨国公司凭借自身的技术优势,到海外直接投资,目的是获取当地廉价的自然资源和劳动力。生产出来的产品,再凭借跨国公司发达的营销网络和销售能力销往全世界,主要市场还是在欧美。点对点的发展模式寻求的是各国比较优势,对当地的基础设施、产业链布局要求不高。20世纪70年代后,以日本为代表的后发国家开始加大海外投资力度，发展模式采取了大型跨国公司和中小企业结伴"出海"的"点面结合"发展模式。当时，日本国内的生产成本上升，全球市场竞争力下降，出口贸易面对的贸易摩擦增多。为了获取更低廉的生产要素，日本企业开始大规模寻求海外发展。日本通过较高水平的管理能力，将全面质量控制、准时生产、柔性生产等管理流程和技术带到海外，大企业和小企业结伴而行，相互支持，在海外形成产业聚集和上下游配套，为产品的高品质和低成本保驾护航。这种模式对当地的基础设计和产业链布局有了较高的要求，但是对地理空间要求不高，可以在东道国的发达地区或者经济开发区内实现。

"一带一路"倡议一经提出，就强调改善基础设施、畅通贸易往来和建立人员交流的大平台。因此，企业"走出去"的发展模式必然是企业的"点"和当地市场"面"的结合，以面的突破和升级带动"点"的高质量发展。在过去7年的时间里，可以清楚地看到"一带一路"建设对沿线国家的基础设施水平的提升是显著的。这就要求企业的跨国经营要能够适应和接续基础设施水平的提升要求，在"面"的带动下找到"点"的发展机遇和空间。

具体来说，对于"点面结合"的发展模式，中国企业面临的内部挑战有三个方面：一是如何把国内粗放的数量型增长转变为跨国经营精细化的质量型发展。有的企业把"一带一路"建设简单地理解为：中国国家形象和企业形象在东道国有明显提升，可以"借船出海"，乘势把国内过剩的产品转移到国外。事实上，"一带一路"沿线国家的经济发展水平普遍低于中国，经济规模和体量和中国不在一个档次上，如果将国内产能不加提升地直接转移到海外，在很短的时间内就会出现海外市场的产能过剩，营商成本大幅升高，甚至遇到贸易壁垒和贸易纠纷。因此，内部挑战的第一条就是不能简单地做转移，而是要升级。二是如何根据当地市场的需求和市场条件，创新产品和服务。"一带一路"沿线国家的发展水平普遍低于中国，但是对产品和服务的要求往往会更高。这是因为很多国家的海外市场是向全球开放的，中国不仅仅是和当地企业竞争，而是要和欧美、日本、韩国等发达国家地区的企业在当地竞争。2013年，美国创新专家维杰伊·戈文达拉扬提出逆向创新概念，指出产品和服务创新在新的技术条件下有可能首先发生在发展中国家，这是因为发展中国家对产品的生产和使用可能会提出更为严格的要求，比如价格更低、对设备的要求更低、对可靠性的要求更高。逆向创新是针对发展中国家的低端需求进行产品设计和生产服务，之后再逐渐向发达国家延伸，拥有与传统技术创新完全相反的市场化过程。三是如何扎根当地市场发展，变捕捉市场机会的"游击战"为挖掘市场价值的"阵地战"。中国企业在过去很长一段时期海外经营以项目为依托，国际化经营跟着项目走，哪里有机会就到哪里去。机会导向型的发展战略优点是成本低，灵活度高，缺点是对当地市场的了解不够，营商成本高，抗风险能力差。在"一带一路"高质量发展阶段，企业面临的挑战是如何培养出本地化的跨国经营团队，寻找到优质的当地合作伙伴，在东道国深耕市场。

三 积极应对"一带一路"高质量发展中的风险与挑战

"一带一路"高质量发展虽然面临很多风险和挑战，但是机遇始终大于挑战，收益大于风险。只要我们敢于直面问题，迎难而上，实事求是、脚踏实地地贯彻高质量发展的理念，一定能够完成"一带一路"高质量发展这幅"工笔画"。

（一）加强国别研究，细化风险识别和风险管理

加强"一带一路"沿线国家的国别研究，动态把握各国经济社会变化情况。政府有关部门发挥好组织功能，协调相关研究机构、驻外使领馆和商务处、非政府组织和跨国企业等，定期或不定期提供"一带一路"沿线国家的贸易和投资背景资料，对可能发生的重大风险及时向企业发出预警和提示。行业协会和中介服务机构发挥好专业能力，针对本行业对沿线有关国家做细致深入研究，特别是对相对复杂的法律体系和营商环境做研究，为企业提供所需要的信息咨询服务。企业要高度重视风险管理，对开展海外经营的

每一个国家都要做相应的风险识别和风险控制，没有完善的风险管理就不能贸然开展海外经营。

（二）健全境外安保体系

首先，加强在"一带一路"沿线国家施工和开展业务的中国企业和公司的安全保护措施，政府间加强区域内国家之间安全合作与情报合作。在海外人员遇到危险和问题时为其提供及时高效的帮助，同时要雇用可靠的保安公司执行安保任务，建立健全企业自身安保体系。

（三）以创新为引领，提升企业海外经营能力

"一带一路"高质量发展的主体是企业，企业要以创新为第一动力，提升海外经营能力。坚持投资领域、经营项目"不强不做"的筛选原则，减少对低成本竞争的依赖性，更多地在技术、质量、品牌影响力、市场开发能力等方面下功夫，走差异化的竞争道路。

（四）推动本地化，让投资建设项目在当地扎根

针对当地发展的具体情况以及"一带一路"企业的具体特点采取不同的"投资战略"，促使"一带一路"项目"扎根本土"。海外投资项目尽量寻找当地优秀的合作伙伴共同发展，培养当地员工队伍，服务当地社区。

（五）加强"一带一路"的对外宣传工作

在新的形势下，要主动出击应对反华势力对"一带一路"建设的恶意歪曲和抹黑。对"一带一路"高质量发展不仅要干得好，而且要讲得好，使当地人能够真正感受到"一带一路"给他们带去的福利，以及给他们的生活带去的积极改变。

"一带一路"建设与人民币国际化研究

马小芳*

摘　要：　"一带一路"建设与人民币国际化存在内在一致性，必然相
向而行，相互促进，协同发展。"一带一路"建设是我国扩
大对外开放的重大举措和经济外交的顶层设计，十九届四中
全会提出建设更高水平开放型经济新体制，提出"拓展贸易
多元化，稳步推进人民币国际化"。本文分析了"一带一
路"建设与人民币国际化战略契合性，详细阐述了"一带一
路"建设促进人民币国际化的实现途径。

关键词：　"一带一路"　人民币国际化　对外开放

一　引言

　　2013 年 9 月、10 月，习近平主席在哈萨克斯坦和印度尼西亚分别提出共建
"丝绸之路经济带"和共建"21 世纪海上丝绸之路"，即"一带一路"倡议，得
到国际社会高度关注。2015 年 3 月 28 日，经国务院授权，国家发展改革委、外
交部、商务部联合发布《推动共建丝绸之路经济带和 21 世纪海上丝绸之路的愿
景与行动》（简称"'一带一路'愿景与行动"）。"一带一路"实施以来，秉持
亲诚惠容，坚持共商共建共享原则，完善双边和多边合作机制，以企业为主体，
实行市场化运作，推进同有关国家和地区多领域互利共赢的务实合作，打造陆

＊　马小芳，中共中央党校（国家行政学院）经济学教研部教授，硕士生导师。

海内外联动、东西双向开放的全面开放新格局。共建"一带一路"倡议的核心内涵，就是促进基础设施建设和互联互通，加强经济政策协调和发展战略对接，促进协同联动发展，实现共同繁荣。这一倡议源自中国，更属于世界；根植于历史，更面向未来；重点面向亚欧非大陆，更向所有伙伴开放。①

人民币国际化是指人民币获得国际市场的广泛接受，在世界范围内行使国际货币功能，逐步成为贸易计价和结算货币，金融交易和投资货币，国际储备货币。从理论上讲，一个国家的货币要成为国际货币，为国际市场广泛接受，至少需要四个条件：一是经济规模必须大到足以显著地影响世界；二是必须拥有足够强大的带动全球经济增长的能力；三是对外贸易和资本流动能够对其他国家产生较为重要的影响；四是货币自由兑换。随着40多年的改革开放和经济发展，"一带一路"建设的展开，中国正在逐步接近这些条件，人民币正在逐步走向世界，自2009年以来，人民币在跨境贸易结算、跨境投融资、双边货币互换、人民币离岸市场等方面发展得都很快。随着我国经济金融实力持续增强，人民币作为国际支付、计价、交易、储备货币，其地位不断提升，全球范围配置人民币资产的需求迅速增加。目前，我国债券和股票市场规模居全球第二，超过160万亿元，已被纳入多个主流国际指数。国际机构配置人民币资产已达到6.4万亿元，并以年均超过20%的速度增长，尤其是境外投资者持有境内人民币债券资产近年来以年均近40%的速度增长。本文首先对国外学界对人民币国际化的观点作了文献梳理，同时梳理了国内学者对"一带一路"建设如何促进人民币国际化的观点，接着给出了"一带一路"建设与人民币国际化战略契合分析，最后阐述了"一带一路"建设促进人民币国际化的实现途径。

二 文献综述

国外学界对人民币国际化有一定研究，但对"一带一路"背景下人民

---

① 习近平：《抓住世界经济转型机遇　谋求亚太更大发展——在亚太经合组织工商领导人峰会上的主旨演讲》，《人民日报》2017年11月11日。

币的国际化研究还较少。但国外文献关于美元如何走向国际化道路的研究成果，对"一带一路"建设与人民币国际化有重要参考意义。美国彼得森经济研究所所长弗雷德·伯格斯坦（Fred Bergsten）认为，"中国的经济规模、贸易比重、庞大的财政实力，在中国当局允许的范围内，人民币无疑将成为一种日益国际化的货币"。Barry Eichengreen（2009）指出，从长远来看，人民币的作用将逐步体现，特别是在亚洲，人民币可以充当一个区域储备货币，也可以成为一个全球次要的储备货币。朴英哲（Yung Chul Park）（2010）、宋致荣（Chi-Young Song）（2010）研究指出，由于人民币国际化起步较晚，人民币在走全球化道路时，可能由范围与时间控制不当导致人民币国际化的风险与不可预测性。考虑到对其他国家的经济政治影响，如认为人民币国际化可能会延迟东亚与美国之间贸易不平衡问题的解决。Jon-Wha Lee（2014）指出，近些年为缓解国际储备货币发行国贸易赤字压力，更好地分散各国外汇储备风险，国际货币体系多元化势在必行。全球储备系统可以通过增加替代性货币的作用得到加强，鉴于中国持续强劲的经济增长及对世界的影响，人民币很可能成为新的国际货币。杰弗里·弗兰克尔（Jeffrey Frankel）（2012）认为经济规模、货币信心、金融市场深度是货币国际化的基本要素，虽然中国已具备一定的经济规模，人民币日益得到认可，但金融市场尚待完善，人民币国际化需要以可自由兑换的资本项目为前提，中国是否已做好准备面对开放后的国际资本冲击尚待商榷。Eichengreen 和 Flandreau（2010）研究提出，诸多有利条件造就了美元国际化的成功。一是美国经济贸易的快速发展。美国经济总量于1872年超越英国，其出口规模于一战期间超过英国，足够的经济规模是美元国际化的先决条件。二是中央银行的建立增强了对美元的信心。1913年美联储成立之前，美国数次遭遇金融风暴（1907年的大恐慌，道琼斯指数下跌50%，产出下降10%，失业率达到20%），由于缺乏强有力的最终贷款人，国际投资者对美元缺乏信心。中央银行的成立有利于稳定美元币值，也为以美元计价的金融工具市场发展提供了基础。三是美国金融市场的发展推动了美元国际化。贸易承兑市场的建立尤为关键，它使得美元在贸易信贷中的使用在20世纪20年代就超越了英镑。四是战争加速了美元取代英镑的进程。第一次世界大战中，美国为英国和其他参战国提供了大量贷款，由净债务国迅速转变为净债权国，在输出美元的同时也使美元相对于其他货币更为坚挺（Frankel，2011）。

综上所述，大部分国外学者虽然肯定了人民币国际化道路，但也表示相比国际化货币，人民币依然有很长的路要走。

对于"一带一路"建设中如何促进人民币国际化，国内学者们普遍认为贸易、投资、金融平台是三个主要途径。第一，黄卫平（2015）的研究认为，中国与"一带一路"沿线各国的贸易往来具有极强的互补性，通过贸易乘数效应有利于中国经济的可持续发展，同时与"一带一路"沿线各国贸易规模的扩大可以降低人民币交易成本，提高交易效率，这有利于发挥人民币在"一带一路"经济带内的主导作用。第二，对外直接投资有助于人民币跨境循环规模，激发境外实体经济对人民币的需求从而扩大人民币使用规模。为此陈四清（2014）提出让人民币嵌入中亚和东盟基础建设、"直接投资＋对外援助"使人民币进入非洲、"直接投资＋金融投资"让人民币进入欧美这三个渠道。第三，王景武（2014）提出通过构建境外金融平台来拓宽人民币跨境资本流通渠道。如亚投行可为世界各国构建多边经济合作平台。林乐芬、王少楠（2015）运用实证分析指出，在"一带一路"建设中，经济规模是影响人民币国际化水平最重要的因素。人民币国际化的影响因素按照影响程度大小排列分别是：经济规模因素、货币惯性、对外投资因素、贸易出口和币值稳定性。对外投资与扩大贸易出口是"一带一路"建设中人民币国际化的重要途径。

综上所述，"一带一路"建设中如何促进人民币国际化，国内学者们普遍认为贸易、投资、金融平台是三个主要途径。

三 "一带一路"建设与人民币国际化战略契合分析

（一）"一带一路"建设是我国扩大对外开放的重大举措和经济外交的顶层设计

开放带来进步，封闭必然落后。我国有 20 多个紧邻国家，陆海相连。

2013年中央召开了周边外交工作座谈会，强调"无论从地理方位、自然环境还是相互关系看，周边对我国都具有极为重要的战略意义"，因此"要积极运筹外交全局，突出周边在我国发展大局和外交中的重要作用"。同时提出我国周边外交的基本方针是坚持与邻为善、与邻为伴，坚持睦邻、安邻、富邻，突出亲、诚、惠、容的理念。"一带一路"应运而生，标志着中国对与周边国家关系认识的重大战略性转变。中国是世界第二大经济体，发展的成功内靠改革，外靠开放。改革开放以来，第一阶段中国依靠吸收外资、扩大出口来加快发展。进入第二阶段，要实现经济由大变强的提升转变，实现经济发展方式的转型升级。尽管中国的经济面向世界市场，但是，周边地区是中国未来发展的最直接和最便利的新空间。周边地区，除个别发达国家外，南亚、东盟、中亚等都是发展中地区，这些地区发展愿望强烈，发展潜力巨大。通过推动"一带一路"，周边国家可以从中国的发展中得到好处，搭上中国发展的便车，获得较快发展，与此同时，中国也会从周边国家的发展中获得更多份额拓展机会，从而使周边地区成为中国延伸发展的依托带。另外，针对经济全球化深化与现行国际金融经贸治理结构基本框架不相适应的现实矛盾，依托共建"一带一路"合作发展的务实要求，通过建立亚投行、金砖银行等机构，推动对现行国际金融体制架构的增量改革。"一带一路"建设，就是习近平总书记深刻洞察这一新时代特点，将我国发展置于更广阔国际空间来谋划的主动开放之举。

（二）"一带一路"建设促进全球经济增长

进入21世纪以来，全球经济增长格局与中国经贸环境的转折性变化，集中表现为双重"重心"转移。一方面，随着中国与广大发展中国家在全球经济增长中相对贡献历史性提升，全球经济增长重心已经从发达国家转向新兴经济体与发展中国家。另一方面，中国与广大发展中国家经济联系加强，中国对外经贸增长重心正在从发达国家转向新兴经济体与广大发展中国家。如，早在2011年东盟10国就取代日本，成为中国的第三大贸易伙伴国。截至2019年底，中国和东盟双边贸易额已突破6000亿美元，如今，东盟已经成为中国第一大贸易伙伴，超过美国和欧盟。我国占东盟的进出口贸易额比重也从 2005 年的 8.4% 跃升到 2019 年 13.5%。全球经济增长重心转变集中表现为"二八易位"。21 世纪初，全球 GDP 增长构成中，发达国家和新兴与发展中国家贡献率分别为 80% 和 20%，到 2010~2013 年后危机时期，全球经济增长构成中发达国家和新兴与发展中国家贡献率逆转为 19% 和 81%。其中中国贡献率约为 35%，十余年间，全球经济增长贡献份额在发达国家与发展中国家之间实现历史性的"二八易位"。

（三）"一带一路"建设为国际产能合作与产业结构升级提供广阔平台

随着要素成本与比较优势结构演变，中国产业与经济结构调整必将进一步活跃展开，"一带一路"沿线国家依据各自所处发展阶段不同，也亟须借助资本流动和产能合作推进本国结构调整与经济发展。共建"一带一路"将扩大中国与沿线国家在不同行业以及特定行业上下游之间投资范围，推进投资便利化进程以降低投资壁垒，通过共商共建各类产业园与集聚区探索投资合作新模式，从而为中国与沿线国家产能合作与产业结构调整升级提供广阔平台。

其中一个重要领域，是中国一些劳动密集型产业或产业区段，随着工资、地价等不可贸易要素成本上升，将逐步转移到处于较低经济发展阶段的发展中国家。如同中国 20 世纪 80~90 年代曾经利用承接这类劳动密集型行业国际转移获得重要开放发展机遇一样，未来承接这类行业的沿线发展中国家，有可能在外汇创造、非农就业岗位创造、各类人力资源素质提升、推进经济外向度与国际化方面获得巨大利益。当代国际产品内分工深化与全球供应链扩展演变的大量经验事实显示，顺应比较优势规律，依托市场机制作用，产业与产业区段的国家动态转移能为区域经济一体化进程发挥巨大推动作用。

（四）"一带一路"建设与人民币国际化相互促进

"一带一路"建设与人民币国际化存在内在一致性，必然相向而行，相互促进，协同发展。"一带一路"建设要实现政策沟通、设施联通、贸易畅通、资金融通、民心相通等五大目标，归根结底就是要加强沿线各国的经济合作，逐步形成横跨亚欧大陆的、新型的区域深化合作的大格局。人民币国际化有利于加强沿线各国之间的货币流通。理论研究和实证研究的结果表明，中国是沿线国家最重要的贸易伙伴，经济、金融和社会发展居于区域领先水平。提高区域内使用人民币的比例，能够有效防范区域内的金融风险、降低交易成本，提升区域经济的整体竞争力和协同发展水平，能够为沿线国家提供新的风险管理机制，构建金融安全锚，为维护区域经济金融稳定作出重大贡献。"一带一路"建设为国内产业金融发展拓展了空间。尽管人民币加入 SDR 且中国外汇储备规模自 2006 年起一直居全球之首，但也要看到中国在全球金融体系中的话语权相对弱化，集中体现在：全球的股票市场、金融衍生品市场、股指期货市场、外汇交易市场和债券市场等依旧是欧美国家保持着绝对领先；国际信用评级体系、支付清算体系、国际信用卡组织、国际清算体系、国际货币基金组织等决定全球金融规则的机构仍然由欧美国家把持。人民币国际化外部条件的成熟还有待于中国金融国际化的延展使人民币在国际货币格局中"站稳脚跟"。这些延展领域包括三个方面，一是开发金融发展机遇，二是产业金融发展机遇，三是跨境贸易金融发展机遇。未来十年，中国与"一带一路"沿线国家的年均贸易增长率将在20%～30%，其中蕴含着海量的贸易融资需求。

四　"一带一路"建设促进人民币国际化的实现途径

（一）中国与"一带一路"沿线各国巨额贸易增长促进人民币国际化

中国与"一带一路"沿线各国的贸易往来具有极强的互补性，年均贸易增长率在20%～30%。我们可以将65个沿线国家划分成6个区域，分别是蒙俄、东南亚、南亚、西亚北非、中东欧以及中亚，比如，中国从中亚国家进口石油、天然气、棉花等；中国从东南亚国家主要进口水果、农产品、海产品、橡胶等；中国从俄罗斯进口石油、天然气、航空航天器材、木材等；中国从沙特、伊朗、苏丹、阿联酋、尼日利亚、安哥拉等进口石油；中国向这些国家主要出口家电产品、电子产品、服装鞋帽、高新技术、机械设备、重大装备等，可见，我国和"一带一路"沿线国家的贸易互补性很强。我国与东欧16国的贸易互补性也很强，中国在中东欧地区的主要贸易伙伴有波兰、捷克和匈牙利，中国同时也是中东欧地区绝大部分国家在亚洲地区的最大贸易伙伴，中东欧国家产业门类不齐全，很多商品依靠进口。它们在转型期经历过长达数年的经济衰退，生活水平与欧盟其他成员国有一定差距。中国的产品价廉物美，比欧美产品更适合于这里的消费者，服装纺织品、鞋、玩具、体育用品、食品等轻工产品都有庞大的消费者群体。中国制造的计算机等办公设备及配件，无线电话和电信设备等高科技产品，电视机、空调机、电冰箱、微波炉等家用电器在这一地区的市场销路很好。自"一带一路"倡议实施以来，中国同"一带一路"参与国大力推动贸易和投资便利化，不断改善营商环境。仅哈萨克斯坦等中亚国家农产品到达中国市场的通关时间就缩短了90%。6年来，中国同"一带一路"沿线国家贸易总额超过6万亿美元。中国对"一带一路"沿线国家投资累计超过900亿美元。商务部国际贸易经济合作研究院和联合国开发计划署驻华代表处联合发布的《中国"一带一路"境外经贸合作区助力可持续发展报告》显示，截至2018年9月，中国企业在"一带一路"46个国家建设初具规模的境外经贸合作区113家，累计投资366亿美元，入区企业4663家，总产值1117亿美元，上缴东道国税费30亿美元。

海量贸易催生跨境贸易人民币业务的开展。2009年，中国人民银行等六部门发布实施《跨境人民币贸易结算试点管理办法》。境内从广东四城市、上海等地试点，境外在香港、东盟试点，2010年6月和2011年8月两次扩大试点，不再有地域限制。2012年6月，跨境贸易人民币结算业务全面铺开，拓展至全部经常项目。这样跨境贸易结算已从港澳向全球扩展，国外金融机构纷纷开办人民币业务，人民币作为一种保值增值货币逐渐被接受。跨境人民币结算是人民币跨境使用的主渠道。2009年跨境贸易人民币结算金额仅为 35.8 亿元，2013 年增加到 4.6 万亿元，覆盖了全球 174 个国家。2014 年跨境贸易人民币结算金额超过 5.4 万亿元，同比增长 51.2%。2015 年人民币跨境贸易结算金额占到我国全部贸易额的 28.7%。截至目前，中国人民银行已与 38 个国家（地区）央行或货币当局签署了双边本币互换协议。如与"一带一路"沿线国家马来西亚、白俄罗斯、印度尼西亚、乌兹别克斯坦、蒙古国、冰岛、新加坡、泰国、巴基斯坦、阿联酋、土耳其、澳大利亚、乌克兰等国签订货币互换协议。双边本币互换协议对于企业规避汇率风险，减少企业汇兑成本具有深远的意义。可见，中国与"一带一路"沿线国家巨额贸易增长，促进人民币国际化。

（二）"一带一路"基础设施建设助推中国技术、中国标准及人民币使用

人民币有望在"一带一路"基础设施融资机制中成为关键货币。据亚洲开发银行测算，2010 年至 2020 年，亚洲各经济体的基础设施若想达到世界平均水平，至少需要投资 8 万亿美元，每年平均需要投资 8000 亿美元，而亚洲开发银行与世界银行两家银行每年能够提供给亚洲国家的资金大概只有 200 亿美元，可谓杯水车薪，融资缺口巨大。亚洲经济占全球经济总量的 1/3，是当今世界最具经济活力和增长潜力的地区，拥有全球六成人口。但因建设资金有限，一些国家铁路、公路、桥梁、港口、机场和通信等基础设施建设严重不足，这在一定程度上限制了该区域的经济发展。由于基础设施投资属于重厚长大型，前期资金需求量大、施工周期长，要求私人部门大量投资于基础设施的项目是有难度的。在此背景下，由中国倡议，57 国共同筹建的亚洲基础设施投资银行（亚投行），资金优先用于区域内基础设施项目商业投资，是对既有组织亚洲开发银行、世界银行的有益补充。亚投行成立以来，成员已达到 93 个，已经批准了 15 个国家的 39 个贷款或投资项目，总额达到 79.4 亿美元。项目大都投向"一带一路"沿线国家，大部分为能源交通基建。中国拥有较高的基础设施建设水平、较高的储蓄率，有条件成为"一带一路"基础设施融资体系的组织者和重要的资金供给者。

中国企业在参与"一带一路"沿线国家基础设施建设过程中，中国技术、中国标准也不断得到沿线国家的认同。如中国企业早在 2008 年给中亚国家乌兹别克斯坦做 86 公里长的铁路电气化改造项目时，在设计阶段，业主接受引入中国技术、中国标准，此举对于项目设计、采购、施工的快速实施提供了有效保证，并对推动中国标准、中国技术走向独联体国家铁路市场具有重要意义。截止到 2016 年底，中国企业在乌兹别克斯坦采用中国技术、中国标准进行铁路电气化改造已经高达 550 公里。再如，雅万高速铁路项目是中国高速铁路从技术标准、勘察设计、工程施工、装备制造，到物资供应、运营管理和人才培训等全方位整体"走出去"的第一单项目，是中国高铁"走出去"模式的一次成功实践和重大创新，对于发挥高铁在推进"一带一路"建设中的服务保障作用，深化我国铁路与东南亚相关国家铁路合作，加快泛亚铁路网建设，实现我国与"一带一路"沿线国家交通基础设施互联互通有着非比寻常的意义。还有 2017 年在肯尼亚竣工的蒙内铁路（蒙巴萨至内罗毕），是肯尼亚独立以来的最大工程，百年来首条最长新铁路，全部采用"中国标准"，蒙巴萨到内罗毕将从目前的十几个小时缩短到 4 个多小时，当时肯尼亚总统在推特上激动地说，"今天，我们为新的工业化篇章，打下了基础"，可以说，中国工业化积累的经验可以为很多发展中国家所借鉴。

随着中国企业对"一带一路"沿线国家基础设施大量组织参与，中国技术、中国标准也在不断"走出去"，随之跨境投融资人民币业务也会增长，越来越多的境外中央银行和货币当局、商业银行、保险公司等使用人民币投资国内债券市场。境内机构赴境外发行人民币债券已起步。2011 年，先后允许 FDI 和 ODI 人民币结算，境外项目人民币贷款，企业到香港发"点心债"。2012~2015 年，先后推出境内企业境外人民币借款、跨国企业集团人民币资金池等试点，境外机构投资境内金融市场渠道日趋多元化。未来，提高人民币在"一带一路"沿线基础设施建设中的参与程度，使其逐渐成为最常用的国际货币，可以在对外援助、对外投资和项目贷款中增加人民币产品，逐步提高人民币在亚洲基础设施投资银行、金砖国家开发银行等多边金融机构中的使用率；其次，探索境内外公私合营、银团贷款、产业投资基金等多种方式，鼓励使用人民币计价结算；最后是深化货币互换合作，引导互换人民币进入当地授信系统，增加东道国基础设施建设的资金来源。

（三）"一带一路"产业园区建设促进人民币国际化

中国是全球第三大对外投资国，中国已经在"一带一路"沿线的经济走廊建设各具特色的产业园区，如在中哈新疆霍尔果斯产业园区开展创新离岸人民币业务，成为境内外企业从境外人民币融资的重要平台，拓宽了企业的跨境融资渠道，有效解决企业融资难融资贵问题。在中国白俄罗斯工业园，园区主要产业定位是以机械制造、电子信息、精细化工、生物医药、新材料、仓储物流为主的高新技术产业园区，是中国企业在全球范围参与建设的最大海外工业园区，也是中白合作共建丝绸之路经济带的标志性工程。还有在非洲的埃塞俄比亚东方产业园区，这里既有劳动密集型的中国鞋厂，也有很多中国汽车企业、中国水泥厂、中国钢铁企业、中国药业企业、中国建材厂纷纷入驻园区，给当地带来了资金、技术、先进的管理经验和就业及税收。

未来，中国在"一带一路"国家的投资占比将从目前的13%提高至30%，未来十年总投资将超过1.6万亿美元。这不仅可以帮助"一带一路"国家突破资金瓶颈，全方位推动中国与东道国的国际产能合作，还可以为人民币国际化确立重要支撑点。为满足园区早期建设和区内企业运营产生的大量投融资需求和贸易结算需求，中资金融机构必然会进驻园区，开发相应的人民币金融产品，提高人民币在当地的使用份额。伴随园区从起步到高速发展，金融机构将逐步拓宽业务范围，从提供基本金融服务拓展到搭建多层次、全方位的金融支持体系，建立人民币离岸市场，形成全球范围的人民币交易网络。

参考文献

［1］ Yung Chul Park, "RMB Internationalization and Its Implications for Financial and

Monetary Cooperation in East Asia," *China & World Economy*, Vol. 18, No. 2, 2010, pp. 1 – 2.

［2］Jong-Wha Lee, "Will the Reminbi Emerge as an International Reserve Currency," *The World Economy*, Vol. 37, No. 1, 2014, pp. 42 – 43, p. 60.

［3］Jeffrey Frankel, "Internationalization of the RMB and Historical Precedents," *Journal of Economic Integration*, Vol. 27, No. 3, 2012, p. 329.

［4］十九大报告。

［5］马小芳:《"一带一路"促进人民币国际化的三个主要途径》,《中国经济时报》2017 年 5 月 9 日。

［6］吴舒钰:《"一带一路"沿线国家的经济发展》,《经济研究参考》2017 年第 15 期。

［7］卢锋等:《为什么是中国? ——"一带一路"的经济逻辑》,《国际经济评论》2015 年第 3 期。

［8］黄卫平、黄剑:《"一带一路"战略下人民币如何"走出去"》,《人民论坛·学术前沿》2015 年第 5 期。

［9］陈四清:《开启人民币国际化新格局》,《中国金融》2014 年第 24 期。

［10］保建云:《论"一带一路"建设给人民币国际化创造的投融资机遇、市场条件及风险分布》,《天府新论》2015 年第 1 期。

"中巴经济走廊"框架下中国与巴基斯坦
贸易面临的机遇、挑战及对策

宋利芳　毕少斌*

摘　要： "中巴经济走廊"是"一带一路"六大经济走廊的核心工程。自2013年"中巴经济走廊"启动建设以来，目前正处在全面建设阶段。"中巴经济走廊"建设为中国与巴基斯坦两国之间的贸易提供了重大机遇，但同时也面临着多重挑战。本文从"中巴经济走廊"的背景及进展情况出发，分析了"中巴经济走廊"给中巴贸易带来的机遇以及面临的问题和挑战，进而从中国国家层面、企业层面以及中巴合作层面三个方面提出了"中巴经济走廊"框架下促进中巴贸易进一步发展的对策建议。

关键词： 中巴经济走廊　中国　巴基斯坦　贸易

一　"中巴经济走廊"的背景及主要内容

（一）"中巴经济走廊"的背景

巴基斯坦毗邻中国，中国与巴基斯坦是友好邻邦。21世纪以来，两国经贸往来不断加强，2006年中巴两国签订了自由贸易协定，2009年又签订了《中巴

---

* 宋利芳，中国人民大学经济学院副院长，教授，博士生导师；毕少斌，中国人民大学经济学院硕士研究生。

自贸区服务贸易协定》，进一步加快了中巴自贸区建设，丰富了中巴两国贸易领域的合作交流。但值得关注的是，虽然中巴经贸关系稳定发展，但同其他重要贸易伙伴国相比，中巴双边贸易总额依然较小，同两国亲密的政治伙伴关系相比，经贸关系明显滞后。2013 年习近平主席提出了"一带一路"倡议。2013 年5 月，李克强总理访问巴基斯坦，正式提出建设中巴经济走廊设想，得到巴基斯坦政府的积极响应和支持。2015 年 4 月，习近平主席对巴基斯坦进行国事访问期间，两国领导人一致同意以中巴经济走廊建设为中心，以能源、交通基础设施、瓜达尔港、产业合作为重点，构建"1 + 4"经济合作布局，作为"一带一路"倡议重大和先行项目的中巴经济走廊建设由此进入全面推进阶段。

"中巴经济走廊"是"一带一路"沿线国家规划建设的六大经济走廊之一①，并且被视为"一带一路"的核心工程。因此如何规划和筹建"中巴经济走廊"，将成为共建丝绸之路经济带的焦点。"中巴经济走廊"设想的提出，意味着中巴两国将进入一个全面合作的新时期，也为中国未来走向印度洋奠定基础。随着"中巴经济走廊"的进一步建设，中国与西亚、中亚、南亚、海湾地区以及北非在经贸、基础设施、能源等方面的合作将进一步深化。在"中巴经济走廊"提供的优良政策环境下，中巴经济贸易的发展将会得到进一步提升，中巴经贸关系将更加紧密，同时中巴两国尚未合作的领域也会得到开发。

"中巴经济走廊"的提出，满足了中巴两国特别是巴基斯坦发展的需要。巴基斯坦国内基础设施落后，公路、铁路密度低。为了改善国内的交通状况，巴基斯坦早在 1997 年就提出了一个建设全国道路的计划，主要是为了将巴基斯坦南部瓜达尔港、卡拉奇和巴基斯坦其他地区连接起来，从而打通国内的交通运输网络。穆沙拉夫政府执政后，针对巴基斯坦国内能源短缺但周边国家石油产量丰富的现状，提出了"国家贸易能源通道"计划，这不仅可以解决巴基斯坦国内能源问题，同时也打开了中国与中东地区的贸易通道，扩大地区贸易。但是这两个计划最终并未付诸实施。"中巴经济走

---

① 六大经济走廊是指中蒙俄、新亚欧大陆桥、中国—中亚—西亚、中国—中南半岛、中巴、孟中印缅经济走廊。

廊"的提出，其意义则远远超过了巴基斯坦的上述两个计划，这是因为，北起新疆喀什南至巴基斯坦瓜达尔港的"中巴经济走廊"一旦建成，也就意味着建成了连接东亚、南亚、北非、海湾地区的交通网络，将会形成包括贸易、基础设施、优势产业互补等诸多方面的互联互通，这样"中巴经济走廊"将不仅仅惠及巴基斯坦一个国家，而是联通多个国家、繁荣整片区域的合作项目。在"中巴经济走廊"整体规划中，巴基斯坦瓜达尔港被定位为未来的国际自由港，这将会帮助巴基斯坦成为区域贸易中心，从而促进巴基斯坦与南亚、东盟、中亚及西亚地区的经济一体化。

（二）"中巴经济走廊"的主要内容

中巴经济走廊总长约 4625 公里，从巴基斯坦俾路支省的瓜达尔港直达中国新疆的喀什，途经中国红其拉甫，巴基斯坦苏斯特、洪扎、吉尔吉特、白沙瓦、伊斯兰堡和卡拉奇。总工程费达 450 亿美元，计划于 2030 年完工。其中，第一阶段将在 2017 年前重点开发瓜达尔港并建设国际机场。同时还将拓宽通向中国的喀喇昆仑公路，改善南起卡拉奇东至拉合尔北达白沙瓦的铁路网。此外，还将铺设中巴之间的光纤电缆。①

自 2013 年中国提出建设"中巴经济走廊"以来，中巴两国的合作日益加强，"中巴经济走廊"的远景目标正在逐步实现。从 2013 年中巴联合合作委员会成立至今，已经召开了六次会议，每次会议都会根据走廊建设的最新情况，调整远期规划并制定短期计划，结合实际为走廊建设提供新的建议、拓展合作领域。习近平主席在 2015 年访问巴基斯坦期间提出建议，为了拓宽中巴合作领域，可以将走廊建设作为中巴合作中心，以其他相关领域作为两国合作延伸的重点方向。伴随着中巴政治、经济关系的全面升温，"中巴经济走廊"建设也取得了实质性进展，目前已形成了以"中巴经济走廊"建设为中心，以瓜达尔港、交通基础设施、能源、产业合作为重点的合作格局。

---

① 李丽、苏鑫：《巴基斯坦安全形势对中巴经济走廊建设的影响》，《国际经济合作》2015 年第 5 期。

首先，瓜达尔港的建设稳步推进。2013 年 2 月 18 日，新加坡国际港务集团将瓜达尔港股份转让给中国海外港口控股公司。2015 年 11 月 11 日，巴方将瓜达尔港 2281 亩土地长期租赁给中国，并支持中国全面建设瓜达尔港。2016 年 11 月 13 日，中国商船经由瓜达尔港向中东和非洲大规模运载集装箱，这也意味着瓜达尔港正式投入经营，进入全面建设时期。中国企业在瓜达尔港规划的快速公路、新瓜达尔国际机场、瓜达尔自由贸易区等项目也在积极建设当中。未来中国企业还会援助瓜达尔地区建立学校、医院，开展新能源发电。瓜达尔港不仅为巴基斯坦发展带来了巨大红利，同时也缩短了中国能源运输航线，降低了航运风险，未来的瓜达尔港将会成为一个与迪拜、新加坡媲美的港口城市。

其次，中国与巴基斯坦交通来往更加便捷。中巴经济特别是中巴贸易的发展离不开基础设施的完善。长期以来，巴基斯坦国内基础设施落后，不利于中巴贸易往来。中国从 2013 年开始至今已向巴基斯坦投资基础设施近 30 亿美元。公路方面，中巴两国唯一的陆路交通通道（喀喇昆仑公路）在新疆境内奥依塔克镇至布伦口乡的公路改造项目已经开始施工，布伦口乡至红其拉甫段公路建设项目总投资 32.55 亿元，计划于 2017 年开工建设，2020年完工。2016 年 4 月 28 日，由中国建筑股份有限公司承建、中国进出口银行提供融资的喀喇昆仑公路二期改造项目——巴基斯坦北部城市哈维连至巴基斯坦塔科特段公路改造正式开工，投资 13.15 亿美元。2016 年 5 月 6 日，同样由中国建筑股份有限公司承建、中国进出口银行提供融资的基础设施项目——巴基斯坦境内白沙瓦至卡拉奇高速公路项目（全长 392 公里）在巴基斯坦开工，投资约 28.9 亿美元，这是迄今为止"中巴经济走廊"投资金额最大的基础设施项目。此外，巴基斯坦俾路支省境内的 870 公里的走廊西线公路已经竣工。铁路方面，中国与巴基斯坦已经签署协议，中国将帮助巴基斯坦升级巴基斯坦 1 号铁路线，将铁路线由目前的北部尽头哈维连向北延伸，经红其拉甫延伸至喀什，进一步扩大集装箱业务。航空方面，2015 年，北京至巴基斯坦首都伊斯兰堡、北京至巴基斯坦第一大城市卡拉奇两条航线的开通，打开了中国与巴基斯坦的空中通道。"中巴经济走廊"基础设施项目的完善，将极大地丰富巴基斯坦南北交通网，为物流贸易往来提供便利。

最后，快速推进能源、电力合作项目。巴基斯坦能源匮乏且结构严重失衡，供电设备短缺，输电损失严重，电力缺口十分明显，这成为制约巴基斯坦经济发展的一大瓶颈。在"中巴经济走廊"的建设进程中，中国对巴基斯坦也进行了诸多能源、电力方面的投资。2015 年 5 月 21 日，首个"中巴经济走廊"能源项目——卡西姆港 1320 兆瓦火电项目在山东青岛签署，项目竣工后估计每年为巴基斯坦输出电力 95 亿千瓦，有望大幅改善巴基斯坦国内电力短缺的状况。2015 年 12 月 21 日，中国投资的第一个巴基斯坦煤电一体化项目（塔尔煤田二区煤矿和电站项目）落地，中国总投资超过 20 亿美元。2015 年 12 月，"中巴经济走廊"优先实施项目（中兴能源 900 兆瓦光伏项目）在巴基斯坦旁遮普省开建，项目总投资超过 15 亿美元，每年可提供清洁电力 12.71 亿度，极大缓解了周边用电紧张局面。2016 年，走廊的第一个水电投资项目——卡洛特水电站开始建设，总投资额 16.98 亿美元，年发电量 32.13 亿度，建成后能更加保障首都伊斯兰堡的用电需求。2017 年 2 月 15 日，瓜达尔港 300 兆瓦燃煤电站项目获批，该电站建成后将为瓜达尔这一国际自由港的建设提供充沛的电力供应，极大促进瓜达尔港的贸易往来和基础设施建设。2017 年 2 月 15 日，首条由私人部门投资建设的高压输电线路——巴基斯坦境内默蒂亚里县至拉合尔的 660 千伏高压输变电项目获批。2017 年 3 月 22 日，中国电力胡布发电公司在巴基斯坦成立胡布燃煤电厂，预计投资 20 亿美元，发电量达 1320 兆瓦[1]。

中巴两国将"中巴经济走廊"建设分为四个阶段：2014～2018 年为早期收获阶段；2018～2020 年为近期收获阶段；2020～2025 年为中期收获阶段；2025～2030 年为建成阶段[2]。今后中国与巴基斯坦在"中巴经济走廊"的联动建设中将会成为真正的命运共同体。

---

① 刘宗义：《中巴经济走廊建设：进展与挑战》，《国际问题研究》2016 年第 3 期。

② 商务部国际贸易经济合作研究院：《对外投资合作国别（地区）指南——巴基斯坦》（2016 年版），2016。

二 "中巴经济走廊"框架下中巴贸易面临的机遇

（一）中巴贸易具有现实的基础

进入 21 世纪以来，中国与巴基斯坦两国的贸易总额总体上呈上升态势（见表 1），从 2000 年的 11.62 亿美元增长到 2018 年的 191.05 亿美元。2013年开始的"中巴经济走廊"建设使中巴两国逐步实现互联互通，这对两国贸易起到了实质性的促进作用。

表 1 2000 ~ 2018 年中国与巴基斯坦贸易规模

单位：亿美元

年份	中国自巴基斯坦进口额	中国对巴基斯坦出口额	进出口总额	中国对巴基斯坦贸易顺差
2000	4.92	6.70	11.62	1.78
2001	5.82	8.15	13.97	2.33
2002	5.58	12.42	18.00	6.84
2003	5.75	18.55	24.30	12.80
2004	5.95	24.66	30.61	18.71
2005	8.33	34.28	42.61	25.95
2006	10.07	42.39	52.46	32.32
2007	11.04	58.31	69.35	47.27
2008	10.07	60.51	70.58	50.44
2009	12.60	55.15	67.75	42.55
2010	17.31	69.38	86.69	52.07
2011	21.18	84.40	105.58	63.22
2012	31.40	92.76	124.16	61.36
2013	31.97	110.20	142.17	78.23
2014	27.55	132.46	160.01	104.91
2015	24.77	164.81	189.58	140.04
2016	19.13	172.34	191.47	153.21
2017	18.33	182.51	200.84	164.18
2018	21.72	169.33	191.05	147.61

资料来源：由 https://comtrade.un.org/计算得到。

从中国与巴基斯坦的贸易结构看，中国对巴基斯坦的出口商品日趋多样化，机电产品所占比重逐年增加，但中国自巴基斯坦进口的商品种类变化不大，仍以传统商品为主。中国对巴基斯坦的主要出口商品为电机电气、锅炉、机械设备、钢铁及其制品、化学纤维、有机化学品、塑料制品等。巴基斯坦对华主要出口商品为棉纱、谷物、矿砂、纺织产品及初级制品等，其中，棉纱、谷物和矿砂等产品长期占据对华出口前三位，占比分别约为60%、10%和6%。

（二）巴基斯坦对中国优惠的投资政策

随着"中巴经济走廊"的全面建设，越来越多的投资计划纷纷出台。2015年中巴达成了51份总额高达460亿美元的双边协议投资计划，合作的重点集中在能源开发和基础设施建设。为了吸引中国企业到巴基斯坦投资，促进中巴经贸合作，巴方给中国投资者制定了极为优惠的投资政策，尤其体现在能源贸易、基础设施等重点合作领域。中国企业租用土地建厂、经销商品可以享受相应的津贴和税收减免等政策福利。为了缓解巴基斯坦电力短缺的现状，吸引中国电力企业到巴基斯坦投资，巴基斯坦免除了这些企业的企业所得税、流转税，并与中国协商给予这些企业一定税收减让，同时为中国投资企业提供法律服务、外汇兑换担保、出口信用保证等许多有利条件。另外，为了防止通胀率变化使中国电力投资企业蒙受不必要的损失，电价指数化改革也被提上议程。优惠的政策、走廊建设的引致需求等因素，从长远看，都会扩大中巴两国原有的贸易规模、丰富贸易种类，有利于中巴贸易持续不断地发展。

（三）有助于扩大中国部分优势产业的产品出口

"中巴经济走廊"的建设不仅包括工业和农业，还包括建筑业，这些行业不论涉及开发还是建设，都需要钢铁产品、矿产品等的开发利用，这会促进中国部分优势产业的产品出口，同时扩大巴基斯坦从中国的钢铁进口，为缩小巴基斯坦国内钢铁产能缺口提供了契机。2012年以来，随着中国经济增长速度放缓，钢铁产品消费需求与增速显著放缓，加之国外市场需求下滑的影响，中国钢铁产业出现了产能利用率下降的状况。2016 年，中国粗钢产量为 8.08 亿吨，远低于其现实产能 12 亿吨，钢铁产能利用率为 67%，属于严重产能过剩状态。即使经过 2013 年以来持续实施去产能，累计压减钢铁产能近 2 亿吨。但 2018 年，钢铁产量依然高达 9.28 亿吨，产能利用率为 78%，产能利用率虽略有提高，但仍然处于过剩状态。[①] 与此相对照，巴基斯坦国内虽然铁矿石资源丰富，但是机械设备落后、资金匮乏，导致其钢铁产量供不应求。随着"中巴经济走廊"的建设，将会有更多的基础设施、发电站、建筑等需要大量钢铁，这将会大大增加巴基斯坦对中国钢铁以及相关生产设备的进口需求，同时有助于中国钢铁企业到巴基斯坦投资建设。这种产业转移满足了巴基斯坦的建设需求，同时扩大了中巴双边贸易额。

（四）促进中国新疆与巴基斯坦的贸易

中国与巴基斯坦的出口贸易主要是通过陆路运输至天津港，然后再航运到巴基斯坦。中国新疆的红其拉甫作为中国与巴基斯坦唯一的内陆通商口岸，在喀喇昆仑公路通车前一直处于闲置状态。中国新疆与巴基斯坦的贸易额占中巴贸易额的比重总体上呈逐年下降趋势，从 2003 年的 10.5% 下降至 2015 年的 1.99%。这表明新疆在以往中巴贸易中的地位并不显著。

1977 年"中巴友谊之路"——喀喇昆仑公路的通车，为中巴陆路贸易往来打开了通道。虽然该公路是季节性的通车，但却改善了中巴边境贸易的交通状况，促进了中国新疆与巴基斯坦贸易的发展。中国新疆与巴基斯坦接壤，同时宗教文化习俗又有许多相似之处。随着"中巴经济走廊"的建设，新疆的区位优势将更加凸显。中巴两国铁道部在 2015 年签订了中巴铁路框架协议，该协议的目的有两个：一是改造升级巴基斯坦最主要的铁路动脉，二是建成中巴铁路，使巴基斯坦哈维连站向北与新疆喀什铁路连接。随着新

---

① 辛灵、陈菡彬：《我国钢铁产业产能过剩的形成机理与影响因素分析》，《统计与决策》2019 年第 17 期。

疆喀什至贸易口岸红其拉甫铁路的修建，新疆本地与巴基斯坦的贸易往来将会增加一条快速通道，必将促进新疆出口贸易，带动新疆优势产业的进一步发展。公路方面，喀喇昆仑公路新疆境内奥依塔克镇至布伦口乡的公路改造项目已经开始建设，布伦口乡至红其拉甫段公路建设计划于 2020 年竣工，同时喀喇昆仑公路升级改造二期哈维连至塔科特段正式开工。未来新疆与巴基斯坦的陆路将更加顺畅，势必会改变目前以航运为主的贸易方式，促进新疆与巴基斯坦的贸易往来。巴基斯坦电力能源稀缺，发电设施落后。面对巴基斯坦国内庞大的用电需求，新疆可以利用自身风电、太阳能发电的产业优势向巴基斯坦出口电力，同时可以带动用电设备、供电设备等一系列配套设施的出口。另外，虽然巴基斯坦纺织原料比如棉花资源丰富，但巴基斯坦的纺织加工业比较落后，产业链不完善。新疆可以利用"中巴经济走廊"带来的便利性，扩大从巴基斯坦进口纺织原料，加工纺织品，然后向巴基斯坦在内的中亚国家出口，将纺织品作为自己的优势产业。这种经济上的互补性将极大促进中国新疆与巴基斯坦贸易的发展。

三 "中巴经济走廊"框架下中巴贸易面临的问题及挑战

（一）巴基斯坦方面存在的问题及挑战

1. 巴基斯坦贸易环境不完善

贸易环境可以分为经济环境和非经济环境。巴基斯坦的经济环境以巴基斯坦的能源和基础设施来体现，非经济环境以地理环境、政治法律环境和安全环境来体现。

巴基斯坦的能源和基础设施水平的高低制约着对外贸易的发展。巴基斯坦国内能源稀缺，发电主要依靠传统火电。巴基斯坦国家输配电公司（NTDC）数据显示，截至 2018 财年末巴基斯坦总装机容量为 35.37GW，共有各类在运营电厂（站）100 座（包含国有和私营独立发电企业），其中火力发电厂 42 座，水电站 24 座，风电站 19 座，太阳能电站 4 座，核电站 4 座，蔗渣发电站 7 座。其中，国有电厂总装机容量 14GW，其余为私营独立发电企业（IPP）。在基础设施方面，由于受地理环境因素和经济水平的限制，巴基斯坦交通基础设施建设落后于南亚许多国家。巴基斯坦国内以公路、铁路、海运作为货物运输的主要方式，其中公路运输是货物运输最主要的方式。根据巴基斯坦财政部统计，截至 2018 年 4 月，巴基斯坦公路总里程为 26.89 万公里，其中高等级公路 19.75 万公里，低等级公路 7.15 万公里。国家高速公路总局（NHA）网络包括 39 条国道、高速公路和战略性公路，总长 12131 公里。巴基斯坦公路密度为 0.32 公里/平方公里，远低于南亚其他国家的水平（印度为 1.0，孟加拉国为 1.7，斯里兰卡为 1.5）。巴基斯坦国内铁路运营里程已经连续 10 年保持在约 7791 公里，没有明显的改观，并且线路主要以南北线为主。目前巴基斯坦主要铁路干线仍为南北 1 号干线，且存在运输设施老化严重、运输能力较低的问题。巴基斯坦与邻国铁路连线不紧密，与中国、阿富汗尚无铁路连接，与印度和伊朗虽然有铁路连接，但利用率不高。港口方面，巴基斯坦有卡拉奇、卡西姆、瓜达尔三大海港，但本国海运能力较弱，全国仅有 15 艘远洋货轮，载重总量 63.6 万吨。2017~2018 财年，卡拉奇港和卡西姆港货物年吞吐量分别为 5469 万吨和 4100 万吨，共承担了巴基斯坦 99% 的国际货物贸易量，其中 58.4% 的货物贸易在卡拉奇港进出。① 瓜达尔港目前尚在建设，并且未与国内运输网络有效连接，因此运输能力也有限。虽然"中巴经济走廊"的建设会改善巴基斯坦国内公路、铁路的现状，但短期内难以取得显著成效，贸易十分不便捷。

巴基斯坦的非经济环境也制约着中巴贸易的发展。地理环境方面，巴基斯坦全境 3/5 为山地和丘陵，特殊的地理环境制约了道路交通的修建，不利于贸易便利化。在政治法律环境方面，巴基斯坦实行联邦制，国内政党有 200 多个，政党主席更迭频繁。巴基斯坦国内与贸易相关的法律主要有《公

---

① 中国商务部：《对外投资合作国别（地区）指南（巴基斯坦）2019 年版》，第 19~23 页。

司法》《贸易组织法》《贸易垄断与限制法》《海关法》《反倾销法》《反囤积法》等，法律法规相对不健全。巴基斯坦投资委员会规定，包括"中巴经济走廊"建设的中方人员，进入和离开瓜达尔港，必须有俾路支省内务和部落事务部签发的无异议证明，否则不允许任何人和货物离开港口。未来瓜达尔港将成为中国通过巴基斯坦进口能源和货物贸易的重要港口，巴方这一规定会使贸易效率大大降低。在安全环境方面，巴基斯坦国内的恐怖主义、极端主义猖獗，巴基斯坦与邻国边境的安全形势更加严峻。瓜达尔港所处的俾路支省尤甚，每年发生的宗教冲突和暴力袭击事件不胜枚举。2016年巴基斯坦境内由于暴力事件死亡 1369 人。因此，巴基斯坦国内安全局势不容乐观。虽然中巴目前是良好的合作伙伴，但是巴基斯坦境内恐怖势力对中国投资者的人身安全影响并不能得到消除，在生命安全得不到保障的情况下，推动中巴贸易进一步发展依旧困难重重[①]。

2. 中巴经济走廊建设扩大了对华贸易逆差

近年来，巴基斯坦国内主要产业由原来以农业为主逐渐转变为农业和服务业齐头并进的产业现状，巴基斯坦在工业领域也逐渐形成了自己的特色产业，但是相对于农业而言，比重仍然很小，比如纺织业、皮革业、水泥业等。巴基斯坦的制造业水平始终没有显著的进步，制造业占 GDP 的比重远低于南亚其他国家。巴基斯坦目前的工业和制造业不仅制约了巴基斯坦本国的经济发展，也影响了中巴贸易的进一步扩大。2018 年，巴基斯坦对华贸易逆差达 147.61 亿美元，长期巨额的贸易逆差已经成为制约中巴贸易发展的另一因素（见表 1）。相应地，巴基斯坦对中国的贸易依存度也日趋上升。2018 年，巴基斯坦进出口贸易总额为 840 亿美元，中巴贸易额为 191.05 亿美元，巴基斯坦对华贸易依存度为 22.7%，出口依存度为 9.2%，进口依存度为 28.0%。[②]

巴基斯坦工业化水平、国内产业结构在短期内难以改变。如果巴基斯坦

---

① 李丽、苏鑫：《巴基斯坦安全形势对中巴经济走廊建设的影响》，《国际经济合作》2015 年第 5 期。
② 根据《中国统计年鉴 2019》的数据计算而得。

仍然维持目前以原材料为主要出口产品的贸易结构，中巴贸易结构问题不会有很大的改善，中巴贸易逆差甚至会继续扩大。由于巴基斯坦缺乏相应的生产条件，随着"中巴经济走廊"建设的全面展开，巴基斯坦所需的中国部分优势产业产品，如钢铁、汽车加工零部件、供电设备、输电设备等，中国对巴出口将会进一步增长，巴基斯坦对中国的贸易逆差和贸易依存度也会持续上升，这不利于中巴贸易的长远发展。

3. 巴基斯坦国内银行坏账率高、卢比波动剧烈

"中巴经济走廊"虽然有世界银行、中国国内银行和丝路基金等金融机构的资金支持，但是巴基斯坦缺乏相应的有实力的金融机构支持。目前，巴基斯坦全国一共有 60 多家银行，其中，国有银行 9 家，银行数量较少，资本实力不足。另外，巴基斯坦国有银行"烂账"现象较多，不良贷款率长期居高不下（见表 2），2015 年巴基斯坦银行业不良贷款率高达 11.36%。由于巴基斯坦没有相应的金融机构支持走廊建设，走廊建设相应的物资采购缺乏充足的资金支持，资本的缺乏会对贸易产生不利影响。

表 2　2000~2015 年巴基斯坦银行业不良贷款率

年份	银行不良贷款率(%)	年份	银行不良贷款率(%)
2000	19.5	2008	9.13
2001	23.4	2009	12.15
2002	21.8	2010	14.75
2003	17	2011	16.21
2004	11.6	2012	14.47
2005	8.98	2013	12.99
2006	7.3	2014	12.27
2007	7.44	2015	11.36

资料来源：世界银行数据库，http://data.worldbank.org.cn。

巴基斯坦经济低迷使巴基斯坦卢比持续贬值，人民币却整体上呈升值的趋势（见表 3），这会在一定程度上缓解巴基斯坦对中国的贸易逆差。但是，巴基斯坦卢比汇率的大幅度波动，将使中国在巴基斯坦的投资者面临重大的

不确定性，甚至会出现重大损失。同时，由于目前人民币与巴基斯坦卢比之间的市场汇率尚未形成，两国的贸易结算仍以美元为主，这一结算方式的套利性也导致了巴基斯坦外汇黑市的活跃。随着"中巴经济走廊"建设的推进，这种缺乏双边本币作为兑换货币的不稳定的汇率机制，也制约了中巴贸易的正常进行。

表3　2000~2018年中巴两国汇率变动

单位：1美元兑本币

年份	巴基斯坦卢比	中国人民币
2000	53.65	8.28
2001	61.93	8.28
2002	59.72	8.28
2003	57.75	8.28
2004	58.26	8.28
2005	59.51	8.19
2006	60.27	7.97
2007	60.74	7.61
2008	70.41	6.95
2009	81.71	6.83
2010	85.19	6.77
2011	86.34	6.46
2012	93.40	6.31
2013	101.63	6.20
2014	101.10	6.14
2015	102.77	6.23
2016	104.77	6.64
2017	105.46	6.76
2018	121.82	6.62

资料来源：根据2004~2019年《中国统计年鉴》的数据计算而得。

4. 巴基斯坦政策执行效率低

巴基斯坦民族众多，各个民族对国家的忠诚度也不相同。巴基斯坦长期以来政治体制的摇摆使得各个民族缺乏统一的身份认识。穆沙拉夫执政时期，巴基斯坦依靠强力维持政治和社会的稳定。在民主政治时期，巴基斯坦社会陷入了不稳定状态。巴基斯坦不稳定的政治状态对"中巴经济走廊"的建设以及中巴贸易产生了巨大的负面影响。尽管自 20 世纪 70 年代以来，巴基斯坦每任总理都表示出亲华的政策倾向，但是在执行效率方面，由于受执政环境的影响，巴基斯坦领导人在处理国内政治事务方面往往捉襟见肘，很难将过多的精力投放在中巴贸易的合作项目上。同时，由于巴基斯坦国内政治领导人更迭频繁，新上任的领导人很难将"中巴经济走廊"建设及中巴经贸合作作为执政后的第一要务，甚至在经贸合作方面往往缺乏政策的连续性，或者存在政策的滞后性。因此，巴基斯坦国内政策方面的执行效率也成为制约中巴贸易进一步发展的一个重要因素。

（二）中国方面存在的问题及挑战

1. 喀喇昆仑公路环境恶劣

喀喇昆仑公路作为中巴两国唯一的陆路商贸运输方式，随着"中巴经济走廊"项目中喀喇昆仑公路二期改造项目的进行，未来将改变目前中巴两国贸易以航运为主的交通运输方式。但是目前来看，喀喇昆仑公路恶劣的环境条件仍然制约着中巴两国的贸易。喀喇昆仑公路被称为"世界十大险峻公路"之一，最高点位于中巴在新疆的通商口岸红其拉甫，地质情况极其复杂，公路需要穿过喜马拉雅山脉，对中方公路建设的技术要求很高。喀喇昆仑公路常年伴有雪崩、山体滑坡、塌方、地震、积冰、积雪，大部分时间由于气候原因会被封锁，这不仅不利于中巴贸易通商，更危及人员安全。这对中国未来全面打开对巴陆路贸易提出了极大挑战。

2. 巴方对中国产品频频发起反倾销

随着"中巴经济走廊"的建设，铁路公路等基础设施建设需要大量的优质钢材和化工产品，并且巴基斯坦将瓜达尔港长期租赁给中国经营，对中国优质钢铁的出口有很大促进作用，这也对巴基斯坦本国的产品带来了一定的冲击。相应地，2000 年以来中国出口到巴基斯坦的产品频频遭遇巴方的贸易救济措施，尤其体现为针对中国出口产品的反倾销调查。巴基斯坦对中国出口产品的反倾销调查起始于 2006 年，反倾销产品则主要集中在钢铁产品、化工产品和纸制品三大类，具体包括钢铁线、钢卷产品、螺纹钢、异形混凝土钢筋冷轧板卷、连铸坯材、镀锌卷板、甲酸、苯酐、磺酸、过氧化氢、邻苯二甲酸酐、悬浮级聚氯乙烯、聚酯短纤、涤纶短纤维、聚酯长丝纱线、双轴取向聚丙烯薄膜、纸张、单面涂层纸板、单面涂层双层纸板、涂布和未涂布书写/印刷纸、涂布白底漂白板/折叠箱板、胶印油墨以及瓷砖等。① 可以预见，伴随"中巴经济走廊"建设而来的大量引致需求以及中国优势产品对巴出口的不断增加，巴方对中国的反倾销调查涉及产业将更广，力度将更大，这对中国未来进一步扩大对巴贸易将会是一个极大的挑战。

3. 其他贸易伙伴对中巴贸易的干扰

由于巴基斯坦地缘政治位置的特殊性，"中巴经济走廊"的建设会引发美国、印度、俄罗斯等重要贸易伙伴国的疑虑和反应。首先，美国针对中国的"一带一路"倡议提出了"新丝绸之路计划"，并促使巴基斯坦加入，排挤中国，加上巴基斯坦国内一些高级知识分子西化严重，这势必会对中巴贸易产生一定的影响。其次，"中巴经济走廊"经过印巴敏感地带克什米尔地区，印度曾公开反对"中巴经济走廊"，认为中国援建瓜达尔港是出于在印度洋布置军事力量的战略诉求，另外走廊的建设完善了我国进口能源的途径，从而加剧与印度能源的竞争程度。印度的态度可能会影响"中巴经济走廊"的进程从而影响中巴贸易。最后，"中巴经济走廊"将使中国石油进口渠道多样化，这可能会影响俄罗斯的利益。俄方担心走廊的建成将大量减少俄方对中国石油的出口。美、印、俄三国皆是中国重要的贸易伙伴，因此，如何消除上述国家的疑虑将成为"中巴经济走廊"建设背景下中巴贸易面临的新挑战。

4. 中国新疆缺乏对巴基斯坦贸易的优势产业、不利于扩大陆路贸易

巴基斯坦自中国的进口商品主要集中在机电产品、化工产品、贱金属及

---

① 根据中国贸易救济信息网数据库 http：//www. cacs. mofcom. gov. cn/cacs/newlmzt/ztlist. aspx？navid = C01& cyid = 1&lmid = 2&p = 4 整理而得。

其制品、纺织原料及其制品、运输设备、塑料及其制品以及光学仪器。巴基斯坦对这些工业产品的采购主要来自我国东部沿海制造业，而新疆长期以来形成的重工业过重、轻工业过轻的产业结构不利于对巴基斯坦出口这些产品。随着"中巴经济走廊"建设的全面推进，巴基斯坦国内的基础设施建设、发电站建设、瓜达尔港口建设需要更多的机电设备、化工产品、运输设备和钢铁产品等，但由于新疆制造业特别是装备制造行业与内地相比较为落后，原有的经济结构和贸易方式难以满足"中巴经济走廊"建设的需要，从而制约新疆与巴基斯坦贸易的扩大。

四 "中巴经济走廊"框架下促进中巴贸易进一步发展的对策建议

（一）中国国家层面的对策

1. 扩大中巴贸易规模和种类，促进贸易平衡发展

目前，中国是巴基斯坦最大贸易伙伴国，也是巴基斯坦第一大进口来源国和第三大出口目的国。但 2018 年巴基斯坦对中国出口额只有 21.72 亿美元，仅占当年巴基斯坦出口总额 235 亿美元的 9.2%，说明中巴贸易存在着巨大的潜力。2015 年，巴基斯坦颁布了未来三年的贸易规划——《2015—2018 年贸易政策框架》，框架制订了 2017 年至 2018 年出口额提高至 350 亿美元的目标[1]，除了要加大巴基斯坦本身初级产品的出口，还确定了扩大加工产品的出口额，努力形成加工贸易的出口优势。针对巴基斯坦贸易结构改革的举措，中国应该在"中巴经济走廊"框架下，积极扩大从巴基斯坦进口商品货物的种类，利用巴基斯坦出口产品价格低廉的优势，将国内更多的优势资源集于新兴产业。首先，扩大农产品进口，包括水稻、小麦、小米、大麦、高粱、热带水果、原棉、优质海鲜、畜产品和鱼类产品等。其

---

① 中华人民共和国商务部，http：//www.mofcom.gov.cn/article/i/dxfw/cj/20160301284177.shtml。

次，扩大矿产品进口。巴基斯坦矿产资源丰富，矿产品是巴基斯坦重要的出口产品。但由于巴基斯坦受资金和勘探开发技术所限，矿产品产量有限。随着"中巴经济走廊"能源开发项目的推进，以及中国企业对巴矿产资源投资的加大，可以增大自巴基斯坦矿产资源的进口，以满足我国对部分稀缺矿产品的需求，同时扩大中巴贸易额。最后，随着"中巴经济走廊"进入全面建设阶段，除了进一步扩大传统的能源、电力、采矿等领域的投资，应当在巴基斯坦寻求其他更多的商机。商业投资方面，中国投资者可以在商业、零售、酒店、餐饮等领域扩大投资。中国可以扩大商业服务贸易的出口，包括商业电影、审计、税收、房地产、广告、城市规划和咨询服务等。金融方面，世界银行、亚洲基础设施投资银行、丝路基金、国家开发银行、中国进出口银行、四大国有银行等越来越多的金融机构为走廊的建设提供融资支持，因此对于资金的调配和管理显得越发重要，为此，可以在新疆建立区域性金融中心，完善人民币跨境结算相关政策服务。文化教育方面，拓展中巴两国的文化艺术节，在巴基斯坦设立孔子学院，互派留学生交流。物流方面，随着中巴交通运输网络的形成和中巴物流体系的建立，可以在新疆乌鲁木齐、库尔勒、喀什等地区建立"商贸物流中心"，引用国际配送标准，设立物流公共信息平台，从而促进巴基斯坦电子商务的发展。医疗方面，利用先进的医疗设备，结合独具特色的中医治疗疑难杂症的技术，推动我国与巴基斯坦等中亚各国的医疗服务贸易。

2. 设立针对巴基斯坦的产业群和贸易加工基地

中国新疆与巴基斯坦接壤，但是巴基斯坦与新疆在农产品、矿产品等方面具有很大的相似性，因此与新疆的贸易并不频繁，未来还有很大的贸易空间。目前中巴商贸往来主要是通过中国沿海港口航运完成的，贸易商品也多由内地生产，某种意义上新疆只是担当了"贸易通道"的角色。"中巴经济走廊"的建设虽然改善了贸易不畅通的现状，使制约新疆出口的问题有所缓解，新疆对巴基斯坦的出口额也呈逐年增加的趋势，但是新疆与巴基斯坦贸易往来的内容并没有实质性的改变，制约新疆向巴基斯坦出口的根本因素仍然存在。要改变这一现状，应当努力使新疆成为中国面向巴基斯坦乃至中亚、南亚、北非地区的区域贸易中心，在新疆建立针对不同国家出口的产业集群和出口加工基地。依托新疆喀什经济开发区、喀什综合保税区和南疆地州工业园区的区域优势，新疆可以积极引进内地的知名加工企业落户喀什地区。通过在新疆建立产业集群和出口加工地，未来中国新疆与巴基斯坦的贸易往来将更加密切，使中巴贸易再上一个新台阶。

3. 加快推进人民币成为区域结算的货币

针对巴基斯坦国内财政能力不足，银行坏账率高的状况，可以积极推进中国与巴基斯坦互设金融机构，鼓励我国银行入股巴基斯坦银行，适度降低两国设立金融机构的门槛，建立"中巴经济走廊"融资的统一标准，探索共同的信用评审机制和投资担保机制。以丝路基金为资金源头，设立专门的"中巴经济走廊"发展研究基金，满足中巴相关优势产业的投资需求，加大人民币在巴基斯坦的交易结算规模。随着"中巴经济走廊"的全面建设，丝路基金和亚洲基础设施投资银行、世界银行、国家开发银行等国内外银行以及越来越多的国内外资本的流入，区域性经济金融服务中心的设立也成为必然。中国可借机推进中巴双方贸易、投资的人民币结算，搭建货币跨境结算平台，研究现钞跨境流动机制，推进人民币对巴基斯坦等南亚国家的挂牌交易和兑换业务，降低对美元的依赖以及汇率波动带来的风险。待时机成熟，可考虑在乌鲁木齐市设立"丝绸之路经济带区域金融中心"，推动人民币成为中亚、西亚、南亚的区域性国际结算货币，从而提高贸易的便利化程度。

4. 建立对巴立体交通网络、提高贸易通关效率

针对喀喇昆仑公路严峻的条件对中国和巴基斯坦陆路贸易的干扰，中国方面应该尽快提高公路等级，尽量解决贸易运输瓶颈问题，保证货物及时运输。空运方面，增加新疆阿克苏地区通往伊斯兰堡和瓜达尔港口的客货航线，以解决冬季公路闭关造成的货物运输不及时的问题。同时增加内地城市前往伊斯兰堡和卡拉奇等巴基斯坦城市的航班，尽可能地扩大两国旅游等服务贸易。铁路方面，尽快建立由巴基斯坦经红其拉甫向北到喀什的铁路干线，弥补目前中巴陆路贸易运输方式单一的缺陷，进一步降低中巴贸易的物流成本，提高贸易便利化程度。航运方面，加快瓜达尔港的建设，提高港口

的货物运输能力，将港口与巴基斯坦国内铁路、公路接线打通，同时完善港口海关管理制度，提高过关的效率。

（二）中国企业层面的对策

1. 重视贸易伙伴信用、完善风险管理体制

针对不断增加的贸易纠纷，中国企业应当加强对巴基斯坦当地政治形势、法律环境、银行企业信用状况的了解。由于巴基斯坦大部分地区商业诚信文化基础薄弱，企业信用和银行信用也较差，我国企业要建立相应的风险管理体制。首先，出口企业应当利用合适的渠道发展客户，充分利用当地商会或协会的信息，关注贸易伙伴是否是当地商会会员单位，通过协会查看客户的工商资料是否健全。其次，我国企业还可以通过中国出口信用保险公司、信用评级机构的信息，对贸易伙伴进行信用打分。此外，我国企业也要注重合同条款，关注质量规定、数量损耗、付款方式等内容。针对巴方企业付款产生的贸易纠纷，建议我国企业选择较低风险的付款方式，要求进口商开具不可撤销的即期信用证，并由信誉良好的第三国保兑，尽量不要选择远期付款方式。再次，针对贸易纠纷的补偿机制，建议我国出口企业可以根据业务情况投保出口信用保险，这样能为企业在发生贸易损失时提供一定补偿。最后，可以多渠道解决纠纷，出口企业可以到驻巴使馆进行反映，通过外交方式进行解决，还可以委托涉外律师事务所来解决。

2. 扩大出口产品差异化、拓宽对巴出口渠道

"中巴经济走廊"基础设施的建设需要大量的优质钢材，伴随着中国对巴钢铁产品出口的增加，巴方反倾销力度逐渐加大。鉴于此，首先，我国出口企业要对巴基斯坦当地钢铁市场进行调查，了解当地营销方式和价格、主要产品和营销渠道。其次，出口企业可以运用标准化和差异化结合并以差异化为主的策略，使中国企业生产的钢铁产品与巴基斯坦本地的产品形成互补，尽量避免巴基斯坦的反倾销调查。再次，可以在巴基斯坦选择培养出口企业的代理商，并充分利用巴基斯坦政府对中国企业实施的优惠的税收政策、信用担保政策，拓宽出口企业在巴的销售渠道。最后，出口企业要熟悉

中巴自贸协定和 WTO 反倾销规则及机制，建立企业的反倾销预警机制，以便在遭受反倾销调查时及时采取措施，通过预警机制化解反倾销问题。

3. 加大对巴基斯坦陆路贸易员工激励机制和安全保障

随着"中巴经济走廊"的开通，陆路贸易将成为中国企业对巴贸易的一大方式。喀喇昆仑公路严峻的自然条件，以及走廊穿过的巴基斯坦克什米尔地区、俾路支省等地区的恐怖势力，都对人员安全提出了巨大的挑战。为此，出口企业应当对企业参与陆路贸易的员工给予更好的激励举措和安全保障。同时，企业应该与中国驻巴基斯坦使领馆保持密切联系，当人员安全受到威胁时，可以寻求使领馆的保护。同时企业可以建立并启动应急预案，对巴基斯坦当地进行全面评估，预留安全经费，平时加强对员工的安全教育，并定期模拟演习突发事件应急处理。此外，企业也要处理好与巴联邦政府、议会和各级政府的关系，引导员工了解和遵守巴基斯坦当地各种法律、法规和政策。

（三）中巴合作层面的对策

1. 完善两国沟通协调机制

随着"中巴经济走廊"的全面建设，中巴两国各领域的合作将更加密切，因此，中巴双方必须建立起更高效的合作机制，促进中巴贸易的进一步发展。以中巴联合合作委员会作为中巴两国政府沟通的桥梁，针对因为走廊建设而出现的问题，中国应借助中巴联合合作委员会与巴基斯坦进行协商沟通。同时，要完善贸易纠纷的解决机制，反对各种形式的贸易保护主义，维护中国贸易企业的正当利益。中巴两国目前已签署了《关于建立全天候战略合作伙伴关系的联合声明》，未来可以以联合声明为基础，签订延伸到各个行业的合作框架和法律协议，使中巴贸易纠纷有具体的法律依据可循。针对巴基斯坦严峻的安全形势，中巴应该加强与打击恐怖势力、极端主义的军方合作，建立更加完善的协调机制。特别是巴基斯坦方面，克什米尔地区、俾路支省的利益关系错综复杂，安全形势极度不稳，巴基斯坦要加大军事投入力度，以保障"中巴经济走廊"及中巴贸易往来人员的安全。同时，中国公安部和巴基斯坦内政部可以互设热线电话分享反恐情报，定期与巴基斯坦武装部队在中巴边境进行反恐军事演习，开展地区安全问题磋商。

2. 扩大中巴自贸区范围

面对一些国家出于地缘政治的质疑，中巴两国可以在已有的自贸区基础上扩大合作领域，使得"中巴经济走廊"带来的贸易便利化惠及更多国家。首先，中国和巴基斯坦两国已经建立了部分友好合作城市，可以考虑先在友好合作城市之间设立产业园区，推进双边产业合作，通过示范性效果再将产业园区推广到其他地区和城市。其次，可以在中国和巴基斯坦国内设立自由贸易试验区，中巴两国海关可以合作试行"互联网 + 海关"的特色服务，建设国际先进水平的贸易"统一平台"，实现高效率业务办理模式，从而使中巴自贸区贸易更加便捷[1]。最后，发挥中国—亚欧博览会的平台作用，吸引更多国家的优质企业和产品参会，完善区域贸易往来的信息、拓宽贸易渠道，使中巴自贸区、"中巴经济走廊"真正惠及中亚、南亚、西亚、北非国家，以应对国际上针对中国的质疑。

---

① 张红星、何颖：《"一带一路"战略下中巴自由贸易协定研究》，《国际经济合作》2016 年第 9 期。

扩大服务业对内对外开放的重大举措研究

王君超*

摘　要： "十八大"以来，服务业开始成为我国经济增长的重要推动力。"十四五"时期，我国服务业和服务贸易面临重大机遇和挑战。服务业发展、改革和开放的理论和实践表明，服务业改革的"中国模式"成就非凡，服务业的体制变革任务复杂艰巨。"十四五"时期，必须推动服务业供给侧结构性改革，确立"服务先行"的对外贸易战略，改善外商投资环境，深化全球价值链合作，扩大对"一带一路"沿线国家的直接投资，优化服务业开放的区域结构。

关键词： 服务业　服务贸易　对外开放

　　"十八大"以来，服务业开始成为我国经济增长的重要推动力。完整意义上的服务业开放既包括对外开放，又包括对内开放，两者必须兼顾。党的十九大报告明确指出要"放宽服务业准入限制""扩大服务业对外开放"，对我国服务业未来发展提出了更高要求。笔者近期在西藏、云南、黑龙江、河南、江西等地就服务业发展做了一些深入调研，切实感到"十四五"及未来相当长的时间内我国服务业发展的要素禀赋潜力巨大，但发挥巨大的潜

---

　　* 王君超，中共中央党校（国家行政学院）经济学教研部副教授。

力仍面临不少体制机制性障碍，必须通过进一步扩大服务业对内对外开放来倒逼改革，释放潜力。

一 "十四五"时期，我国服务业和服务贸易面临重大机遇和挑战

（一）从全球范围来看，服务业和服务贸易是经济发展最重要的部分，服务贸易是经济全球化的主要领域，国际贸易规则重构的焦点也主要集中在服务贸易自由化这一问题上

服务要素的发展，使得服务业成为全球价值链的重要组成部分，在全球贸易中的作用也越来越重要。服务贸易在全球贸易中的地位不断提升，将成为未来经济全球化发展的一个主要领域。目前，服务贸易占整个贸易的比重接近1/4。过去五年，全球服务出口量占总出口量的比重平均每年提高将近1个百分点。即使在商品贸易中，服务成分和服务要素对于提升商品的竞争力和影响力，也发挥着越来越重要的作用，成为提高商品附加值的主要环节。据联合国的统计，包括服务贸易和商品贸易在内，由服务成分产生的增加值占贸易额的比重将近46%，是纯服务业占比的近两倍。与此同时，技术变革使得过去很多传统意义上难以进行贸易的服务领域，如教育、医疗、文化和金融等变得可以进行贸易了。服务贸易壁垒的降低，也使得服务贸易在全球贸易中的地位不断提升。当前，中国服务业的竞争力开始提升，但总体水平仍然不高。我国服务贸易额占对外贸易额的比重在15%左右，并且还在快速增长，但是与世界平均水平相比，仍然低了将近10个百分点。此外，目前全球国际贸易规则重构的焦点主要集中在服务贸易自由化上，这给发展中国家的改革开放带来更大的压力。

（二）伴随着快速工业化和城市化进程，我国经济进入经济结构服务化的服务经济发展阶段，服务业开放滞后，服务业发展潜力巨大

学者们一般将一国出现服务业增加值占 GDP 的比重超过50%的现象，

视为该国进入服务经济发展阶段，这个阶段被称为经济结构服务化。与制造业相比，我国服务业发展水平较低，服务业开放进程滞后。目前服务业占GDP 的比重达到 52%，服务业就业人口占比达到 44%，但与发达经济体相比，这两个比重都至少有 20 个百分点的提升空间。十八届三中全会通过的《中共中央关于全面深化改革若干重大问题的决定》在"构建开放型经济新体制"部分明确提出，要推进金融、教育、文化、医疗等服务业领域有序开放，放开育幼养老、建筑设计、会计审计、商贸物流、电子商务等服务业领域外资准入限制。服务业开放水平较低已成为我国对外投资协定和自贸协定谈判中的难点和焦点，迫切需要以开放倒逼改革，推动服务业开放发展。新时期推进服务业有序开放，放开准入限制是必然选择。扩大服务业对外开放，在相关服务规则领域与国际高标准接轨，有利于我国更加积极主动地参与重塑新一轮全球经贸规则的活动，进一步提升我国的国际经济话语权和影响力。

（三）服务业的开放发展既要消除相关行业垄断，又要避免外资企业享受超国民待遇

完整意义上的服务业开放既包括对外开放，又包括对内开放，两者必须兼顾，不能"厚外薄内"。从中国服务业发展、改革和开放的历程看，改革开放初期国内缺资本、缺技术、缺人才、缺管理经验。在这种背景下，地方政府在引进外资时竞相开出优惠条件，给予外资超国民待遇，这在当时是务实的选择。改革开放深入到一定阶段后，各类市场主体更具平等公正竞争意识，各地区引进外资更加注重质量和产业的适应性，不再单纯以超国民待遇来吸引外资。服务业领域要继续切实依法依规贯彻"非禁即入"的政策，较大力度地推进垄断行业改革，取消对非国有资本或者非本地要素的不平等规定，形成政府投资、民间投资、利用外资等多元化投融资协同发展的新格局。

二 服务业发展、改革和开放的理论和实践启示

服务业改革的"中国模式"成就非凡。改革释放了服务业发展潜力，

使其形成了持续快速增长态势，成为吸纳就业的主力军和社会稳定器。也因此，服务业的国际地位和影响力持续提升，市场化的水平不断提高，吸引外资的能力不断增强。但与此同时，我国服务经济学的理论框架还没有完全建立，服务业的体制变革任务复杂艰巨，服务业发展对国民经济发展的支撑作用，以及服务消费对服务业发展的带动作用还有待进一步发挥。

（一）服务业发展的普遍性规律认识

1. 经济发展过程在三次产业结构上收敛于以服务业为主的结构

随着经济的不断发展和产业结构的不断优化，服务业占国民经济的比重不断提高。一个国家服务业发展总体上呈现出两个阶段：第一阶段是在人均收入达到某个中等水平（4900~8000 美元）之前，农业劳动生产率提高，劳动力从农业部门转移出来，支持制造业和服务业发展。第二阶段是在人均收入超过中等水平之后，随着制造业、农业劳动生产率的持续提升，劳动力从制造业、农业中转移出来进入服务业，制造业就业和增加值占比达到峰值之后转向下降，服务业就业和增加值占比持续上升，形成服务业持续主导的结构。

2. 服务业发展的内在动力来自技术进步和高收入需求弹性这两大因素

一个国家经济越发达、人均收入水平越高，其服务业规模和就业人口占比就越大。每次技术革命引发各大产业内部各个产业劳动生产率增长率出现差异，使劳动力在各产业间转移和再配置，劳动生产率提升总是偏向于资本要素密集型、技能劳动力密集型的产业，低技能劳动力则总是流向劳动力密集型的服务业。在后疫情时代数字经济的爆发式增长，必将带来现代服务业发展新机遇。

3. 服务业发展需要公共投入和制度创新

各国制度和政策差异会导致劳动力再配置，在相同的技术进步下，出现不同的产业结构。制造业能够在一个很弱的制度环境内快速发展，但服务业对制度的要求很高。面向制造业投入的服务业创新，更加依赖于良好的上下游企业合作与竞争的市场环境、知识与信息密集型要素投入和组织创新。因此，服务业发展就更加需要竞争的市场环境，更加需要能够自由进入和退出的劳动力市场和产品市场制度，以及更加开放的服务贸易和投资。此外，随着人均收入水平提升，那些公益型服务业，如教育、健康、社会发展等，更加依赖于相对完善的政治体制和公共管理体制所促发的公共投入和制度创新。

（二）服务业发展的空间集聚及其影响因素

1. 服务业空间集聚的形成机制

当前中国经济处于结构调整的关键时期，现代服务业产业控制力强，集聚可以成为区域经济发展、经济结构调整与产业转型的原动力。服务业空间集聚的形成机制，包括市场规模、要素禀赋、信息技术、知识溢出、政策和制度环境等。相比于制造业，由于其生产、消费的市场特征，服务业在空间分布上会体现出更高的空间集聚特征和效果，服务业的聚集可以带动地区生产率的提高并吸引外商直接投资。一方面，生活型服务业对资源的依赖少，需要更高的城市化水平，进而可以近距离面对多样化的消费者群体；另一方面，生产性服务业的发展，可以通过降低交易成本促进制造业企业的集聚，从而深刻影响制造业的生产能力、空间分布与地区经济。

2. 服务业空间集聚的影响因素

一是现代服务业多在现有产业基础较强的城市中心地区集聚，特别是大城市集中明显。虽然目前在二、三线城市不断涌现，但现代服务业集聚区选址布局在中心城区特别是大都市中心城区的倾向明显，在县城布局的概率仍较小。二是市场规模显著。现代服务业集聚区必须考虑服务对象和社会市场的需求度，在产业园区周边等客户需求较大的区域集聚。承接国际产业转移的沿边、沿海区域是国际服务业投资的热土，随着服务贸易自由化进程加快，服务业国际产业转移和跨地投资的趋势明显，这将对沿边、沿海区域的现代服务业集聚区规划布局产生较大的影响。三是要素禀赋突出。首先是资源要素，包括自然资源、文化资源和人力资源等。在风景名胜区、古城古镇、历史街区、高校密集区、实验室和研究所集聚区等地，不仅要依托资源为现代服务业集聚区的发展提供动力，还要借助集聚区的发展进一步提升资源的自身价值。其次是交通要素，现代服务业集聚区的发展离不开高效的交通体系支撑，现代服务业多在港口、机场、火车站等交通枢纽和不同交通方式的交汇点周边集聚。最后是用地条件要素。现代服务业集聚区多布局在用地充裕的地区，如郊区和城郊接合部等。同时，现代服务业集聚区由于获利能力强，往往主导城市内部或局部地区土地资源的竞争，对级差地租较为敏感。四是政策优惠和服务优越。土地、税收等优惠政策是现代服务业集聚区启动建设的关键要素，现代服务业集聚区的规划布局必须对保税区、自贸区、海关特殊监管区和口岸等特殊政策优惠区域予以重点关注。现代服务业集聚区更倾向于布局在金融、法律、咨询、会计和商务等配套服务及其设施较为优越的地区。引入和建设现代服务业集聚区的重要策略，就是要大力提高配套服务及其设施的供给质量与便捷程度，增强服务供给能力，改善服务供给水平，提升服务供给效率。

（三）服务业改革和开放的经验问题

1. 服务业改革遵循先易后难的模式，沿袭市场化、产业化的思路，以民生为导向，不断深化改革，提升竞争力

服务业一跃成为我国第一大产业，逐渐成长为经济发展的主力军。改革开放之前，由于长期以来实行重工倾斜和高积累率政策，再加上国有部门垄断服务业，服务产品极度短缺，就业水平偏低，严重阻碍了人们生活水平与生产效率的提升。1978 年开始的第一波服务业改革，根本目标就是要解决沉重的就业压力。当时的国民经济体系，还没有形成完整的"服务业"概念。服务业改革是从集市贸易、个体经济等开始，旨在解决百姓生活所面临的实际问题，无意中促进了服务业这一新生力量的成长。服务业改革遵循先易后难的模式，避免了意识形态争论，使改革的阻力最小化，能够顺利推进。20 世纪 90 年代，服务业的体制转换，包括房地产、医疗、教育等方面的市场化、产业化改革，有利于减少这些方面的政府支出，极大地缓解财政压力。进入 21 世纪后，随着我国加入世界贸易组织（WTO），服务业竞争力弱等问题凸显，对一些重点服务业，通过市场化改革、引入竞争机制等方式，其竞争力获得了快速提升。十八大确立了到 2020 年全面建成小康社会

的目标，因此，如何通过服务业体制改革，提升服务业对民生的支撑力，也成为这一阶段服务业改革的重要方向，政府部门出台了大量与民生服务相关的政策文件，涉及健康服务业、体育产业、养老产业等。

2. 服务业发展的作用机制复杂，既要贸易自由化，又要防止改革滞后，改革与开放同等重要

许多关于服务贸易自由化对经济的影响的实证研究显示，限制服务业竞争的政策代价高昂，正是放松管制和服务贸易自由化带来的竞争压力，促进了生产率的增长，并提高了先前受管制的企业的配置效率。因此，大多数研究的结果都倾向于认为，贸易自由化对服务业发展具有促进作用。但从我国改革开放的实践看，1979年至1990年间，服务业开放与改革基本同步。改革重点在以生活为主导的服务领域，而外资也大量进入社会服务业与旅游业，二者相得益彰，相互促进，为我国服务业深化改革奠定了基础；自1990年开始到2001年12月中国加入世界贸易组织（WTO），由于我国对服务业的开放领域缺乏深入研究而举步不前，服务业开放滞后于改革，服务业利用外资的质量也不高，这说明服务业开放与改革开始错位；加入世界贸易组织（WTO）后，我国服务业遵循相关规定大幅度扩大开放，但与此同时改革有所停滞，甚至出现很多服务领域允许外资进入，但民营资本进入反而受到阻碍的情况。可以说，这一阶段在整体上是属于服务业改革滞后于开放。因此，从上述服务业改革开放的历史实践看，我国在服务业开放与改革相互作用的背景下，服务业的发展作用机制复杂，改革与开放同等重要。

3. 在服务业发展过程中存在"体制病"，服务业发展体制和治理模式一直没有很好地建立

一是缺乏对市场主体独立性的培育，导致很多服务企业成为政府部门的附庸。以20世纪90年代市场化与价格自由化为特征的服务业改革为例，当时发展迅速的各类市场中介组织多数从属于政府职能部门，各类经济实体广泛接受社会上经济组织的"挂靠"，从中收取"管理费"。很多公益部门商业化运营，它们的活跃并不能提高经济效率，反而容易加剧体制摩擦。二是我国服务业改革碎片化问题严重，系统性不够。例如，我国缺乏建立服务业

体系的概念，对种类繁多的服务业在国民经济中的作用缺乏清醒认知，导致某些关键性服务领域发展不足，甚至出现国家经济信息以"合法"方式被泄露。国家发展战略层面也缺乏服务业与其他产业、服务业改革与其他改革之间的联动设计，一些与生产直接相关的战略性资源，如品牌、文化、科技、金融等无法在中国本土生长，进而导致中国制造仍不能通过生产性服务业的发展而快速提升。由于科技服务业不发达，其对生产的支撑作用也没有完全发挥出来，我国国家创新能力与经济实力、国际地位等严重错位。三是我国仍有部分服务业垄断严重，相关行业找各种借口排斥竞争者公平进入，影响了服务供给和效率。一些政府部门还人为地提高服务业的市场准入门槛，使这些行业的可进入性很差，民营资本在市场上的占比仍然非常低。部分公共服务、准公共服务及民生服务依然实行计划审批管理，形式主义和官僚主义色彩浓厚，市场化改革及其配套措施改革很难深入推进。四是旧经济社会体制遗留下来的土地和户籍制度等不合理约束，导致城乡分割和生产要素难以自由流动，城市空间扩张"见物不见人"，规模经济和集聚效应不充分，严重抑制了服务业的发展。

三 "十四五"时期，服务业扩大对内对外开放的政策建议

（一）推动服务业供给侧结构性改革，提高服务业发展水平，夯实服务业开放基础

服务业快速高质量发展是提升中国服务业国际竞争力、建设服务业强国的根本出路，也是扩大服务业开放的前提和基础。近些年，中国服务业发展迅速，但服务业整体发展水平和西方发达国家相比还有较大差距，面临着诸多问题和挑战。例如，行业附加值率偏低，以劳动密集型服务业为主，传统服务业比重偏高，附加值高的知识密集型服务业和专业服务业发展严重滞后；制造业和生产性服务业发展严重脱节，生产性服务业对制造业转型升级

的推动不足；服务业领域竞争不够充分，服务业管制过多，监管与治理不能适应新经济新服务的发展；等等。随着科技水平的不断提高，互联网、大数据、云计算等技术推动服务业产生了重大变革，出现包括网购、无人自动式服务、个性化服务和共享经济等新的服务形式，这些都是典型的供给侧结构性改革的结果。一方面促进了服务业本身的发展，另一方面创造出人们对于服务业更大的需求。积极推进服务业领域的供给侧结构性改革，补齐发展短板，提高服务业供给水平，增加服务业知识含量和附加值，推动服务业高质量发展，是摆脱高端服务业受发达国家和跨国巨头掌控局面，扭转服务贸易低端锁定的根本出路。因此，要从加大政策扶持、吸引外资、培养人才、推进跨界融合等角度做大服务业体量，鼓励制造业企业服务化，推动生产性服务业和高端服务业发展，夯实服务业开放的发展根基。

（二）确立"服务先行"的对外贸易战略，设立服务贸易创新发展基金，向货物和服务贸易平衡协调融合发展转变

从对外贸易的发展历程来看，中国虽然早已制定了较为完善的对外贸易发展战略，但对服务出口的重视程度还不够。应把发展服务贸易放在对外贸易的优先地位，制定"服务先行"战略，就服务贸易发展战略目标、基本方针、基本原则、重要任务、支撑保障等予以明确。全面提升全社会对服务贸易关注程度、完善各项机制、激发社会活力，促进服务贸易大发展，最终实现服务贸易与货物贸易的平衡协调融合发展。鉴于中国服务贸易创新能力不足、国际竞争力较弱的现状，建议政府设立服务贸易创新发展基金，发挥财政资金杠杆引领作用，鼓励风险投资基金和天使投资进入服务贸易领域，甚至在必要条件下，鼓励地方国资控股企业对服务业创投企业进行战略投资，扶持服务业创新创业类企业发展。

（三）健全服务业开放相关法律制度，改善外商投资环境，保障内外资享受同等待遇

一是加强利用外资法治建设，统一内外资法律法规，制定新的外资基础性法律，与国家对外开放大方向和大原则不符的法律法规和条款要限期废止或修订。当前中国服务业相关法律法规还不够健全，尤其是尚未对部分入世时所承诺的部门进行立法，因此，亟须早日健全我国服务业的相关法律制度。二是完善外商投资管理体制，营造公平竞争的市场环境，全面实行准入前国民待遇加负面清单管理制度，依法给予内外资企业同等待遇。探索服务业利用外资新模式，在外国企业和外资项目投资过程的所有环节实行完全的国民待遇。三是大幅度放宽市场准入，继续重点推进金融、教育、文化、医疗等服务业领域有序开放，放开育幼养老、建筑设计、会计审计、商贸物流、电子商务等服务业领域外资准入限制。四是保护外商投资合法权益，不以强制转让技术作为市场准入的前提条件。加强知识产权保护，严厉打击侵权假冒违法犯罪行为，鼓励中外企业开展正常技术交流合作。

（四）从参与全球价值链向建立并主导全球价值链转变，增强外资企业与国内购买方和服务供应商之间的关联度

我国服务业发展和开放相对滞后，一个重要原因就是在我国境内投资的制造业企业与本地的生产性服务业缺乏较强的关联度，这在很大程度上抑制了服务业特别是高端服务业的发展和开放。为此，"十四五"期间我国应在以下两个方面有所突破：一是要通过各级政府的引导和扶持，广泛拓展，积极联动，发展面向产业集群的生产性服务业。二是推动企业创新，促进企业快速成长，制定政策构建服务业科技进步平台，提高企业研发投入。由当前我国单纯参与全球价值链向建立并主导全球价值链转变，在对外开放进程中逐渐提升国际贸易竞争力，同时推动中国不同区域服务业差异化开放。

（五）加大对"一带一路"沿线国家的直接投资，提升企业对外投资逆向技术溢出效应

一是深化双边经贸合作，加快劳动密集型产业向南亚和东南亚等发展中国家转移。加强与印度尼西亚、菲律宾、文莱等国在远洋渔业、水产品加工、海洋生物制药、海水养殖、海洋工程和海上旅游等海洋经济领域的投资与合

作，通过市场寻求型和资源寻求型对外投资，显著提高中国对外投资企业的利润。二是增强对发达国家的技术寻求型投资，同时利用中欧和东欧劳动力素质高和背靠欧盟市场的优势，优先在该地区开拓高铁、航空、核电、钢铁、新能源等领域的战略投资合作。三是推动"互联网＋服务业开放合作"融合发展，各地区应制定促进"互联网＋"有关政策，抓住发展机遇，加强与"一带一路"沿线国家交流合作，促进服务业开放，支持互联网企业"走出去"，发挥互联网企业已有优势，参与国际竞争，赢得市场主导权。

（六）要进一步优化服务业开放的区域结构，广泛加强国际服务贸易合作，缩小我国高端服务业与发达国家的差距

一是加大西部开放力度，完善口岸、跨境运输等开放基础设施，实施更加灵活的政策，以增加外商投资特别是服务业领域进入中西部地区的动力，使西部地区形成若干开放型经济新增长极。二是充分发挥18个国内自由贸易试验区自由化、便利化的特点，深化国内自由贸易试验区建设，探索建设自由贸易港，在试验区内创造更加开放的投资经营环境，在自贸区高效推进外资管理体制改革，放宽投资准入要求，发挥并完善政府协同监管机制，进一步提高效能，积极推进离岸贸易和跨境业务发展。三是广泛加强国际服务贸易合作。首先，在国家持续推动"一带一路"建设的"十四五"规划时期，中国服务业应积极向"一带一路"沿线国家和地区实施"走出去"战略，充分发挥我国对"一带一路"沿线国家和地区直接投资的贸易效应。其次，亚太经合组织（APEC）成员是我国重要的国际合作伙伴，国家应鼓励企业加大对亚太经合组织成员的直接投资力度，尤其是加大对这些国家和地区的知识和技术密集型服务业的投资力度，提升我国在全球价值链中的地位。最后，我国还应广泛加强与发达国家的服务贸易合作，大力推进我国技术含量高、创新能力强、附加值高的知识和技术密集型服务业的国际合作，缩小我国与发达国家之间的差距。

新时代构建西部大开放新格局研究

汪 彬 *

摘 要： 实施西部大开发20多年来，西部地区经济社会发展取得了历史性成就，为推动中国经济快速增长、人民生活水平提高和拓展发展战略回旋空间做出了贡献。中国特色社会主义进入新时代，中国经济进入了高质量发展阶段，实现高质量发展需要推动高水平开放，高水平开放是新时代构建全面开放新格局的必然选择，也是西部地区经济转向高质量发展的根本要求，在构建全方位、多层次、宽领域、高水平开放型经济新格局背景下，西部地区要顺应历史潮流，加大开放力度，参与和融入开放平台建设，构建内陆多层次开放平台，发展高水平开放型经济，打造新时代开放高地，推动实现新发展格局。

关键词： 新时代 西部大开放 新格局

自西部大开发战略实施以来，西部地区经济获得了长足发展，生态环境得到持续改善，人民生活水平日益提升，为决胜全面建成小康社会奠定了较为坚实的基础。截至 2019 年底，西部地区 12 省区市①经济总量由 1.58 万亿元增长到 18.4 万亿元，增长约 10.6 倍，占全国 GDP 比重也由 17.3% 提升

---

* 汪彬，中共中央党校（国家行政学院）经济学教研部副教授。

① 西部大开发战略中的西部地区包括重庆、四川、贵州、云南、西藏、广西、陕西、甘肃、青海、宁夏、新疆和内蒙古等 12 个省区市，面积为 685 万平方千米，占全国的 71.4%；2019 年底人口约为 3.82 亿人，约占全国的 27.3%。

至 20.5% 。但发展进程中也出现了一些新情况和新问题，如地区间分化加剧、一些领域发展仍然比较缓慢、贫困地区稳定脱贫向好的基础比较薄弱等。为顺应中国特色社会主义进入新时代、区域协调发展进入新阶段的新要求，党中央、国务院从全局出发，在 2020 年 5 月发布了《关于新时代推进西部大开发形成新格局的指导意见》，明确指出"强化举措抓重点、补短板、强弱项，形成大保护、大开放、高质量发展的新格局"，并重点强调"以共建'一带一路'为引领，加大西部开放力度"。与此同时，2019 年国家发改委印发了《西部陆海新通道总体规划》，该规划被认为是"深化陆海双向开放、推进西部大开发形成新格局"的关键之举。不难发现，西部大开发正越来越多地与"开放"这个主题相连，在打造全方位对外开放新格局的背景下，大开放已经成为新时代西部大开发的主旋律。在此背景下，有必要对西部地区过去 20 年对外开放的发展变化及存在的问题进行全面的回顾总结和深入剖析，为加快形成新时代西部大开发新格局，推动西部地区高质量发展提供现实依据和研判基础。

一 西部大开放：新时代扩大对外开放的必然要求

受中美经贸摩擦和新冠肺炎疫情的双重叠加影响，无论是全球经济还是中国经济均迈入深度调整阶段。为了更好地抓住机遇、迎接挑战，实现更快、更好的发展，必须加快结构调整的步伐，不断增强综合国力和国际竞争力。加大西部开放力度，变对外开放的后方为对外开放的前沿，充分发挥西部地区市场潜力大、自然资源丰富和劳动力成本低的比较优势，不仅为加快全国经济结构调整和产业优化升级提供广阔的空间，同时也能够为东部地区提供更加广阔的市场和丰富的能源、原材料支持，以便更好地承接东部发达地区的产业转移。

（一）西部大开放是新时代参与"一带一路"建设的必然趋势

"一带一路"倡议，是我国为应对全球经济格局的深度调整、推进新一轮对外开放而提出的宏大构想，是科学谋划我国全方位开放、增强我国对周边区域经济辐射力、强化与周边国家外交和安全合作、推动形成以我国为主的区域经济分工合作体系的新思维和新举措。西部地区恰恰是"一带一路"倡议建设与发展的核心地区和重要依托，具有重要的地理区位优势。其中，西北地区的内蒙古与俄蒙相连，是建设中蒙俄经济走廊的核心区域；新疆是丝绸之路经济带的核心区；青海是贯穿南北丝绸之路的桥梁和纽带，是中国联通南亚国家的重要走廊和通道；宁夏是重要的内陆开放型经济试验区。西南地区的广西与东盟国家有陆海相邻的独特优势，是西南、中南地区开放发展新的战略支点，也是 21 世纪海上丝绸之路与丝绸之路经济带有机衔接的重要门户；地处古代南方丝绸之路要道的云南，拥有面向"三亚"（东南亚、南亚、西亚）和肩挑"两洋"（太平洋、印度洋）的独特区位优势，是参与"一带一路"建设的重要省份之一；贵州处于西南南下出海大通道的交通枢纽位置；西藏位于祖国的西南部，是面向南亚开放的大通道，对接"一带一路"和孟中印缅经济走廊，能推动环喜马拉雅经济合作带建设。对此，若要更好地推进新时代"一带一路"建设，必然需要加大力度进一步扩大西部大开放。

（二）西部大开放是构建国内国际双循环相互促进的新发展格局的内在要求

改革开放以来，我国不断扩大对外开放，融入世界经济体系，有力地助推了中国经济的快速发展。新时代构建新发展格局，要立足以国内循环为主体，因为脱离国内循环为主体的国际循环，势必无法有效、可持续运转，构建完善的内需体系是构建新发展格局的关键。相比于东中部地区，西部地区相对落后，也是中国经济发展的潜力所在，也是扩大内需、促进经济转型升级的重要动力源。西部大开发战略实施 20 多年来，西部地区经济发展取得了巨大进步，已经具备承接国内循环经济的发展潜力。首先，自西部大开发战略提出 20 多年来，西部地区与其他地区的发展差距逐渐缩小。据统计，截至 2019 年，东部地区人均 GDP 是西部地区的 1.76 倍，明显低于 1999 年的 2.51 倍。其次，西部地区具有高质量发展与高速增长的双重潜力。一是投资潜力，比如基础设施与公共服务建设、产业配套能力建设以及新动能培育等方面，具有投资驱动的经济效益。二是参与国内国际循环潜力，根据李善同（2020）[①] 研究发现，一方面西部地区对外出口贸易增加值仅占全区域增加值的 22.05%，明显低于东部地区的 29.20%；另一方面，西部地区在东部生产分工的参与度为 2.80%，明显低于东部在西部地区生产分工的参与度 10.59%。最后，中心城市或都市圈自身水平的提升及其对周边中小城市的辐射和带动，将是西部未来发展中的一个重要的潜力。

（三）西部大开放是推进西部大开发形成新格局的重要突破口

长期以来，中国的对外开放主要面向发达国家，东部沿海地区借助港口区位优势，通过航运、物流把国内商品销往世界各地，而相对封闭、地处内陆的西部地区的对外开放水平较低。相对于东部沿海地区，西部地区的边境线更长、相邻国家更多，不过，邻近国家或地区大多数为欠发达国家。随着"一带一路"的深入推进，建设国际大通道和陆海新通道，将有力地促进西部地区对外开放，也能够有效地吸引东部发达地区的产业转移，促进西部大开放形成新格局。经过 40 多年的改革开放，东部沿海地区的产业逐步由劳动与资本密集型产业向技术密集型产业转变，随着劳动力与土地等生产要素成本的提升，势必引发劳动与资本密集型产业从沿海地区转移出来。大开放实际上就是产业转移的重要条件，这有利于推进沿海地区企业偏向于将生产基地转移到西部地区。同时，扩大西部大开放，还要打造承接产业转移的平台，改善营商环境，降低企业的综合成本，企业才能取得更好的效益。此外，开展国际次区域合作，对西部地区更为有利。所谓国际次区域合作，就是在国际区域合作框架内，中国边疆地区与相邻国家或相邻地区开展合作。只有这样，西部地区全方位开放的格局才能够形成。只有大开放才能大发展。开展国际次区域合作，受益最多的是边疆地区。边境经济合作区、双边

---

① 李善同：《促进西部地区在国内国际双循环中实现"双高"发展》，中国区域经济 50 人论坛，2020 年 7 月 19 日。

与多边合作区、边疆自由贸易区等开放型功能区将发挥更大的作用。在此基础上，以地级行政区为单元的沿边经济带就能够快速形成。

二　西部大开发20年：对外开放成效评价

我国对外开放实行的是分步骤有层次、逐步推进的战略，经历了一个不断扩大和深化发展的过程，到目前为止，已形成了全方位、多层次、宽领域的对外开放格局。从国民经济整体角度看，西部地区的对外开放不仅是构成我国多层次开放格局的重要环节，而且也是我国区域经济协调发展的必要条件。随着国际政治经济环境的变化，西部地区的对外开放逐渐形成以进出口贸易为主，利用外资技术引进、劳务输出等多种形式全面发展的新格局。对此，本节从历史维度与横向维度，针对贸易流（对外贸易）、资金流（利用外资）和人员流（国际旅游）三个方面分析西部地区对外开放的发展，分析与总结西部地区对外开放的特点、趋势。

（一）西部地区对外开放效应的多维度评价

1. 贸易流：西部地区对外贸易的发展

在贸易流方面，主要选取了进出口总额与贸易依存度两个指标。

（1）对外贸易额稳定增长，区域发展呈现严重分化

进出口总额是用以观察一个国家在对外贸易方面总规模的重要指标之一。图 1 展示了西部地区进出口贸易总额的变化情况。从 2000 年到 2018 年，西部地区的进出口贸易总额由 166.04 亿美元上升到 3690.64 亿美元，增长了约 21.23 倍。从西部地区内部变化情况来看，西北地区与西南地区的贸易差异呈现严重分化，西南地区明显优于西北地区。据统计，西北地区的进出口贸易总额占西部地区的比重整体呈现下降趋势，由 2000 年的 45.80% 降至 2018 年的 26.97%；西南地区整体呈现上升趋势，由 54.20% 上升至 73.03%。从东中西部变化情况来看，东部地区贸易比重持续下滑，而中西部明显快速提升，且西部地区贸易占比超过中部地区。据统计，东部

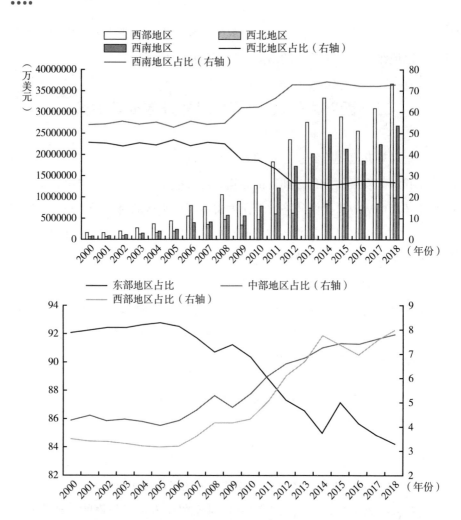

图1　2000～2018年西部地区进出口贸易总额的变化以及东中西部占全国比重

数据来源：WIND。

地区的进出口总额占全国比重由2000年的92.10%下降至2018年的84.20%，虽然有所降低，但仍是全国最主要的贸易进出口地区；中部地区比重由2000年的4.27%升至2018年的7.81%，仅上升了3.54个百分点；西部地区比重则由2000年的3.50%上升至2018年的7.98%，上升了4.48个百分点，明显高于中部地区，并且分别在2014年和2018年超过中部地区。

（2）西部外贸依存度高于中部，与东部之间呈现先扩大后缩小趋势

外贸依存度是衡量地区经济外向程度的重要指标之一。图 2 展示了各地区外贸依存度的变化。从 2000 年到 2019 年，西部地区的外贸依存度由 8.23% 上升到 13.16%，上升了 4.93 个百分点。在地区差距方面，西部大开发战略实施以来，西部地区的外贸依存度一直高于中部地区，由 2000 年高出 1.77 个百分点提高到 2019 年高出 2.88 个百分点。西部地区与东部地区及全国平均水平的差距呈现先扩大后缩小的趋势，分别从 2000 年的 57.34 个百分点和 30.92 个百分点扩大到 2006 年的 86.10 个百分点和 52.24 个百分点；随着西部大开发战略的深入推进和国际环境的变化，东部地区的外贸依存度表现出下降趋势，致使东西部地区间的外贸依存度差距缩小。2019 年，西部地区与东部地区及全国平均水平的差距分别缩小至 36.64 个百分点和 18.7 个百分点。但整体来说，西部地区的对外开放程度仍然不高，且与全国平均水平存在相当大的差距。

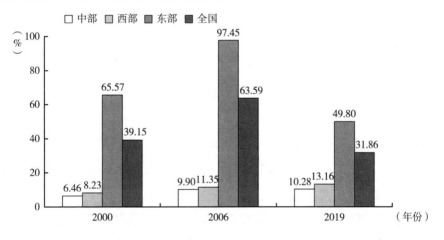

图 2　东中西部地区外贸依存度对比（2000 年、2006 年、2019 年）

数据来源：根据国家统计局网站、2000～2019 年各省区市统计年鉴/公报数据计算得出。

从西部地区内部的变化情况来看，西北地区与西南地区都呈现出波动的变化趋势。2008 年之前，西北地区与西南地区的外贸依存度都不断上升，且前者高于后者。2009 年，受国际金融危机的影响，两地区外贸依存度都

有了不同程度的下降，西北地区下降尤为明显。2009 年之后，西南地区的外贸依存度一路飙升，并带动了整个西部地区外贸依存度的提升。虽然受国内经济结构调整的影响，两地区的外贸依存度在 2015 年和 2016 年出现了下降，但整体来看，2009 年之后，西南地区的外贸依存度一直高于西北地区，且与两地区经济总量的分化时间相吻合。

2. 资金流：西部地区利用外资的发展

在资金流方面，主要选取了实际利用外资这一指标。近年来，西部地区实际利用外资呈现短期下降，东西部区域差距拉大。从 2000 年至今，西部地区实际利用外资及其占全国的比重呈现先上升后下降的趋势（见图 3）。一方面，从 2000 年到 2015 年再到 2019 年，西部地区的实际利用外商直接投资额从 20.78 亿美元增加到 299.71 亿美元达到最高值，之后降至 242.67 亿美元。另一方面，西部地区实际利用外商直接投资额占全国的比重从 2000 年的 5.1% 增加到 2014 年的 24.53% 达到最大，后又跌落至 2019 年的 17.57%。虽然相较于 2000 年，西部地区 2019 年的实际利用外商直接投资总额增加了近 11 倍，但其与东部、中部地区的差距仍然不断拉大（见图 4），中西部地区的差额由 2000 年的 8.58 亿美元增加到 2019 年的 583.47 亿美元，增加了 67 倍；东西部地区的差额由 2000 年的 346.04 亿美元扩大到 2019 年的 1060.9 亿美元，增幅较小。

同期，西北地区与西南地区实际利用外商直接投资的变动情况如图 3 所示。由图 3 可知，2008 年之前，两地区外商投资规模相差无几，但在 2008 年之后，西南地区的外商投资规模迅速扩大，不仅一举超过西北地区，更带动了西部地区外商投资规模的迅速扩张。同时，西部地区实际利用外商直接投资的变动趋势与西南地区极为相似。也由此说明，西部大开发战略实施以来，尤其是近 10 年来，西部地区实际利用外商直接投资情况主要受西南地区外商投资规模的影响，其在促进西部外商投资规模扩张方面的重要性日益凸显。近几年来，虽然西南地区的外商投资规模有所回落，但从整体来看，两地区在实际利用外商直接投资方面的分化现象已经非常明显。

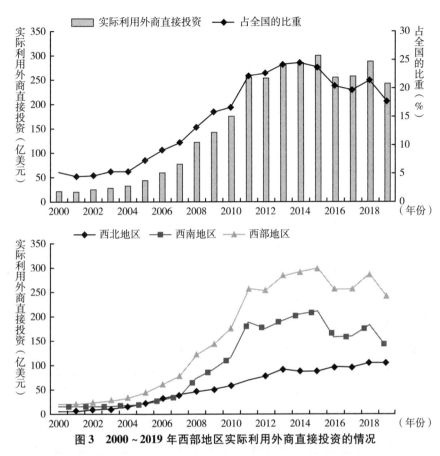

图3 2000～2019 年西部地区实际利用外商直接投资的情况

数据来源：根据国家统计局网站、各省区市统计年鉴/公报数据计算得出。

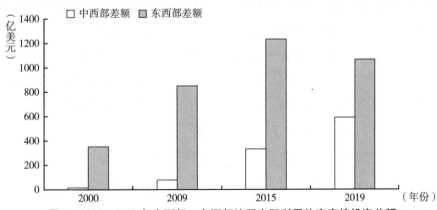

图4 2000～2019 年中西部、东西部地区实际利用外商直接投资差额

数据来源：根据国家统计局网站、各省区市统计年鉴/公报数据计算得出。

3. 人员流：西部地区国际旅游的发展

在人员流方面，主要选取接待入境旅游人数与国际旅游外汇收入两个指标。

（1）西部国际旅游呈现快速发展，与东部地区差距很大但呈收敛趋势

国际旅游既是跨境的人员流动，也涉及跨境的资金流动。西部地区具有国际影响的旅游资源数量多，内在价值高，具有发展国际旅游的良好资源条件。从历史趋势来看，西部地区的国际旅游呈现快速发展态势，且西南地区明显优于西北地区。据统计，2000~2018 年，西部地区接待入境旅游人数由 491.83 万人次增加到 2755.79 万人次，增长了约 4.6 倍。其中，西南地区接待入境旅游人数占西部地区比重由 67.16% 升至 72.77%，而西北地区所占比重则由 32.84% 降至 27.23%。从东中西部横向比较来看，东部地区接待入境旅游人数显著高于西部地区，而中部地区却低于西部地区。据统计，2000~2018 年，东西部差距呈现逐步收敛趋势，由 16.03 倍降至 2.66 倍；中西部差距呈现先上升后下降的趋势，由 0.54 倍升至 2008 年的 0.92 倍，后又降至 2018 年的 0.66 倍。

（2）西部国际旅游收入有所发展，但波动较大

自西部大开发以来，西部地区国际旅游有所发展，但波动较大。到 2018 年西部地区国际旅游外汇收入达到 169.27 亿美元，是 2000 年的 10.65 倍；东部地区是西部地区的 3.03 倍，中部地区却是西部地区的 0.6 倍。西部地区国际旅游外汇收入占地区生产总值的比重 2018 年为 0.61%，同年全国为 0.93%，仅比东部地区的 0.67% 低 0.06 个百分点，明显高于中部地区的 0.28%。其中，西南地区的国际旅游外汇收入占地区生产总值的比重 2018 年为 0.53%，低于西北地区的 0.66%。综合国际旅游收入和接待入境过夜游客看，虽然近年来西部地区国际旅游得到了较快发展，但相较于旅游资源禀赋和发达地区的实践，进一步发展的空间还很大。

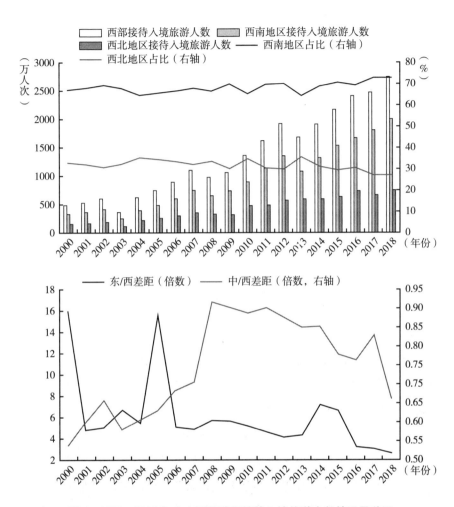

图 5　2000～2018 年东中西部地区接待入境旅游人数情况及差距

数据来源：CEIE DATA。

表 1　2018 年中国各区域与西部各省区市国际旅游情况

地区	国际旅游外汇收入（亿美元）	国际旅游外汇收入/地区生产总值（%）	人次（万人次）	地区	国际旅游外汇收入（亿美元）	国际旅游外汇收入/地区生产总值（%）	人次（万人次）
全国	1271.03	0.93	14119.83	四川	15.12	0.25	369.82
东部	512.37	0.67	7332.4585	贵州	3.18	0.14	39.69

续表

地区	国际旅游外汇收入（亿美元）	国际旅游外汇收入/地区生产总值(%)	人次（万人次）	地区	国际旅游外汇收入（亿美元）	国际旅游外汇收入/地区生产总值(%)	人次（万人次）
中部	101.57	0.28	1824.28	云南	44.18	1.64	706.08
西部	169.27	0.61	2755.7925	西藏	2.47	1.11	47.62
西南	114.62	0.53	2005.52	陕西	31.27	0.85	437.14
西北	54.65	0.66	750.2725	甘肃	0.28	0.02	10.0125
内蒙古	12.72	0.49	188.08	青海	0.36	0.08	6.92
广西	27.78	0.90	562.33	宁夏	0.56	0.10	8.82
重庆	21.90	0.71	279.98	新疆	9.46	0.51	99.3

数据来源：中国经济社会大数据研究平台。

（二）西部地区对外开放的制约因素

1. 发展不平衡不充分制约对外开放程度

一个发达均衡的经济体更有利于实施对外开放战略，能够充分利用外部资源和市场，为我所用。目前，西部地区发展不平衡不充分问题依然突出。一方面，西部地区与东部地区和全国平均水平的差距依然较大。由于自身区位因素和客观条件，西部地区发展中仍然存在诸多薄弱环节，与东中部地区尤其是东部地区的绝对差距依然很大，很多经济社会发展指标上的差距至少都翻了两番；在教育、医疗卫生等基本公共服务领域的差距更是突出，解决地区间、城乡间基本公共服务均等化的问题迫在眉睫。另一方面，西部地区的区域增长动力差异化明显。西南与西北地区的国家级城市群、开发区和国家中心城市的增长极数量存在一定差距。西部地区共拥有 5 个国家级城市群，其中，西南地区 2 个，西北地区 3 个。成渝城市群和北部湾城市群已经产生了明显的增长极效应，对西南地区的经济增长产生了较强的带动作用。在西部地区的 6 个国家级新区中，西南地区占 2/3，且重庆两江新区、贵州贵安新区的增长极效应凸显，通过产业和人口集聚为西南地区的经济发展提供了强劲动力。

2. 经济发展质量和结构欠佳影响对外开放水平

经济外向度直接依赖于自身经济发展水平和质量，西部地区对外开放水平取决于自身的经济发达程度。西部大开发战略实施以来，西部地区发展取得了巨大成就，但经济社会发展质量以及结构性问题仍有待改善。比如，西部地区的城市化水平仍然较低，城乡二元结构明显，城乡融合的体制机制仍需完善，区域性中心城市的带动作用不强，这些都直接制约了西部对外开放的强度、广度和深度。另外，西部地区普遍人口稀疏、城市分散、市场狭小，短期内仍难以形成规模经济效应和广阔的市场效应。西部地区人才缺乏，创新发展能力偏低，2018 年，西部地区的专利申请授权量仅占全国的11.95%，甚至比 2000 年下降 1.27 个百分点，使其传统产业的转型升级以及新动能的培育均遇到较大困难，现代化的产业体系较难形成。交通、信息化等基础设施依旧薄弱，现代化物流服务体系建设仍然比较落后，园区较少及其功能不配套，产业承接和吸引国内外企业投资的能力有限，西部地区的高质量发展仍面临不少困难。

3. "一带一路"参与程度仍然较低

西部大开发战略的实施有效促进了西部地区对外开放水平的提高，但与全国平均水平相比仍有很大差距，实际利用 FDI 占全国的比重依然较低。从进出口额的比较来看，2015 年以来，西部地区均为净进口，经济的内向型特征明显，外向型特征较弱，尤其是西北地区，未能借助"一带一路"建设的机遇实现更好的向西开放。贸易主体不足和产品结构单一导致西部地区形成产业集聚较为困难，也影响了传统工业的转型升级以及市场规模的扩大，加之西部地区投资的软硬环境和营商环境不尽如人意，使其吸引外资能力有限。西部地区与共建"一带一路"国家和地区的对接效率不高，各类开放平台分布不均匀，各地综合保税区和自贸区容量有限，效率较低且辐射能力较弱，打造对外开放的"高地"仍有难度。

4. 便捷的国际开放大通道尚未形成

西部地区的基础设施互联互通建设仍然比较落后，中亚、中欧等国际班列的枢纽节点建设亟须加强、组织运营模式仍需完善；多式联运效率和质量不高，导致物流运输周转时间过长，使得运输成本上升，降低了贸易便利程度；西部大开放的平台、口岸建设比较落后，开放物流网络和跨境邮递体系仍未建立，西部地区向西开放的通道不畅。沿边地区的开放发展有待进一步提高。沿边地区城镇建设落后，城镇化水平较低，中心城市的辐射带动能力较弱，生产要素集聚能力不强，未能与周边国家通过资源共享和优势互补形成具有区域特色的产业带。此外，与中国沿边地区接壤的国家都是欠发达国家，市场空间也较为有限，使得沿边地区在一定程度上成为沿海等经济发达地区产品进出口的通道，未能发挥自身的区位优势，有力承接沿海等经济发达地区的产业转移并形成服务周边市场需求的产业集群。

三 新时代推进西部大开发新格局的战略举措

新时代推进西部大开发形成新格局，就是要把加大西部开放力度置于突出位置，使西部地区进一步融入共建"一带一路"和国家重大区域战略，加快形成全国统一大市场，发展更高层次的外向型经济。推动西部大开放要从思想观念、基础设施、规则标准、营商环境等方面入手，积极参与产业链、供应链、价值链分工，深度融入全球经济体系，打造新时代的开放高地。

（一）深化改革创新，破除阻碍要素自由流动的体制机制障碍

要素充分自由流动、高效配置是提高经济效率、促进地区经济发展的基础和前提，也是推动经济发展质量变革、效率变革、动力变革的关键。西部地区发展落后根源在于交通不便、信息闭塞、环境封闭、要素梗阻，因此，要做好人畅其行、物畅其流这篇"大文章"，以更大的开放力度，推动西部大开发形成新格局。西部地区要积极融入参与建设"一带一路"，凭借沿海、沿江、沿边、沿交通干线区位优势，加强与境内外的经贸联系，打造陆海内外联动和东西双向互济的高水平开放格局。在推动要素自由流动方面，要按照中共中央、国务院《关于构建更加完善的要素市场化配置体制机制

的意见》精神，深化要素市场化配置改革，促进要素自主有序流动，提高要素配置效率，进一步激发全社会创造力和市场活力。要结合自身发展实际，深化"放管服"改革，强化竞争政策基础地位，打破行政性垄断、防止市场垄断，清理废除妨碍统一市场和公平竞争的各种规定和做法，进一步减少政府对要素的直接配置。

（二）强化大通道建设，积极参与和融入"一带一路"建设

随着"一带一路"建设的推进，中国西南地区、西北地区通过基础设施的互联互通，直接连接着中亚、南亚、东南亚乃至欧洲和非洲等国家，成为向西开放的战略前沿阵地，这为西部地区构建开放型经济新体制，利用国际国内"两种资源、两个市场"，以开放促开发，以开放促发展，带来了前所未有的新机遇。一是重点加强西部大开发的通道建设、平台建设、口岸建设，形成西部陆海新通道，加强西部地区的开放主体培育和开放产业培育，以及加强营商环境建设。二是积极设立与布局自由贸易试验区、综合保税区、跨境合作区、边境合作区等开放载体和平台，赋予一系列先行先试和倾斜性政策。三是通过把国内资本输出和过剩优势产能转移相结合，推动与东南亚、南亚、中东、非洲、中亚、中东欧等全球新兴市场不断深化经贸投资及产业务实合作，不断提升我国在全球和区域经济分工体系中的地位和影响力。

（三）强化内外联动，发挥各类战略功能平台驱动器作用

新区、自贸区、开放试验区等各类战略功能平台，既是先行先试的创新基地，又是引领经济发展的示范窗口，也是创新资源要素高度集聚的主要载体。与东部地区相比，西部地区的各类功能平台建设还较薄弱，对于区域经济增长的驱动作用发挥不足。因此，要瞄准未来的产业发展方向，充分发挥重大功能平台的驱动器作用，积极争取更多的国家战略平台落户西部，以问题为导向，深化体制机制改革，打造高品质的区域经济合作平台，高质量建设自由贸易试验区、边（跨）境经济合作区等功能平台，构建内陆和沿边

多层次开放体系。加强与国内发达地区、国家重点战略地区的互动合作，采取适当形式把东部沿海地区的功能平台延展到西部地区，或通过共建利益共享机制，联合打造新的合作平台。另外，还要积极对接长江经济带、粤港澳大湾区建设、黄河流域生态保护和高质量发展等国家重大区域战略，充分挖掘和利用国家区域协调发展战略的政策红利。

（四）优化营商环境，打造新时代的开放高地

与东部发达地区和世界一流的营商环境相比，西部地区的发展环境仍然较为薄弱，尤其是涉及思想观念、管理体制和运行机制等方面的软环境建设的问题更为突出。随着科技红利消退和要素报酬递减，世界各国以及国内其他地区都在积极打造一流的营商环境来吸引资本、人才等要素流入本区域，以便形成经济集聚效应，推动区域经济的可持续发展。因此，西部地区要着力把优化发展环境特别是软环境作为重中之重。对标国际通行做法和国内先进经验，深化改革创新，建立公正、透明、可持续的政策法规体系，改善政府治理体制和管理方式，建立良好的市场信用体系，强化政务诚信和社会信用，维护市场公平公正，打造一流的营商环境，积极吸引国内外资金、技术、人才流入西部地区，打造新时代的开放高地。

参考文献

[1] 郑长德：《开放带动："一带一路"建设与西部地区的经济发展》，《南开学报（哲学社会科学版）》2017 年第 3 期，第 40 ~ 49 页。

[2] 高云虹、张彦淑、杨明婕：《西部大开发 20 年：西北地区与西南地区的对比》，《区域经济评论》2020 年第 5 期，第 36 ~ 51 页。

[3] 范恒山、肖金成、陈耀、张可云、安树伟、丁任重、刘以雷：《西部大开发：新时期 新格局》，《区域经济评论》2020 年第 5 期，第 1 ~ 15 页。

[4] 金碚：《继往开来的西部大开发——中国经济发展的旷世之举》，《区域经济评论》2020 年第 5 期，第 16 ~ 22 页。

[5] 孙慧、原伟鹏：《西部地区经济韧性与经济高质量发展的关系研究》，《区域经

济评论》2020 年第 5 期,第 23 ~ 35 页。

［6］王丹莉:《新中国西部开发战略的历史演进与未来趋势分析——基于"市场—政府"协作视角》,《农村金融研究》2020 年第 7 期,第 3 ~ 9 页。

［7］范恒山:《形成西部大开发新格局要抓好四个关键环节》,《中国国情国力》2020 年第 8 期,第 1 页。

［8］张涵:《西部大开发需要形成高质量发展新格局》,《中国国情国力》2020 年第 8 期,第 80 页。

［9］刘世庆、许英明:《向西开放:中国新一轮西部大开发的重点与突破》,《经济与管理评论》2013 年第 3 期,第 128 ~ 134 页。

［10］俞岚:《经济对外开放的效应评价与路径选择》,《改革》2019 年第 8 期,第 71 ~ 82 页。

［11］张占斌:《构建国内国际双循环相互促进新发展格局》,《学习时报》2020 年 8 月 21 日。

双循环视角下的沿边开放路径研究

韦 力*

摘 要： 在新的时代背景下，党中央提出构建以国内大循环为主体、国内国际双循环相互促进的新发展格局。双循环发展新格局关键在于开放和循环，这对沿边对外开放提出了新要求。沿边地区要进一步提升辐射带动能力、夯实产业贸易基础、提高对外联通水平。因此，面对新要求，要着重从下面五个方面探索高水平沿边开放新路径：加强内外互联互通、筑牢产业发展基础、建设开放型新体制、开放重点领域合作、注重国家总体安全。

关键词： 双循环 沿边开放 "一带一路"

构建以国内大循环为主体、国内国际双循环相互促进的新发展格局，既要充分挖掘国内市场潜力，也要更大力度吸引外资、发展外贸，实现更高水平对外开放。沿边开放是我国开放发展布局中的重要组成部分。沿边地区要建设成为我国对外开放新高地，积极响应高质量发展阶段的新要求和新发展格局中的新定位，进一步提升对外开放水平，促进国内国际双循环更好发展。在双循环视角下，一方面，从国内经济循环来看，沿边地区经济社会发展相对落后，对外开放能促进国内经济循环，有效增加沿边地区人均收入、创造就业，释放减贫效应，维护边疆繁荣稳定；另一方面，从国际经济循环

---
* 韦力，中共中央党校（国家行政学院）经济学教研部博士研究生。

来看，沿边地区口岸众多，发展开放型经济能更好融入国际经济循环，也是落实"一带一路"倡议的关键抓手。

一 双循环新发展格局的内涵及意义

（一）双循环提出的时代背景

构建基于国内国际"双循环"的新发展格局，已成为推动我国开放型经济向更高层次发展、推动我国更高水平对外开放的重大战略部署。党中央提出"以国内大循环为主体"，标志着我国参与国际经济大循环的战略、方向、程度、方式等发生重大转变，具有深刻的时代内涵。正是因为当前国内外形势发生深刻而复杂的变化，国内国际"双循环"的新发展格局才成为进入高质量发展阶段的战略方向。从国际和国内两方面来看，"双循环"新发展格局的时代背景如下。

1. 当今世界经历百年未有之大变局

当今世界国际格局发生深刻变化，全球治理体系亟待重塑，"逆全球化"思潮逆势上扬，大国博弈形势错综复杂，经济增长乏力，经济复苏迟缓，非传统安全问题影响增大，世界不稳定性进一步增强，我国开放发展的外部环境更加复杂。国际格局发生深刻调整，新兴经济体逐步崛起，发展中国家在全球经济中地位愈加重要，对于全球治理体系重塑和世界范围内经济、政治等方面话语权的诉求也会愈加强烈。大国博弈日趋复杂激烈，中美经贸摩擦并不是偶然发生的，也不会是短期现象，只要中国持续开放发展，综合实力继续提升，与美国的竞争与摩擦就不可避免。逆全球化趋势日益明显，当前贸易保护主义抬头的迹象十分突出。全球产业链供应链已经呈现出本地化、区域化、分散化的逆全球化趋势。世界经济复苏前景不明，经济增长面临人口增速放缓、老龄化程度加深、环境保护约束严格等诸多挑战，还面临新冠肺炎疫情等非传统安全问题的阻碍。过去经济在一定程度上的复苏，主要是政府短期经济刺激的结果。从根本上说，在没有出现大的技术革命的前提下，全要素生产率未能有效提升，通过增加资本投入的方式来刺激经济，仍然是治标不治本。

2. 当前国内发展环境也发生深刻变化

改革开放以来，特别是党的十八大以来，我国经济持续稳定增长，2019年人均 GDP 突破 1 万美元，产业结构、需求结构、收入分配结构等不断优化，新经济新动能也快速增长，经济的量与质同步提升，经济发展进入高质量发展新阶段。一方面，经济结构调整转型的压力增大。过去依靠生产性要素的简单扩大拉动经济增长的发展方式已经难以为继。另一方面，对高质量发展的要求提高。经过 40 多年的改革开放，我国社会生产力水平显著提高，社会生产效率与社会生产能力在很多方面已经进入世界前列，但与发达国家相比，我国生产力发展在总体上依然处于中等水平，发展不平衡不充分的状态也依然没有发生根本性改变。发展不平衡不充分已经成为满足人民日益增长的美好生活需要的主要制约因素。因此，当前国内发展环境的深刻变化对高质量发展和高水平开放有更高要求。

（二）双循环发展的实质

1. 双循环发展是开放经济循环发展，开放是双循环发展的应有之义

国内大循环为主体、国内国际双循环相互促进的新发展格局，其本质仍然是开放的经济循环，并不意味着对外开放不再重要，也不意味着中国会关起门来封闭运行。习近平总书记多次强调，国内大循环，在本质上也是开放的，它要与国际循环相互促进、相互配合。在当今经济全球化深度发展、全球价值链分工日益频繁的情况下，没有绝对不参与国际经济循环、与世隔绝的国家。我国现阶段将经济发展的战略重点从出口导向转向扩大内需，融入世界经济体系、建立良好的外部循环可以为我国更好地发挥比较优势、与世界各国共同发展创造重要条件。通过推动构建人类命运共同体，扎实推进"一带一路"建设等，使国内国际双循环相互促进，形成良好的发展态势。国内循环与国际循环本质上并不矛盾，二者之间是互相促进的良性关系。

习近平总书记强调，要"通过发挥内需潜力，使国内市场和国际市场更好联通，更好利用国际国内两个市场、两种资源，实现更加强劲可持续的发展"①。在国际环境不确定性因素增多时，构建双循环的新发展格局，可以更好地保障中国经济安全，同时持续拓展经济发展空间。

2. 双循环发展是经济良性循环的发展，循环是双循环发展的核心要义

从马克思主义政治经济学角度来看，经济活动中生产、交换、分配、消费各个环节组合在一起是一个动态的周而复始的循环过程。在考虑到经济活动的国家边界前提下，经济循环可以分为国内经济循环和国际经济循环。双循环发展重在优化国内供给侧结构性改革，经济发展的最终目的是满足人们多样性的需求，即人民日益增长的美好生活需要。根据马克思主义政治经济学原理，经济发展要靠资本实现循环，其不同职能的循环必须在空间上并存、时间上继起，尤其要关注简单再生产与扩大再生产之间的关系、生产资料生产和消费资料生产两大部类之间的关系、积累和消费的关系、生产和流通的关系。因此，要通过着力推动供给侧改革、加快构建完整的内需体系来打通经济循环。把国民经济循环中的企业生产、产品、技术和供应链等在微观层面的循环和产业、城乡、地区等中观层面的循环以及生产、分配、消费、流通、再生产过程的宏观层面循环全部打通，使得经济能够持续循环发展下去。

（三）双循环发展对沿边开放的影响

1. 经济动力靠内部循环

双循环发展是以国内大循环为主体，在外部环境高度不确定的情况下，利用我国产业基础实力雄厚、产业链条完整、战略回旋空间大、超大市场规模等特点，畅通生产、分配、流通、消费等经济运行的各个环节，推动实现内部自我循环，包括供需循环、产业循环、区域循环、城

---

① 习近平:《在企业家座谈会上的讲话》，http://www.gov.cn/xinwen/2020－07/21/content_5528791.htm，2020－07－21/2020－10－02。

乡循环与要素循环等。沿边开放发展首先要依靠国内经济循环顺畅带来的国内经济发展良好态势，积累生产要素和比较优势，同时要在立足内循环带动外循环的过程中，通过内外联通的优势互补找到沿边开放的新定位。

2. 区域发展要协调推进

沿边地区经济发展水平相对较低，经济结构相对落后。在区域经济循环上，需要促进区域协调发展，沿边地区与经济较发达地区统筹发展，推动形成更有效的区域协调战略，打造区域产业集群，加强区域之间联通性，畅通区域间循环。同时，沿边开放也是我国陆路连接周边国家开展区域经济合作的重要抓手。无论是货物贸易、服务贸易，还是投资便利化、经济技术合作等方面都需要在区域经济合作框架内进行。国内的区域协调发展与国际区域经济合作本质上都是均衡一定区域范围发展速度，协调推进区域发展水平，共同实现区域发展成果共享。

3. 沿边开放是主攻方向

要形成国际大循环新格局，摆脱过度依赖传统国际大循环模式，形成更多的面向发展中国家、面向共建"一带一路"国家的国际大循环新模式。沿边开放是这一国际大循环新模式的主攻方向。因为在双循环发展新格局下，国际循环中传统主要贸易伙伴和经济方向有削弱的可能性。根据海关总署的统计数据[①]，2020年上半年，中美贸易总值1.64万亿元，同比下降6.6%。而东盟已经成为我国的第一大贸易伙伴，2020年上半年，我国与东盟进出口总值2.09万亿元，同比增长5.6%，占我国外贸总值的14.7%。我国传统的国外经济合作和对外贸易伙伴如美国、欧洲、日本纷纷因各自经济持续低迷状态和政治关系问题、世界格局变化等因素，重要性有所削弱，因此沿边开放尤其是面向东盟国家、周围发展中国家、"一带一路"沿线的沿边国家开放，更加成为我国对外开放的优先选择方向。

---

① 海关总署：《海关总署2020年上半年进出口贸易情况新闻发布会》，http：//fangtan. customs. gov. cn/tabid/1073/Default. aspx，2020－07－14/2020－10－02。

要依靠沿边开放构建内外联通的战略大走廊，立足内循环，带动外循环，扩大对外开放。

二 双循环发展对当前沿边开放提出的新要求

党的十八大报告提出"创新开放模式，促进沿海内陆沿边开放优势互补，形成引领国际经济合作和竞争的开放区域，培育带动区域发展的开放高地"的战略部署。党的十九大报告提出"推动形成全面开放新格局"。加快沿边地区开放，不仅是全方位对外开放的内在要求，也对保障国家安全、深化区域次区域合作、稳定边疆等具有重要意义。党中央提出构建国内国际双循环相互促进的新发展格局意味着我国对外开放进入新阶段，国内大循环的健康持续发展有利于我国企业更有竞争力地参与国际大循环，在积极参与国际竞争之后又能够提高企业在国内市场的竞争力。这使得国内国际双循环在相互促进中能更好培育新形势下我国参与国际合作和竞争的新优势。双循环发展对对外开放的意义意味着双循环发展对当前沿边开放也提出了新要求。

（一）双循环发展要求沿边地区加强辐射带动能力

1. 沿边地区普遍发展潜力大

1992 年我国开始实施沿边开放战略，设立了 14 个边境经济合作区。虽然我国对外开放不断深入，沿边地区开放程度不断扩大，开放水平不断提高，一些沿边地区已经形成一批具有特色和效益的开放模式，建设成为开放发展新高地。但是，由于受到地理位置偏远、基础设施较差、投入欠账较多等多方面因素制约，大部分沿边地区的经济社会发展水平与东部沿海地区甚至很多内陆地区相比仍有较大差距。总体来看，沿边的开放水平依然落后于沿海。沿边地区城市规模、人口数量、财政税收等各类指标均落后于沿海发达地区，这与加强其辐射带动能力的要求仍有一定距离，但也意味着沿边地区未来发展潜力巨大。

2. 沿边地区应形成增长极区域

现代经济增长点理论中有区域增长极的概念，过去沿边地区对外开放广撒网、全覆盖的实践，导致开放发展效果不明显。沿边经济过去发展迟滞，对邻国辐射带动也不足。沿边地区下一步要在重点开放地区开拓发展沿边对外开放试验区，形成国际大通道枢纽中心，打造边境地区经济增长极区域。这样才能更好发挥重点开放地区增长极的作用，吸引投资、集聚人才，将其极化效应和扩散效应充分发挥，逐步带动沿边地区整体经济的发展。

（二）双循环发展要求沿边地区夯实产业贸易基础

1. 提高工业化水平

沿边地区长期以来以第一产业为主导产业，具体表现为丰富多样的传统采集渔猎经济文化类型、畜牧经济文化类型，也有一些农耕经济文化类型。沿边地区产业结构较为单一，经济发展水平相对滞后，经济结构相对落后，第一产业占比较高而第三产业占比过低。虽然近年来在脱贫攻坚战略和对外开放战略实施背景下，沿边地区经济总量持续增长，GDP 增长率超过全国平均值，产业结构也得到明显优化，第三产业逐渐成为推动经济增长的核心动力，但整体来看沿边地区工业化水平仍然较低。

2. 继续完善贸易体系

我国沿边地区的边境贸易已由过去单一的小规模边民互市逐步发展成为集边民互市、边境小额贸易、跨境经济技术合作等于一体的多元化贸易体系。虽然近年来边境贸易发展迅速，根据国家统计局数据，从 2015 年至 2019 年，广西、内蒙古、西藏、吉林、云南等地区的进口总额都在逐年增长，但是沿边地区贸易体系整体依然以边境贸易为主，其贸易附加值较低。从商品结构来看，劳动密集型和资源密集型出口产品仍占主导地位，进口产品则仍以资源类商品为主。未来要进一步完善贸易体系，升级产品结构。

3. 提升进出口额增长速度

我国周边邻国市场规模比较有限。从经济指标来看，经济体量较小。周边 14 个邻国中，仅印度和俄罗斯经济总量在万亿美元以上，越南、巴基斯坦、哈萨克斯坦等国的经济总量介于千亿至万亿美元之间。同时，周边邻国经济发展水平较低，仅俄罗斯的人均 GDP 略高于中国。这就决定了沿边地区进行边境贸易的基础不强，进出口贸易额度不大，进出口额增长也比较缓慢。因此，沿边开放过程中要进一步提升进出口额增长速度。

（三）双循环发展要求沿边地区提高对外联通水平

1. 基础设施建设空间更大

沿边地区毗邻周边邻国，地理上的邻近有助于在基础设施建设方面实现互联互通。提高对外联通水平首先需要在基础设施建设上取得突破。过去一段时期，由于沿边地区基础设施建设资金缺口较大，尽管中央采取了一系列措施，沿边地区在修建铁路、高速公路、机场、村屯道路、口岸道路以及园区建设方面仍长期存在资金短缺问题，导致许多基础设施建设无法落实，交通路网难以完善，这在一定程度上阻碍了沿边地区与内陆地区的深度联系，也使其难以拓展与周边邻国互联互通的有效载体。因此，沿边地区亟须加快推进高速铁路及高等级公路网等方面建设，畅通跨境运输通道，最大限度降低交通成本。我国在"一带一路"倡议提出以来，积极推进与邻国国际通道的建设，取得一定进展，但仍有广阔建设空间。

2. 制度技术标准亟待统一

对外互联互通的基础不仅包括通道硬件基础设施，还包括物流、金融服务以及双边或多边运输制度技术标准等配套软件建设。在我国实施新一轮对外开放中，需要突破若干制度技术标准统一瓶颈。譬如以沿边陆路口岸的国际道路运输为例，中外口岸查验部门对国际道路运输车辆通关程序要求不一、标准不一，这就直接影响了车辆的通关效率。应尽快建立并完善与周边国家互联互通的合作机制，制定监管规则和技术标准，为沿边开放拓展更大空间。

3. 对邻国国情了解更深

提高对外联通水平，必须建立在对周边邻国的国情深入了解的基础上。

仅仅了解自身情况，无法谋求对等长期互通合作。国别研究、国情搜集是我国与邻国开展深度合作、沿边地区推动开放的重要指南。但长期以来，尽管有一些研究机构、学者对邻国进行了深入研究，商务部与外交部也定期推出国别投资指南和国别概况，但这些内容更多地侧重于宏观视角，对邻国政治、经济、外交等方面的战略研究存在明显短板，亟须补足。从企业实践层面来看，与邻国从事边境合作多局限于对其法律法规、产业政策、市场前景等方面的浅层了解，从而无法有效规避各类开放过程中的风险。因此，为深化双边经贸合作，推动沿边对外开放，应该作进一步基础性和应用性研究，对周边邻国的市场区域性特征及行业产业特征等方面了解更多，才能更好地提高对外联通水平。

三 双循环视角下沿边开放的路径思考

我国陆路边境线总长度居世界第二位，陆地毗邻国家最多，辐射区域范围较大，沿边开放空间前景广阔。进入新时期，我国经济从高速增长阶段进入高质量发展阶段，发展水平不断提升，高水平开放也进入提速阶段。沿边地区是我国对外开放的重要门户，是我国重要的战略资源储备基地和国家安全屏障，也是我国少数民族聚居地，在我国经济社会发展中具有重要战略地位。在双循环发展背景下，沿边开放在整个新发展格局和新开放格局中处于重要地位，对于联通内外经济循环、促进区域协调发展、优化开放空间布局、稳定沿边周边环境等具有重要意义。要提升沿边对外开放水平，需要进一步从以下方面着手。

（一）加强内外互联互通

经济上的互联互通是对外开放的前提和基础。国际经济大循环需要有一系列配套的基础性制度和基础设施作为保障，要强化交通枢纽建设、畅通商品物流通道、促进贸易投资便利、汇聚产业企业集群、升级优化营商环境等等，这些制度和设施的完善，既有利于我国顺畅加入国际经济大循环，也有利于衔接国内大循环，同时畅通内外联动，将外循环制度设施在内循环使用，做到制度规则衔接、生产要素畅通，人员往来便利，内外双赢，更好拓宽沿边开放的具体路径，多赢得一份开放空间。

1. 双循环连接内外

我国经济转向高质量发展阶段以来，逐步将经济发展引擎从出口转向投资和内需上来。现在提出以国内大循环为主体，就是以扩大内需为战略基点，充分发挥我国超大规模市场的内需潜力，吸引外资、跨国企业参与到国内经济循环活动中来，创造开放合作的空间。沿边地区面对的国外经济主体更多的是提供劳动力、市场等要素，进行经济开放合作。在双循环发展新格局下，沿边地区要发展跨境产业体系，更好联通国内国外。

2. 生产要素畅通流动

沿边地区要吸引重要生产要素流入，同时带动国内相关生产要素"走出去"。我国包括沿边地区相比周边邻国，在资金、人才、技术等方面大多具有一定比较优势，而周边邻国在劳动力要素、资源与原材料等方面也有一定的比较优势，因此如何进行优势互补，畅通各种生产要素流动，是加强国内国外互联互通的重要方面。

3. 推进基础设施联通

沿边地区基础设施虽然已经有了长足发展，但是面对新时代高水平对外开放的新要求，要更加优先发展交通设施等基础设施建设，完善公路网络，提升公路等级，配套建设跨境铁路，建设中心节点交通枢纽和边境航空港枢纽机场等。基础设施是通道建设的具体载体之一，是构筑良好畅通的国际运输通道和国内战略通道的前提。要加快基础设施建设，形成国际大通道，构建联通内外、安全通畅的综合交通运输网络。

4. 提高口岸便利化水平

在沿边地区尤其是边境往来中进一步实施便利化措施，建设人员流通快捷通道、货物通关绿色通道等，优化口岸营商环境。促进贸易和投资自由化便利化，完善市场化、法治化、便利化的营商环境，口岸通关便利化是重要手段。要加强沿边通关协作，通过电子口岸平台建设，提高口岸通关便利化水平。

（二）筑牢产业发展基础

党的十九大报告指出，"加快建设制造强国，加快发展先进制造业"。以高水平对外开放推动制造业等产业高质量发展，是对外开放的内在要求。在双循环发展背景下，沿边地区处于产业发展链条的下游，但处于双循环结合的关键节点上，要以对外开放促进产业升级与优化分布，推动沿边地区经济社会进一步发展。

1. 承接产业转移升级

沿边地区由于发展水平和梯度结构的因素，比起沿海和内陆地区，产业布局方面仍然更具基础性。因此，沿边地区承接沿海内陆地区产业转移，能进一步推动产业布局升级。目前沿海地区由于劳动用工成本上升、土地资源约束紧张等方面因素，生产企业也在逐步转移，在这个过程中沿边地区进行产业合作，逐步进行产业升级。譬如，沿边地区发展劳动密集型产业，充分利用外籍劳工的成本优势。政府部门有针对性地出台优势产业发展指导目录，扶持加工贸易和高附加值产业发展等。

2. 优化地理区位分布

根据产业链供应链的技术分布规律和地理区位优势，合理引导产业园区专业化集中化，对产业聚集区进行有效整合，发挥产出规模效应和配套叠加效应，将沿边产业园区打造成为吸引区域内重要生产要素的产业集群平台。通过整合沿边地区已有产业园区，设立区域性边境中心，发挥产业上下联动、基础设施完备和经济中心辐射的作用。

3. 稳定产业链供应链

产业链布局对于国家经济安全具有特殊重要性，对于地区经济发展具有基础性推动作用。2020年7月30日中央政治局会议明确指出，"要提高产业链供应链稳定性和竞争力，更加注重补短板和锻长板"①。产业链供应链

---

① 《中共中央政治局召开会议决定召开十九届五中全会分析研究当前经济形势和经济工作》，http：//www.xinhuanet.com/politics/leaders/2020 - 07/30/c_ 1126306023.htm。

的稳定对于开放发展有着重要作用。沿边地区要利用区域自然禀赋条件、国内国外两种资源两个市场，打造区域经济增长点，融入产业链。产业链转移作为一种经济活动，从微观上看是企业生产地址的转移，从宏观上看是不同地区的比较优势变化，导致产业从较低优势地区迁移到较高优势地区。沿边地区在产业链上处于衔接内外的关键环节，特别是跨境物流业等特殊行业，离不开沿边地区的特殊地理位置。要充分发挥自身土地价格和劳动力价格低廉的比较优势，发挥毗邻周边邻国的特殊优势，利用低成本外籍劳动力和内地资本、技术、设备等生产要素，通过有机组合发展形成独特的产业链优势。

4. 因地制宜发展特色产业

适宜沿边地区发展的特色产业有旅游文化产业、现代跨境物流业等。沿边地区虽然区位优势不足，但很多沿边地区具有独特的自然风景、民族风情和文化底蕴。发展旅游文化产业，打造边境风光旅游品牌，推动境内外旅游产业联合开发，做实跨境旅游内容。沿边地区区位情况特殊，对于发展跨境物流业及商贸流通等相关产业具有独特优势。促进特色优势产业发展，实行有差别的产业政策。目前沿边地区的省份各自有不同的实际情况和区位特点，例如广西具有沿边与沿海双重叠加优势，云南是打造我国走向南亚、东南亚的重要战略通道等。因此沿边地区选择特色产业时一定要结合本地区的实际特点和客观需求。

（三）建设开放型新体制

1. 加大中央政策支持

过去沿边开放没有形成强有力的政策支撑体系，只是因时因事颁布政策，这就存在政策不系不连贯的问题。过去沿边开放政策力度明显不足，从双循环角度来看，国内循环需要加大"对内开发"力度，把重点放在整体振兴和区域发展上，国际循环需要加大"对外开放"力度，要全面考虑沿边地区整体开放，并且将"对内开发"与"对外开放"有机结合。具体到边贸政策方面，如目前的互市贸易、边境小额贸易等仍有开发空间；产业政策方面，沿边地区开发能源资源优势大。边境旅游政策方面，积极拓宽边境旅游新渠道等。

2. 深化体制机制改革

新时代高水平的开放应该是规则制度环境上的深度开放，深化体制机制改革才能有效提供与国际接轨的制度环境，境内外市场参与主体都能享受高水平的生活环境、投资环境、法治环境、规则环境。特别是良好的营商环境作为一个国家竞争力要素之一，更是打造开放型经济的抓手、提升对外开放层次的标志。对于沿边开放，更需要畅通上下级协调机制，上级部门要加强政策支持和业务指导，从制度创新中拓展开放空间。

3. 建立沿边开放合作区

现代意义上的对外开放需要进行物资、商品、人员、文化等层次的交换交流，这些活动需要在既定的场所和规则下进行，因此在沿边区域范围内，打造开放合作区是基础性开放举措。沿边地区在新时代对外开放发展中，要优化和完善各类开放载体和平台，着力打造边境开放合作区、跨境经济合作区、自由贸易试验区、区域或次区域经济合作区等。同时鼓励边境开放合作区加强与东部沿海地区各类开发区的合作。对周边国家的经济发展、基础设施建设、产品市场需求、资源能源土地利用情况认真研究，推动双边经济合作区建设。政府部门加强"走出去"战略的宏观指导，把对外援助与"走出去"战略结合起来，使我国经济发展带动邻国共同发展。

（四）开放重点领域合作

1. 边境贸易合作

边境贸易是沿边对外开放的中心环节，沿边地区从"以物易物"的小额偶然商品互换开始，逐步发展起边境贸易。再依托国家对沿边地区开放口岸的特殊开放开发政策，逐渐扩大边境贸易规模，提升开放贸易层次。边境贸易的产生源于沿边地区和周围邻国之间资源禀赋差异和发展阶段不同。从对外开放和国际循环角度来看，周边邻国能够为我国沿边地区提供制造产业能源资源等方面的保障；从国内分工和国内循环角度来看，沿边地区承接国内发达地区资金、技术、市场，通过扩大产业发展，国内发达地区也为沿边地区提供跨境产业合作载体，如沿边产业合作区，这就为周边邻国也间接提供了资金、技术、市场等要素，形成梯度产业转移，同时也为周边邻国提供制造业商品，进一步提高货物贸易竞争力。

2. 服务领域开放

服务领域的开放是瞄准服务贸易的新趋势。随着我国产业升级和经济结构转型，服务贸易也逐步成为边境贸易新趋势。诸如跨境电商、贸易服务等服务领域贸易产业细分行业开始出现并成为跨境贸易合作的新方向。服务领域贸易与商品货物贸易形成边境贸易驱动"双引擎"。沿边地区要依托特殊地理位置优势、口岸优势、海关特殊监管区域政策优势等方面的叠加效应，大力发展跨境电商网购保税进口、零售直购进口等服务领域新模式，推动沿边地区进一步发展跨境电商服务业、区域跨境物流业等服务领域新业态。

3. 能源资源合作

沿边对外开放除了要考虑经济因素，也要考虑政治因素甚至安全因素等。尤其从能源安全角度来说，能源是一种特殊的战略商品，对一国经济可持续发展起着至关重要的作用。我国近年来经济持续中高速增长，对能源需求激增，国内能源生产处于供不应求的状态，并且供需缺口逐年增大，因此能源问题对我国经济发展构成威胁。扩大沿边开放有利于拓展能源资源战略通道。我国周边国家资源丰富，14个毗邻国家和伊朗的石油储量占全球的20%、天然气储量占42%、铁矿石储量占34%、铜储量占23%、镍储量占23%、钨储量占27%，是大国竞相争夺的新兴能源基地和重要战略地区。在对外开放中，尤其是沿边对外开放过程中，应统筹利用"两个市场，两种资源"，努力确保能源供应安全。例如，新疆地理位置位于中亚国家油气输入管道关节点，与中亚国家能源领域的合作对于我国的能源安全至关重要。因此，沿边开放过程中要着重考虑能源资源领域的对外合作。

4. 基础设施建设

沿边地区过去普遍是基础设施较为落后的地区，因为地处各类区域板块"末梢环节"，在对外开放不够充分、层次不够的时期，沿边地区基础设施建设没有被摆在优先发展地位。近年来，在"一带一路"倡议的推动下，沿边开放开发政策深入实施，沿边地区不断完善基础设施，尤其是交通设施建设。沿边地区重要节点城市要完善基础设施建设，打造我国对外开放重要窗口。

（五）注重国家总体安全

沿边地区稳定发展，涉及国家安全问题。邻国稳定发展我国沿边地区才能有安全稳定的环境。沿边地区发展稳定，保障基本民生，进一步改善本地区聚居的少数民族群众生活，才更有利于边疆稳定和民族团结。因此，沿边对外开放是沿边地区稳定发展、国家安全的第一驱动力。

1. 沿边开放稳固国内安全环境

沿边地区大多为少数民族聚居地区，周边局势内外关联，发展上的差距容易触发民族宗教和边疆稳定问题，为境外敌对势力所利用。同时，边疆少数民族有许多是跨国界而居，与邻国同一民族居民有亲密的民族感情纽带与密切的经济文化联系。因此，沿边开放有着坚实的心理、社会、经济与文化层面的可行性与必要性。推动沿边开放与发展，将进一步促进沿边地区经济和贸易增长、改善沿边地区民众生活条件，从物质基础上保障我国陆地边境的安全与稳定，有利于进一步稳固边疆地区发展环境和社会环境，为国内安全提供坚实保障。

2. 沿边开放助力周边安全稳定

沿边地区开放有助于带动周边邻国同步发展，广西是东盟合作高地，云南、西藏是向西南开放的重要桥头堡，新疆、甘肃是向西开放基地，东北三省和内蒙古是东北亚开放重要枢纽。沿边地区接壤的东盟国家、中亚国家、东北亚国家等目前均为发展中国家，经济发展水平相对落后，但是市场潜力巨大，这些国家大都处于经济社会发展的上升期，因此沿边开放有助于各国同我国合作发展，改善各国国内民生条件、提高发展水平。反过来，这些周边国家稳定发展以后，能够为我国提供一个安全稳定的周边环境。

参考文献

［1］习近平:《习近平谈治国理政》第2卷,外文出版社,2017。

［2］习近平:《在庆祝改革开放40周年大会上的讲话》,人民出版社,2018。

［3］习近平:《共建创新包容的开放型世界经济:在首届中国国际进口博览会开幕式上的主旨演讲》,人民出版社,2019。

［4］习近平:《开放合作命运与共——在第二届中国国际进口博览会开幕式上的主旨演讲》,人民出版社,2019。

［5］《中国共产党第十九次全国代表大会文件汇编》,人民出版社,2017。

［6］《中共中央国务院关于构建开放型经济新体制的若干意见》,人民出版社,2015。

［7］《中华人民共和国国民经济和社会发展第十三个五年规划纲要》,人民出版社,2016。

［8］中共中央宣传部:《习近平新时代中国特色社会主义思想学习纲要》,学习出版社,2019。

［9］中共中央文献研究室:《习近平关于全面深化改革论述摘编》,中央文献出版社,2014。

［10］中共中央文献研究室:《习近平关于社会主义经济建设论述摘编》,中央文献出版社,2017。

［11］慎海雄:《习近平改革开放思想研究》,人民出版社,2018。

［12］孙久文、蒋治:《沿边地区对外开放70年的回顾与展望》,《经济地理》2019年第11期,第1~8页。

［13］黄志勇:《中国沿边开放新阶段新特征及广西沿边开放新站位》,《东南亚纵横》2015年第1期,第63~71页。

［14］张丽君、陶田田、郑颖超:《中国沿边开放政策实施效果评价及思考》,《民族研究》2011年第2期,第10~20、107页。

提升和发挥沿边地区在"双循环"新发展格局中的作用研究

李梦奇*

摘　要：　近年来在国家总体战略指导下，沿边地区基础设施明显改善，跨区域产业合作密切，自贸区建设逐步加快，跨境合作不断完善，沿边地区开放优势和特色功能凸显，但也依然存在体制机制不顺畅、区域发展不平衡等突出问题。新冠肺炎疫情发生以来，中央提出要构建以国内大循环为主体、国内国际双循环相互促进的新发展格局。提升和发挥沿边地区在"双循环"新发展格局中的作用，既要以扩大内需为着眼点，促进要素跨区域流动，加强传统基建和"新基建"双向发力，打造特色优势产业，聚焦国内新供给新需求，也要以跨境合作为切入点，加强跨境产业合作，加快自贸区建设，推动对外贸易合作，使沿边地区由我国对外开放的"末端"变为"双循环"发展新格局的"前沿"，推动沿边地区高质量发展。

关键词：　沿边地区　双循环　对外开放　基础设施　跨境合作

---

* 李梦奇，中共中央党校（国家行政学院）经济学教研部政治经济学专业博士研究生，中央社会主义学院办公室宣传信息处四级调研员。

党的十八大以来,在"一带一路"倡议以及多项政策支持下,沿边地区①开放水平逐步提升。2020 年新冠肺炎疫情发生以后,我国所处国内外环境发生显著变化。中共中央审时度势,提出要逐步形成以国内大循环为主体、国内国际双循环相互促进的新发展格局。在此背景下,加快沿边地区 9 个省区经济社会发展,推进沿边地区扩大开放,既是促进区域经济协调发展的战略任务,也是构建"双循环"新发展格局的重要支撑。

一 新时代沿边地区开发开放的主要特点

改革开放以来,我国深入实施西部大开发、东北全面振兴、中部地区崛起、东部率先发展的区域发展总体战略,注重沿边地区同周边国家开展经济贸易,促进当地经济社会发展。进入新时代,随着"一带一路"倡议的提出,国家先后出台《沿边地区开发开放规划 2014~2020 年》、《关于支持沿边重点地区开发开放若干政策措施的意见》(国发〔2015〕72 号)、《兴边富民行动"十三五"规划》等政策,将沿边地区开发开放上升到国家战略高度。沿边地区开发开放迎来重要机遇期,其经济社会发展和对外开放呈现如下特点。

(一)基础设施明显改善

2013 年习近平主席提出建设"一带一路"倡议,沿边地区迎来大力加强基础设施建设的重要机遇期。近年来,沿边地区充分发挥国际大通道枢纽作用,中越跨境班列稳健运营,中老铁路建成通车,中尼(尼泊尔)跨境铁路、南宁至防城港高速铁路、绥芬河—东宁机场、昆明第二机场等一批重点项目正在修建。以广西为例,2017 年 11 月,中越班列跨境集装箱直通运输班列通车,2020 年 2 月实现进境水果班列从越南同登直达广西凭祥。目前该班列每周 2~3 趟常态化开行,2020 年已累计开行 96 列,同比增长

---

① 2017 年 6 月国务院办公厅发布《关于印发兴边富民行动"十三五"规划的通知》,明确沿边地区主要包括内蒙古、辽宁、吉林、黑龙江、广西、云南、西藏、甘肃、新疆等 9 个省区的 140 个陆地边境县(市、区、旗)和新疆生产建设兵团的 58 个边境团场(以下统称边境县)。

36%，入境的水果达到 628 车、1.6 万吨，铁路进境水果直通运输业务增长迅猛，基础设施的快速发展极大地促进了当地跨境业务的开展。

（二）跨区域产业合作日益密切

加快跨区域产业协同发展，是高质量发展题中应有之义，是新时代推进更高水平对外开放的必然要求。随着中国产业链条的不断扩容发展，在国家政策和市场推动双重动力下，跨区域的资源迁移、产业结构调整、要素重组不断加速，沿边地区与不同区域之间的合作日益加深，极大地推动了跨区域产业体系的建立完善。比如，在 2019 年举办的京哈跨区域产业协作对接大会上，哈尔滨 9 个区县 3 个单位分别与北京相关企业签订 39 个产业合作项目，涉及高端医药、航空、汽车、生物制药、营养食品等领域，成为促进区域协调发展、深入推进东北振兴、疏解北京非首都功能等要求的具体举措。

（三）沿边自由贸易区建设加快

新中国成立以来，我国先后在沿边地区设立了 70 余个口岸，促进了沿边地区开放型经济发展。近年来，加快自贸区建设成为沿边地区构建多元开放体系的重要目标。2013 年 9 月以来，国务院先后批复成立中国（上海）自由贸易试验区等 21 个自由贸易试验区。其中，2019 年 8 月发布的《中国自由贸易试验区总体方案》，批准在云南、广西、黑龙江等 6 省区新设立自由贸易试验区，这是我国首次在沿边地区布局自由贸易试验区，是发挥自贸区对外开放窗口作用、推动沿边地区高水平开放的有力举措之一。以云南自由贸易试验区为例，该自由贸易试验区涵盖昆明、红河、德宏三个片区，覆盖范围近 120 平方公里，既是我国联结印度、缅甸、孟加拉国、中南半岛等周边国家和地区的重要节点，也是我国向南亚东南亚辐射的大通道和开放前沿。据统计，2019 年前 8 个月，红河哈尼族彝族自治州河口口岸进出口 408.3 万吨，增长 9.2%，进出口贸易额达 140.9 亿元，增长 30.4%，贸易总额保持在云南省前三。

（四）跨境合作不断完善

沿边各省（区）面向不同的国际经济圈：东三省和内蒙古联通东北亚，新疆、甘肃面向中亚，西藏、云南、广西则沟通南亚东南亚。近年来，随着基础设施的逐步完善，我国通过沿边地区把中国与周边国家连接起来，进一步扩展国际市场，开展跨境合作。目前，中俄、中哈、中越、中蒙等多个跨境经济合作区建设步伐加快，沿边地区成为我国与周边国家合作发展的重要窗口，国际产业互补格局正在形成。一方面，周边邻国能源禀赋丰富，能为我国沿边地区发展提供能源资源保障；另一方面，我国也可通过沿边地区为周边邻国提供资金、技术和市场支持。比如2020年9月中国、老挝两国在深化跨境贸易合作、金融合作基础上，又开展了电力合作。老中双方共同投资建设老挝230千伏及以上等级电网，助力老挝实现打造"东南亚蓄电池"的战略目标。

二 新冠肺炎疫情背景下沿边地区发展的主要问题

党的十八大以来，党中央提出了共建"一带一路"、粤港澳大湾区建设、长三角一体化发展等新的区域发展倡议和战略，促进沿边地区进一步开发开放。但是，长期以来沿边地区仍然存在体制机制不顺畅、区域发展不平衡等问题。尤其是2020年新冠肺炎疫情发生后，对外出口、跨境跨国合作、自贸区建设、要素自由流通等受到影响，国际市场扩展受制约明显。

（一）区域发展不平衡问题突出，基础设施建设仍需加强。改革开放以来，沿边地区经济社会发展取得长足发展，但目前区域发展不平衡问题依然突出，各地基础设施建设差距较大，沿边城市辐射带动能力不足

1. 我国沿边地区城市发展起步晚、基础设施薄弱、带动辐射能力不足。

沿边地区的经济社会发展仍然落后于东部沿海地区，甚至与很多内陆地

区相比都有较大差距，"东强西弱""海强边弱"的区域发展特征依然没有改变，区域发展不平衡问题依然严峻。国家统计局公布的数据显示，2020年上半年全国31个省（区、市）GDP 排名中，排名前 10 位的没有沿边省份，沿边 9 个省（区）排名最靠前的是排名第 17 位的辽宁省，而贵州、内蒙古、吉林、黑龙江、甘肃、西藏等地区的 GDP 总量还不及江苏省一个省，受疫情影响，辽宁、内蒙古、吉林等地 GDP 增速为负，沿边地区底子薄、基础差、总量小的现状仍未改变。①

2. 基础设施配套建设不均衡，电力、交通、城市建设等方面开发仍不足

比如，新疆、西藏、甘肃等西部沿边地区的基础设施仍然处于供给不足状态，公路铁路网络建设仍不完善，制约了沿边地区的进一步开发开放。此外，当前"新基建"发展如火如荼，而沿边地区与沿海地区相比，信息网络等覆盖率低，相关基础设施建设不足，省际投资差别较大，成为沿边地区发展特色优势的"短板"，也不利于沿边地区经济发展模式的转型升级。

（二）传统经济增长动能不足，新经济发展受限制

1. 我国沿边地区对外开放层次不高，大部分仍然以加工贸易为主

近年来世界贸易持续低迷，传统外向型经济增长乏力、日趋式微，沿边地区受影响巨大，进出口增长放缓。根据国家统计局数据，2012 年以来沿边 9 个省（区）的进出口总额总体上呈现增长态势，其间 2015 年都经历了下滑。② 虽然此后陆续回暖，进出口总额有所上升，但是吉林、黑龙江、甘肃、新疆仍未回到历史最好水平（见图 1）。此外，沿边地区产业发展分布较为分散，且同质化现象明显，未能形成特色优势产业，传统产业对经济的拉动作用不强。

---

① 根据国家统计局网站及网易新闻数据整理，https：//3g. 163. com/air/article_ cambrian/FI6I1GP705199GUB. html。

② 根据国家统计局网站公布的 2013 ~2019 的《中国统计年鉴》相关数据整理。

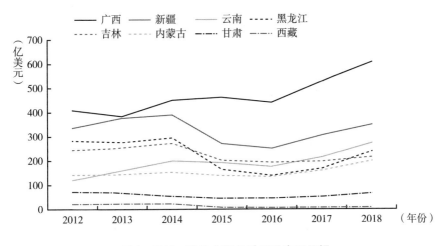

图1 2012～2018年沿边地区进出口总额

2.资金、技术、人才等高端要素大多集中在经济发达城市，沿边地区对高端要素吸引力不足

沿边地区非常缺乏既懂得邻国语言又懂专业知识的复合型人才。沿边地区当地优质高校较少、本地人才培养水平有待提升，而引进高层次人才、选派优秀人才挂职任职、人才流动等机制还不完善，力度还不够大，引入人才后对其相关保障和培育也不到位。人才的缺乏极大地影响了沿边地区创新升级传统业态，也制约了沿边地区新经济新业态发展。

（三）跨境合作存在障碍，区域协同发展机制不完善

近年来，在推进西部大开发、加快东北老工业基地振兴等区域发展战略过程中存在障碍，制约沿边地区开发开放。

1.国家间、地区间体制机制差异大，阻碍了沿边地区开发开放

比如，跨境电商已成为沿边地区外贸增长的新亮点，但是不同国家之间行政流程、物流体系、信息化水平等的差异，制约了跨境合作的开展。比如跨境支付是跨境电商的重要环节之一，有的国家网络安全存在问题，无法以网络支付的方式进行结算，而货到付款的方式又给供货方现金流造成压力，再加上各国之间货币兑换较为复杂，影响了跨境合作的快速发展。

2. 沿边地区政策环境和营商环境有待进一步优化

沿边地区发展相对落后，政府行政业务流程、监管模式和信息化建设仍然较为传统，在平台建设、资金支持和监管环境等方面还有很大改善空间。比如，在支持边民创业就业方面宏观政策多、具体细则少，给予的支持保障少；再如，对于沿边口岸对外贸易的申报、审批、验收等行政审批事项仍然较为复杂繁琐；尤其是，沿边地区缺乏跨区域跨部门联合审批、并联审批的联动制度，特别是跨境贸易等项目需要商务、外事、交通、海关、边防等各部门协同合作，但目前沿边地区项目推进整体效率不高，限制生产要素的跨区域分工布局。

（四）外需受疫情影响严重，内需培育接受考验

1. 沿边地区进出口贸易受疫情冲击

2020 年新冠肺炎疫情发生后，我国对外贸易呈现下滑。根据商务部数据，2020 年 1~8 月，我国进出口总额为 20.05 万亿元人民币，同比下降 0.6%。尽管从国际比较看我国进出口表现好于全球主要经济体平均水平，但我国对外贸易仍然面临严峻压力。作为对外贸易的重要窗口，疫情发生后，沿边地区企业也遇到资金压力大、复工复产难、货物禁运管控、销售延迟停滞、零部件供应中断、产业链供应链循环受阻等一系列困难。沿边地区中小企业居多，规模越小的企业抗风险能力越弱，限产停产、员工流失、资金断流等情况不同程度存在。沿边省（区）遭到多轮疫情冲击，边境贸易的发展遭遇了双重打击。比如，2020 年黑龙江省的绥芬河、黑河等城市对俄边境贸易，新疆对吉尔吉斯斯坦、俄罗斯、乌兹别克斯坦进出口等均受到疫情影响。据海关统计，2020 年 1~2 月黑龙江出口 44.2 亿元（同比下降 7.5%），而 1~2 月新疆外贸进出口总值 200.3 亿元（下降 3.1%）。5 月黑龙江发生聚集性疫情，哈尔滨、绥芬河、黑河等国家跨境电商综试区对外贸易降幅明显；6 月新疆发生输入性疫情，新疆霍尔果斯口岸的海运、空运和公路运输均受到冲击。

2. 内需培育接受考验

受疫情影响，不少外贸企业开始选择"转场"内销，可这个过程并不

容易。原本沿边地区跨境贸易占据地缘优势，产业链价值集中在产品制造和交通便利等前端，而很少注重后端的市场策略、渠道以及终端消费者，对国内需求的调研和市场开发不足。这是出口转内销最难的地方，外贸企业能否挖掘内需潜力、拓展国内市场，成为攸关企业生存发展的考题，也是对沿边地区经济能否转型升级的考验。

三　提升沿边地区发展效能，助力　"双循环"新发展格局构建

2020 年 5 月，中共中央政治局首提"双循环"新发展格局。要打好聚焦国内新需求和促进全面对外开放的"两张牌"，沿边地区开发开放的重要作用日益凸显。因此，要深入开拓国内国际两个市场，既要以扩大内需为着眼点，聚焦国内新供给新需求，也要以跨境合作为切入点，推动对外贸易合作，使沿边地区由我国对外开放的"末端"变为"双循环"发展新格局的"前沿"，共同促进沿边地区高质量发展。

（一）转变政府职能，促进要素流动，在扩大内需上下功夫

改革开放以来，在国家"兴边富民"战略指导下，沿边地区落后面貌得到根本改变，但沿边地区不同区域的自然资源、生产力布局、经济社会发展等条件差异较大，区域之间协同发展难度依然较大，因此还要进一步深化对外开放，消除不适宜沿边地区开发开放的体制机制障碍。

1. 消除行政壁垒，促进要素自由流动，加强不同区域间资源整合

目前，东部沿海地区劳动密集型产业发展已经饱和，而沿边地区相关产业发展还不足，产业的跨区域转移空间大，这是扩大内需的重要切入点之一。但现在很多区域的地方保护主义、行政壁垒仍较为严重，较难形成全国统一的市场。2020 年 4 月中共中央、国务院发布《关于构建更加完善的要素市场化配置体制机制的意见》，对土地、劳动力、资本、数据、技术等要素的市场化配置改革提出要求。沿边地区应以此为契机，更好发挥政府作

用，深化市场化改革，畅通要素流动渠道，健全要素市场运行机制，引导各类要素跨区域转移和生产力的合理布局。

2. 深化行政审批制度改革，优化政策制定，进一步优化营商环境，完善政府服务机制建设

边贸政策和财税政策方面，在进口免税额、贷款贴息、简化行政流程等方面给予支持，促进边民互市；金融政策方面，针对沿边地区跨境企业支付结算和资金短缺等问题，当地政府应继续优化日常跨境结算等相关业务流程，出台优惠政策给予跨境企业信贷支持；人才和劳动力政策方面，实施特殊政策支持引进紧缺人才，鼓励高校毕业生到沿边地区工作，支持国际人才管理改革试点。

（二）传统基建与"新基建"双向发力，夯实"双循环"发展基础

基础设施是沿边地区经济和社会发展的基石。近年来，《关于全面振兴东北地区等老工业基地的若干意见》《关于建立更加有效的区域协调发展新机制的意见》《关于6个新设自由贸易试验区总体方案的通知》《关于新时代推进西部大开发形成新格局的指导意见》等支持沿边地区开发开放的政策密集出台。新冠肺炎疫情发生以来，中共中央政治局会议多次提及"新基建"，并强调推动"新基建"与传统基建协同发展，强化基础设施投资以稳定经济运行秩序。因此，为了响应构建"双循环"新格局，应加大沿边地区基础设施投资，提高基础设施通达度、通畅性和均等化水平，发挥沿边地区的"门户"功能，畅通国内国际"双循环"渠道。

1. 完善交通运输网络布局，为沿边地区发展赋能

一方面，要建设覆盖全域的铁路公路网络以及现代物流服务网络，加快推进重大项目建设。比如，要加快"川藏铁路、沿江高铁、渝昆高铁、西（宁）成（都）铁路"等重大工程规划建设，畅通加密"中欧班列、中国—中南半岛跨境货运班列"等大能力铁路货运通道，加大对"东北高寒地区和交通末端干线公路"建设支持力度，均衡推动沿边各区域交通网络发展。另一方面，继续推进国际化航空航运网络建设。比如，加强广西北部湾

港国际海运航线、东北地区面向俄罗斯及东北亚地区的交通物流枢纽、新疆重点机场新建续建等，形成互联互通的基础设施网络，打造互联互通的通道和重要节点，将沿边地区打造成我国全面开放的前沿和枢纽，增强对周边国家的辐射作用。

2. 借力"新基建"，全方位提升沿边地区开发开放枢纽作用

在国家相关政策文件中，不但提出要加大"西电东送""北煤南运"等跨省区重点通道、北部湾港口、石油天然气生产基地等建设要求，还提出要"提高农村、边远地区信息网络覆盖水平"，积极发展"大数据、人工智能、工业互联网"。疫情防控常态化时期，中共中央政治局多次提出要重视发展"5G基建、特高压、城际高速铁路和城市轨道交通、新能源汽车充电桩、大数据中心、人工智能、工业互联网"等"新基建"项目，依托技术迭代驱动产业转型升级。沿边地区可以借力"新基建"，补上基础设施建设短板实现加速崛起。比如，云南关于"新基建"的计划投资总额高达5亿元，涵盖沿边铁路、沿边高速、跨境电网和智能电网等，依托大数据、云计算、物联网等新技术，为东盟和中国的跨境贸易做铺垫，推动沿边地区产业转型升级。

（三）培育符合当地特色的优势产业，助力沿边地区脱贫攻坚

沿边地区对于深化我国与周边国家合作、保障国家战略安全具有重要的战略意义。但沿边很多区域是"老少边穷"地区，单纯依靠大规模搬迁或组织劳动力外出务工，很难确保稳固全面脱贫成果。2016年国务院出台的《关于支持沿边重点地区开发开放若干政策措施的意见》提出"扶持沿边地区特色优势产业发展"的意见。根据沿边地区特殊区位、资源禀赋和市场优势等突出特色，推进边境地区特色优势产业发展，正是兴边富民、脱贫攻坚的重要举措，可以根据资源禀赋差异和当地经济社会实际，在沿边地区扶持发展特色农业和服务业，合理布局能源加工制造、进出口贸易等外向型产业项目，打造特色农业基地、特色服务业基地和先进制造业基地。

1. 培育优质农产品产业链，大力发展跨境农业贸易

推进沿边地区特色农业发展，既要依靠本地农业资源优势，提升农产品竞争力和附加值，培育优质农产品产业链，也要充分发挥沿边沿海等地缘优势，大力发展跨境农业贸易，加强同周边国家的农业交流合作。以东兴特色农业产业发展为例。一方面，根据特色农业资源，全面升级产业链条。作为广西现代特色农业核心示范区，东兴渔业核心示范区注重塑造育苗、饲料产销、养殖、加工、交易、冷链物流的完整海洋渔业产业链，打造产业园和贸易平台，仅北部湾海产品市场的年交易额就超过30亿元。另一方面，大力推进跨境农业合作，东兴利用地处中越边境优势，促进双边互市贸易，2019年互市商品落地加工完成工业产值26.8亿元，其中木薯淀粉年进口量达130万吨，占广西边境木薯贸易总量的25%。

2. 加快传统制造业转型升级，促进本地产业链梯度转移

近年来，沿边地区产业发展有了很大改观，但结构较为单一、同质化程度高等突出问题依然存在，不但与沿海地区相比存在梯度性差异，而且沿边各地区之间差别较大。2017年《兴边富民行动"十三五"规划》也鼓励沿边地区"培育规模大、产值高、带动力强、受益面广的增收致富产业"。为此，沿边地区应开发具有本地特色、符合本地实际的加工制造业，调整优化产业结构，形成一批有竞争力的特色产业集群。如辽宁是东北地区唯一既沿海又沿边的省份，近年来制造业向高端化、智能化、特色化和绿色化方向发展，其中曾经高度依赖海外进口的高端数控机床等关键零部件的自给率已超过85%，生产成本也大幅降低，不但形成了原材料、关键零部件、核心产品完整的制造业产业链，并且开创了高端数控产品出口西方发达国家的先河，成为制造业转型升级、高质量发展的一个典型。此外，沿边地区要利用产业链梯度转移，优化调整本地产业结构布局。近年来，沿海地区的外商投资企业外迁意向明显，国内大型企业也在调整生产布局，沿边地区应充分发挥自身在市场、成本、交通等方面优势，积极引入投资和相关产业，实现本地产业链梯度转移，使国内市场和国际市场更好联通，更好利用国内国际两个市场、两种资源。

3. 推进新兴服务业发展，凸显区位开放优势

现代服务业是新的经济增长极和创新驱动力，是促进沿边城乡融合发展、加快开放型经济发展的题中应有之义，也是助力形成"双循环"新格局的重要支点。《关于新时代推进西部大开发形成新格局的指导意见》提出，大力发展旅游休闲、健康养生等服务业，推动形成现代化产业体系。很多区域是少数民族聚居区，具有丰富的生态、民俗、民族、旅游等文化资源，推进沿边文化旅游等新兴服务业发展，有利于城乡融合发展，形成区域重要支柱产业。沿边地区乡村建设可以依托风景名胜区、边境旅游试验区等，加强文化旅游开放发展和跨境合作等，深化旅游资源开发、服务、管理等产业体系建设，也可以在盘活本地历史文化遗产等资源基础上，创新形成具有地域和民族特色的乡村文化产业和品牌。此外，大力发展跨境服务等产业，缩小沿边地区与东部地区发展差距，加快区域经济一体化步伐。比如，内蒙古与蒙古国、俄罗斯有着漫长边境线，其深度参与中蒙俄经济走廊建设，主动和高效地参与国际经济循环效应明显。近年来从内蒙古出口到蒙古国的机电产品占蒙古国市场份额超过50%、生活日用品占蒙古国市场份额的80%以上，由内蒙古边境贸易出口到俄罗斯的商品，有些可以通过俄罗斯进入东欧等市场。2020年上半年，在国内进出口低迷状态下，二连浩特口岸进出口货运量增长8%、中欧班列过境线路增长36%，沿边地区的区位劣势正变为开放优势。

（四）加快自贸区建设，强化创新升级，主动服务和融入国家发展战略

近年来，随着"一带一路"倡议的提出，沿边地区积极响应建立跨境自由贸易区，云南、黑龙江、辽宁、广西等省（区）成为试点。与沿边地区覆盖面积广袤相比，目前自贸区试点的地域范围有限，且开发利用深度不足。因此，应加强沿边地区自贸区建设，服务国家重大战略。

1. 推动设立更多新的试点地区，更好对接"一带一路"沿线国家

目前国家已经设立21个自贸区试点，但是沿边地区所占比例不高。今

后可以继续推动沿边地区成为试点，带动当地开放经济发展。比如，作为"一带一路"核心区的新疆，目前已有阿拉山口和喀什两个保税区。下一步可以利用新疆独特的区位优势、产业特点、资源禀赋和产业发展潜力，设立自贸区试点，进一步开放其行政流程、海关政策、金融服务等，强化新疆向西开放的窗口作用，深化与中亚、西亚国家等的交流合作。再比如，西藏既可以作为连接南亚的对外开放枢纽，也可以联合云南、广西，参与面向东南亚的自贸区试点建设。

2. 创新沿边地区自贸区试点的管理模式和相关服务

一方面沿边地区可以吸收借鉴沿海开放有益经验。无论是沿边地区还是沿海地区，自贸区政策有很多共同领域，在简化行政审批程序、完善行政管理体制、创新通关监管机制以及税收、外资准入、跨境合作机制、金融政策等方面有很多相通之处。目前沪粤津闽等 12 个自贸区已形成多项可复制的试点经验，沿边地区可以在深入研判自身优势基础上，充分借鉴吸收沿海发达地区的有益尝试，制定符合自身实际的政策措施。另一方面，鉴于沿边地区的区位优势等特色，因地因时适时调整优化相关政策，推动本地区更深层次的开放。2015 年中共中央、国务院《关于构建开放型经济新体制的若干意见》提出，允许"沿边重点口岸、边境城市、边境经济合作区在人员往来、加工物流、旅游等方面实行特殊方式和政策"。根据国内外形势变化和自贸区最新发展，自贸区可以适时调整发展规划和发展方向，实行更加适合本地服务业发展的相关政策。

参考文献

［1］孙久文、蒋治：《沿边地区对外开放 70 年的回顾与展望》，《经济地理》2019 年第 11 期，第 1~8 页。

［2］向晓梅、张瑞志、李人可：《沿边地区跨境产业合作：问题、路径及对策》，《开放导报》2019 年第 5 期，第 29~34 页。

［3］张军扩、侯永志、刘培林：《高质量发展的目标要求和战略路径》，《管理世界》

2019 年第 7 期，第 1~7 页。

[4] 余淼杰、高恺琳：《中国—东盟自由贸易区的经济影响和减贫效应》，《国际经济评论》2018 年第 4 期，第 102 ~125 页。

[5] 邵冰：《我国沿边地区跨境经济合作研究》，《经济纵横》2015 年第 2 期，第 59 ~62页。

[6]《中央经济工作会议在北京举行 习近平李克强作重要讲话》，新华网，http：// www. xinhuanet. com/politics/2018 – 12/21/c_ 1123887379. htm，2018 – 12 –21。

[7]《中越跨境集装箱班列成我国西部地区开放发展"加速器"》，光明网，https：//economy. gmw. cn/2020 –09/24/content_ 34216999. htm？source = sohu。

[8]《东兴：特色产业激发边境乡村振兴动力》，人民网，http：//gx. people. com. cn/n2/2020/0417/c179430 – 33955452. html。

[9]《深度参与中蒙俄经济走廊建设》，内蒙古新闻网，http：//inews. nmgnews. com. cn/system/2020/09/06/012974507. shtml。

完善沿边地区开放型经济新体制研究

查雅雯[*]

摘　要：　随着我国开放型经济转型升级进程不断加快与"一带一路"建设
的持续推进，作为我国开放型经济体制的重要环节，新时代沿边
地区加快完善开放型经济新体制不仅是促进沿边地区经济发展的
重大举措，而且是新时代维护国家安定的必然之举。通过对沿边
地区经济发展现状、对外合作情况及营商环境的研究，本文发现
新时代沿边地区开放型经济新体制的构建还存在着经济发展总体
水平有待提高、对外合作机制仍需完善、创新力度有待加大和贸
易投资便利化程度亟待提升等问题。为进一步完善开放型经济新
体制，本文认为沿边地区应树立新意识、探索新转变，拓展合作空
间、助推周边合作，创新产业模式、培育自身新优势，提升服务能
力、打造全新营商及投资环境，为沿边地区开放型经济新体制注入
活力，使其更好地适应我国全面开放新格局和经济全球化进程。

关键词：　新时代　沿边地区　开放型经济

当前，贸易保护主义、单边主义盛行，加之全球疫情助推逆全球化思
潮，经济全球化进程不断遭受冲击。习近平总书记多次强调，在经济全球化
时代，协调合作是必然选择。中国作为世界主要经济体，将始终秉持人类命
运共同体的理念，与各国加强互联互通，通过协商找到共同应对挑战、实现

---

* 查雅雯，中共中央党校（国家行政学院）经济学教研部政治经济学专业博士研究生。

共赢的解决方案。在我国 40 多年对外开放的历史经验中，通过发展开放型经济融入国际分工，促进高端要素交换，提升资源配置效率，通过国内经济引擎刺激世界经济复苏，推动经济增长及产业升级，是我国推动高质量发展和促进全球化健康有序发展的宝贵经验。新时代构建沿边地区开放型经济新体制，显示了中国以新一轮更高水平的开放支持经济全球化进程、维护多边贸易机制、建设包容有序的国际金融体系的坚定决心。沿边地区建立开放型经济新体制不仅是推动我国开放型经济转型升级的顶层设计，而且是我国推进对外开放的重要一环，更是完善我国建成开放型经济新体制的重要举措，对我国的"一带一路"建设和自由贸易区战略的成功实施具有积极的推动作用。然而近年来，随着我国开放型经济发展的基础条件、竞争优势及面临的外部环境发生变化，沿边地区开放型经济原有的发展动力、发展目标及运行机制亟须调整，以适应开放型经济新体制支持经济全球化进程的时代使命。

一 新时代构建沿边地区开放型经济新体制的重要意义

（一）促进沿边地区经济发展的重大举措

改革开放以来，从沿海、沿江到沿边开放，中国逐步形成了陆海统筹的全方位开放格局，开放型经济新体制建设全面推进，但沿边地区受历史、区位、产业基础等因素的限制，开放水平及总体经济实力较沿海地区和内陆地区显著滞后。沿边地区基础设施建设欠账多，整体投入不足，基础设施建设相对落后，新型工业化、信息化、城镇化、农业现代化水平较低，保障和改善民生任务艰巨，贫困问题依旧突出。[①] 当前是全面建成小康社会的决胜期，党中央把贫困人口全面脱贫作为全面建成小康社会的底线任务和标志性指标。沿边地区是我国贫困人口的集中地区，2017 年 5 月，国务院办公厅再次印发《兴边富民行动"十三五"规划》，提出到 2020 年边境地区同步

---

① 《国务院办公厅关于印发兴边富民行动"十三五"规划的通知》。

全面建成小康社会、边境农村贫困人口全部脱贫、贫困县全部摘帽等目标。2020 年 3 月，在 52 个挂牌督战的贫困县中，涉及新疆、广西、云南、甘肃边境县的比例仍约 60%，沿边地区脱贫攻坚任务艰巨。构建沿边地区开放型经济新体制，有助于破除沿边地区建设开放型经济过程中的体制机制阻碍，使沿边地区充分利用政策及资源，促进沿边地区经济发展，使沿边地区贫困人口免于生产生活后顾之忧，实现脱贫致富，为实现全面脱贫目标、补足全面建成小康社会短板提供重要保障。

（二）加快完善我国开放型经济体制的重要环节

当前我国经济体制改革进入深水区，体制性、机制性障碍日益凸显，如何主动适应经济新常态，加快探索对外经济合作新模式、新路径、新体制成为亟待解决的重点问题。2015 年，《中共中央国务院关于构建开放型经济新体制的若干意见》中提出，要构建互利共赢、多元平衡、安全高效的开放型经济新体制。党的十九大强调要以"一带一路"建设为重点，坚持"引进来"和"走出去"并重，形成陆海内外联动、东西双向互济的开放格局。加快优化对外开放区域布局，是实现全面开放的重要内涵，是加快建立开放型经济新体制的基本要求。沿边地区作为中国对外开放的重要一环，是我国对外开放的前沿地区、"一带一路"建设的重点地区，在推进我国开放型经济体制进程中发挥着重要作用。沿边地区推进开放型经济新体制建设，将为加快完善我国开放型经济体制发现新问题、探索新路径、积累新经验。

（三）新时代维护国家安定的必然之举

加快推进沿边地区开放型经济新体制建设具有安边固疆的重要作用。沿边地区是中国向西、向北开放的重要窗口，也是体现中国与邻为善、与邻为伴形象的直接窗口，是确保国土安全的重要屏障，沿边地区的安定是国家安定的重要环节。沿边地区的稳定、繁荣发展直接关系到边疆安全、祖国统一、民族团结、国家安全，部分沿边地区反分裂斗争和维稳形势仍然严峻复杂。党的十九大提出，要加快边疆发展，确保边疆巩固、边境安全，强调了以发展促边疆稳定的总体目标。只有发展边疆，才能实现安边、固边、富边；只有富边才能安边和固边。沿边地区的繁荣发展与边疆稳定有着密不可分的关系，新时代沿边地区在维护国家安定和促进经济社会发展上具有更高的目标、更重的任务。沿边地区当前要突破发展瓶颈、加快开放步伐，通过发展实现安边稳边兴边的目标，必须以推进开放型经济新体制建设为契机，准确把握战略机遇期，积极融入更大范围、更高水平、更深层次的国际合作之中，以完善的开放型经济新体制为边疆地区的稳定和谐、繁荣发展提供体系支撑。

二 新时代构建沿边地区开放型经济新体制面临的问题

在新中国成立 70 多年来的历程中，改革开放 40 多年的历史本质上就是开放型经济的发展史。在这段历史中，沿边地区迎来了改革红利，对外开放程度日益提升，成为塑造高质量对外开放格局的重要力量。我国陆路边境线北至黑龙江鸭绿江口，南至广西北部湾北仑河口，长达 2.2 万公里，其中 1.9 万公里在民族地区，边境地区地域面积 197 万平方公里，涉及辽宁、吉林、黑龙江、内蒙古、甘肃、新疆、西藏、云南、广西 9 个省区，分别与朝鲜、蒙古国、俄罗斯、哈萨克斯坦、塔吉克斯坦、吉尔吉斯斯坦、阿富汗、巴基斯坦、印度、尼泊尔、不丹、缅甸、老挝、越南 14 个国家接壤（见表 1）。

表 1　沿边省份及边境市县一览

沿边省份	边境市县
辽宁	丹东市
吉林	珲春市、图们市、龙井市、和龙市、临江市、集安市
黑龙江	黑河市、同江市、虎林市、穆棱市、绥芬河市
内蒙古	二连浩特市、阿尔山市、满洲里市、额尔古纳市
甘肃	肃北县
新疆	阿勒泰地区、塔城地区、博尔塔拉蒙古自治州、伊犁地区、阿克苏地区、克孜勒苏柯尔克孜自治州、喀什地区、哈密市下辖 17 个边境县
西藏	山南市、阿里地区、林芝市、日喀则市下辖 21 个边境县
云南	文山州、红河州、西双版纳、临沧市、德宏州下辖 25 个边境县
广西	东兴市、防城区、宁明县、凭祥市、龙州县、大新县、那坡县、靖西市

沿边地区对外开放大致可分为启动发展（1949～1959 年）、相对封闭（1960～1978 年）、改革契机（1979～1998 年）、加速推进（1999～2012 年）、全新格局（2013 年至今）五个阶段（孙久文，2019）[①]（见图1）。

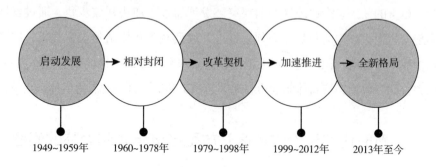

图 1　沿边地区对外开放的进程

中共十八届三中全会《决定》提出的"紧紧围绕使市场在资源配置中起决定性作用深化经济体制改革"，对构建开放型经济新体制具有深刻的指导意义。但我国目前加快沿边开放型经济新体制建设仍存在诸多问题和挑战，主要表现在以下几个方面。

（一）经济发展总体水平有待提高

改革开放以来，沿边地区经济快速发展。沿边 9 省区 GDP 增速呈加快趋势，但受特殊的自然地理、历史和周边环境等多个因素的影响，沿边地区经济发展总体水平不高，经济社会发展仍相对滞后，与沿海及内陆地区仍有较大差距。从沿边省区地区生产总值来看，沿边 9 省区 GDP 占全国比重从 1984 年的 22.12% 降低到 2007 年的 17.45%，2007 年至 2012 年占比有所回升，2012 年至 2019 年逐渐降低，由 2012 年的 19.23% 降低到 2019 年的 13.72%，降低 5.51 个百分点。

---

① 孙久文、蒋治：《沿边地区对外开放 70 年的回顾与展望》，《经济地理》2019 年第 11 期，第 1~8 页。

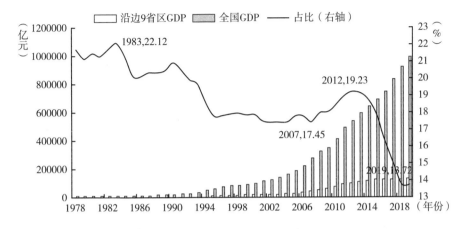

图 2　1978～2019 年沿边 9 省区 GDP 及全国占比

从沿边省区人均地区生产总值来看，2019 年沿边 9 省区人均地区生产总值为 47976.22 万元，仅达到了全国平均水平的 67.7%。特别是甘肃省，人均地区生产总值仅为全国平均水平的 46.5%。

从开放程度来看，沿边地区的开放水平还有待提高，近十年来，除辽宁外的其他边境省区进出口总额和外商投资企业投资额占全国的比重均在 4% 左右。

（二）对外合作机制仍需完善

新时代，我国沿边地区对外合作机制不断发展，在沟通机制、合作机制、贸易机制等层面都实现了有效拓展，但沿边地区对外合作机制仍需进一步完善，主要表现在两方面：一是国家战略平台作用发挥不充分。截至 2019 年，我国已建立 17 个边境经济合作区（见表 2），7 个重点开发开放试验区、2 个跨境经济合作区，呈现 17＋7＋2 的新格局。经过 20 多年的发展，边境经济合作区基础设施明显改善，生产要素不断集聚，比较优势逐渐形成，有力地促进了沿边地区经济社会的进步，在促进边疆稳定和民族团结、开展周边经济外交合作等方面发挥着越来越重要的作用。

表2 截至2019年边境经济合作区一览

省（自治区）	边境经济合作区
广西	东兴边境经济合作区、凭祥边境经济合作区
云南	河口边境经济合作区、临沧边境经济合作区、畹町边境经济合作区、瑞丽边境经济合作区
新疆	伊宁边境经济合作区、博乐边境经济合作区、塔城边境经济合作区、吉木乃边境经济合作区
内蒙古	二连浩特边境经济合作区、满洲里边境经济合作区
黑龙江	黑河边境经济合作区、绥芬河边境经济合作区
吉林	珲春边境经济合作区、和龙边境经济合作区
辽宁	丹东边境经济合作区

但部分边境经济合作区仍面临着诸多困难。一方面，对优惠政策的研究有待加强，部分地区存在政策落实不到位的情况，使得国家战略平台预期的兴边富民效果没有完全达到；另一方面，在边境经济合作区的合作机制中，对开放合作对象的了解程度有待加深，没有对合作国家的合作意愿、合作需求、相关政策进行有效梳理，导致无效投资和合作失败，国家战略平台的作用无法充分发挥。

二是未建立有效的定期沟通协调机制。经过改革开放以来的发展，沿边地区的协调机制发展取得了显著成效，但面对高质量发展的要求，也遇到了新的挑战，相比进一步深化合作的现实需求，沿边地区与周边国家缺少高效的沟通协调机制。当前，沿边地区的沟通协调平台仍停留在较低水平，经济集聚效应、外交沟通效应和政治协作效应明显不足，无法有效推进经贸合作、高层对话、拉动投资和提升影响力。围绕新时代沟通协调机制发展的新内涵新举措，缩短地区发展差距，深化外交合作，开创沟通协调新局面，亟须深入研究沿边地区沟通协调的运作机制和平台制度基础，以提升专业化程度和高层次水平。

（三）创新有待加强

沿边地区产业传统化特征明显，创新有待加强。沿边地区经济发展以边境贸易为主,但沿边地区与毗邻国家资源要素交互仍处于简单的贸易层次,商品贸易结构较为单一,未能有效利用地缘优势吸引投资,区域经济增长的产业支撑不足,产业结构升级任务艰巨。从细分产业来看,第一产业占比过高,如西部的西藏和内蒙古等地区仍以第一产业为主,第二产业未成规模且发展迟缓。部分沿边地区的第三产业较为发达,但传统的服务业如餐饮、住宿、零售运输的比重较大,金融、咨询、通信等现代服务业比重较小,发展滞后;从进出口商品结构来看,边贸商品结构单一,出口商品以纺织、小机电、百货、农副等劳动密集型产品为主。如图3所示,高新技术产品进出口总额仅占全国的不到3%,沿边地区进口以资源消耗类的农、林、牧、渔业产品为主,附加值低,易受气候、物流等因素影响。此外,边贸产品进口货物往往直接销往内地,缺少二次落地加工环节,没有在当地实现仓储、加工等的增值。从进出口数量上看,2000年以来,边贸进出口占全国进出口的比重一直保持在1%左右。2016年我国边境小额贸易额为334.3亿美元,其中出口264.1亿美元、进口70.2亿美元。当前,由于一些口岸地区二次产业未成规模,产业结构升级任务艰巨,仍停留在小农小牧经济状态,现代服务业缺乏市场支撑,以致沿边口岸出现了传统服务业繁盛而现代服务业匮乏的局面。

图3 沿边地区高新技术产品进出口总额占全国比重

（四）贸易投资便利化程度亟待提升

一是基础设施建设有待加强。沿边地区落后的基础设施已成为沿边地区提升贸易投资便利化程度的主要制约因素，使沿边地区开放型经济新体制建设面临巨大困难。与沿边地区贸易增长速度相比，部分沿边地区铁路、公路运力明显不足，基础设施建设速度无法与经济增长速度相匹配。

二是金融生态环境有待建设。沿边地区金融服务普遍存在滞后性的特点，金融机构分布不均，主要集中在沿边地区省会城市，地级市及县域金融机构分布较少，缺少证券公司、金融担保公司等多样化金融机构，无法为沿边地区经济发展提供全方位的配套金融服务。金融市场支持体系建设有待完善，当前沿边地区金融市场的发展无法满足对外投资合作项目建设所需的资金。部分沿边地区银行存在惜贷现象，无法提供有效信贷支持，且企业债、可转债、资产支持票据等直接融资所占比重低，新型融资渠道匮乏。

三是外商投资环境有待优化。随着"一带一路"建设的持续推进，沿边地区投资环境有所改善，但相比中部及沿海地区仍有较大差距，对外资的吸引力偏弱。尤其是当前复杂的国际形势造成全国跨国投资持续下滑，沿边地区吸引外资面临巨大的外部压力，只有持续优化投资环境才能保持吸引外资稳中有进，更好地发挥外商投资在促进沿边地区经济高质量增长方面的积极作用。

四是营商环境有待改善。营商环境作为一个系统概念，包含市场环境、法律政策环境、政务环境、基础设施环境、人文环境等多个层面。世界银行发布的《2020年全球营商环境报告》显示，中国的全球营商环境排名由2013年的第96位上升到2019年的第31位，尽管进步巨大，但仍有很大的提升空间。特别是我国沿边地区在市场开放、国民待遇、市场环境、企业税费负担方面都存在改进的必要性和紧迫性，营商环境亟待改善。

三　新时代推动构建沿边地区开放型经济新体制的建议

（一）树立新意识，探索新转变

一是寻求发展动力。沿边地区近年来发展较快，进出口贸易规模呈几何倍数扩张，但与沿海和内陆地区相比，仍存在产业基础薄弱、商品层次较低、开放乘数效应无法释放等问题。为增强沿边地区产业综合竞争力，应建设现代产业城市，适应科技进步新趋势，以产业升级推动区域发展；建设生态宜居城市，放大生态优势，把保护生态环境作为转变经济发展方式的着力点。同时，大力发展能源、纺织服装、机械制造等特色制造业，以跨境物流、边境旅游为依托，形成现代化的高端产业体系，创建出口加工基地、跨境能源资源调配中心、国际商贸物流园区，吸引高端优质生产要素向沿边地区集聚。此外，沿边地区要加强与沿海及内地的交流合作，承接产业转移，完成要素重组，发挥地缘优势，助力经济新体制高质量发展。

二是确定发展重点。为实施具有地方特色的经济发展规划，沿边地区应确定发展重点，形成特色服务领域。因地制宜进行自身定位，考虑内陆与邻国的资源禀赋和经济状况，结合自身经济发展需要和重点，制定促进沿边地区经济发展规划，形成自身特色贸易区。如针对各自口岸大宗产品、特殊项目，建设专用的装卸、分类、包装、仓储等设施，增强加工贸易的特殊优势，努力建成类商品集散地、国际中转地、资源加工增值地、原材料返销加工地等，形成聚集效应和规模效应。借鉴沿海地区对外开放经验，如广东自贸试验区以"依托港澳、服务内地、面向世界，将自贸试验区建设成为粤港澳深度合作示范区、21世纪海上丝绸之路重要枢纽和全国新一轮改革开放先行地"为战略；天津自贸试验区注重产融结合，推进融资租赁业制度创新；福建自贸试验区重点面向台湾地区在特色金融方面参与合作。

三是发挥引领作用。新中国成立70多年来，尤其是改革开放40多年来，国家提出了西部大开发、"一带一路"倡议等，并先后印发一系列文件，明确了新常态下沿边地区对外开放的引领作用，建成了哈长、辽中南、北部湾、呼包鄂榆、滇中、天山北坡等六大沿边城市群，以及以拉萨、喀什为中心的两个沿边城市圈，成为发展开放型经济的主要空间载体。然而，沿边地区发展起步较晚，沿边城市辐射带动力不足，使得沿边开放陷入"通道经济"泥潭。在"十四五"时期，沿边地区须着眼于沿边城市的基础设施建设与产业高级化发展，发挥沿边城市的引领作用，助力沿边地区开放型经济新体制对外开放。

（二）拓展新空间，推动新合作

一是对标国际准则。一方面对标国际，建立并完善高标准经贸规则，在政府采购、关税制度、知识产权、电子商务等方面强化制度开放，推动"准入前国民待遇＋负面清单"制度，缩减制造业的外商投资准入负面清单数目，引导外资更多投向高端制造、绿色制造等领域。另一方面引领规则，加强引领国际高标准经贸合作新规则的制定，尤其在跨境电商、5G商用、移动支付、共享经济等我国有实践基础和比较优势的议题上，推进引领国际经贸合作新规则。

二是完善沟通机制。建立多边会晤机制，推动国际产能、劳务合作和贸易合作机制创新发展，形成保留民族差异、与毗邻国齐头发展、可调可控的国际合作模式。通过激发产能互补的外生能动性，以"扬长避短"的合作方式，提高跨境产业合作层次与发展水平，并因地制宜根据沿边地区的自身经济发展需要，加快推进边境经济合作区扩区、置区和新批。为保证多边合作组织的稳定，需要精准定位合作毗邻国的利益诉求，立足共同利益，建立互利共赢的协商对话机制，让政府采购、外贸审批、产权界定、环境保护等方面的制度与国际接轨。

三是推进合作平台建设。规范市场准入机制，完善负面清单机制，建立利益分配机制，推进FTA项下的双边国际合作产业园建设。严格控制源头风险，降低信息不对称成本，明确双边企业合作关系，探索实行互惠共赢的对外开放措施，针对特定国家和地区，推行更有针对性的政策措施，形成链条清晰、功能互补、境内外联动的沿边开发开放园区体系。加快园区配套生活基础设施和金融基础设施的改造提升步伐，扩大合作区贷款贴息规模，提高贴补率。争取尽快创建新一批沿边跨境合作组织，服务于高质量开放的发展战略。针对发展中遇到的困难和现状，以培育生态农业、工业合作、跨境旅游为重点，完善产业配套条件，增强对外商投资吸引力，为新时代构建沿边地区开放型经济新体制提供平台保障。

（三）创建新模式，培育新优势

一是要拓展广度，由传统经济向数字经济引领发展转变。新时代，信息要素成为沿边地区经济高质量发展的主要驱动力，数字经济对经济增长引导力逐步增强，实现数据充分汇聚和有序流动是沿边地区经济发展的必然要求。沿边地区应有序扩大通信资源共享和业务开放规模，加强互联互通。加大数字经济的培育力度，聚焦数字产业化和产业数字化，推动互联网、大数据、人工智能与工业、农业、服务业深度融合，加快布局沿边地区工业互联网络及新兴前沿信息产业，打造立足周边、辐射"一带一路"、面向全球的数字经济新高地。

二是要挖掘深度，由小额贸易向产业跨境互补格局转变。除不同产品的跨境水平分工外，沿边地区可根据自身与周边国家要素禀赋的差异，针对供应链加工程序的差异性以及产品附加值的多样性开展跨境垂直分工合作。通过跨境水平分工与垂直分工的紧密结合，推动跨境产业链对接。同时，沿边地区应以项目为依托，积极开拓跨境产业共同市场，全面整合产业要素及相关资源，与周边国家建立紧密的跨境产业合作关系。

三是要提升高度，由商品和要素流动型开放转变为制度型开放。沿边地区应根据自身实际情况，系统梳理重点行业管理规定，研判当前新形势、新特点，借鉴国外先进经验，逐步形成有助于开放型经济进一步发展的管理制度、监管准则、实施标准。沿边经济合作区应以制度开放为核心，深化具有首创性、个性化的改革探索，不断扩大沿边经济合作区的辐射范围和对外开放网络，不断完善沿边地区开放型经济新体制。

（四）提供新服务，打造好环境

一是完善金融支持体系。鼓励银行业将沿边地区作为信贷支持重点区域，在贷款限制和贷款利率方面给予倾斜。积极争取亚洲基础设施投资银行、开发性国家金融机构等对沿边基础设施、产业合作等重大项目、重大工程建设的资金支持。支持在沿边地区设立外资银行和中外合资银行，积极利用直接融资工具拓展融资渠道，大力吸取自贸试验区的先进经验，推进沿边地区金融创新。

二是改善外商投资环境。公开透明、自由便利的投资环境是实现投资自由化、便利化的重要条件。一方面，要进一步放宽市场准入和外商投资准入，全面落实准入前国民待遇加负面清单管理制度，向国内外资本平等开放，在负面清单之外，允许外资与国有资本、民间资本平等进入各行业、各领域。通过实行市场准入承诺即入制简化投资审批环节，加快完善产权保护制度，吸引投资。另一方面，要构建多功能自由贸易账户体系，实行更加包容的跨境投融资政策，改革外币账户管理体系，统一境内机构外债政策，拓展境外融资渠道。

三是营造良好的营商环境。应根据不同沿边地区的显著特点，充分发挥自由贸易试验区和边境经济合作区的先行先试作用，营造国际化、法制化、便利化的营商环境。利用大数据优势解决制定负面清单的技术难题，提供负面清单服务，以实现投资便利化、快捷化。以打造大数据产业为主要导向，大幅度放宽市场准入，扩大服务业对外开放，实行高水平的贸易和投资自由化便利化政策，降低沿边地区市场运行成本，提高市场运行效率，提升沿边地区整体竞争力。

四是推进贸易便利化改革。沿边地区海关应大幅度优化通关流程，提高通关效率，减少重复查验，提升进出口效率。加快放管服改革，深化行政审批制度改革、投资项目审批改革和综合执法机制改革，实现审管分离，探索建设集审批、监管、服务和监督功能于一体的大数据云平台。完善财政税收政策，构建边境合作区税收管理新模式，提升纳税效率，减轻企业负担。通过贸易便利化改革为沿边地区开放型经济新体制的构建注入新活力。

参考文献

[1] 迟福林：《加快建立海南自由贸易港开放型经济新体制》，《行政管理改革》2020 年第 8 期，第 4 ~ 9 页。

[2] 何立峰：《在海南建设中国特色自由贸易港 引领更高层次更高水平开放型经济发展》，《宏观经济管理》2020 年第 7 期，第 1 ~ 3 页。

[3] 胡伟、于畅：《区域协调发展战略背景下中国边境经济合作区发展研究》，《区域经济评论》2020 年第 2 期，第 44 ~ 55 页。

[4] 李光辉、王芮：《新时代沿边开发开放的新思考》，《中国—东盟研究》2019 年第 4 期，第 3 ~ 21 页。

[5] 韩文秀：《建设更高水平开放型经济新体制》，《宏观经济管理》2019 年第 12 期，第 5 ~ 7、11 页。

[6] 向晓梅、张瑞志、李人可：《沿边地区跨境产业合作：问题、路径及对策》，《开放导报》2019 年第 5 期，第 29 ~ 34 页。

[7] 朱华丽：《新时代沿边地区提升开发开放水平研究——以广西沿边地区为例》，《经济与社会发展》2019 年第 1 期，第 13 ~ 18 页。

[8] 石新波：《构建新时代中国沿边开发开放新格局》，《国际经济合作》2018 年第 3 期，第 32 ~ 35 页。

[9] 陆春红：《推进沿边金融综合改革试验区建设 提升南宁市金融开放水平》，《广西经济》2016 年第 11 期，第 53 ~ 56 页。

[10] 陈胜良：《加快推进沿边金融综合改革研究——以广西百色市为例》，《农村金融研究》2016 年第 3 期，第 37 ~ 42 页。

[11] 金京、张二震、戴翔：《论新形势下我国开放型经济发展战略的调整》，《经济管理》2015 年第 6 期，第 12 ~ 20 页。

[12] 洪俊杰、刘青、左宗文：《经济全球化新形势与中国贸易转型升级研究——"全面提高开放型经济水平"学术研讨会（2014）综述》，《经济研究》2014 年第 11 期，第 189 ~ 192 页。

[13] 唐海燕：《开放型经济新体制"新"在哪里》，《经济研究》2014 年第 1 期，第 25 ~ 26、69 页。

[12] 陈振广、解瑯卓：《黑龙江沿边开放带发展对策研究》，《黑龙江科技信息》

2015 年第 15 期，第 292 页。

[13] 崔卫杰：《四措并举建设更高水平开放型经济新体制》，《中国经济时报》2019 年 11 月 20 日。

[14] 龚晓莺、蔡豪：《新时代经济全面开放新格局的构建逻辑》，《江淮论坛》2019 年第 3 期，第 26～32 页。

[15] 郭浩淼、崔日明、孟令岩：《东北老工业基地发展开放型经济的挑战与对策——以辽宁老工业基地为例》，《经济纵横》2016 年第 1 期，第 65～69 页。

[16] 姜荣春：《新时期构建开放型经济新体制的理论宗旨、逻辑主线与主要内容》，《国际贸易》2015 年第 2 期，第 10～16 页。

[17] 林佐明：《对提升金融服务能力助推沿边开发开放的思考——以黑龙江省为例》，《北方金融》2014 年第 11 期，第 14～16 页。

[18] 刘建利：《我国沿边口岸经济发展对策》，《宏观经济管理》2011 年第 9 期，第 39～40 页。

[19] 刘志彪：《新形势下全面提升我国开放型经济发展水平的战略及政策》，《审计与经济研究》2012 年第 4 期，第 3～9 页。

[20] 裴长洪：《中国特色开放型经济理论研究纲要》，《经济研究》2016 年第 4 期，第 29 页。

[21] 裴长洪、刘洪愧：《习近平新时代对外开放思想的经济学分析》，《经济研究》2018 年第 2 期，第 4～19 页。

[22] 裴长洪、郑文：《中国开放型经济新体制的基本目标和主要特征》，《经济学动态》2014 年第 4 期，第 8～17 页。

[23] 沈丹阳：《我国构建开放型经济新体制与推动建设开放型世界经济》，《世界经济研究》2017 年第 12 期，第 15～23 页。

[24] 石新波：《构建新时代中国沿边开发开放新格局》，《国际经济合作》2018 年第 3 期，第 32～35 页。

[25] 孙久文、蒋治：《沿边地区对外开放 70 年的回顾与展望》，《经济地理》2019 年第 11 期，第 1～8 页。

[26] 孙久文、周玉龙、和瑞芳：《中国的沿边经济发展：现状、问题和对策》，《经济社会体制比较》2017 年第 2 期，第 28～38 页。

[27] 谭秀杰、熊灵、刘颖甜：《"一带一路"建设下沿边地区开发开放的机遇与挑战》，《边界与海洋研究》2019 年第 1 期，第 54～66 页。

[28] 田伯平：《江苏开放型经济可持续发展研究——基于体制、政策和环境的视角》，《江苏社会科学》2011 年第 3 期，第 236～243 页。

[29] 王方：《构建开放型经济新体制　促进天津经济发展》，《天津经济》2019 年第 12 期，第 13～19 页。

[30] 杨大凤：《河南省培育开放型经济新优势难点及对策》，《合作经济与科技》

2015 年第 13 期，第 18～19 页。

[31] 杨丽花、王跃生：《建设更高水平开放型经济新体制的时代需求与取向观察》，《改革》2020 年第 3 期，第 140～149 页。

[32] 余雷：《更高水平开放型经济新体制的构建路径》，《河南社会科学》2020 年第 2 期，第 57～65 页。

[33] 张晓霞、和颖：《促进云南沿边大开放的对策建议》，《印度洋经济体研究》2015 年第 3 期，第 100～111 页。

[34] 章海源：《我国沿边开放问题及发展方向研究》，《国际贸易》2017 年第 8 期，第 14～17 页。

[35] 迟福林：《以服务贸易为重点建设高水平开放型经济新体制》，《经济日报》2020 年 9 月 7 日。

依托自贸区探索新时代沿边
开放新模式新路径

代　玉*

摘　要：　建设沿边自由贸易试验区是新时代推进全方位开放的重大战略举措。在新时代高水平对外开放背景下，沿边地区要以自贸区建设作为有力抓手，促进制度集成创新和要素流动，创造跨境合作开放空间，促进政府管理理念和营商环境转变，辐射带动区域经济协调发展，积极应对新时代沿边开放面临的新挑战。依托自贸区建设重大机遇，沿边开放要进一步开拓新模式新路径，聚焦制度创新，深入推进制度型开放，优化营商环境，完善商品和要素流动型开放，加强基础设施建设，提高支撑服务保障水平，创新推动跨境合作，促进沿边贸易方式转变，培育新业态新模式，带动沿边经济高质量发展。

关键词：　自贸区　沿边开放　制度创新　高质量发展

进入新时代以来，中共中央国务院高度重视沿边地区的开放发展，先后出台了一系列关于沿边开放发展的文件。2019 年 8 月，国务院首次批复在黑龙江、广西、云南 3 个沿边地区设立自贸试验区，把沿边开放推到更高级别的开放平台，把沿边地区由改革开放末梢变为前沿。建设沿边自由贸易试

---

* 代玉，中共中央党校（国家行政学院）经济学教研部政治经济学专业博士研究生。

验区是党中央、国务院从国内外发展大势出发，统筹国内国际两个大局，顺应全球经贸发展新趋势，在新时代推进全方位开放的重大战略举措，旨在通过在更大范围、更广领域差别化探索，加速推动沿边开发开放高质量发展，更好地服务对外开放总体战略布局。

在全球疫情和世界经济形势严峻复杂、我国发展面临前所未有的风险挑战的特定背景下，依托沿边自贸区开放政策的独特优势，打造高水平沿边开放示范区，探索沿边开放新路径，对于我国全面实现小康社会，建立开放型经济新体制，推进"一带一路"建设，深化与周边国家经贸关系，实现兴边富民，促进区域协调发展具有重大战略意义。

一　自贸区带来沿边开放新机遇

自贸区是中国对外开放的高地，是全面深化改革举措的重要组成部分。目前，我国已经分多批次批准了 18 个自贸试验区，自贸区作为中国最高水平区域开放的探索，从具备较强产业基础的上海启动，逐步实现由沿海向内陆再向沿边的推进，为中国深入推进改革开放提供了试验田。沿边自贸区以制度创新为核心，在促进要素自由流动、投资贸易自由化便利化、政府职能和营商环境转变、金融服务实体经济、辐射带动区域经济协同发展等领域进行了大胆探索，取得了显著成效。

（一）促进制度集成创新和要素流动

为解决制度创新碎片化问题，新增设的 3 个沿边自贸试验区在方案出台和制度设计上注重系统集成，通过探索建立与国际通行规则相衔接的制度体系，聚焦投资、贸易、金融创新和事中事后监管等领域，形成了一批基础性制度和核心制度创新。比如，黑龙江自贸区聚焦深化对俄合作，以制度创新为核心，立足沿边开放，落实沿边地区改革试点任务，设立全国首个中俄边民互市交易结算中心，开通全国首个铁路互贸交易市场，在俄罗斯设立离岸孵化基地、中俄科技成果转化基地、境外法律服务及招商代表处，推动形成对沿边开放合作具有示范引领作用、市场主体有获得感的高质量制度创新成果。在促进要素流动方面，伴随着自贸区范围的拓展，一些沿边欠发达区域也成为创新高地。与东部发达地区相比，此类区域尽管经济产业基础可能相对薄弱，但在吸引特色产业集聚和发展上往往具有发展空间大、土地和人力等要素成本较低的优势。此外，技术创新改变了传统的要素组织方式，也使得传统的交易模式发生深刻变化。数字贸易带来对传统产业的全新变革，地处内陆的区域在互联网技术支撑下，投资便利化程度大大提升，能够有效促进商品、服务、人才、资本、信息等便利自由流动，实现"弯道超车"。

（二）创造跨境合作开放空间

中国与亚洲国家经济互补性强，经贸合作潜力大，前景广阔。新中国成立以来，特别是改革开放以来，中国与东北亚、东南亚、南亚和西亚等国家高层互访频繁，政治互信不断增强，在互利共赢基础上的全方位经贸合作持续稳定发展，亚洲国家在中国对外经贸格局中的地位不断上升。自贸区的设立，围绕深入开展沿边地区开放合作，为跨境合作提供有效的政策支持和服务便利化条件，进一步推动跨境贸易、跨境物流、跨境金融、跨境旅游和跨境劳务等合作交流，为沿边地区深化同周边国家的互利合作、睦邻友好提供了可复制、可借鉴的改革经验。具体来看，广西自贸试验区通过深化与东盟的开放合作、推动建设国际陆海贸易新通道、探索沿边地区开发开放等，形成21世纪海上丝绸之路和丝绸之路经济带有机衔接的重要门户；云南自贸试验区通过与越南、老挝、缅甸等周边国家合作发展，建设连接南亚东南亚大通道的重要节点，推动形成中国面向南亚东南亚的辐射中心、开放前沿；黑龙江自贸试验区通过推动东北全面振兴全方位振兴、着力深化产业结构调整、建设面向俄罗斯及东北亚的交通物流枢纽，打造对俄罗斯及东北亚区域合作的中心枢纽。

（三）促进政府管理理念和营商环境转变

通过自贸试验区的先行先试，沿边省份政府管理重心和服务理念由注重事前审批转向事中事后监管，政府职能也由投资建设型转向服务监管型，黑龙江、广西、云南通过出台相关工作办法，着力推进简政放权、放管结合、优化服务改革，进一步加快政府职能转变，带动营商环境不断优化。比如，广西为推动优化营商环境进一步升级，出台《广西壮族自治区优化营商环境条例》，黑龙江省全面加强口岸"放管服"改革，印发《黑龙江省优化口岸营商环境促进跨境贸易便利化的措施》，云南省出台《云南省优化营商环境办法》，并建立营商环境"红黑榜"制度。自贸区内部各个片区全力推动互联网＋政务服务，在负面清单、外资企业登记注册便利化、一网通办、容缺受理、不见面审批等方面大胆创新，大力推行"最多跑一次""办事不求人"，提高了行政效率，优化了工作流程，降低了企业成本。其中，黑龙江省黑河片区以跨境公证为突破口，在俄罗斯阿穆尔州成立了中俄法律服务综合体，探索形成了跨境法律综合服务新模式，实现了中俄首次法律跨境、跨界协作互助，有效助推我国对俄重大项目落地。绥芬河片区打造营商环境高标准样板，在政务体系建设、出入境便利化、信用体系建设等方面取得了显著成效。

（四）辐射带动区域经济协调发展

2019 年首次新增的 3 个沿边自贸试验区，共涉及 8 个边境经济合作区。包括黑龙江的黑河和绥芬河边境经济合作区，广西凭祥和东兴边境经济合作区，云南畹町、河口、瑞丽和临沧边境经济合作区，建设沿边自贸试验区从客观上推动了沿边地区加快开发开放步伐。自贸试验区叠加边境经济合作区的区位政策优势，不断完善和落实主体功能区战略，按照主体功能定位划分政策单元，对重点开发地区、生态脆弱地区、能源资源地区等制定差异化政策，分类精准施策；三个沿边自贸区之间、沿边自贸区和其他自贸区之间，在经验做法上互通有无，成果共享；自贸区各片区之间相互协作、同频共振，商品和要素市场更加开放，重大基础设施建设支撑能力不断加强，基本公共服务均等化程度提高，城乡区域之间、沿边和内陆区域之间、沿边和沿海区域之间、沿边和境外区域之间，沟通交通更加充分，合作更加深化，形成城市带动乡村发展、沿海带动内陆和沿边开放发展、境内外合作共赢发展的局面。

二 新时代沿边开放面临新挑战

新形势下，沿边开放既有增设沿边自贸区的内部机遇，也面临外部环境复杂的挑战。新时代沿边开放承载着新使命，同时也存在既有的短板和不足。因此，需要在厘清发展目标和工作任务的基础上，分析沿边地区的发展现状和存在的问题，找出制约沿边地区经济发展和对外开放的瓶颈，才能对症下药，破解难题。

（一）新时代沿边开放承载着新使命

构建全方位对外开放格局需要深化沿边开放。党的十九大报告指出"推动形成全面开放新格局"。我国的对外开放首先从沿海开始，再逐步扩大到内陆和沿边地区。沿边开放是对外开放的重要组成部分，我国有两万多公里长的陆地边界线，沿边地区的开发开放对经济发展、边疆稳定、民族团结、周边安宁意义重大。截至 2020 年我国共有边境经济合作区 17 个，沿边地区开放潜力巨大。随着互联网技术、基础设施建设以及航空业的快速发展，对外开放的前沿不再过多受区位特征的限制。沿边省份的自贸试验区，直接对接周边国家的经贸合作，完善东西共济、海陆并举的全方位对外开放新格局，必须补上沿边开放这块短板。

支撑"一带一路"走深走实需要深化沿边口岸开放。"一带一路"倡议是我国进入新时代，党中央国务院根据复杂多变的国内外新形势实施的一个重要的战略举措。推进"一带一路"国际合作，就是要着眼于打通内陆、向西开放通道，畅通海上开放通道，在提升"向东"开放水平的同时，加快推动内陆沿边地区成为开放前沿，实现开放空间逐步从沿海、沿江向内陆、沿边延伸。在"一带一路"建设中，许多重大安排都与沿边地区的经济发展密切相关。比如，云南和广西面对的是东盟地区，东盟是我国"一带一路"沿线最重要的经贸伙伴之一。黑龙江是面向俄罗斯、蒙古对外开放的一个前沿省份,与环日本海和东北亚区域相邻各国,如日本、韩国、朝鲜、蒙古国甚至北美洲的美国、加拿大都存在长期合作的可能。完善黑龙江、云南、广西沿边开放,有利于加快构建"一带一路"面向东北亚、欧洲和西南开放的桥头堡,推动全面战略合作伙伴关系发展。

深化沿边开放,切实维护国家安全和民族团结。我国同周边国家毗邻而居,开展安全合作是共同需要。沿边省份具有明显的区位特点,比如,黑龙江是中国与俄罗斯及东北亚开放合作的重要平台,也是中国东北地区重要的生态安全屏障。广西东邻粤、港、澳,北靠湖南、贵州两省,西与云南省接壤,南临北部湾,面向东南亚,西南与越南毗邻,是西南地区最便捷的出海通道。云南省是我国对中南半岛合作的重要前沿。随着我国经济的快速发展和对外开放的不断扩大,我们与各国经济联系持续加深,贸易摩擦增多、对外投资阻力加大等一些新的现象不断出现。设立黑龙江、广西、云南三个沿边自贸试验区,可以有效推进与东北亚、南亚、东南亚以及欧洲国家的安全合作,有助于我国与周边国家睦邻友好、合作共赢,对保障国家安全、深化次区域合作具有特殊重要意义。此外,沿边地区是少数民族聚居区,地势地貌相较于东部沿海地区更为崎岖和封闭,对外交通不够发达,物资交流和商品输出十分困难,加之远离经济中心地区,社会经济发展相对落后。深化沿边开放能加强要素流动,提供更多就业岗位,从而有效增加沿边城市人均收入,释放减贫效应,在加强经济和文化交流的同时,更好地维护边疆繁荣稳定和民族团结。

(二)沿边开放存在短板和不足

过去40多年,沿海地区开放走在全国前列,沿边地区开放受种种因素影响相对滞后,不仅滞后于沿海,也滞后于全国。我国从1992年开始实施沿边开放战略,沿边地区的经济取得较快发展,与相邻国家和地区的经贸合作也进一步加深。但是,受区位制约、基础薄弱、人才匮乏等因素影响,沿边地区的开发开放与全国和沿海地区相比,还存在较大差距和不足。

　　商品和要素流动便利化有待提升。虽然自 1992 年起，国务院陆续批准设立了 14 个国家级边境经济合作区，在财政转移支付、金融服务实体经济、人才流动、招商引资等方面给予了很大政策支持，但是受区位地理因素、气候居住条件和经济发展水平影响，沿边地区要素市场化配置范围相对有限，要素流动存在体制机制障碍。在人才流动方面，沿边城市多为少数民族聚居区，语言文化和沟通交流存在天然屏障，加之基础设施相对薄弱，高新技术产业不够发达，很难吸引优秀人才到沿边地区发展。在资金流动方面，沿边地区发展虽然有财政、税收政策支持，但是产业基础薄弱，经济结构单一，外贸体制、营商环境和资金回报率远远不如东部沿海地区，很难形成"投资洼地"。商品等其他要素，受到上述因素影响，也很难高效便捷流通。

　　沿边经济与腹地经济联系不强。随着我国对外开放的不断深入，沿边地区开放程度不断加大，开放水平不断提高，但对外开放总体格局仍然是"东强西弱、海强边弱"。由于受位置偏远、基础条件差、历史欠账多、周边环境影响大等多方面因素制约，沿边重点地区的经济社会发展与东部沿海地区甚至很多内陆地区相比仍有较大差距，沿边口岸所在地大多距离中国率先开放的东部沿海地区和内地经济中心区较远，在国家实施的大开发战略中，沿边省份受益相对不如东部沿海各省份，再加上我国沿边地区曾长期处于封闭状态，沿边矛盾也制约了经济社会发展。沿边开放程度不高，带来的直接影响是经济发展活力不足，经济发展速度缓慢。例如，黑龙江省黑河市地处北疆，气候寒冷，产业基础差，市场腹地小，原材料和产品配送成本高、物流时间长，极大地制约了当地经济发展。

　　沿边贸易缺乏科学规划和合理布局。我国沿边地区商品贸易长期以来一直存在科技含量低、高附加值产品比重低等问题。在产品结构上，进出口商品种类单一，密集型产品或是粗加工品在沿边地区贸易商品中占主流地位。产业大而不强，处于价值链中低端的状况尚未根本改变。在产业结构上，还是以初级农产品加工为主，高科技产业比重较低，服务业发展相对滞后，尤其在旅游、知识产权等领域竞争力不足。合作主体多而不强，以黑龙江省黑河市为例，截至 2019 年，全市对俄合作主体全部是民营企业，规模小、实力弱，企业融资难融资贵，贸易总量和水平受限，在黑龙江省外贸中占比较小，省内也存在外贸发展不均衡的状况。

沿边口岸建设无法满足发展需求。沿边边界不仅是国家之间的主权分界线，而且是市场分界线。沿边口岸不仅必须加强军事防卫功能，还背负着国际市场的重任，只有口岸综合发展才能为口岸贸易提供相应的加工服务、物流服务、社会服务，才能通过口岸传递效应促进口岸载体城镇市场竞争和开放，通过推进沿边地区与邻近地区企业的联动发展，催化国内市场发育，实现新产品、新技术的传播。我国沿边地区大多是少数民族地区，气候和地貌不佳，基础设施和口岸建设成本更高。在交通设施方面，虽然沿边大部分地区交通实现了"通"和"达"，但距离"快速""大能力"的要求还很远。许多口岸互市点公路等级过低或没有与国外公路接通，不少口岸出入境运输仍以口岸换装接驳运输为主，直达运输的比例较低，部分口岸及互市贸易区设施落后，仓储装卸能力低。在口岸建设方面，相较于沿海和内陆口岸，我国沿边公路口岸电子口岸建设起步较晚，且仍不完善，实现口岸现代化还任重而道远。

三　依托自贸区探索新时代沿边开放新路径

面对新形势的变化，我们要抓住增设沿边自贸区的新机遇，采取新的举措，构建沿边地区开放型经济新体系，创新沿边地区国际经济合作新模式，探索新时代沿边开放的新路径，促进对外贸易和经济高质量发展，推动形成全面开放新格局。

（一）聚焦制度创新，深入推进制度型开放

深化沿边地区制度创新。口岸外贸能力提升的前提是具有稳定的秩序市场，而市场环境的营造必须依赖法律制度的保障。当前，我国对边境贸易进行进一步规范的法规多达 7 部，涉及对外经济合作、检验管理、代理

业务、资金管理、外汇管理等方面，广西、云南还出台了相关规划与财税、收费等法规，对边境贸易进行约束。破解沿边开放发展难题，应依托自贸区体制改革与机制创新，强化制度支撑，不断推进制度创新、体制机制创新、模式创新，推动建立系统性、机制化、全覆盖的政策体系，在转变政府职能方面，不断深化商事制度改革，在对外贸易方面，通过自身研判和分析，探索形成适合周边国家特点的沿边对外开放制度，制定相关地方性法规对外贸企业行为进行规范和引导。在进出签证及海关等方面，要根据不同情况放开不应有的限制，形成法治化特殊政策。在要素流动方面，实行人流与物流特殊政策，创新监管模式。在政策支持方面，深化沿边地区财政、金融体制改革，创新金融服务模式，提供有利于沿边开放和发展的税收优惠政策。

构建开放型行业管理制度。优化行业监管。确立分类监管理念，聚焦旅游、运输、金融、教育、数字贸易、技术贸易、服务外包、专业服务等重点领域，在试点地区之间推进错位探索、共性创新、优化监管。探索监管创新的容错机制。深入推进"放管服"改革，努力形成职能更加优化、权责更加一致、统筹更加有力、服务更加到位的服务行业与贸易管理模式，坚持开放与监管相协调、准入前与准入后相衔接。从制度层面和重点领域持续发力，探索符合沿边贸易发展特点的监管体系，推动建立以市场主体信用为基础的事中事后监管体系，运用"互联网＋监管"，在服务贸易高质量发展中实现监管职权规范、监管系统优化、监管效能提升。

积极参与制定国际经贸合作新规则。我国与周边国家签订双边、多边贸易协定已经有一段时间，随着世界经济格局与经济形势一再变化，部分贸易协定需要进行进一步调整，如针对当前主要贸易商品进行税收减免，或提出更有远见的战略投资优惠政策等。通过推动构建互利共赢的国际区域合作新机制，打通知识产权服务、管理、调解、仲裁、执法等完整链条，在知识产权、电子商务、竞争等新议题方面，参与、制定甚至引领国际经贸合作新规则。积极主动开展国际区域合作，充分发挥"一带一路"国际合作高峰论坛、中俄东北—远东合作、中国—东盟合作、澜沧江—湄公河合作、图们江地区开发合作等国际区域合作机制作用，加强区域、次区域合作。支持边境经济合作区发展，稳步建设跨境经济合作区，更好地发挥境外产能合作园区、经贸合作区的带动作用。

（二）优化营商环境，完善商品和要素流动型开放

坚持要素型开放与制度型开放相结合，在推进制度型开放的同时，在沿边地区还要继续推动商品和要素流动便利化。

加大简政放权力度。深化投资领域"放管服"改革。依托全国投资项目在线审批监管平台，对各类投资审批事项实行"一码运转、一口受理、一网通办"，发挥在线平台电子监察、实时监控功能，切实压减审批时间。在沿边自贸区进行试点，赋予沿边地区更大改革自主权，推进简政放权，积极开展数字营商环境相关问题研究，建立国内外数字营商环境动态跟踪机制。加大在线平台应用力度，推动投资管理向服务引导转型，优化投资环境。创新对外投资方式，促进国际产能合作，形成面向全球的贸易、投融资、生产、服务网络，加快培育国际经济合作和竞争新优势。积极参与区域经济合作，统筹经济、贸易、科技、金融等方面资源，利用好比较优势，找准深化同周边国家互利合作的战略契合点。加大沿边口岸开放力度，简化口岸开放和升级的申报、审批、验收程序以及口岸临时开放的审批手续，简化沿边道路、桥梁建设等审批程序，推进边境口岸的对等设立和扩大开放。创新事中事后监管，做到放管结合、优化服务、高效便民。

提高服务投资水平。开展投资咨询服务。利用掌握的各类市场主体信息，通过企业信息查询平台、维权平台及时对外发布，及时解答投资人的政策法律咨询，帮助投资人规避投资风险，提高投资水平；开展市场准入服务，进一步降低准入门槛，放宽登记条件，支持企业做大做强；开展投融资服务，发挥登记职能，拓宽企业投融资渠道，支持企业通过债权转股权、股权出质登记等方式，进行贷款、融资，引导企业"以资产换资金"，解决企业在技术改造和扩大生产等方面需要的资金；创新金融服务，降低资金跨境

使用成本，简化直接投资外汇业务办理手续；提升投资便利化，从资金使用、人才引进和用地审批等方面，提出投资便利化措施。

促进人才要素流动。聚焦引进人才便利化。创造拴心留人条件，完善激励制度，以待遇留人；强化服务保障，以感情留人；营造公平公正环境，以环境留人；打造干事创业平台，以事业留人，让各类人才安心安身安业、投身沿边地区经济建设。

（三）加强基础设施建设，提高支撑服务保障水平

依托自贸区，构筑对接"一带一路"的贸易链以及高效便捷的物流网络，建立互通互惠的基础设施，助力形成新的丝绸之路、海上丝绸之路、东南亚陆上经济带等新开放增长点，为沿边开放提供硬件支撑和保障。

加快互联互通项目建设。加快推动互联互通境外段项目建设。加强政府间磋商，充分利用国际国内援助资金、优惠性质贷款、区域性投资基金和国内企业力量，加快推进我国与周边国家基础设施互联互通建设。积极发挥丝路基金在投融资方面的支持作用，推动亚洲基础设施投资银行为互联互通建设提供支持。重点推动中南半岛通道、中缅陆水联运通道、孟中印缅国际大通道、东北亚多式联运通道以及新亚欧大陆桥、中蒙俄跨境运输通道、中巴国际运输通道建设。建立开发性金融机构，加快同周边国家和区域基础设施互联互通建设，推进丝绸之路经济带、海上丝绸之路建设。推进交通基础设施互联互通，重点推进面向欧亚物流枢纽区的交通基础设施互联互通。

加强边境城市口岸建设。截至 2020 年 5 月 31 日，全国共有经国务院批准对外开放口岸 310 个。其中，黑龙江有国家一类口岸 26 个，广西有 18 个，云南有 19 个，三个沿边省份口岸数量占全国的 1/5 左右，依托自贸区，支持沿边重点地区完善口岸功能，能够有序推动口岸对等设立与扩大开放，加快建设"一带一路"重要开放门户和跨境通道。应大力支持在沿边国家级口岸建设多式联运物流监管中心，进一步加大资金投入力度，加强口岸查验设施建设，改善口岸通行条件。统筹使用援外资金，优先安排基础设施互

联互通涉及的口岸基础设施、查验场地和设施建设。支持国家级口岸检验检疫、边防检查、海关监管等查验设施升级改造，建立公安边防检查站口岸快速查验通关系统，开设进出边境管理区绿色通道。建立和完善、更新边境监控系统，实现边检执勤现场、口岸限定区域和重点边境地段全覆盖，打造"智慧边境线"。

加强国际物流通道建设。按照主要货物流向及物流网络规划布局，进一步加快干线铁路、高速公路、沿边口岸、航道、机场、输油管道等基础设施建设，构建以自贸区省会城市为中心，服务全省、辐射全国、联通国际的物流通道体系。东北地区以哈尔滨为北部物流中心城市和对俄国际物流枢纽城市，以大连、沈阳、长春、哈尔滨四城市的国际机场为依托，大力发展国际航空货运，规划建设空港物流基地和临港产业园区。西南地区以昆明、南宁国家物流枢纽为中心，打造"通道＋枢纽＋网络"的现代物流运行体系，加快西部陆海新通道建设，布局拓展面向环印度洋周边经济圈及衔接长江经济带、粤港澳大湾区、京津冀、长三角和成渝经济圈的跨区域多式联运物流网，打通面向东盟的国际物流大通道。

（四）创新推动跨境合作，促进沿边贸易方式转变

依托自贸区，建立健全服务贸易促进体系，充分发挥沿边地区资源和区位优势，巩固和扩大传统贸易，大力发展现代服务贸易和数字贸易，推动错位竞争、多元发展，促进贸易转型升级。

促进对外贸易转型升级。依托自贸区两个要素市场和两种发展模式，充分利用差异化与统一性的结合点，优化产业布局和要素支撑，提升资源配置效率。在贸易结构上，要从过去以货物贸易为主，转为货物贸易和服务贸易并重，把资源配置到具有更高效率的部门和企业。在产品结构上，不断增加高科技出口产品的比重，提高出口农贸产品的附加价值，特别是在全球产业链、价值链地位的提升。在贸易方式上，要从引进来为主的单边贸易，转向引进来和"走出去"并重的双边贸易和多边贸易。在重点领域，要注重技术创新，尤其是用数字化、智能化技术改造提升

传统产业，把贸易重心从实体经济贸易为主，转向实体贸易和金融合作并重，尤其注重金融服务领域的开放。在贸易格局上，进一步对标高标准国际经贸规则，充分利用各地资源禀赋优势与区位优势，形成各有侧重、各具特色的对外贸易格局，积极服务"一带一路"建设、东北振兴、海洋强国等国家战略。

引导服务贸易加快发展。努力形成有助于服务贸易业态创新的多元化、高效能、可持续发展模式和发展路径。以高质量共建"一带一路"为重点，深化服务贸易对外交流与合作，推动建立政府市场高效协同、国内国外有机联动的服务贸易促进体系，支持和引导广大企业面向全球配置资源、拓展国际市场。例如，在沿边自贸区进行试点，支持试点地区出台政策推动各类服务企业通过各类工业园区、商务服务园区加强境外经贸合作。将服务贸易纳入多双边工商合作机制，建设生物医药、文化创意、新能源服务、商务服务、跨境电商等领域"中国服务商"数据库，为企业提供多元化服务。

创新边民互市贸易模式。国家级边境口岸大多分布在少数民族居住区，与毗邻国家的边民不仅在民族、文化、宗教、风俗上相同，而且历史上就开始互通有无，发展边民互市贸易。扩大沿边开放要借鉴自贸区先进经验，创新边民互市贸易模式，比如推行"边民合作社＋边境落地加工"模式，全面落实边民互市贸易负面清单，开通铁路互贸交易市场，推动互贸加工产业园建设，发展互市贸易"集中申报、整进整出"通关新模式，开发边民互市贸易申报手机 App，创新边贸商品质量管理模式，边民互市通关实现作业无纸化等等。此外，要及时清理地方各级政府自行颁布或实施的与中央政策相冲突的有关边民互市贸易的政策和行政规章，修订完善《边民互市贸易管理办法》，拓展互贸商品来源地，打开"边境有边、贸易无边"的国际新视野。

（五）培育新业态新模式，带动沿边经济高质量发展

培育现代产业新业态，围绕跨境旅游、跨境电商、金融服务、数字经济

等重点产业，狠抓大企业、重点产业项目引进。围绕"跨境+"产业升级，打造跨境产业链条。通过发展跨境电子商务、跨境能源加工、跨境农产品加工、跨境中草药研发、跨境木材加工、跨境康养旅游等产业，着力培育跨境产业集群。

发展跨境特色旅游。以边境旅游试验区和跨境旅游合作区为新的增长点，推动边境旅游高质量发展，把边境地区从旅游通道变为旅游目的地，支持满洲里、绥芬河、二连浩特、黑河、延边、丹东、西双版纳、瑞丽、东兴、崇左、阿勒泰等有条件的地区研究设立跨境旅游合作区。打造沿边民族文化品牌，深化与周边国家的旅游合作，培育一批具有地域特色、民族特色的旅游景区、民宿、乡村生态民俗和特色餐饮，办好民族风情节，大力发展沿边旅游和跨境特色旅游，优化消费环境，打造游客往来便利、服务优良、管理协调、吸引力强的重要国际旅游目的地。

打造跨境电商平台。近年来，我国跨境电商进出口规模持续快速增长，成为外贸发展新亮点。当前，传统外贸受到疫情较大冲击，必须更好地发挥跨境电商独特优势，以新业态助力外贸克难前行。建设沿边跨境电商试点城市、跨境电商综合试验区，推动传统外贸企业向线上跨境电商 B2B 模式和内销模式转型，运用线上线下双轨方式开拓市场，通过跨境电子商务综合试验区的先行先试，建立起线上交易、线上监管、线上服务、线下支撑的跨境电子商务体系和贸易平台，为外贸企业货物进出口开辟新路径。

拓展跨境金融服务。拓宽融资方式和渠道。鼓励金融机构加大对沿边重点地区的信贷支持力度，在遵循商业原则及风险可控前提下，对沿边重点地区分支机构适度调整授信审批权限。在疫情防控常态化条件下保障和推动金融服务贸易发展，优化税收金融服务。统筹发展和安全两件大事，坚持底线思维，主动防范化解风险，在沿边重点地区建立贴近市场、促进创新、信息共享、风险可控的金融监管平台和协调机制。进一步加强沿边重点地区金融管理部门、反洗钱行政主管部门、海关和司法机关在反洗钱和反恐怖融资领域的政策协调与信息沟通，确保跨境资金流动风险可控、监管有序。

支持数字经济发展。在抗击疫情期间，我国数字经济展现出了强大的活力和韧性。基于网络数字技术的新业态新模式，支撑了新型消费逆势快速发展，且潜力巨大。扩大沿边开放要充分依托自贸区发展数字经济，促进数据要素流动，增加与周边国家在通信、物流、大数据和云计算领域的合作及支持，推进数字技术对产业链价值链的协同与整合，推动产业数字化转型，让以互联网、人工智能为代表的数字经济成为沿边开发"新支点"和发展"新引擎"。

参考文献

［1］黑龙江商务厅：《自贸试验三片区联动"找北"优势释放》，http：//sswt. hlj. gov. cn/newsshow. php？cid＝10&id＝3224，2020－9－14/2020－09－24。

［2］《再添 6 个自贸区开放拓展新格局》，http：//www. gov. cn/zhengce/2019－08/27/content_ 5424794. htm，2019－08－27/2020－09－24。

［3］广西壮族自治区人民代表大会常务委员会：《广西壮族自治区优化营商环境条例》，http：//www. gxzf. gov. cn/zwgk/flfg/dfxfg/t5511720. shtml，2020－06－04/2020－09－24。

［4］黑龙江省人民政府：《黑龙江省人民政府关于印发黑龙江省优化口岸营商环境促进跨境贸易便利化措施的通知》，http：//zwgk. hlj. gov. cn/zwgk/publicInfo/detail？id＝379952，2019－01－30/2020－09－24。

［5］云南省人民政府：《云南省人民政府关于印发云南省优化营商环境办法的通知》，http：//www. yn. gov. cn/zwgk/zcwj/yzg/202007/t20200706－207113. html，2020－07－06/2020－09－24。

［6］《黑龙江省举行中国（黑龙江）自由贸易试验区成立一周年新闻发布会》，新华网，http：//hlj. xinhuanet. com/klj/2020－09/08/c_ 139352220. htm，2020－09－08/2020－09－24。

［7］商务部：《国家级经济技术开发区边境经济合作区名录》，http：//www. mofcom. gov. cn/xglj/kaifaqu. shtml，2020－09－08/2020－09－24。

［8］中共中央宣传部：《习近平新时代中国特色社会主义思想三十讲》，学习出版社，2018。

［9］习近平：《习近平谈治国理政》，外文出版社，2014。

［10］黑河市统计局：《黑河市边境贸易创新发展研究》，http：//tjj. hlj. gov. cn/tjsj/
tjfx/dstjfx/202009/t20200922_ 79411. html，2020 – 09 – 22/2020 – 09 – 24。

［11］海关总署国家口岸管理办公室：《全国对外开放口岸分地区一览表》，http：//
gkb. customs. gov. cn/gkb/2691150/2691115/2882405/index1. html，2020 – 03 – 11/
2020 – 09 – 24。

服务贸易视域下的沿边开放

——推动沿边地区服务贸易提质增效

刘西友[*]

摘　要： 在促进货物贸易发展的同时，加快服务贸易发展，有序扩大服务业开放，推进外贸结构优化，有利于培育经济新动能和带动就业。针对新形势下沿边地区服务贸易发展面临的基础性和结构性问题，需要在新起点上提高政策的稳定性和连续性，深挖沿边地区服务贸易发展新潜力。

关键词： 服务贸易　沿边开放　政策体系

党中央国务院高度重视发展服务贸易，将优先发展服务贸易作为推动经济转型升级和高质量发展的重要举措。服务领域是当前沿边地区对外开放的重点。沿边地区是新亚欧大陆桥、中蒙俄、中国—中亚—西亚、中国—中南半岛、中巴、孟中印缅六大经济走廊的支撑点，是海陆统筹、东西互济的全方位对外开放格局的交汇点。其中，云南、广西则重点面向东南亚；西藏主要面向南亚；内蒙古西部、新疆连接中亚；辽宁、吉林、黑龙江、内蒙古东部沟通东北亚。加强沿边地区服务贸易开放合作，成为加快内陆沿边开放新高地建设、优化区域协同开放、推动"一带一路"国际合作和构建国内国际双循环新发展格局的重要环节。

＊ 刘西友，中共中央党校（国家行政学院）经济学教研部政治经济学专业 2018 级博士。

一 新时代沿边地区服务贸易发展迈上新台阶

近年，我国沿边地区服务贸易在国际上的竞争力逐步增强。随着服务贸易功能区的创新发展试点探索推进，沿边地区服务贸易创新发展的体制机制深入探索，服务贸易促进平台建设持续加强。通过改革创新助推沿边服务贸易发展，不但辐射带动了沿边地区整体上的开发开放水平，而且为我国进一步主动、双向、协同、公平、共赢开放，密切同周边国家经贸合作提供了宝贵的改革经验。

（一）沿边地区服务贸易发展顺应了全球趋势和现实需求

服务贸易具有能耗低、污染少、高附加值等优点，加快发展服务贸易成为各国提升综合竞争力的重要举措。从全球贸易的产品结构看，服务贸易比重持续提高。服务贸易与货物贸易的比例大致在 3:7 和 5:5 之间。该贸易格局形成的原因在于，以"零关税、零壁垒、零补贴"原则为基础的国际贸易关系推动关税和非关税壁垒下降，进而推动跨国公司在全球范围内布局产业链、价值链和供应链体系，引导服务业加速拓展了国际化市场。近年，新兴技术正在深刻地改变着传统服务贸易形态，数字内容服务、社交网站服务、搜索引擎服务等数字贸易，成为服务贸易的新形式。新冠肺炎疫情发生后，以数字经济为支撑的无接触式服务贸易发展前景广阔，跨境电商、远程医疗、远程办公、远程教育、数字服务、软件和信息服务贸易成为服务贸易新的增长点和推动力。

我国与 14 个周边国家和地区接壤，有长期友好往来的合作基础，服务贸易的合作空间广阔，互补优势明显。沿边省区发展服务贸易的综合优势突出。对沿边地区来说，发展服务贸易具有运距短、成本低的区位优势，以及需求旺盛、渠道畅通的市场优势。服务贸易已经成为我国深化沿边开放的新引擎。比如，为加快培育国际合作和竞争新优势，吉林大力培育服务贸易促进平台，加快推进服务外包产业基地等重点服务外包产业园区建设，在巩固扩大工程承包、劳务合作、旅游业、运输等传统领域服务进出口的同时，积极发展文化、技术、咨询、计算机和信息、教育、中医药等领域服务贸易；黑龙江落实《对俄服务贸易中长期规划（2014—2023）》，围绕旅游、金融、电子商务、中医药、文化等领域，与俄罗斯旅游组织合作打造旅游线路，打造服务全国、面向俄罗斯及东北亚地区的对俄金融结算中心，搭建对俄贸易中俄双语电子商务网络平台，促进中医药专家、技术和俄罗斯患者在口岸中医院、三甲中医院间健康流动；广西充分发挥中国与东盟海陆空相连的独特区位优势，加快推进与邻国越南交通基础设施互联互通建设。广西积极对接国家战略，完善产业服务体系，以凭祥和东兴两个重点开发开放试验区为龙头和支点，逐步形成集跨境商贸、加工仓储、物流配送、旅游观光为一体的集散中心和重要通道。

（二）支撑沿边地区开发开放政策体系直接推动服务贸易发展

沿边地区同时面向国内和国际两个市场。扩大对内对外开放是加快沿边地区服务贸易发展的动力之源。我国陆地边境从广西北部湾至辽宁鸭绿江口，长达2.28万公里，分布着9省（区）的136个边境县（旗、市、市辖区）和新疆生产建设兵团的58个边境团场，与周边14个国家和地区接壤，面积212万平方公里，开放潜力很大。1992年国家实施沿边开放战略，设立14个边境经济合作区。沿边开放成为最高级别的开放平台后，沿边地区就由改革开放的末梢变为前沿。2014年2月，国务院《关于加快沿边地区开发开放的若干意见》明确提出，研究设立广西凭祥、云南磨憨、内蒙古二连浩特、黑龙江绥芬河、吉林延吉、辽宁丹东重点开发开放试验区，优惠领域涉及税务、土地、金融、财政等。2014年7月，国务院印发《沿边地区开发开放规划（2014—2020年）》，进一步推动沿边地区加快开发开放。2016年1月，国务院印发《关于支持沿边重点地区开发开放若干政策措施的意见》，通过完善边贸相关政策支持体系，引导服务贸易加快发展。比如，发挥财政资金的杠杆作用，引导社会资金加大投入，支持沿边重点地区做大做强旅游、运输、建筑等传统服务贸易；逐步扩大中医药、服务外包、文化创意、电子商务等新兴服务领域出口，培育特色服务贸易企业加快发展；推进沿边重点地区金融、教育、文化、医疗等服务业领域有序开放，有序放开育幼养老、建筑设计、会计审计、商贸物流、电子商务等服务业领域外资准入限制；外经贸发展专项资金安排向沿边重点地区服务业企业倾斜；支持沿边重点地区服务业企业参与投资、建设和管理境外经贸合作区。加快沿边开放步伐是党的十八届三中全会《中共中央关于全面深化改革若干重大问题的决定》提出的重要举措。我国积极完善沿边地区开发开放政策支持体系，涵盖沿边地区服务贸易重点领域的政策支持体系渐趋成熟。

国家重点开发开放试验区和边境经济合作区是沿边地区发展服务贸易的重要载体和平台。国务院多次发文支持国家重点开发开放试验区和边境经济合作区发展，支持国家级经开区与边境经济合作区、跨境经济合作区开展合作，共同建设项目孵化、人才培养、市场拓展等服务平台和产业园区。沿边地区有关地方突出特色，用活政策，先行先试，错位发展。比如，广西东兴作为 17 个国家边境地区之一，拥有东兴国家重点开发开放试验区、东兴边境经济合作区、东兴边贸互市贸易区、沿边金融综合改革试验区、构建开放型经济新体制试点试验区、边境旅游试验区等六大国家级开放合作平台和一个国家一类口岸。近年，广西东兴充分利用政策优势、区位优势、外部需求优势和金融结算优势等，加强对周边国家的服务出口，深化了旅游、工程承包、高铁技术、计算机通信技术等服务领域的合作。

（三）服务贸易创新发展试点在沿边地区深入推进

服务贸易创新发展试点带动了全国服务贸易向高质量发展。2019 年，服务贸易试点地区服务进出口占全国比重超过 75%。

2016 年 2 月，国务院决定在天津、上海、海南、深圳、杭州、武汉、广州、成都、苏州、威海 10 个省市和哈尔滨、江北、两江、贵安、西咸 5 个国家级新区开展服务贸易创新发展试点，重点对服务贸易管理体制、发展模式、便利化等 8 个方面的制度建设进行探索、准入。贵州贵安新区成为首批服务贸易创新发展试点的"开拓者"。由此，贵安新区进口国内急需的研发设计、节能环保和环境服务享受来自服务贸易创新发展引导基金的财政贴息；享受税收优惠政策的企业范围，由服务外包扩大到高技术、高附加值的其他服务行业。此外，对经过贵安新区认定的技术先进型服务企业全面实施服务外包保税监管。2017 年，贵安新区服务贸易总额完成 7.53 亿美元，同比增长 280.3%。2019 年，贵安新区新增离岸服务外包接包合同执行额 3631 万美元，同比增长 30.85%。

2018 年 6 月，国务院批复同意在全国 17 个城市和地区开展深化服务贸易创新发展试点工作，并在全国范围推行复制 39 条可推广的服务贸易发展经验。2020 年 8 月，国务院批复同意并印发了《全面深化服务贸易创新发展试点总体方案》。方案围绕服务贸易改革、开放、创新提出了 122 项具体举措。其中，围绕服务领域审批权下放或取消、放宽市场准入等提出 16 项举措，涉及运输、旅游、教育、国土规划、工程设计、商务服务等领域；在运输、教育、医疗、金融、专业服务等领域，重点推出 26 项举措，推动在更多领域允许境外服务提供者通过跨境交付、自然人移动等方式进入国内市场。方案还提出，在中西部具备条件的试点地区开展数字人民币试点。本次试点范围进一步扩至中西部地区，昆明、贵阳、哈尔滨、乌鲁木齐等沿边地区的城市入选国家全面深化服务贸易创新发展试点。

从试点历程看，2016 年第一轮试点的重点，是在财政、税收、金融、便利化等方面出台支持政策；2018 年第二轮试点，则在对外开放上有了新的突破；2020 年新一轮试点的任务全面深化，开放程度、政策力度和改革深度更进一步。沿边地区正以此为契机，融合推进服务贸易创新发展。

（四）自贸区制度创新赋能沿边地区服务贸易开放发展

2019 年 8 月国务院同意新设的 6 个自由贸易试验区中，沿边地区有 3 个。云南自贸试验区创新沿边经济社会发展新模式，通过与越南、老挝、缅甸等周边国家合作发展，建设连接南亚东南亚大通道的重要节点，推动形成我国面向南亚东南亚辐射中心、开放前沿；广西自贸试验区围绕构建国际路海贸易新通道，推动跨境贸易、跨境物流、跨境劳务合作等发展，深化与东盟的开放合作、推动建设国际陆海贸易新通道，形成 21 世纪海上丝绸之路和丝绸之路经济带有机衔接的重要门户；黑龙江自贸试验区积极推动东北全面振兴全方位振兴，着力深化产业结构调整、建设面向俄罗斯及东北亚的交通物流枢纽，进一步扩大对俄罗斯合作，积极推动人员出入境便利，企业"走出去"，打造对俄罗斯及东北亚区域合作的中心枢纽。随着全国版和自贸区版跨境服务贸易负面清单的出台，沿边地区服务贸易的制度性开放力度将进一步加大。

部分自贸试验区同时参与服务贸易创新发展试点，以上 3 个沿边自贸区可以参与服务贸易创新发展试点，享有更加充分的服务贸易发展政策优惠。比如，在融资租赁、航空维修、汽车平行进口、跨境电商零售等部分服务贸易领域，可以享受税收优惠政策，有利于技术先进型服务企业的跨越式发展，也有利于鼓励扩大服务出口。自贸试验区和服务贸易创新发展试点政策红利的叠加效果将进一步显现。

二　新形势下沿边地区服务贸易发展面临的基础性和结构性问题

我国的服务贸易起步晚、发展快，2018 年进出口总量达 7594 亿美元，居世界第三位。服务业竞争水平以及在国际分工中所占的地位，与欧美、日本等发达国家有一定差距，实现服务贸易跨越式发展依然面临基础性、结构性问题。我国沿边地区的服务贸易发展水平和综合竞争力与东部地区有较大差距，与西方发达国家的差距更明显，地缘、资源等优势远没有发挥出来，服务业领域竞争不够充分，服务业管制过多，监管与治理不能适应新经济新服务的发展。

（一）服务贸易逆差短期内难以改变

多年来，我国服务贸易以进口为主，出口增长缓慢。2020 年 1～7 月，我国服务出口的降幅收窄，进口降幅有所加大，出口降幅小于进口 21.4 个百分点，带动服务贸易逆差下降 49.4% 至 4487.7 亿元，同比减少 4383.5 亿元。虽然服务贸易逆差大幅减少，但与货物贸易方面常年保持顺差比较，服务贸易中的高额逆差规模在短期内难以改变。

对沿边地区来说，近年来服务贸易规模虽快速增长，但与东部发达地区相比，仍有较大差距。进出口服务贸易的不平衡，正阻碍沿边服务贸易高质量发展进程。

（二）沿边地区服务贸易产业结构不合理

服务贸易产业结构体现一个国家或地区的整体服务贸易发展水平。沿边地区的服务贸易较多依赖边境口岸通道建设和边境小额贸易，重开放轻开发现象仍然存在，导致服务贸易国际竞争力与总体规模不匹配，缺乏具有核心竞争力的跨国服务业企业。主要体现在：劳动力密集型行业的产业相对落后，严重依赖区位和资源优势，附加值低，无法攀升到全球价值链的高端，抵抗市场风险能力较弱；在运输、旅行、保险服务、知识产权使用费以及个人、文化和娱乐服务等领域，沿边地区的出口规模还比较小；以跨境交付为主要提供模式的新兴服务贸易属于发展起步阶段，在沿边地区服务贸易中的应用规模有限、产业层级不高，高技术含量服务外包业务有待进一步拓宽国际市场。

沿边地区省会城市对边境县（市、区、旗）的虹吸效应明显。边境县市远离区域经济中心、开放发展起步晚、基础设施建设滞后、贸易规模偏小、开发开放的载体和平台支撑能力薄弱、特色产业及跨境产业体系尚未形成等原因，影响了沿边县市的辐射带动作用，导致集聚能力有限、产业链条过短、难以在当地实现仓储、加工等环节的增值，"通道经济"特征突出。即使沿边地区的省会城市，服务贸易创新能力和核心竞争力不强的格局总体上尚未得到明显转变。比如，新疆乌鲁木齐市现有服务进出口100万美元以上的企业68家，旅游、建筑、运输三大传统行业服务进出口约占85%，电信、计算机和信息服务、技术服务等新兴领域潜力和发展空间很大。

此外，周边国家经济发展水平不一，经济体量较小，市场需求受限，部分邻国的口岸设施、道路交通等与我方沿边地区有一定差距，限制了沿边地区服务业企业的意愿和动力，进而限制了服务贸易出口的规模和结构。俄罗斯、缅甸等周边国家在新冠肺炎疫情冲击下，与我国服务贸易行业的订单下降、需求减少。

（三）沿边地区服务贸易格局和政策缺乏统筹

服务贸易范围广、领域多，统筹难度本来就大，对沿边地区来说，服务贸易发展定位不清晰、具体配套政策措施缺位、政策效果不及预期等问题凸显。

边境经济合作区未能较好适应和引领沿边地区全方位开放型经济新格局。其地缘特征的特殊性，以及先期定位等决策缺少足够的前瞻性规划，导致项目选址落地难、开发建设资金不足和基础设施建设滞后，边境经济合作区的经济功能有待充分发挥。沿边地区相关的重点开发开放试验区、沿边经济开放特区、国际合作示范区、跨境经济合作区、沿边金融综合改革试验区、区域次区域合作区等开发开放平台，一定程度上形成了强劲政策竞争，挤压了边境经济合作区的政策优势。跨境合作组织的制度架构较为松散，运行模式有待优化，权威性不足。

部分沿边地区在内部发展定位方面存在较强的同质性。发展重点不明显，差异性和地方特色不明显，制约了服务贸易成效。比如，南宁市和防城港市都提出建立中国—东盟信息港，玉林、北海、防城港、钦州等市提出建设出海通道，恶性竞争趋势亟须引起重视。

（四）服务贸易营商环境有待优化

沿边地区对服务贸易重要性的认识程度有待提升。沿边地区服务业行政垄断程度过高、对外开放程度不足，服务贸易数据未及时公布，成为制约服务贸易竞争力提升的重要因素。

一是电信、金融、保险、生产性服务业、教育、卫生、文化创意以及数字经济等服务贸易相关行业的准入门槛较高，服务业外资准入管理负面清单的适用地域和范围需要进一步明确。二是涉及服务业企业的经营环境、政府审批等环节需要继续深化改革，经营主体资质不健全、服务质量不高，以及资金安全、税收、货物监管等风险亟须引起监管部门重视。三是通关效率不高，海关、检验检疫、运输、外汇管理、银行等部门的数据和标准不一致，贸易、物流商务单据信息化程度低，边境通关手续复杂。四是难以引进急需人才、自主创新能力弱。沿边地区往往属于贫困地区、民族地区、革命老区、边境地区、生态退化地区，教育基础薄弱，市场意识不强，缺乏有创新能力的决策者与专业性人才。

（五）服务贸易国际环境面临挑战

目前世界经济仍处于国际金融危机后的深度调整期，主要国家间经济、科技、金融等领域博弈加剧，全球经济衰退迹象明显。美国等国家引导我国周边部分国家参与其贸易协定谈判，妄图对中国构筑贸易隔离墙。

一是服务贸易规则呈现碎片化。以区域贸易协定形式呈现的区域性服务贸易规则，服务贸易条款交织、成员相互重叠，不但增加了谈判合作成本，也降低了多边贸易体制的有效性。二是周边国家信息基础设施发展不均衡，跨境电商开展服务贸易面临数据保护、数字税征收等诸多规则制约，跨境电商推动服务贸易的透明性、时效性、安全性有待提升；接壤地区多远离其国内中心市场，服务业基础薄弱，自主发展能力滞后。三是在沿边地区的服务贸易中，交易双方由于贸易结构较为相似，在国际分工体系中基本处于同一层次，产业结构单一，一定程度上存在着同质化、低端化激烈竞争。四是周边国家积极向美日韩等发达国家开放，导致区域竞争日趋激烈，周边国家具有初始显著比较劣势的服务贸易部门比较优势上升较快，我方优势相对有所下降。五是由于个别周边国家的对华边贸政策不稳定，以及长期、稳固、有效的沟通交流机制尚未建立，我方企业未能充分了解和熟悉周边国家的政策法规、消费习惯、风土人情、文化习俗、宗教信仰等，服务贸易壁垒较为隐蔽，相应的风险预警、评估和管理机制缺失。

三 新起点上深挖沿边地区服务贸易发展新潜力

党的十九大报告指出：扩大服务业对外开放，以先进制造业和现代服务业为支撑，加快培育国际竞争新优势。党的十九届四中全会提出：建设更高水平开放型经济新体制。"十四五"时期，要积极拓展与重点贸易伙伴特别是共建"一带一路"国家和地区的合作，推动服务贸易领域的多双边区域合作、规则对话、政策协调和经验交流，依据沿边地区的地缘经济政治优势，创新沿边开放路径，提升沿边地区资本、知识和技术密集型服务贸易的国际竞争力，依托以交通沿线为辐射的优势产业群、城镇体系、口岸体系，增强沿边地区的服务贸易国际竞争力，实现服务贸易与货物贸易的平衡发展和良性互促。

（一）推动沿边地区服务贸易提质增效

多措并举推动旅游服务贸易出口。研发适合境外游客的旅游路线和主题，提升西南岩溶地貌景观、热带海岸红树林、傣族"泼水节"等旅游产品的吸引力，提升中国旅游在国际上的知名度和美誉度。加大自主创新和技术改造力度，培育和发展新兴产业，实现产业结构的转移和升级，并由此推动边境贸易、加工贸易及现代装备制造业等特色产业发展，促使相关服务业企业向价值链的高附加值环节延伸。发挥货物贸易对服务贸易发展的拉动效应，优化沿边地区的加工制造、境外资源合作开发、生产服务、区域性国际物流采购等多种功能，逐渐扩大服务贸易经济规模。做好服务贸易新模式、新业态的研究和布局，保持电子商务、高铁运输等领域的领先地位，开拓航空航天、新材料、生物医药、文化传媒、中医医疗服务等领域的服务出口，推动物联网、移动支付、银行保险业的市场开拓。

推动服务外包发展，提高沿边地区服务外包市场竞争力，是逐步解决服务贸易逆差的重要途径。指导外包企业缩短资金回收周期，加快资金回笼，保证服务外包合同的收益。做好企业服务外包国外市场开拓的政策指导工作，促进双多边服务贸易合作和第三方市场合作，拓展服务外包覆盖区域，持续增加新兴服务在服务外包中所占比重。

（二）加快沿边地区服务贸易数字化进程

发展数字服务贸易新业态、新模式。互联网极大扩展了服务贸易的深度和广度，正在改变传统服务业及其贸易模式。要顺应数字化、网络化、智能化发展趋势，借助数字技术提升服务的可贸易程度，发挥跨境电商对服务贸易规模增长、结构优化、效率提高的推动作用，引导物流网和大数据综合服务作为周边国家间服务互联互通的新动力，打造智慧物流体系，积极发展专业化、社会化、智能化的大型物流企业，加大具有绝对竞争优势的跨境支付、跨境物流等附加服务出口规模。

以发展数字丝绸之路为契机，深入推广"互联网＋"、"智慧城市"，加速在相关周边国家设立研发中心、交付中心、海外仓储中心等，缓解服务贸易企业在资金、仓储、物流、渠道、利润等方面的压力，为推动服务贸易发展提供强大动力。加快数字领域国际合作，推动多边、区域等层面服务规则的协调和制定，加大知识产权保护，与周边国家联合探索数据跨境流动安全标准，积极促进数字经济、共享经济等蓬勃发展。

（三）放宽服务领域准入限制

深化政府行政体制改革，完善服务贸易的法律制度环境，减少行政审批事项，实行登记备案制等，拓宽沿边地区服务贸易市场空间。

缔结区域服务贸易协定，带动服务领域扩大开放。逐步开放自贸试验区的金融、电信等市场制定竞争政策与规范，约束行业垄断行为。加速新兴服务出口。推进金融、文化、教育、医疗等领域开放，放开建筑设计、商贸物流及电子商务等服务业领域的外资准入限制。鼓励支持民间资本进入服务业领域，充分发挥民间资本的"鲶鱼效应"，激发服务贸易领域市场活力。

（四）加强沿边地区服务贸易政策统筹

优化沿边地区开发开放平台布局和功能。加快推进区域一体化进程，积极发挥沿边地区大、中城市对中小城市及城镇的带动作用，打造区域性国际贸易中心、物流枢纽中心、金融中心、数据中心、会展中心等。逐步推进重点开发开放试验区建设，推动边境经济合作区有序承接东部地区国家级经济技术开发区等产业园区的产业转移，支持边境经济合作区管委会与就近工业园区、经济技术开发区、高新区及沿边开发开放平台推进合署办公，鼓励各类开发区、园区进行合并管理，提升沟通效率，降低制度性交易成本。在沿边地区积极有序推进综合保税区布局，加快与周边国家共商、共建新的跨境经济合作区，积极发挥跨境经济合作机制对服务贸易的带动作用。

为企业提供政策咨询服务。借鉴中国国际服务贸易交易会成功举办的经验，搭建沿边地区国际服务贸易交易会平台，展示沿边地区服务贸易发展情况和周边国家服务贸易发展趋势。整合相关国家的法律、金融、咨询等信息，为企业或个人提供一站式服务。利用进出口信保公司，对企业的出口提供信用保证，降低企业经营风险，建立数据库信息，对国外有不良信誉的企业建立负面清单，建立相应的应急机制和配套体系，为企业在从事服务贸易过程中出现的问题及时提供帮助和解决方案。完善沿边地区服务贸易统计制度，调整增加部分反映当今行业变化的新指标。

鼓励沿边地区设立服务贸易创新发展基金，发挥财政资金杠杆引领作用，鼓励风险投资基金和天使投资进入服务贸易领域。明确政策预期，在企业出口退税、金融机构贷款、财政贴息等方面向服务类企业进行倾斜，对于优质服务类企业做到出口信用保险全覆盖，鼓励市场主体到国际市场参与竞争。

（五）健全沿边地区服务贸易法律体系

加强服务贸易国际规则发展趋势研判。在贸易监管、产品标准、知识产权、跨国跨境产业园区合作、跨国就业、双重税收、对外投资等领域，加强立法研究。结合沿边地区开发开放实际，加强法律法规体系建设，借鉴国际服务贸易主要规则和主要服务贸易强国与大国的服务贸易政策，明确外资准入、外商监管、争端解决等机制，最终形成管理有序、层次分明的服务贸易法律体系。加强服务贸易和服务业对外投资的统计研究工作。

优化服务贸易创新发展税收政策。完善我国服务贸易增值税制度，解决对跨境服务贸易的增值税重复征税和主观避税问题。充分发挥税收优惠政策的引导作用，促进沿边地区服务贸易竞争力的提升，带动服务贸易规模增长和结构优化。进一步完善服务型企业的涉税服务，加快推进各项服务型企业投资和服务贸易便利化措施的实施。

（六）持续提升沿边地区服务贸易便利化水平

完善口岸公路铁路站场区、工业生产区、仓储转运区、商贸金融区等功能区建设，有效利用地缘优势吸引国内外投资提高服务供给能力，把周边国家的劳动力成本较低优势和沿边地区承接中东部地区服务产业转移结合起来，强化沿边地区服务业增长的产业支撑。构建现代国际物流供应链体系，加快建设国际物流节点和配送中心、物流园区，巩固开拓与周边国家产业链、供应链合作，建立关键零部件、物资过关的绿色通道，提升国家货运能力，保障国际物流供应链畅通。

推行边检、海关、检验检疫等口岸执法部门间的信息互换和执法互助。实行"单一窗口"的通关通检模式，实现口岸管理、协调与服务的一体化，促进人员往来和贸易物流无障碍、无缝隙对接。推动各省区建立跨区域口岸合作机制，深化与相关国家建立通关通检跨国口岸合作机制，严厉打击走私等违法犯罪活动。建设沿边金融综合改革试验区，增加沿边地区跨境服务贸易人民币结算业务的交易量和使用量，主动扩大跨境金融服务贸易的开放领域，编制跨境金融服务贸易开放领域的正面清单，试点跨境金融服务提供者的金融信息自由转移。

加快中国标准国际化步伐。加强国际交流，破除技术性贸易壁垒，推动国际双边认证认可合作，探索与相关国家之间形成互相认可的标准互认程序和工作机制，建立或加入多边互认体系，扩展服务贸易内容，保证服务贸易畅通。

参考文献

［1］习近平：《决胜全面建成小康社会 夺取新时代中国特色社会主义伟大胜利——

在中国共产党第十九次全国代表大会上的报告》，人民出版社，2017。

［2］夏杰长：《新中国服务经济研究 70 年：演进、借鉴与创新发展》，《财贸经济》2019 年第 10 期。

［3］孙久文、蒋治：《沿边地区对外开放 70 年的回顾与展望》，《经济地理》2019 年第 11 期。

［4］庞博、张曙霄：《英国生产性服务贸易发展的经验与启示》，《经济纵横》2018 年第 12 期。

以跨境电商促进沿边开放的思考

桑　熙*

摘　要：　沿边开放事关全国改革发展大局，对于推动形成新发展格
局，推进"一带一路"建设和构筑繁荣稳定的祖国边疆意义
重大。在当前的政治经济形势和我国跨境电商产业快速增长
的背景下，沿边地区大力发展跨境电商对促进沿边地区开发
开放具有重要作用。沿边地区要发展跨境电商，需要打通跨
境信息流、物流和资金流，构建良好的跨境购物、跨境支
付、跨境运输和跨境监管体系，妥善解决存在的一系列体制
机制问题。

关键词：　沿边地区　沿边开放　跨境电商

　　在当前我国构建新发展格局的大背景下，继续推进"一带一路"建设，
特别是大力推动沿边开放，对于保障我国经济循环顺畅，促进边境地区经济
发展，提高边境人民生活水平，稳定周边局势，维护国家安全稳定有重要战
略意义。沿边地区天然具备开放优势，依托于靠近周边国家的区位优势、近
几年互联网技术的飞速发展和国家政策的不断倾斜，具备发展跨境电商的有
利条件。沿边地区大力发展跨境电商，可以进一步加强沿边地区作为连接内
地和周边国家贸易的桥梁和纽带作用，从而通过进一步加强与内地和周边国

──────────
　　* 桑熙，中共中央党校（国家行政学院）经济学教研部政治经济学专业博士研究生，中共中央
　　党校（国家行政学院）科研部干部。

家的经贸联系，更好融入国家和区域的整体发展进程当中，进而全面带动沿边地区各项事业协同发展。

一 跨境电商对沿边地区开放发展的重要作用

跨境电商是指不同国家买卖双方，借助电子商务等互联网渠道进行交易，支付结算，并通过跨境物流将商品送达，完成交易的一种国际商业活动，是飞速发展的电子商务与对外贸易的有机结合。跨境电商作为近几年兴起的一种发展迅速的对外贸易新模式，受到广泛关注。从跨境电商的业务模式不难看出，跨境电商涉及跨境营销、跨境仓储、跨境物流、跨境支付、跨境监管、跨境售后服务等众多环节。沿边地区通过大力发展跨境电商，打通理顺跨境电商涉及的各个渠道和环节，构建起支持跨境电商的相关配套设施和服务能力，能够有效带动沿边地区各项事业的协同发展。

跨境电商是推动沿边地区经济快速发展的重要增长点。"一带一路"倡议在世界范围内得到积极广泛响应，丝路电商也得到了快速发展。沿边地区作为"一带一路"合作的"桥头堡"，是加强我国同周边国家经贸往来的重要窗口。在当前的国际局势、防疫形势和经济发展趋势下，我国沿边地区大力发展跨境电子商务，成为推动沿边地区经济发展的重要动力，也成为提升当地居民收入的重要来源。据统计，2018年，通过海关系统验放的跨境电商进出口商品总额为1347亿元，同比增长50%。跨境电商运营人员平均月工资达到了6400元。

沿边地区大力发展跨境电商，能够有效带动当地就业。跨境电商行业对就业人员需求量大。随着中国电商行业的快速发展，据报道，截至2019年，我国电子商务相关从业人员达5125.65万人，全国跨境电商行业企业愈百万家，跨境电商全产业链从业人员超过1000万人，每年招聘岗位需求约200万个。跨境电商对人才需求的层次在不断提高，种类也在不断增加，特别是对技术类人员、产品经理类人员、供应链运营类人员和管理类人员等各类高素专业人员有很大的需求。在沿边地区发展跨境电商能够培养出一批既熟悉中国市场需求、产业供给、政策环境，又了解相邻国家特殊国情的跨境电商专业人才。

跨境电商能够带动沿边地区产业发展。跨境电商作为一个新业态能够有力带动物流、交通、信息等相关配套产业协同发展。发展跨境电商使边境地区对内对外双向打通信息流、物流、资金流，扩大了本地商品市场规模，提升了交易额，有助于整合沿边地区产业资源，形成产业集聚效应，培育一批本地龙头企业，有效带动边境地区和周边国家特色产业的发展。

跨境电商有助于加强与周边国家的合作交往。沿边地区发展跨境电商需要同周边国家建立政策互惠、信用互认、物流互通、网络互联的多重合作机制，这为增进与周边国家的经贸往来，实现互利共赢，进一步加强双边及多边多维度的合作打下了基础。

推动跨境电商发展有助于稳定边境安全形势。边境地区发展跨境电商主要针对接壤邻国市场和国内市场，需要打通贸易双方在市场、营销、物流、支付、监管等多个方面的合作环节，从而有利于形成互惠共赢的稳定边境局势。同时，跨境电商能够吸收大量就业人员在沿边地区生产生活，对于加强边境城市建设，提升边境地区生产能力，稳边固边具有重要战略意义。

总之，沿边地区发展跨境电商对于沿边地区的政治经济发展、社会民生建设和国防安全建设具有重要意义。

二 我国沿边地区跨境电商发展现状

近年来，随着我国外贸出口稳步增长和人民整体收入水平快速提升带来的新需求的不断增加，我国跨境电商行业发展迅速，交易额快速上升。各沿边地区也在"一带一路"建设稳步推进的背景下，抓住历史机遇，充分利用政策环境和区位优势加快发展跨境电商。

中国跨境电商贸易发展迅速。近年来中国跨境电商市场规模持续扩大，整体交易规模从2014年的4.2万亿元增长至2019年的10.5万亿元，复合增速达到20.11%，预计在2020年将达到12.7万亿元。从终端客户结构来看，B2B交易模式2019年的市场份额为80.50%，占据主导地位，但B2C交易模式由于交易环节少、消费者个性化需求崛起等因素，近年来发展迅速，市场规模从 2013 年的 1638 亿元增长至 2019 年的 2.05 万亿元，复合增速达到 52.34%，成为中国制造链接全球消费者的重要路径。但我国的跨境电商产业仍然主要集中在京津冀、长三角、珠三角等经济较发达地区和沿海地区，相比之下，沿边地区的跨境电商发展仍然存在一定差距。

相关政策法规陆续出台，为跨境电商发展提供政策环境支持。2013 年 7 月印发的《国务院办公厅关于促进进出口稳增长、调结构的若干意见》中，要求"积极研究以跨境电子商务方式出口货物（B2C、B2B 等方式）所遇到的海关监管、退税、检验、外汇收支、统计等问题，完善相关政策，抓紧在有条件的地方先行试点，推动跨境电子商务的发展"。2014 年 5 月印发的《国务院办公厅关于支持外贸稳定增长的若干意见》中，国务院再次重申"出台跨境电子商务贸易便利化措施"。该文不再仅仅提及出口，而是包括进出口两方面的跨境电商。海关总署于 2014 年 7 月 1 日公布了《关于跨境贸易电子商务进出境货物、物品有关监管事宜的公告》（56 号文件）明确了跨境电商进出境货物、物品的海关监管流程。2015 年 5 月印发的《国务院关于加快培育外贸竞争新优势的若干意见》中指出，"大力推动跨境电子商务发展，积极开展跨境电子商务综合改革试点工作，抓紧研究制订促进跨境电子商务发展的指导意见。培育一批跨境电子商务平台和企业，大力支持企业运用跨境电子商务开拓国际市场。鼓励跨境电子商务企业通过规范的'海外仓'等模式，融入境外零售体系"。2019 年 1 月 1 日，《中华人民共和国电子商务法》出台，涉及电商纳税、营业执照、交易规范等多个方面，进一步加强了对跨境电商市场的规范。《电子商务法》从电子商务经营者、电子商务合同问题、争端解决等问题出发，涉及电商纳税、营业执照及交易规范等多方面内容，进一步加强对跨境电商市场的规范，维护了消费者权益。《电子商务法》为跨境电商提供规范发展环境。

国家和一些沿边省份已经把发展跨境电商列为重点工作。2020 政府工作报告中明确指出，要"加快跨境电商等新业态发展"，"促进外贸基本稳定"。一些沿边省区在 2020 年的政府工作报告中也明确提出要大力发展跨境电商。云南提出要"扩大跨境电商覆盖面"；广西提出要"建好跨境贸易电子商务综合服务平台"、"完善跨境电商等功能性载体"、"支持以企业为主导，大力发展跨境电商"；甘肃提出要"大力发展跨境电子商务，加快兰州跨境电子商务综合试验区建设"等。

自由贸易试验区和跨境电子商务综合试验区等功能区在包括边境地区城市在内的全国范围内广泛设立。自 2013 年 9 月 27 日上海自由贸易区设立以来，截至 2020 年 9 月 21 日，我国共在 21 个省（区、市）设立自由贸易试验区，除海南全岛为自由贸易试验区外，共有各类片区 71 个。沿边 9 省区中，有自由贸易试验区的省份有辽宁、黑龙江、广西和云南。其中位于边境城市的自由贸易试验区有 5 个，分别是黑龙江黑河、绥芬河片区，云南德宏、红河片区和广西崇左片区。从功能划分来看，几个沿边城市的自由贸易试验区将重点发展跨境电商、跨境产能合作、跨境金融等产业，打造沿边开放先行区、经济走廊的门户枢纽。跨境电子商务综合试验区也在全国广泛建立。自 2015 年 3 月 7 日国务院同意设立第一个中国（杭州）跨境电子商务综合试验区以来，到 2020 年 4 月 27 日，国务院先后分五批次，同意设立跨境电子商务综合试验区 105 个，已经覆盖了 30 个省（区、市）。在沿边省份中，除西藏外，其余 8 个均设立了跨境电子商务综合试验区，共计 22 个，其中位于边境城市的试验区有 6 个，分别是广西崇左、云南德宏、黑龙江黑河、黑龙江绥芬河、吉林珲春、内蒙古满洲里。部分沿边城市已经建设或正计划建设跨境电商产业园区，例如云南瑞丽中缅跨境电商产业园区、黑龙江黑河中俄跨境电商产业园区、广西崇左跨境电商产业城、新疆霍尔果斯国际跨境电子商务产业园、内蒙古满洲里跨境电商智慧产业园区等。

各沿边地区和口岸城市在开展跨境电商领域不断探索。新疆与印度、蒙古、阿富汗、俄罗斯等 8 个国家相邻，依托丰富的自然资源，面向广阔的亚欧市场，通过便捷的交通，跨境电商发展迅速。截至 2016 年，其电子商务示范基地入驻企业达到 4600 余家，实现交易额超过 140 亿元，直接带动就业 15000 余人。云南省德宏州瑞丽姐告边境贸易区已成为国内电商对缅客服、物流、信息、结算的中转站。15 个国内快递在姐告设点，有近 70 个中缅物流对接点。据统计，每天由姐告发往缅甸的快递包裹约 6000 件。黑龙江黑河 2019 年跨境电商总交易额为 14.3 亿元，同比增长 34.8%，连续三年增长率超过 30%。预计到 2022 年，全市跨境电子商务交易额达到 30 亿元，服务过货金额突破百亿级别。2019 年，满洲里市电子商务企业发展到 130余家，电子商务交易额达到 22.96 亿元。广西东兴市有超过 2100 家电商企业，全年销售额超过 18 亿元。仅有 14 万人口的东兴市现有 1.5 万电商从业人员，共有快递企业 17 家，物流企业 90 余家。

三　沿边开放地区发展跨境电商的有利条件

沿边地区具有发展跨境电商的交通优势。沿边地区与周边国家相邻，依托跨境公路、铁路、航运等便利的交通条件，为跨境物流提供了良好的运输保障。我国已与周边 14 个国家的 70 对边境口岸开通了 287 条国际客货运输线路，其中客运线路 136 条、货运线路 151 条，线路总长度近 4 万公里，最长的线路超过 2000 公里。国际客货运输线路，成为我国同邻国人员往来和对外贸易的重要运输方式。

沿边地区具备发展跨境电商的物流仓储优势。发展跨境电商的最大难点之一在于物流的便捷性，而跨境物流的关键环节则是仓储。仓储的位置和效率直接决定了物流的速度。当前各大跨境电商物流企业、电商平台和大型电商卖家为了解决物流问题，大力发展"海外仓""边境仓"。沿边地区作为跨境电商的前沿阵地，无论是在周边国家发展"海外仓"，还是在边境地区建设"边境仓"，相比内陆地区，都能够有利于对仓储进行管理和维护，在提升跨境电商物流效率的同时，提升仓储管理效率，节约物流和库存成本。

沿边地区靠近周边国家市场，能够优先掌握市场信息。长期以来，我国沿边地区与周边国家开展经常性的互市贸易，这有利于沿边地区与周边国家进行人员往来交流和商品货物交换，从而使跨境电商从业者能够便捷地了解周边国家市场供给和需求，为开展跨境电商获取第一手的商品市场供给和需求信息。相比内陆地区，一方面沿边地区的居民更容易获取到周边国家的特色资源和商品的供货渠道，另一方面又通过互联网和便利的交通物流与国内市场紧密对接，能够较好把握国内市场需求，从而为开展沿边地区跨境电商进口提供了有利条件。同时，沿边地区市场作为我国整体市场的一部分，便于掌握我国商品市场的供给信息和货源渠道，结合周边国家的市场需求，又为跨境电商出口提供了有利条件。

沿边地区与周边国家交流接触频繁，具有文化语言优势。由于历史文化和地理区位因素，边境地区的民众与周边国家的民众之间语言更加相通、习俗更加接近、文化更加融合，许多边境居民和周边国家居民甚至是同一个民族或者有亲缘、血缘关系，互相通婚的情况也十分常见。在民族文化十分接近的条件下，开展跨境贸易，特别是发展跨境电商就具备了独特的文化优势，能够更好地针对特有的民族文化和生活习惯，开展进出口贸易，销售的商品在目标市场上的接受度也会更高。

国家和地方对边境地区开展跨境电商加大政策支持力度。近年来，国家在部分沿边地区批准设立了一批自由贸易试验区，分别是黑龙江黑河、绥芬河片区，云南德宏、红河片区和广西崇左片区。在划分自由贸易试验区功能时，对沿边片区的定位即是重点发展包括跨境电商在内的跨境贸易。在近期各地公布的自由贸易试验区的方案中就明确指出，"支持自贸试验区内企业开展跨境电商进出口业务"，"逐步实现自贸试验区内综合保税区依法依规全面适用跨境电商零售进口政策"。沿边地区可充分利用这一政策优势，建设跨境电商"边境仓"，打造物流中心，发展边境加工贸易，引进国外劳动力资源，构建商品集散中心等。近期，国务院批复同意在边境地区设立一批跨境电子商务综合试验区，分别是广西崇左、云南德宏、黑龙江黑河、黑龙江绥芬河、吉林珲春、内蒙古满洲里，并对这一批试验区提出明确要求，"实行对综合试验区内跨境电子商务零售出口货物按规定免征增值税和消费税、企业所得税核定征收等支持政策，研究将具备条件的综合试验区所在城市纳入跨境电子商务零售进口试点范围，支持企业共建共享海外仓"。这将为沿边地区进一步发展跨境电商提供税收优惠和通关优势。

我国整体边境局势相对稳定，有利于跨境电商快速发展。当前，我国与周边国家边境线上，除个别边界争议外，大部分边境线都相对安宁，整体边境局势比较稳定。中俄之间的边界线已清晰划定，中越陆上边界也已全线勘定，成为中俄、中越未来加强边界经贸合作往来的重要基础。中国与其他一些周边国家虽存在边界争议，但是在求同存异、管控分歧的原则下，维持着边境地区局势的稳定。此外，"一带一路"倡议得到了周边国家的广泛支持和积极参与，为加强双方经贸往来提供了重要的平台和契机。当前，新冠肺炎疫情在全球肆虐，我国为控制疫情，保障国民生命健康，在边境上严格限制人员出入境。在这种形势下，大力发展信息沟通迅速、人员流动少、货物商品流动大的跨境电商成了应对疫情危机的重要手段。

沿边地区发展跨境电商既是充分发挥沿边区位优势的重要手段，又是充分利用当前政策环境的必要选择，更是适应当前经济发展趋势的必然路径。

四　当前沿边地区跨境电商发展存在的主要问题

沿边地区发展跨境电商的基础设施建设有待加强。第一，网络基础设施建设有待提高。跨境电商的信息流主要依靠互联网传递，对网络基础设施建设提出的要求较高。一方面我国沿边地区信息化建设水平相对滞后，基础硬件设施还需加大投入，互联网普及率也有待提高；另一方面，周边国家的信息基础设施建设差异很大，一些国家经济社会发展较为滞后，网络覆盖率还很低，互联网也尚未全面普及。我国邻国越南的社交媒体普及率为57%，老挝的社交媒体普及率仅为35%，而缅甸只有20%的人口使用互联网。这就导致沿边地区跨境电商的发展空间受到一定的限制，制约了跨境电商快速发展。第二，交通基础设施相对落后。我国边境大部分城市虽已开通高速公路，但是沿边地区整体交通条件还相对落后，一些县、镇、村的整体路况还比较差。许多相邻国家的交通建设更为滞后，与云南相邻的缅甸仅有一条通往首都曼德勒的高速公路，且路况很差，交通秩序也比较混乱。整体交通运输能力不足的问题进一步制约了边境地区跨境电商的发展。第三，物流配送能力相对不足。跨境电商对各国间物流配送的整体协调性有很高的要求。而我国沿边地区和周边国家的物流配送体系差异较大、物流系统互联互通不顺畅、各国间政策相互不一致等问题，严重影响了物流配送的效率，进一步影响到沿边地区跨境电商的竞争力。

沿边地区发展跨境电商的配套服务平台有待完善。第一，跨境电商购物平台还需要进一步优化完善。跨境电商本质上是沟通境内外消费者和商品的桥梁，如何使得消费者跨越国境获取最需要的商品信息，如何使生产者把优质的商品信息传递给国境另一边的消费者，是跨境电商平台的主要任务。当前，我国服务于沿边地区和周边国家跨境电商的平台一方面缺乏国际竞争力，另一方面又缺乏地域特色，在国际化和本土化两个方面都做得还不够。第二，亟须建设互信互认的跨境支付平台。跨境电商发展中最大的障碍之一就是跨境支付、跨境结算的问题。由于人民币国际化程度还不够高，边境内外使用不同的货币，带来了支付结算的困难。如何以高效可靠的方式结汇付汇就成为边境地区跨境电商发展的一大难题。当前我国一些成熟的支付平台也在探索开展跨境支付业务，但是发展速度还不够快，相比国际竞争对手，国际化程度还不够高，竞争力还不够强。第三，跨境电商质量监管平台有待建立。当前，制约跨境电商快速发展的另一个重要因素是产品质量无法得到保障。相应的售后服务、退换货机制还没有完全建立，使得消费者跨境购物的权益无法得到保障。第四，跨境电商进出口监管平台需要整合优化。跨境电商交易必须符合国家的法律法规，为此需要建立相应的跨境电商监管平台。由于跨境电商涉及跨境申报、跨境物流、跨境支付、跨境监管等一系列环节，包括商品的进关出关、缴税退税、资金的结汇换汇等一系列繁琐的手续，如何在保证程序完整的情况下，提高申报、清关、缴退税和结汇效率，打通各职能部门监管壁垒，减少中间环节，成为下一步完善监管平台的方向。

此外，沿边地区发展跨境电商还存在以下一些问题。一是缺乏专业跨境电商人才。沿边地区发展跨境电商需要一批精通邻国语言，熟悉双边市场，同时又具备一定电商知识和市场经营能力的专业人才。沿边地区远离我国东中部和沿海等经济发达地区，人才培养相对落后，人才流失相对严重，跨境电商专业人才则更加缺乏。二是跨境电商还存在一定的风险。政治体制、经济社会发展现状、法律法规、公序良俗等方面的差异，导致买卖双方如果发生经济纠纷，现阶段很难通过行之有效的规则和机制予以快速解决，导致买卖双方权益无法得到充分保障。另外，法律规范和司法程序的不一致，导致即便本国监管机构认定是对方的责任，也很难跨越国境在短期内予以解决和处罚，由此造成了跨境电商的法律监管漏洞和违规处罚的缺失，导致失信违约的机会成本较低。此外，周边国家的政治局势是否稳定也是跨境电商发展面临的一大风险。三是通过跨境电商零售进口的一些商品可能存在违反国家法律法规的情况。某些特殊的包含活生物或生物制品的快件甚至有可能未经过我国检验检疫程序非法进入国内，由此造成重大生物安全隐患。四是支持跨境电商发展的法律法规还有待进一步完善、当前国际局势还存在许多不确定因素等都是沿边地区发展跨境电商需要面对和克服的难题。

五　进一步做好沿边地区跨境电商的建议

加强跨境电商平台建设。一是共建高水平跨境电商购物平台。近些年来，我国的电子商务发展迅速，走在了世界前列，一些主流电商平台积累了丰富的运营管理经验、平台开发技术和用户数据资料。沿边地区需要充分利用我国这一优势，一方面加强与主流电商平台的合作，另一方面积极与邻国监管机构沟通，寻找相邻国家的合作伙伴，采取共建平台的模式，打造符合目标国家消费购物习惯，满足消费购物需求的跨境购物平台。近些年来，一些周边国家对我国电商企业全面进驻心存警惕，担心一旦引入后，本国市场会被国外资本控制。所以发展跨境电商，特别是边境地区发展跨境电商要充分考虑邻国的利益，要尽可能争取邻国的政府和政策支持，寻找当地合适的合作伙伴，实现互利共赢。这也有利于加强跨境电商的本土化运营，使得跨境电商能够更加符合当地的消费和购物习惯。还要充分利用大数据技术，更好地了解邻国消费者的消费需求和消费习惯，使得跨境电商购物平台能够更加精准地推荐和销售商品。二是共建高效可靠的跨境支付平台。近几年我国的电子支付发展迅速，但把我国便捷的电子支付推出国门、推向世界还任重道远。人民币国际化也还有很长的路要走，人民币虽然在一些周边国家能够流通，但是流通范围不大，这就需要共同建设满足跨国支付需要的跨境支付平台。为支持沿边地区发展跨境电商，相应的支付平台还需要针对周边国家居民的支付习惯和特点做出定制优化，以满足特定国家用户的支付需求。同时，支付平台建设在跨境资金监管、风险防控、金融服务等方面还需要做进一步探索。三是建设跨境电商综合服务平台。跨境电商涉及多部门的联合监管，需要打破海关、税务、外汇、商贸、物流和金融等多方面的信息壁垒，实现与销售平台和支付平台的数据链接，建设"一次注册、一网通看、一网通查、一网通办"的跨境电商综合服务平台，为跨境电商企业与政府监管部门提供有力信息化支撑，提升跨境电商监管和服务效率。

加强基础设施建设。一是要充分利用脱贫攻坚、西部大开发、乡村振兴、新型城镇化建设等政策机遇和"一带一路"建设机遇，大力推进沿边地区口岸、交通、航运、互联网和物流仓储的建设，为发展跨境电商打下物质基础。二是充分利用"一带一路"合作机制帮助周边欠发达国家建设和完善各项基础设施。"一带一路"建设是沿线各国开放合作的有力纽带，其具体建设目标包括完善沿线各国基础设施建设，构建陆海空交通网络，实现资源和信息的互联互通；推动投资便利化，建设高标准的自由贸易网络，使得经济联系更加紧密，政治互信更加深入。通过"一带一路"建设的合作，逐步帮助周边欠发达国家和地区构建起发展网络经济的必要硬件设施条件，从而有助于加强我国沿边地区和周边国家的人员往来和经贸往来，进而助推我国边境地区跨境电商的发展。三是要加强物流仓储建设。要大力支持企业共建共享"海外仓"、"边境仓"。通过大数据技术，加强仓储管理，优化物流配送和商品库存，提高货物周转效率，节约仓储成本。

加强配套服务能力建设。一是要大力培养针对周边国家的跨境电商专业人才。加强对边民的网络应用技术培训、经济管理技能培训和对外交往涉及的语言和文化培训，提升针对特定国家和地区开展跨境电商业务的能力。二是要支持和培育一批优质的本地跨境电商示范企业。通过政策支持、贷款优惠和业务指导等方式，推动本地有竞争力的跨境电商企业快速成长，从而带动当地就业和各项产业综合发展。三是要完善各有关部门管理协调机制。跨境电商涉及政府、海关、检验检疫、税务、外管局等众多部门。只有统筹推进协调机制建设，才能妥善解决跨境电商发展中遇到的体制机制问题。四是有条件的地区要充分利用自由贸易试验区和跨境电商综合试验区的政策优势，建设特色跨境电商产业园区，面向周边国家，辐射边境区域，构建"一城对一国"，"一城带一片"的跨境电商沿边区域带。

加强跨境电商营商环境建设。第一，要加快跨境电商的相关法律法规建设。一是要进一步加强立法。2019 年出台的《中华人民共和国电子商务法》为保障电子商务各方主体的合法权益，规范电子商务行为，维护市场秩序，促进电子商务持续健康发展提供了法律依据。但是涉及跨境电商的条款仅有四条，其中提到的跨境电子商务合作机制、监管流程、监管体系等并没有明确说明。随着跨境电商的快速发展，这些条款还需要进一步细化，或出台相对应的政策法规。沿边地区可以在国家立法范围内，根据当地情况，出台相应的地方性政策法规，规范跨境电商发展。二是要严格执法，加强跨境电商管理。要保障国家安全、网络安全、交易安全、国门生物安全、进出口商品质量安全和有效防范交易风险，保证跨境电商在发展中规范、在规范中发展，为各类市场主体公平参与市场竞争创造良好的营商环境。第二，要大力宣传跨境电商，鼓励发展跨境电商。要解放思想，加大沿边地区改革开放力度，通过各类媒体渠道积极宣传跨境电商，让边境地区民众认识到开展跨境电商的优势和好处，使他们自主自愿参与到跨境电商的发展中来。

加强跨境电商与沿边地区开放开发协调发展。一是要与"一带一路"建设紧密结合。沿边地区，特别是沿边城市是推进"一带一路"建设的重要节点和口岸。沿边地区发展跨境电商要充分结合"一带一路"建设，在我国加强与周边国家合作的大背景下，加强跨境电商的协同发展。二是要与脱贫攻坚紧密结合。我国边疆辽阔，很大一部分沿边地区是落后欠发达地区，要把发展跨境电商同脱贫攻坚结合起来，通过发展跨境电商带动当地产业，增加当地居民收入。三是要同新型城镇化和乡村振兴战略紧密结合。沿边地区的城乡建设发展相比东部沿海发达地区还有一定的差距，在新的历史关口，充分利用国家推动沿边开放开发的战略发展机遇，统筹推进新型城镇化建设和乡村振兴，是沿边地区发展跨境电商的重要动力。

我国沿边地区在对外开放中具有独特优势。十一届三中全会以来，面向海外广阔市场，背靠国内巨大生产潜力，沿海地区开放开发发展迅速，成果显著。相比较而言，沿边地区对外开放起步较晚。在当前的国际国内政治经济形势下，大力推动沿边开放成为我国进一步扩大对外开放的重要窗口。在"一带一路"建设为世界经济增长开辟新空间，为国际贸易和投资搭建新平台的大背景下，大力发展跨境电商，沿边地区的开放开发必将掀开崭新的篇章。

云南商务如何融入国内国际
双循环新发展格局

赵瑞君　李恒杰*

摘　要： 2020年7月30日，中共中央政治局会议提出"加快形成以国内大循环为主体、国内国际双循环相互促进的新发展格局"，是我国基于目前国内外严峻经济形势和为促进国内经济增长所作出的重要决策，是我国经济高质量发展的新趋势，也是重塑我国国际合作和竞争新优势的战略抉择。东盟已成为我国第一大贸易伙伴，云南处于国内国际双循环"内圈""外圈"的战略交汇点，要全面培育国内大市场、促进外向型经济高质量发展、增强综合保障支撑体系，促进商务服务和融入新发展格局，促进云南商务高质量发展。

关键词： 云南商务　双循环　新发展格局

　　循环，是经济学中的一个概念。疫情防控常态化下全球产业链重启尚需时间，或将面临重新洗牌的局面。在这样的背景下，我们将坚持"扩大内需"与"供给侧改革"相结合，持续优化外商营商环境，创新模式，增强产业动能，继续推动更持久、更具体也更深层次的经济制度和产业结构的双改革，推行有效供给和促进消费双向融合促进经济结构转型的政策，也就是建立"内循环＋双

---

* 赵瑞君，云南省商务厅厅长，研究员，博士；李恒杰，云南省商务研究院助理研究员。

循环"的经济模式。一个区域要推动形成"内循环＋双循环"，需同时考虑满足内外部需求，即一是进一步扩大内需，二是加速外需循环，三是相互促进内需和外需循环。因此，"内循环＋双循环"不仅仅是促进内需增长，还需要改善制度环境，激活创新创业潜力，提升产业能力，改善消费结构，提升非物质消费占比，满足人们的幸福消费需求，进一步推动城乡居民消费重心从物质消费转向非物质消费。2019 年，中国服务消费占居民消费的比重为 49.5%，比美国、日本比重分别少 18.5 个百分点、10.5 个百分点，服务消费提升空间还较大，未来一个时期内中国经济构建新发展格局的"主轴"是"内循环＋双循环"。

一　准确把握商务工作服务和融入国内国际双循环新发展格局面临的重要战略机遇期

当前，国际环境错综复杂，世界正处于大发展大变革大调整时期，面临百年未有之大变局，我国已进入高质量发展新阶段，经济增长速度放缓，资源环境约束力增强，机遇与挑战并存，但机遇大于挑战。

从外部看，在新冠肺炎疫情的巨大冲击下，经济低迷、保护主义上升、全球市场萎缩等进一步加剧，全球经济更具区域性，世界面临的不稳定性不确定性更加突出。国际货币基金组织（IMF）2020 年 6 月 24 日发布的《世界经济展望报告》中预测 2020 年全球经济将下滑 4.9%，较 4 月份报告上调 1.9 个百分点，其中发达经济体经济将萎缩 8%，新兴市场和发展中经济体将萎缩 3%，世界经济面临自 20 世纪 30 年代经济大萧条以来最严重衰退，经济复苏的"爬坡"过程预料将漫长而艰难。从国内看，尽管受疫情影响，我国经济运行面临较大下行压力，但由于拥有 14 亿人口的超级大市场，展现出强大韧性和潜力，经济发展呈现稳定转好态势。2020 年 7 月我国经济复苏加速：市场销售继续回暖，商品零售 28920 亿元，增速年内首次由负转正；货物贸易出口 16846 亿元，增长 10.4%，出口连续 4 个月实现正增长；全国规模以上工业增加值同比增长 4.8%，制造业 PMI 为 51.1%，比上月提高 0.2 个百分点。目前，我国经济已进入高质量发展新阶段，经济增长速度放缓，资源环境约束力增强。从云南省内看，现代化经济体系步伐不够快、新旧动能接续转化缓慢、发展不平衡不充分问题和各种周期性、结构性、体制性因素交织叠加。全省贫困问题突出，经济总量偏小，产业基础薄弱，与周边国家、周边省区联通的基础设施相对落后，开放平台功能不完善，对外开放综合优势发挥不充分，高水平对外开放任务艰巨繁重。全省熟悉和精通外经贸业务和对外开放的技术和管理人员缺乏，培养人才、吸引人才、留住人才的政策优势不明显，招才引智的吸引力不够强。与云南毗连的南亚东南亚各国政治体制、经济发展水平不一，宗教信仰、文化传统各异，历史问题与现实矛盾交织，加之美日等国不断挑拨我国与周边国家关系，培育反华势力，周边涉华重大敏感问题不断出现。

科学把握新发展格局的实践要求，要坚持供给侧结构性改革，紧扣扩大内需战略基点，强调"国内大循环"的主体地位，使生产、分配、流通、消费更多依托国内市场，促进有效供给满足国内需求，形成需求牵引供给、供给创造需求的更高水平动态平衡，促进国内大循环夯实国际循环基础。同时，要全面提高对外开放水平，建设更高水平开放型经济新体制，形成国际合作和竞争新优势。积极参与全球经济治理体系改革，推动完善更加公平合理的国际经济治理体系。通过发挥内需潜力，促进国内大循环与国际循环相互依存、相互促进，实现更加强劲可持续的发展。也可以说，新发展格局绝不是封闭的国内循环，而是开放的国内国际双循环，顺畅的国际循环为国内大循环提供有力支持。只有"两个循环"协同运行、优势互补，才能形成良性互动、相得益彰的新发展格局。

二 云南商务融入国内国际双循环新发展格局的基础分析

（一）内需基础好

1. 社会消费品零售总额持续增长

随着经济的逐年增长及一系列刺激消费拉动经济增长的政策出台，

2014～2019年云南省社会消费品零售总额呈逐年上升的态势。2019年云南
省实现社会消费品零售总额7539.18亿元，同比增长10.4%。城镇市场实
现消费品零售额6490.86亿元，同比增长10.4%；乡村市场实现消费品零
售额1048.31亿元，同比增长10.6%，消费已连续5年成为拉动经济增长的
主引擎。云南城乡居民消费从生存型消费逐步向发展型、享受型消费转变。
居民人均教育文化娱乐消费支出占总支出的比重不断增加。

图1.1　2014～2019年云南社会消费品零售总额及增速

2. 智能化、数字化发展激活消费新场景

（1）"一部手机"系列品牌逐步形成

随着《云南省实施"补短板、增动力"省级重点前期项目行动计划
（2019—2023年）》一系列政策文件的发布，"数字云南"总体框架基本形
成。云南省以"资源数字化、数字产业化、产业数字化和面向南亚东南亚
辐射中心数字枢纽"为主线，高质量建成全省人口、法人、宏观经济、自
然资源、电子证照"五朵云"。华为西南云计算中心、浪潮云计算中心、中
国移动数据中心等一批重大项目相继建成投入运营。中国林业大数据中心、
中国林权交易（收储）中心、国家农业农村大数据中心云南分中心等落户
云南，数据资源优势不断显现。云南省以"一部手机办事通"为载体，加
快建设数据共享交换平台。"一部手机游云南""一部手机办事通""一部手

机云品荟""一部手机逛商圈"等项目建成运营,"一部手机"系列品牌逐步形成,先行先试取得阶段性成效。以"一部手机游云南"为例,出行方面"游云南"App为自由行、自驾游的游客提供一站式的出行服务,上线了租车、包车两大功能,上线超过5000辆车,线下的服务门店覆盖12个州市,用户租车可免异地换车费和高速公路通行费;首创了ETC无感支付模式,同时,"一部手机游云南"接入了134个高速公路的服务区、53个充电站和432个充电桩的相关信息,方便游客查看和导航前往,让游客直观感受"游云南"智慧出行服务的便捷。

(2)区块链等新兴产业逐步发展

云南省提升电子信息、通信与网络等基础产业,做大云计算、大数据、物联网、人工智能等新兴产业。重点以区块链技术应用为突破口,引进一批区块链创新企业,率先在跨境贸易、数字医疗、数字小镇方面实现区块链示范应用场景落地。努力将昆明建设成为国际互联网数据专用通道,以"一带一路"沿线国家为重点,形成承接南亚东南亚各国的数据存储、技术服务、数据传输等业务能力,依托中国(昆明)跨境电子商务综合试验区,培育一批服务跨境贸易、跨境物流、跨境金融的电商平台。为区块链技术的各种产品提供应用基地、应用场景、应用资源,打造区块链技术的试验场、聚集区。2019年8月20日,由中国移动通信集团云南有限公司、昆明船舶设备集团有限公司、中移(上海)信息通信科技有限公司、华为技术有限公司共同建设的"智能制造5G应用联合创新实验基地"在昆明揭牌,四方现场签署合作协议,标志着云南省首个智能制造5G应用进入实际实施阶段,5G消费是云南省未来信息消费的重点方向。

(二)五通成效明显

1.政策沟通不断加强

积极主动参与中国—中南半岛经济走廊,孟中印缅经济走廊,中缅、中老、中越经济走廊以及中国东盟自贸区、澜湄合作机制建设,构建内外统筹、全面开放新格局,当好我国与周边国家发展战略对接的桥梁纽带。云南成功举办了 5 届"中国—南亚博览会"、25 届"中国昆明进出口商品交易会"、"南亚东南亚国家商品展暨投资贸易洽谈会"、"中国国际旅游交易会"，以及"中国—南亚商务论坛""GMS 经济走廊论坛""中美省州经贸合作活动""中国—南亚智库论坛""孟中印缅地区合作论坛""中国云南—以色列创新合作论坛"等系列活动。云南已与 35 个国家的 96 个城市建立了友城关系，与 9 个国家建立了 11 个双多边地方合作机制。

2. 设施联通取得积极进展

铁路方面，泛亚东线中越铁路境内段建成投运，目前正在开展境外段老街到海防标准轨铁路改造的可行性研究；泛亚中线中老泰铁路全线开工建设，预计 2022 年建成通车；泛亚西线中缅铁路境内段大理至瑞丽铁路正加快建设。公路及运输方面，昆明至河口、瑞丽、磨憨高速公路全线贯通；连接缅甸的第二条高速公路通道玉溪—临沧—清水河段，以及经缅甸连接印度的高速公路通道腾冲—猴桥段正在加快建设。根据国家层面分别与老挝、越南签署的便运协定，目前，云南与老挝、越南分别开通了 19 条和 9 条客货运输线路，从事国际道路运输的企业共 136 户，经许可从事国际道路运输的车辆 6810 辆。水运方面，澜沧江—湄公河水运通道已开通国际航运，是中国—中南半岛经济走廊的主要线路之一，目前正在有序推进航道二期整治项目前期工作。民航方面，长水国际机场为全国十大国际航空枢纽之一，开通国际国内航线 387 条，南亚东南亚通航点达 34 个，位列全国首位，2019 年旅客吞吐量达 4807.6 万人次，开通连接东盟 10 国、南亚 5 国首都及重点旅游城市的航班，是亚洲 5 小时航空圈的中心。2019 年昆明、丽江、版纳、芒市 4 个口岸机场共完成国际及地区航线旅客吞吐量 574.09 万人次。机场网络体系不断完善，基本形成以昆明门户枢纽机场为核心，以丽江、西双版纳、芒市三个次区域枢纽机场、其他 11 个支线机场为支撑的机场网络体系。

（三）贸易畅通不断提升

一是加强口岸建设，大力发展口岸经济。截至 2020 年，云南有陆路边境口岸26个，国家级口岸20个，省级口岸（原二类口岸）6个。2019年，全省口岸进出口额282.85亿美元，是2015年112.98亿美元的2.5倍多；进出口货运量5110万吨，是2015年1236万吨的4.13倍；出入境交通工具1039万辆，是2015年684万辆的1.51倍；出入境人员5021万人次，是2015年3494万人次的1.43倍。二是不断发展与"一带一路"国家和地区的贸易合作。云南省与"一带一路"国家和地区贸易额占全省贸易总额的比重不断提高，2020年一季度，全省与"一带一路"沿线国家和地区贸易额达346.6亿元，占同期全省外贸总额的74.3%，比重较上年同期提升3.8个百分点。其中，东盟依旧是"一带一路"沿线国家的重点市场，也是云南省主要市场，2020年上半年云南省农产品出口19.1亿美元（其中，1~6月云南对东盟出口农产品12亿美元，同比增长29.7%，占全省农产品出口额的63%。），增长15.1%，占出口总值的35.4%，成为云南省第一大类出口商品。三是积极"走出去"开展国家产能合作。建立完善境外投资管理服务体系，建立驻外商务代表处30个，实现南亚东南亚国家全覆盖，并延伸到西亚、北非、欧美等地区。截至2020年5月，云南省共设立境外投资企业866家，累计对外投资116.48亿美元，投资涉及61个国家和地区。从投资领域分布看，农业、电力能源、交通运输、租赁和商务服务业为云南省投资"一带一路"沿线国家重点领域，其他主要涉及建筑业、制造业、服务业、交通运输业等。

1. 资金融通不断扩大

截至2020年4月末，全省与境外99个国家（地区）建立了跨境结算渠道，其中"一带一路"国家37个，跨境人民币累计结算5392.27亿元；共有27家银行开办跨境人民币业务，实现所有州（市）和边境口岸全覆盖，参与结算企业累计达3400余户；共有7家跨国集团企业搭建了跨境双向人民币资金池，有力支持实体经济发展，助推了涉外经济发展。2019年，全省银行开展人民币兑泰铢、老挝基普、越南盾柜台交易共计5.3亿元，同比增长40%。富滇银行与老挝合作，成立了中老银行。挂牌成立全国首个跨境反假币工作中心，设立了跨境金融中心、跨境清结算中心。

2. 民心相通不断深化

在滇留学生数量达到 18778 人，在海外及边境合作办学学生数量为 1292 人。云南省高校在外举办孔子学院（课堂）数量达 14 所，在建国家级汉语国际推广基地 3 个，以多种方式培训周边华校教师 2340 人，并实现华文教材工作新突破，向周边国家全面发送由云南省侨务部门改编的九年义务制教材 275 万册。

三　加快推动全省商务服务和融入国内国际双循环战略

站在百年未有之大变局的历史关口，展望"十四五"，构建完整的内需体系，在"稳出口"的同时"扩进口"，通过国内国际"双循环"，推动改革与开放相互促进，以"内循环"支撑"外循环"，以"外循环"带动"内循环"，加快形成新格局应当成为我们谋划高质量发展的重点内容。

（一）加快培育省内消费市场服务"内循环"

习近平总书记强调，市场需求本身就是资源，要改变重投资、轻消费的做法，努力培育全球最大市场。消费是人民对美好生活需要的直接体现。市场需求是全球稀缺资源，我国有 14 亿人，其中有 4 亿中等收入群体，蕴含着大量的升级需求。总体判断，我国消费结构升级仍处于上升期，消费升级在我国还将经历较长的发展阶段。从近期看，构建强大的国内市场，构建完整的内需体系需要尽快疏通影响国内大循环的堵点，促进国内大循环。一是引导商品和服务资源聚集引领内循环。云南地处中国经济圈、东南亚经济圈和南亚经济圈的接合部，具有强大消费市场潜力（4800 万[①] + 6.88 亿[②] + 28

[①] 云南省统计局及国家统计局云南调查总队数据显示，云南省 2018 年末常住人口为 4829.5 万人，比上年末增加 29 万人。

[②] 根据 2019 年云南省文化和旅游工作会议数据，2018 年云南共接待海内外游客 6.88 亿人次，同比增长 20%。

亿[①]）。大力发展服务经济，新建一批城乡便民消费服务中心，推进生活服务业提质扩容。推动产品和服务供给质量提升，扩大高品质家电、智能家居、新能源汽车等商品消费，增加旅游、文化、家政、健康、体育、养老、育幼等服务消费。二是新消费业态赋能内循环。加快推广大数据、虚拟现实等新技术，促进人工智能、电子商务及其新业态发展。加快传统流通业转型升级，培育一批线上线下融合创新发展的商务企业。抢抓数字经济机遇，推动在运用云计算、物联网、大数据、区块链和人工智能基础上的网络交易、无现金支付以及各类智能店、无人店和智慧农贸市场发展。三是激发城市消费新动能拉动内循环。加快建设国际消费城市圈，培育昆明国际消费中心城市，建立成渝西昆四城联动促进消费协同机制。布局一批主城区消费中心，聚集人员消费。发挥云南在中老、中缅经济走廊建设中的独特优势，北向联合成、渝、西城市群，南向串联万象、曼谷、仰光、金边等国际城市，构建以云南为核心连接中国西部地区和中南半岛国家的区域性经济双循环格局。四是乡村消费疏通内循环。加快推动农村电商发展，促进农业＋电商＋扶贫＋物流产业融合发展。省级建立"云品荟"电商直供平台，打造有品质保障的农产品供应链服务平台。培育边境农村消费市场，通过边境口岸合理布局免税店，宣传吸引边境地区、周边城市游客前来，也可通过互联网宣传，打造边境旅游特色，吸引国内外游客；刺激特色手工艺产品消费。

（二）促进外贸高质量发展推动"外循环"

当前，我国外贸发展虽然面临复杂严峻形势，但仍然具有诸多有利因素。一方面，世界经济下行压力虽然加大，但仍将延续缓慢复苏态势；另一方面，国内主动扩大开放，稳外贸政策效应显现、产业升级加快、企业活力增强等都为外贸发展提供了强有力的支撑。外贸是商务工作的核心任务，稳外贸是我们一项最基本的目标，会对"六稳"中其他"五稳"产生重大影响，一个最直接的影响就是"稳就业"。新形势下，要按照习总书记在第一

---

① 2018 年南亚、东南亚区域内人口约 28 亿，同比增长 15%。

届进博会上的讲话精神要求，重点抓好"激发进口潜力""持续放宽市场准入""营造国际一流营商环境""打造对外开放新高地""推动多边双边合作深入发展"这五件大事，以高水平开放助推国内国际双循环。一是扩大优势产品出口。重点稳净出口，发展跨境电商、服务贸易、市场采购贸易试点，培育出口新增长点。加快发展服务贸易，推广服务贸易创新发展试点经验，逐步施行服务外包示范城市享受的各项优惠政策。加快跨境物流发展，规划建设冷链物流重要节点、重点农产品集散中心，大力发展智慧物流，探索发展"区块链 + 物流"新业态新模式。二是增加先进技术、关键设备、适应消费升级需要的优质产品和服务进口。把南亚东南亚市场作为进口的重点区域，加快建设南亚东南亚进口商品展示交易中心，打造"永不落幕的南博会"。充分利用好替代种植、边民互市等贸易方式，大力推动原材料进口、在云南加工转内销的贸易进口模式。努力把口岸通道变为物流基地，创新服务方式，改进监管模式，降低企业成本，争取企业税收留在当地。三是提高境内外市场的存量、增量。积极主动开拓南亚东南亚国家外贸市场增量；开展南亚东南亚国家的进口商品结构研究，逐步以高质量、价格优的中国产品替代原来从别国进口的产品，争夺市场存量；组织专业境外营销团队开拓境外市场，稳住外贸基本盘。四是培育外贸新业态新增长点。加快跨境电商、海外仓、边民互市、外贸综合服务和市场贸易等新渠道新业态的发展，积极培育外贸新模式。探索边民互市统计新模式、新方法。五是加快边境贸易创新发展，推动构建双循环战略下我国与周边国家的微循环。支持境外投资项下产品返销，试行负面清单管理，参照境外罂粟替代项下产品管理方法给予税收优惠；云南企业在境外经营所得的资源性产品免税返销；探索符合规定的返销产品按保税区进口模式管理，对云南自用产品不做配额限制，对经云南销往国内其他地区或国际市场的产品补征关税和进口环节增值税。

（三）以全方位开放畅通国内国际双循环

习近平总书记强调，营商环境就像空气，空气清新才能吸引更多外资。

营商环境就是生产力，优化营商环境就是解放生产力、提升竞争力，营商环境是一个国家和地区的重要软实力。在新一轮对外开放背景下，要在激烈竞争的市场中赢得主动，就要按照法治化、国际化、便利化的要求，着力构建稳定、公平、透明、可预期的营商环境。

一是优化营商环境。以全省"一部手机办事通"为抓手，提升公共服务数字化供给能力，推进政务事项"应上尽上""掌上办""指尖办"，创建"办事不求人、审批不见面、最多跑一次"的一流政务服务环境，实现政务事项国际化、法治化、便利化。优化招商引资项目服务机制，为投资客商提供便利服务、做好重点企业跟踪服务、落实招商引资优惠政策、进一步提高审批效率。二是充分发挥中国（云南）自由贸易试验区促进双循环的载体功能。自贸试验区是链接国内国际双循环的重要平台，自贸试验区的建设也是推动双循环相互促进的重要方式。要突出云南自贸试验区开放引领示范和辐射带动作用，鼓励外资流向高端制造业、智能生产体系、新型基础设施建设、现代服务业等领域。通过推进服务贸易自由便利化，促进国内服务新消费升级。三是加强通道对接，构建市场要素内外联通的大通道。推进互联互通陆路运输能力提升，加快中缅、中老、中越公路、铁路建设。加强国内国际双向通道建设，促进成渝西昆合作，加快实现长江经济带西向陆水联运，拓展"成渝西昆—大理—瑞丽—缅甸皎漂港"西南大通道沿线对外经贸发展新空间。四是加强合作对接，不断优化外向型产业价值链布局。找准与南亚东南亚国家互利合作的战略契合点，以农业、产能、经贸、金融等领域为重点，积极深化与周边合作。要充分利用周边国家丰富的土地资源，开展种植业、畜牧业合作。重点推动与重点国家在重点领域合作建设一批产业园区；在经济走廊重要节点建设一批国际物流园区，组建一批跨国物流企业，建设面向南亚东南亚的跨境物流公共信息平台；拓展南亚东南亚电力市场。要更好地发展边民互市贸易，提升与周边国家的投资贸易自由化水平；深化"走出去"体制机制改革，推动形成适应跨境电商发展的服务监管模式，加快形成重点面向南亚东南亚的贸易、投融资、生产、服务网络。促进人民币在周边区域的使用，为投资和贸易活动提供更好的金融服务，重点创新发展跨境人民币业务，提升人民币在周边国家定价能力和流通能力；扩大人民币跨境使用，推动市场主体在跨境贸易、投资中使用人民币计价结算，促进贸易投资便利化；建立跨境金融业务交流合作机制，扩大金融交流合作。五是加强平台对接，加大开放平台优化整合提升力度。科学规划中国（云南）自由贸易试验区、边（跨）境经济合作区、重点开发开放试验区、综合保税区、经济技术开发区等园区建设，把园区建成环境最优、体制最好、成本最低的投资聚集区；要创新探索"小组团"滚动开发建设模式，鼓励央企、有实力的民营企业入驻边（跨）境经济合作区，将供应链中的部分环节转移至边（跨）境经济合作区。扎实办好中国—南亚博览会、商洽会、国际旅交会等展会。利用好孟中印缅经济走廊、中国—东盟自由贸易区、澜湄合作等区域性合作机制，完善滇泰、滇老、滇越、滇缅、滇印、滇马（马尔代夫）、滇以等合作机制。推动建立云南省与孟加拉国、斯里兰卡等国家的合作机制。加快构建沿边开放城市群，将边境贸易口岸、小城镇等进行"串线"发展，形成对缅、对老、对越三个方向若干沿边开放城市群。构建"技术密集"在内、"劳动密集"在外的产业链。六是打破制度壁垒，积极参与国际经贸规则谈判和制定。不断创新政策对接方式，积极拓展规则对接领域，将"制度之异"变成"制度之利"。要凝聚政策和规则标准对接共识，加快推动由要素型开放向制度型开放转变。充分利用各类开放平台，积极与周边欠发达国家开展跨境经贸、国际生产合作的新模式探索，加强推动周边国家经贸规则对接，打造规则对接的载体和平台。要对接高标准投资贸易规则，按照国际可比、对标世行、中国特色原则，开展营商环境评价，出台更多优化营商环境的硬举措。

综上，经济全球化仍是世界经济增长的主要动能和主流方向，不会因个别国家的干扰而逆转。对此，正确的做法应该是继续高举全球化大旗，要主动应对疫情之后世界经济格局的新变化新挑战，用全面、辩证、长远的眼光分析全球变局可能带来的影响，更合理地发挥市场对资源的优化配置作用，更好地形成全球各地、各国各企业之间的分工配置，维护国际经济良性大循环。我们坚信，在以习近平同志为核心的党中央坚强领导下，中国正在塑造的以国内大循环为主体、国内国际双循环相互促进的新格局必将推动我国开放型经济向更高质量发展，推动全球化朝着更深领域演进。我们更应该提高政治站位抓落实、认清形势抓落实、深入研究抓落实、绘制施工图抓落实、亲力亲为抓落实、深入一线抓落实、以钉钉子精神抓落实，把省委、省政府确定的各项目标任务落到实处，将云南省改革开放进行到底，全力推动商务工作高质量发展。

参考文献

[1] 新华社：《中共中央政治局召开会议　决定召开十九届五中全会　分析研究当前经济形势和经济工作　中共中央总书记习近平主持会议》，http：//jhsjk.people.cn/article/31804413，2020－7－30。

[2] 张兴祥、王艺明：《"双循环"格局下的自贸试验区》，《人民论坛》2020年第9期下。

[3] 金融论坛：《双循环新发展格局：如何理解和构建》，DOI：10.16529/j.cnki.11－4613/f.2020.09.001。

[4] 李建文：《融入"一带一路"国家传播体系 提升云南对外传播能力》，《中国广播》2018年第1期，第20～23页。

[5] 陆岷峰：《构建新发展格局：经济内循环的概念、特征、发展难点及实现路径》《新疆师范大学学报（哲学社会科学版）》2020年第7期。

新发展阶段云南在新发展格局中的地位和作用研究[*]

马金书[**]

摘　要： “十四五”时期，我国将进入新发展阶段。正确认识和把握云南在全国发展大局中的地位和作用，主动服务和融入国家重大发展战略，在新发展阶段构建新发展格局中展现云南新作为，具有十分重要的意义。云南是欠发达省份，要始终坚持发展第一要务，牢牢把握高质量跨越式发展主题；云南是我国少数民族种类最多的省份，要始终坚持各民族共同团结奋斗共同繁荣发展，努力建设我国民族团结进步示范区；云南是我国西南生态安全屏障，要牢固树立、着力践行社会主义生态文明观，努力建设我国生态文明建设排头兵；云南是我国面向南亚东南亚和环印度洋地区开放的大通道和桥头堡，要以大开放促进大发展，努力建设我国面向南亚东南亚辐射中心。

关键词： 新发展阶段　新发展格局　云南

2020 年 8 月 24 日，习近平总书记在经济社会领域专家座谈会上指出，

---

　* 本文相关数据分析除特别注明外，来源于《云南领导干部手册2020》（云南出版集团、云南人民出版社2020年8月第1版）、《云南领导干部手册2016》（云南出版集团、云南人民出版社2016年5月第1版）和《2015云南统计年鉴》（云南省统计局官网，https∶//stats. yn. gov. cn）。
　** 马金书，云南省委党校（云南行政学院）副校长（副院长）。

"十四五"时期是我国全面建成小康社会、实现第一个百年奋斗目标之后，乘势而上开启全面建设社会主义现代化国家新征程、向第二个百年奋斗目标进军的第一个五年，我国将进入新发展阶段。这是以习近平同志为核心的党中央对"十四五"时期我国所处历史方位做出的新的重大论断①，为"十四五"时期我国经济社会发展提供了根本遵循。党的十九大报告指出，我国经济已由高速增长阶段转向高质量发展阶段。在 2017 年 12 月中央经济工作会议上，习近平指出，新时代我国经济发展的特征，就是我国经济已由高速增长阶段转向高质量发展阶段。2020 年 7 月 30 日召开的中共中央政治局会议明确指出，我国已进入高质量发展阶段。这是继党的十九大提出"我国经济已由高速增长阶段转向高质量发展阶段"以来，中央首次明确"我国已进入高质量发展阶段"。2020 年 9 月 17 日，习近平总书记在基层代表座谈会上强调，我国已进入高质量发展阶段。2020 年 5 月以来，习近平总书记多次强调，构建以国内大循环为主体、国内国际双循环相互促进的新发展格局。加快形成新发展格局，是以习近平同志为核心的党中央科学把握国内外发展大势，根据我国发展阶段、环境、条件变化作出的战略决策，是事关全局的系统性深层次变革②。2020 年 1 月，习近平总书记考察云南并发表重要讲话，希望云南正确认识和把握在全国发展大局中的地位和作用，坚决贯彻党中央重大决策部署，统筹推进稳增长、促改革、调结构、惠民生、防风险、保稳定工作，努力在建设我国民族团结进步示范区、生态文明建设排头兵、面向南亚东南亚辐射中心上不断取得新进展，谱写好中国梦的云南篇章。正确认识和把握云南在全国发展大局中的地位和作用，主动服务和融入国家重大发展战略，在新发展阶段构建新发展格局中展现云南新作为，具有十分重要的意义。

一 云南是欠发达省份，要始终坚持发展第一要务，牢牢把握高质量跨越式发展主题

党的十八大以来，尤其是 2015 年 1 月习近平总书记考察云南并发表重

①　何毅亭：《"我国将进入新发展阶段"是重大战略判断》，《经济日报》2020 年 8 月 31 日。
②　顾学明：《加快形成新发展格局》，《人民日报》2020 年 9 月 23 日。

要讲话以来，云南经济高质量跨越式发展取得了很大成绩，全省地区生产总值（GDP）从 2014 年的 12814.59 亿元增加到 2019 年的 23223.75 亿元，在全国的位次从 2014 年的第 23 位提升到 2018 年、2019 年的第 18 位；人均生产总值（人均 GDP）由 2014 年的 27264 元增加到 2019 年的 47944 元，在全国的位次从 2014 年的第 29 位前进到 2019 年的第 24 位；经济增速近三年处于全国前三位（2017 年为第 3 位，2018 年、2019 年为第 2 位）；如期高质量打赢脱贫攻坚战态势已定、目标可期，截至 2020 年 6 月底，云南全省贫困地区"两不愁三保障"突出问题已经全面解决，剩余 44.2 万建档立卡贫困人口、429 个贫困村、9 个贫困县达到脱贫退出标准①。在成绩面前，也要清醒看到，云南发展不平衡不充分问题较为突出，仍然是一个欠发达省份。全省土地面积 39.4 万平方公里，居全国第 8 位，2019 年底人口为 4858.3 万人，居全国第 12 位，但 2019 年全省生产总值（GDP）仅占全国的 2.3%，人均生产总值（人均 GDP）仅为全国平均水平的 67.6%，全面建成小康社会的短板和弱项十分明显。

"十四五"时期，云南要始终坚持发展第一要务，坚定不移贯彻创新、协调、绿色、开放、共享的新发展理念，加快现代化经济体系建设，推动经济高质量跨越式发展。一是加快建设创新引领、协同发展的产业体系。二是加快建设统一开放、竞争有序的市场体系。三是加快建设体现效率、促进公平的收入分配体系。四是加快建设彰显优势、协调联动的城乡区域发展体系。五是加快建设资源节约、环境友好的绿色发展体系。六是加快建设多元平衡、安全高效的全面开放体系。七是加快建设充分发挥市场作用、更好发挥政府作用的经济体制。党的十八大以来，尤其是 2015 年 1 月习近平总书记考察云南并发表重要讲话以来，云南现代化经济体系建设取得了很大成绩。比如，在产业体系建设方面，云南三次产业结构从 2014 年的 15.5∶41.2∶43.3 演变到 2019 年的 13.1∶34.3∶52.6，第三产业比重提高 9.3 个百分点，第一产业比重下降 2.4 个百分点。在市场体系建设方面，社会消费品零售总额从 2014 年

① 黄云波：《高质量打赢脱贫攻坚战》，《人民日报》2020 年 8 月 7 日。

的 4632.9 亿元增加到 2019 年的 7539.2 亿元，增加了 62.7%。在收入分配体系方面，城镇居民人均可支配收入从 2014 年的 24299 元增加到 2019 年的 36238 元，提高了 49.1%；农村居民人均可支配收入从 2014 年的 7456 元增加到 2019 年的 11902 元，提高了 59.6%；城乡居民收入比从 2014 年的 3.26 下降到 2019 年的 3.04。在城乡区域发展体系方面，常住人口城镇化率从 2014 年底的 41.73% 提高到 2019 年底的 48.91%，提高了 7.18 个百分点。在成绩面前，也要清醒看到，云南现代化经济体系建设与全国特别是东部发达地区相比，还存在较大差距。比如，以 2019 年数据为例，在产业体系建设方面，云南第三产业比重比全国低 1.3 个百分点、第一产业比重比全国高 6 个百分点。在市场体系建设方面，云南社会消费品零售总额仅占全国的 1.8%。在收入分配体系方面，云南城镇居民人均可支配收入仅相当于全国的 85.5%，在全国排第 17 位；农村居民人均可支配收入仅相当于全国的 74.3%，在全国排第 28 位；城乡居民收入比为 3.04，而全国是 2.64。在城乡区域发展体系方面，云南常住人口城镇化率比全国低 11.69 个百分点；贫困发生率为 1.32%，比全国高 0.72 个百分点；滇中地区发展好，滇西北、滇东北等高寒山区和少数民族聚居地区普遍发展滞后，而且差距扩大的趋势仍未缓解。在经济体制方面，根据北京大学光华管理学院与武汉大学编制《中国省份营商环境评价（2020）》，云南营商环境水平在全国排第 15 位；根据腾讯研究院发布《数字中国指数报告（2019）》，云南数字政务水平在全国排第 25 位。

上述现代化经济体系中，现代化产业体系处于重中之重的位置。国内外发展实践都表明，产业是现代化经济体系的重要支撑和坚实基础。要按照"两型三化"① 方向，深化八大重点产业、世界一流"三张牌"的内涵，聚焦五个万亿级产业、八个千亿级产业，加快建设现代化产业体系。其着力点是：第一，大力培育发展先进制造业、旅游文化业、高原特色现代农业、现代物流、健康服务等万亿级支柱产业和绿色能源、数字经济、生物医药、新

---

① "两型三化"即开放型、创新型，高端化、信息化、绿色化。

材料、环保产业、金融服务业、房地产业、烟草等千亿级优势产业；第二，推动生物医药和大健康、信息产业、先进装备制造业、新材料、旅游文化产业、高原特色现代农业、食品与消费品制造业、现代物流产业等八大重点产业高质量发展；第三，持续打造世界一流"三张牌"，即"绿色能源牌"、"绿色食品牌"和"健康生活目的地牌"，"绿色能源牌"的重点是绿色铝材、绿色硅材精深加工一体化产业和新能源汽车，"绿色食品牌"的重点是茶叶、花卉、水果、蔬菜、坚果、咖啡、中药材、肉牛，"健康生活目的地牌"的重点是让云南成为创新创业、休闲度假的聚集地；第四，积极布局新基建，加快培育数据要素市场，推动"上云用数赋智"，建设产业互联网，大力推进"数字云南"建设，加快培育壮大新动能；第五，加快发展"三新"经济，即新产业、新业态、新商业模式。

二 云南是我国少数民族种类最多的省份，要始终坚持各民族共同团结奋斗共同繁荣发展，努力建设我国民族团结进步示范区

云南有 25 个世居少数民族、8 个民族自治州、29 个民族自治县、140 个民族乡，少数民族人口 1621.26 万人、占全省总人口的 1/3 以上。党的十八大以来，尤其是 2015 年 1 月习近平总书记考察云南并发表重要讲话，要求云南努力成为我国民族团结进步示范区以来，云南民族团结进步示范区建设取得显著成效。截至 2019 年，全省荣获全国民族团结进步创建示范州市 6 个、示范县（市区）14 个、示范乡镇 7 个、示范村（社区）15 个、其他示范单位 23 个、教育基地 10 个①。全省民族自治地方生产总值（GDP）从 2014 年的 5109.21 亿元增加到 2019 年的 9266.96 亿元，增加了 81.4%；其中，第一产业增加值从 2014 年的 1121.01 亿元增加到 2019 年的 1689.20 亿元，增

---

① 专题集萃——"筑牢中华民族共同体意识 建设全国民族团结进步示范区 中国特色解决民族问题正确道路的云南实践专题展览网上展厅"，云南省民族宗教事务委员会官网，2020 年 10 月 3 日，http：//mzzj. yn. gov. cn。

加了 50.7%，第二产业增加值从 2014 年的 1937.60 亿元增加到 2019 年的 3023.40 亿元，增加了 56.0%（其中全部工业增加值从 2014 年的 1434.65 亿元增加到 2019 年的 1894.75 亿元，增加了 32.1%），第三产业增加值从 2014 年的 2050.60 亿元增加到 2019 年的 4554.36 亿元，增加了 122.1%。全省民族自治地方人均生产总值（人均 GDP）从 2014 年的 22130 元增加到 2019 年的 39254 元，增加了 77.4%。全省民族自治地方地方公共财政总收入从 2014 年的 912.31 亿元增加到 2019 年的 1143.36 亿元，增加了 25.3%，地方一般公共预算收入从 2014 年的 466.80 亿元增加到 2019 年的 593.55 亿元，增加了 27.2%，地方一般公共预算支出从 2014 年的 1765.34 亿元增加到 2019 年的 2755.96 亿元，增加了 56.1%。全省民族自治地方社会消费品零售总额从 2014 年的 1586.18 亿元增加到 2019 年的 2614.65 亿元，增加了 64.8%。在成绩面前，也要清醒地看到，云南民族自治地方经济发展与全省相比，还存在一定差距。2019 年末全省民族自治地方总人口为 2365.89 万人，占全省总人口 4858.3 万人的 48.7%，但其当年生产总值（GDP）只占全省的 39.9%，其中，第一产业增加值占全省的 55.6%，第二产业增加值占全省的 38.0%（其中工业增加值占全省的 35.7%），第三产业增加值占全省的 37.3%；其当年人均生产总值（人均 GDP）仅相当于全省的 81.9%；其当年地方公共财政总收入仅占全省的 28.6%；其当年地方一般公共预算收入仅占全省的 28.6%；其当年地方一般公共预算支出仅占全省的 40.7%；其当年社会消费品零售总额仅占全省的 34.7%。

贯彻落实习近平总书记 2015 年 1 月考察云南重要讲话要求云南努力成为我国民族团结进步示范区、2020 年 1 月考察云南重要讲话要求云南在建设我国民族团结进步示范区上不断取得新进展，要根据新发展阶段云南民族工作面临的形势和任务，从实际出发，与时俱进、改革创新，继承和弘扬新中国成立以来创造的弥足珍贵的民族团结进步的"云南现象"和"云南经验"①。

---

① 专题集萃——"筑牢中华民族共同体意识　建设全国民族团结进步示范区　中国特色解决民族问题正确道路的云南实践专题展览网上展厅"，云南省民族宗教事务委员会官网，2020年 10 月 3 日，http://mzzj.yn.gov.cn。

一是始终坚持党对民族工作的领导。坚持党对民族工作的集中统一领导和全面领导，坚定不移地走中国特色解决民族问题的正确道路，坚持各民族一律平等的基本原则，坚持"在云南，不谋民族工作就不足以谋全局"的正确指导思想。二是始终坚持和完善民族区域自治制度。深入贯彻落实民族区域自治制度，依法管理民族事务，不断建立健全与民族区域自治法相配套的具有云南特色的地方性法规，为民族团结进步事业提供重要的法治保障。三是始终坚持守护民族团结生命线。促进各民族像石榴籽一样紧紧抱在一起，共同团结奋斗、共同繁荣发展。弘扬民族团结誓词碑精神，不断深化民族团结进步教育，加强各民族交往交流交融，促进"三个离不开"① 的思想深入人心。坚持不懈开展马克思主义祖国观、民族观、文化观、历史观宣传教育，以社会主义核心价值观为引领，构筑各民族共有精神家园，铸牢中华民族共同体思想基础。四是始终坚持把发展作为解决民族地区各种问题的总钥匙。始终坚持以经济建设为中心，坚定"各民族都是一家人，一家人都要过上好日子"的信念，坚守"决不让一个民族掉队，决不让一个民族地区落伍"的庄严承诺，政策、项目和资金更多向少数民族和民族地区倾斜，系统连片改善基础设施，大力培育特色产业，激发少数民族和民族地区内生动力，加快民族地区高质量跨越式发展。五是始终坚持培养壮大民族团结进步事业骨干力量。坚持把培养使用少数民族干部和熟悉民族工作的各族干部作为解决民族问题、做好民族工作的关键，大胆使用政治过硬、敢于担当的优秀少数民族干部。六是始终坚持人心是最大的政治。始终牢记全心全意为人民服务的根本宗旨，加强民族地区基层组织和政权建设，满怀深情做好各族群众工作，着力维护各族群众根本利益，密切党同各族群众的血肉联系。

---

① "三个离不开"即"汉族离不开少数民族，少数民族离不开汉族，各少数民族之间也互相离不开"。

三　云南是我国西南生态安全屏障，要牢固树立、着力 践行社会主义生态文明观，努力建设 我国生态文明建设排头兵

党的十八大以来，尤其是 2015 年 1 月习近平总书记考察云南并发表重要讲话，要求云南努力成为我国生态文明建设排头兵以来，云南坚决打好污染防治攻坚战和蓝天、碧水、净土"三大保卫战"，加大节能减排工作力度，加快最美丽省份建设，生态文明建设排头兵建设取得显著成效。"三大保卫战"方面，从全省来看，2019 年，全省空气质量平均优良天数比例为98.1%；主要出境、跨界河流断面水质达标率为 100%，县级城镇集中式饮用水源地水质达标率为 98.9%；森林覆盖率为 62.4%，森林蓄积量为 20.2亿立方米①。从昆明市来看，2019 年，昆明市空气质量优良天数达 356 天，空气质量排名全国省会城市第 5；国（省）考水体断面水质优良率为 64%，劣Ⅴ类水体首次全面消除；完成 495 个重点单位用地土壤调查重金属排放量较 2013 年削减 14.49%②。九大高原湖泊治理方面，2019 年，九大高原湖泊水质稳中向好，抚仙湖、泸沽湖水质符合Ⅰ类标准，阳宗海、洱海为Ⅲ类，滇池草海、程海为Ⅳ类，滇池外海、杞麓湖、异龙湖为Ⅴ类③。滇池通过多年坚持不懈的综合治理，水质总体企稳向好。数据显示：2016 年，滇池全湖水质由劣Ⅴ类上升为Ⅴ类，首摘"劣Ⅴ类"帽子；2017 年继续保持在Ⅴ类；2018 年上升为Ⅳ类，为 1988 年建立滇池水质数据监测库 30 年以来的最好水质；2019 年滇池全湖水质保持在Ⅳ类，其中，草海水质保持Ⅳ类，外海水质为Ⅴ类，均达到国家考核和滇池保护治理"三年攻坚"行动明确

---

① 《〈2019 年云南省环境状况公报〉发布　全省生态环境质量保持优良》，《云南日报》2020年 6 月 4 日。
② 浦美玲：《昆明坚决打赢污染防治攻坚战——守住蓝天碧水坐拥一城清新》，《云南日报》2020 年 3 月 15 日。
③ 《以污染防治攻坚战推动绿色高质量发展》，《云南日报》2020 年 3 月 27 日。

的目标要求①。节能减排方面，"十三五"期间国家下达云南省的单位地区生产总值二氧化碳排放（简称碳强度）降低目标任务为18%。截至2019年，云南省碳强度较2015年降低30.23%，已提前超额完成"十三五"目标任务。工业领域碳排放控制成效显著，单位工业增加值二氧化碳排放量2019年度较2015年度降低28%；低碳农业发展从化肥农药减量增效方面稳步推进，全省化肥施用量已于2018年首次实现负增长，并在2019年持续保持②。在成绩面前，也要清醒看到存在的差距和问题。比如，根据国家统计局、国家发展改革委、环境保护部、中央组织部于2017年12月26日共同发布的《2016年生态文明建设年度评价结果公报》，云南绿色发展指数在全国排第10位、公众满意度在全国排第14位；在绿色发展指数中，资源利用指数、环境治理指数、环境质量指数、生态保护指数、增长质量指数、绿色生活指数云南在全国分别排第7位、第25位、第5位、第2位、第25位、第28位③。

贯彻落实习近平总书记2015年1月、2020年1月考察云南重要讲话精神，认真学习领会习近平生态文明思想，牢固树立、着力践行"坚持人与自然和谐共生"的科学自然观，"绿水青山就是金山银山"的绿色发展观，"良好生态环境是最普惠的民生福祉"的生态民生观，"山水林田湖草是生命共同体"的整体系统观，"用最严格制度保护生态环境"的严密法治观，"共谋全球生态文明建设之路"的全球共赢观等社会主义生态文明观。一是坚持生态优先、绿色发展，实现生产方式和生活方式转型。以绿色化为引领，着力建设绿色低碳循环的经济体系、市场导向的绿色科技创新体系、资源全面节约和循环利用体系，倡导简约适度、绿色低碳的生活方式。二是坚决打好污染防治攻坚战。驰而不息打好蓝天、碧水、净土"三大保卫战"

---

① 浦美玲：《滇池：此役正酣湖水渐清》，《云南日报》2020年2月11日。
② 《云南提前超额完成"十三五"碳强度下降目标》，《云南日报》2020年7月3日。
③ 国家统计局、国家发展改革委、环境保护部、中央组织部：《2016年生态文明建设年度评价结果公报》，国家统计局官网，2017年12月26日，http://www.stats.gov.cn。

和"八个标志性战役"①，守护好蓝天白云、绿水青山、良田沃土，让云南"动物王国、植物王国、世界花园"的美誉更加响亮。蓝天方面，要强化综合治理，确保空气质量稳步提升。碧水方面，要全面落实河（湖）长制，继续抓好九大高原湖泊保护治理，加强六大水系保护修复和水源地保护。净土方面，要强化土壤污染管控与修复。三是加快最美丽省份建设。切实抓好空间规划大管控、城乡环境大提升、国土山川大绿化、污染防治大攻坚、生产生活方式大转变等工作，大力开展美丽县城、美丽乡村、美丽河湖评选，推进美丽公路、美丽铁路建设，加大垃圾分类处理和塑料污染治理，让"边疆、民族、山区、美丽"的云南名片更为靓丽。四是建立农村人居环境长效管理机制。推动爱国卫生运动常态化，健全村庄保洁长效机制，推进农村卫生户厕新建和改建以及村庄生活垃圾有效治理工作，提升全省村庄人居环境水平。

2020 年 9 月 30 日，国家主席习近平在联合国生物多样性峰会上通过视频发表重要讲话，指出："'生态文明：共建地球生命共同体'既是明年昆明大会的主题，也是人类对未来的美好寄语。""我欢迎大家明年聚首美丽的春城昆明，共商全球生物多样性保护大计"②。云南要以此为契机，推进我国生态文明建设排头兵建设取得新进展，向世界展示云南"中国最美丽省份"和"世界花园"的靓丽形象。

四　云南是我国面向南亚东南亚和环印度洋地区开放的大通道和桥头堡，要以大开放促进大发展，努力建设我国面向南亚东南亚辐射中心

党的十八大以来，尤其是 2015 年 1 月习近平总书记考察云南并发表重

---

① "八个标志性战役"即九大高原湖泊保护治理、以长江为重点的六大水系保护修复、水源地保护、城市黑臭水体治理、农业农村污染治理、生态保护修复、固体废物污染治理、柴油货车污染治理攻坚战。

② 习近平：《在联合国生物多样性峰会上的讲话》，《人民日报》2020 年 10 月 1 日。

要讲话，要求云南努力成为我国面向南亚东南亚辐射中心以来，云南面向南亚东南亚辐射中心建设取得全方位的显著成效。云南进出口总额从2014年的296.22亿美元增加到2019年的334.47亿美元，增加了12.9%。5年来，云南开放的大门越开越大，与11个国家和43个城市缔结了友好关系，与9个国家建立了11个双边多边地方合作机制；建成7大类、17个开发开放合作功能区，拥有18个国家一类口岸①。5年来，云南开放的步伐越来越快，与周边国家基础设施互联互通建设全面加快。5年来，云南开放的领域越来越宽，经贸合作全面升级，金融合作不断深化，人文交流更加频繁。在成绩面前，也要清醒地看到存在的差距和问题。比如，云南2019年334.47亿美元的进出口总额，仅占全国的0.7%，在全国排第21位、在西部排第6位。

贯彻落实习近平2015年1月、2020年1月考察云南重要讲话精神，要主动服务和融入国家重大发展战略，以大开放促进大发展，加快同周边国家互联互通国际大通道建设步伐。一是主动服务和融入"一带一路"建设，积极主动参与中国—中南半岛经济走廊，孟中印缅经济走廊，中缅、中越、中老经济走廊建设，提升澜沧江—湄公河区域开放合作水平。二是主动服务和融入长江经济带发展，坚持生态优先、绿色发展，共抓大保护、不搞大开发，全力抓好长江上游生态保护，深化与长三角、成渝地区双城经济圈的交流合作。三是主动服务和融入京津冀协同发展、粤港澳大湾区建设、黄河流域生态保护和高质量发展等重大国家发展战略，深化与京津冀、粤港澳大湾区、黄河流域省份的交流合作。四是加快发展更高层次的开放型经济，推进中国（云南）自由贸易试验区建设，优化沿边重点开发开放试验区、边境经济合作区、跨境经济合作区、综合保税区等各开放合作功能区布局和功能定位，提高昆明市和滇中城市群面向南亚东南亚合作和辐射能力，增强沿边地区资源集聚能力和辐射带动作用②，构建面向南亚东南亚和环印度洋地区、符合云南实际的产业链供应链，增强产业的辐射力、带动力、影响力。

---

① 陈豪：《奋力谱写中国梦的云南篇章》，《求是》2020年第1期。
② 陈豪：《立足省情推动经济社会高质量发展》，《学习时报》2020年9月25日。

五是切实抓好区域性国际经济贸易中心、科技创新中心、金融服务中心和人文交流中心建设，把我国经济、政治、文化、社会、生态文明等各个领域的影响力、塑造力和带动力辐射到南亚东南亚和环印度洋地区①。

参考文献

[1]《习近平谈治国理政》第1、2、3卷，外文出版社，2014、2017、2020。

[2]《习近平春节前夕赴云南看望慰问各族干部群众 向全国各族人民致以美好的新春祝福 祝各族人民生活越来越好祝祖国欣欣向荣》，《人民日报》2020年1月22日。

[3]《习近平在云南考察工作时强调 坚决打好扶贫开发攻坚战 加快民族地区经济社会发展》，《人民日报》2015年1月22日。

[4]《〈中共中央关于坚持和完善中国特色社会主义制度、推进国家治理体系和治理能力现代化若干重大问题的决定〉辅导读本》，人民出版社，2019。

[5]中共中央党校（国家行政学院）：《习近平新时代中国特色社会主义思想基本问题》，人民出版社、中共中央党校出版社，2020。

[6]陈豪：《立足省情推动经济社会高质量发展》，《学习时报》2020年9月25日。

[7]陈豪：《奋力谱写中国梦的云南篇章》，《求是》2020年第1期。

[8]阮成发：《政府工作报告——2020年5月10日在云南省第十三届人民代表大会第三次会议上》，《云南日报》2020年5月14日。

[9]中共云南省委党校（云南行政学院）编《奋力谱写好中国梦的云南篇章》，云南出版集团、云南人民出版社，2020年。

---

① 陈豪：《立足省情推动经济社会高质量发展》，《学习时报》2020年9月25日。

构建陆路沿边开放新特区
推动云南以大开放促进大发展

寇 杰　徐艺翀*

摘　要： 2020年初，习近平总书记考察云南时明确提出要以大开放促进大发展，推进沿边开放。沿边开放成为我国对外开放的头条"热词"。本研究提出为避免云南省产业"空心化"、实现云南产业升级和跨越式发展、增强云南自身"造血"能力，运用产业发展和区域经济相关理论，分析国际经贸环境变化和对产业发展影响，通过产业发展和承接能力多维度的对比分析剖析云南产业发展、产业承接等的"短板"，充分借鉴党的十八大以来我国围绕促进区域协调、产业发展在建立健全区域合作、产业联动等方面积极探索实践的成果，研究提出云南构建沿边开放新特区的构想，力图通过"点—线—面"的试点试验，逐步建立和完善"陆路沿边开放新特区—边境开放中大城市—中大城市群"的梯度沿边开放体系，在全国沿边地区率先开展"云南沿边开放新特区"的创新试验，重点开展陆路沿边地区改革开放先行先试、东部转移产业积极承接、区域协调发展路径优化和周边命运共同体构建等方面的探索，为实现产业方向定位精准、产业要素高效聚集、产业政策需求精准，我们提出了云南构建陆路沿边开放新特区所需的国家差异化政策。

* 寇杰，云南省商务厅副厅长、省口岸办主任，博士；徐艺翀，云南省国际贸易学会商务发展研究中心（自贸试验区研究中心）助理研究员。

关键词： 沿边开放新特区 梯度开放体系 云南

改革开放四十年，深圳经济特区和上海浦东新区已成为有力拉动区域经济集群式快速发展的标志性的城市典范。回顾两个地区的发展历程，我们会发现两者均以先行先试制度改革、积极承接产业转移、探索促进区域一体化发展为基本立足点，未用国家太大资金投入，充分释放改革开放制度红利，吸引众多社会资金踊跃投入，在较短时期内跨越农业和工业化时期进入服务业主导时期，实现跨越式发展。2017 年 4 月雄安新区的设立，成为促进区域协同发展的浓重一笔，证实了"海权经济"逐步走向周期性低点，"陆权经济"正在加快复兴①。

"十三五"以来，国际贸易摩擦频发、地缘政治风险加大、贸易规则面临重构无不折射出世界经贸环境形势严峻，面对外部环境深刻变化，国内产业结构不断调整，产业发展面临供给端成本上升和资源环境约束增强、需求端消费结构升级双重挑战，中高端制造业向发达国家回流、低端产业向周边低成本国家转移和产业资本"脱实向虚"三面夹击②引发国内产业"空心化"担忧。面对产业发展遇到的挑战和区域发展出现的"新情况新问题"，习近平总书记明确提出新形势下促进区域协调发展的总思路"发挥各地区比较优势，促进各类要素合理流动和高效聚集""增强其他地区在保障粮食安全、生态安全、边疆安全等方面的功能，形成优势互补、高质量发展的区域经济布局"③，国家相继发布中西部地区承接产业转移指导意见等。然而中西部地区各自"出招"竞相"争夺"产业承接的做法，在一定程度上造成了同质化和不可持续的竞争，反映出区域产业协同发展、梯度转移仍难以适应新时代区域协调发展战略需要。

---

① 刘晓博：《雄安新区问世，中国城市格局重大转折：海运城市见顶，内陆城市复兴》，http：//news. Hexun. com/2017 – 04 – 06/188737221. html。
② 《从三个路径推进 我国产业向中高端迈进》，经济参考报，http：//dz. jjckb. cn/www/pages/webpage2009/html/2017 – 04/27/content_ 31124. htm.
③ 习近平：《推动形成优势互补高质量发展的区域经济布局》《求是》2019 年第 24 期。

2015 年 1 月，习近平总书记在云南考察时指出："云南的优势在区位，出路在开放"，希望云南建设成为"面向南亚东南亚辐射中心"。2020 年 1 月，总书记再次考察云南，提出云南"要主动服务和融入国家发展战略，以大开放促进大发展"。为践行习近平总书记的指示要求，云南省委省政府率全省上下艰苦奋斗、努力拼搏，取得了接合区位、文化旅游、生态资源等方面比较优势，积极扩大外贸出口、加快境内外开放型园区建设、加强与周边国家农业及产能合作等，在经济发展、对外经贸等方面取得了一些成效，在开放合作中已形成多项比较优势。但云南在产业发展中仍面临不少难题，在财政上表现为对中央转移支付的依赖度较高。经济发展需要重点产业的发展，产业的发展需要招商引资，招商引资需要良好的营商环境，生产要素、产业发展环境、产业链上下游配套产业市场主体等的缺项仍然限制着云南实现高质量跨越式发展。对此，笔者按照构建国内国际双循环相互促进新发展格局的要求，提出陆路沿边开放新特区的构想，以打通陆路沿边微循环繁荣沿边经济、服务国内大循环，以畅通开放合作渠道增添经济动力、融入国际循环，形成陆路沿边开放云南经验，探索沿边协调发展新路径。

一　云南开放发展的条件和面临形势

（一）云南陆路沿边开放发展的比较优势

地区特点决定的三大比较优势。云南是我国连接东南亚、南亚的重要大通道，是我国西南生态安全屏障，也是我国少数民族种类最多的省份，具有无可比拟的区位优势、得天独厚的生态资源优势、极具特色的文化旅游优势。

扎实做好对外经贸合作促进经贸畅通。近年来，云南外贸保持两位数的较快增长速度，增幅高于同期全国水平，增幅排名全国前列。东盟继续保持云南第一大贸易伙伴地位，对周边缅甸、越南、老挝三国贸易额保持稳定增长，与"一带一路"沿线国家贸易也增长迅速。对全球 20 个国家和地区实现非金融类直接投资，西部排名第 2 位。

不断深化放管服改革营造良好开放环境。全面深化改革五年以来，云南主动创新开展"开放型经济体制改革"，不断破除制约加快发展的体制机制障碍，研究出台了170项涉及加强商贸流通供给侧改革、互联互通、开放平台、境外投资、通关便利化、人民币跨境结算、招商引资等方面体制机制的改革方案和文件，共印发实施110多个改革性文件。积极申报设立自贸试验区，并于2019年8月正式获批。

探索建立合作机制平台完善政策沟通。云南与周边国家建立了滇老、滇缅、滇越、滇泰等多双边的合作机制，加强了双方经贸往来和政策协调；沿边开发开放试验区，沿边金融改革试验区，中越、中缅、中老跨境经济合作区等23个各类开放型园区逐步建成并投入使用；积极承接发达地区产业转移，吸引国内外知名企业落户发展，推进国际产能合作不断深化；成立中国—南亚技术转移中心、中国—东盟创新中心等科技合作创新平台，与老挝、越南、柬埔寨等国合作建立农业科技示范园区。

（二）产业转移背景下开放发展面临的形势

世界经贸形势严峻，开放发展面临新矛盾、新问题。当前世界经济增长势头减弱、全球市场需求趋于回落、贸易保护主义升温等加剧外部市场不确定性，加之自由贸易规则正在重构，全球贸易不稳定因素增加，使产业发展挑战增多，区域产业分工加剧变化，产业链、价值链重构加速。全球生产网络重构表现出以跨国企业为主导、中间品贸易量增长、垂直分工向水平分工和混合分工过渡、产品分工向要素分工发展等特点。

国内产业转移持续，转型升级面临新机遇、新挑战。目前，以我国为中心的全球第五次产业转移，呈现出产业向发达国家（地区）和欠发达国家（地区）双路线转移，产业转移方式以链条式、综合体式、共建式为主，转移动因以政策优惠、靠近消费市场、获取低成本为主要考量等特征。此次产业转移反映出产业发展重点已投向调整经济结构、保护生态环境、建设整体社会等，既是我国对全球产业发展趋势的主动适应，也是国内产业结构调整升级的客观需要和历史机遇。但双路线转移的特征，加上供给端成本上升和资源环境约束增强、需求端消费结构升级、产业资本"脱实向虚"等夹击又带来产业"空心化"的风险和挑战。

周边地区崛起，产业承接面临新竞争、新要求。国内，云南与广西存在一定程度同质竞争，从2010~2018年省（区）外资金到位情况和实际利用外资对比来看，尽管云南在总量上优于广西（见图1、图2），但在引资产业分布、高新技术项目引进和引进企业能级方面逊于广西。而云南周边的东南亚国家凭借土地供给充足、人口红利等优势迅速崛起，以越南为例，2018年其外商直接投资流量达155亿美元，同比增长10%，存量达1450亿美元，占GDP比例为59.3%，而同期云南实际利用外商直接投资额为10.56亿美元。2018年越南全要素生产率（TFP）对GDP增长的贡献率达到43.5%，2016~2018年平均为43.29%，高于2011~2015年33.58%的平均水平，外资进入带来的技术外溢效应拉动经济增长。

图1　2010~2018年云南、广西引进省（区）外资金对比

（三）比较优势转化为产业发展动力的制约因素

相比广西、越南，云南在基础设施完善程度、产业基础及配套、金融支撑、科研等方面占优，比较优势不断形成并逐步加强，但产业发展要素、发展机制、服务管理体制机制的缺项制约着云南比较优势的发挥。

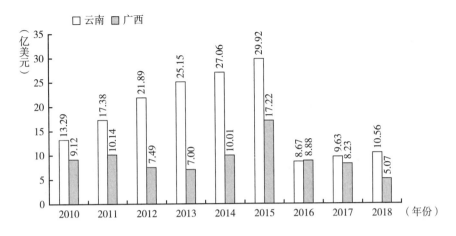

图2　2010～2018年云南、广西实际利用外资对比

一是生产要素供给缺项，劳动力供给结构性矛盾突出，土地供给潜在压力较大，资本供给民企、中小企业融资成本高，技术供给质量不高、平台少、能力不强。二是产业发展环境缺项，欠缺完整统一的招商引资促进平台整合现有政策，缺乏成熟且适合云南实际情况的对外投资国家风险评级、预警和管理体系。三是产业链上下游配套市场主体缺项，产业集群发展不平衡，市场依赖型产业集群和技术密集型产业发展严重不足，通关成本、园区服务、物流成本等配套不完善制约产业集聚，上下游企业主体缺项与龙头企业较少相互掣肘。

二　陆路沿边开放新特区构想的提出

（一）构想提出的依据

一是区域协调发展促进要素合理流动和高效聚集。实施区域协调发展战略是新时代国家重大战略之一，是贯彻新发展理念、建设现代化经济体系的重要组成部分。习近平在《推动形成优势互补高质量发展的区域经济布局》中深刻指出，我国经济发展的空间结构正在发生深刻变化，中心城市和城市群正在成为承载发展要素的主要空间形式。我们必须适应新形势，谋划区域协调发展新思路。目前，各省区市全面落实区域协调发展战略，建立以中心城市引领城市群发展、城市群带动区域发展新模式，推动区域板块之间融合互动发展。以北京、天津为中心引领的京津冀城市群带动环渤海地区协同发展；以上海为中心引领的长三角城市群带动长江经济带发展；以香港、澳门、广州、深圳为中心引领的粤港澳大湾区带动珠江—西江经济带创新绿色发展；以重庆、成都、武汉、郑州、西安等为中心，引领成渝、长江中游、中原、关中平原等城市群发展，带动相关板块融合发展。在现代区域经济格局中，中心城市和城市群集聚能力强、空间效率高、规模效应明显，是经济发展最活跃的增长极和动力源。云南通过培育发展城市群，可以破除资源流动障碍，将产业和人口向优势区域集中，促进各类生产要素自由流动并向优势地区集中，提高资源配置效率，形成以城市群为主要形态的增长动力源，进而带动经济总体效率提升，推动"一带一路"建设、长江经济带发展、中国（云南）自由贸易试验区建设等重大战略的协调对接，推动各区域合作联动。

二是周边外交新理念助力构建沿边开放新格局。党的十九大以来，以习近平同志为核心的党中央根据国际和地区形势及我国同周边国家关系新变化，进一步突出周边在我国发展大局和外交全局中的重要地位，与时俱进完善周边外交战略布局，更加积极主动地稳定、经略和塑造周边，在伟大实践基础上形成了一系列重要的周边外交政策理念。习近平总书记强调，无论从地理方位、自然环境还是相互关系看，周边对我国都具有极为重要的战略意义。在中国强起来的过程中，国际战略和经济重心不断向中国周边转移，周边的战略重要性进一步凸显，周边外交成为中国外交的优先方向，对提升新时期对外开放水平具有重要的现实意义和长远的战略意义。加强周边外交，从扩大全方位对外开放的大局出发，一方面有利于扩大沿边开放，提升区域合作水平，带动周边相对不发达区域的发展，形成新的增长极；另一方面有利于带动我国西部省区发展，以沿边开放为契机，利用云南的地理区位优势和沿边开放政策优势，以云南自身发展带动我国西部省区发展。

三是制度自信助推产业发展环境优化。沿边地区在我国对外开放大局中具有不可或缺的重要作用。党的十八大以来，沿边地区积极参与"一带一路"建设，不断深化与周边国家经贸合作，为维护边疆繁荣稳定和服务国家开放大局作出重要贡献。但受自然、历史、体制、机制等因素影响，当前沿边地区在经济持续发展、社会稳定繁荣、人才队伍支撑、设施连通完善、产业承接集聚等方面还面临一些亟待解决的问题。党的十九届四中全会系统总结我国国家制度和国家治理体系的发展成就和显著优势，推动全党全国各族人民坚定制度自信，使我国国家制度和国家治理体系方方面面的显著优势更加充分地发挥出来。沿边地区也应坚持制度自信，充分认识新形势下扩大开放的重要意义，在加强区域联动、承接产业转移、吸引外来投资等方面主动作为，加大沿边省区发展战略和国家建设规划的协调力度，坚持错位发展。新时期，沿边地区应更加主动地适应国内外环境变化，推动政策体系创新，补齐弱项短板，强化产业、人才和平台支撑，主动承接东中部地区产业转移，进一步提升开放水平。

四是"双循环"新格局构建利于沿边潜力释放。中央政治局常委会会议首次指出逐步形成以国内大循环为主体、国内国际双循环相互促进的新发展格局。"巩固、增强、提升、畅通"国内循环，可发挥沿边地区内需潜力，更好联通国内和国际两个市场、两种资源，实现更加强劲可持续发展。

（二）现有开放特区/新区的启示

国家战略、发展使命等诸多相似之处成就了深圳特区、浦东新区和雄安新区共同的发展起点，纵观三地区设立背景，均与国家应对不同时期发展环境变化及适应发展要求而开拓改革开放新路、承接产业转移、带动经济发展、促进区域协同发展等息息相关。

三大地区发展对于产业发展、区域协调均有较强促进作用。承接产业转移是其规划建设的基本立足点，都肩负着促进区域一体化发展的历史使命，其发展均具有突发性、跨越性等基本特征。

三大地区发展与腹地产业发展通过区域协调形成良性互动。在深圳经济特区的发展过程中，珠三角腹地的经济发展发挥了重要作用；深圳产业升级的过程，也是与腹地经济形成产业分工"雁阵模式"的过程，两者良性互动，共同形成产业集群竞争力不断提升的分工网络，这一分工格局又为深圳更高层次的产业升级注入动力。与深圳类似，上海浦东新区的发展历程也具有上述特点。

雄安新区设立标志着"陆全经济"正在加快复兴。与深圳经济特区和上海浦东新区不同，河北雄安新区并无优质港口支撑，同时也没有濒临沿海的优势，周边城市与产业发展极不均衡，其强化区域协调发展的作用更为显著，对国际金融危机以来全球经济增长乏力、逆全球化势力抬头等多重挑战的压力测试作用也更为重要。

（三）陆路沿边开放新特区构建的意义

一是践行"以大开放促进大发展"，为沿边协调开放发展积累新经验。云南通过培育发展城市群，可以破除资源流动障碍，将产业和人口向优势区域集中，提高资源配置效率，形成以城市群为主要形态的增长动力源，进而带动经济总体效率提升。

二是践行周边外交新理念，为命运共同体发展提供抓手。云南通过发展沿边城市群加强周边外交，主动提升区域合作水平，引领中老、中缅命运共同体发展，打造云南样板，中缅经济走廊力争打通印度洋，中越经济走廊纾解南海争端、实现共同发展，中老经济走廊进一步巩固与东盟各国联结。

三是展现制度自信，为更好构建周边发展环境奠定基础。云南在加强区域联动、承接产业转移、吸引外来投资等方面主动作为，适应国内外环境变化，推动政策体系创新，在深化与周边国家命运共同体建设中展现制度自信。

三　构建陆路沿边开放新特区的发展设想

2018 年 11 月 18 日，中共中央、国务院发布的《中共中央 国务院关于建立更加有效的区域协调发展新机制的意见》明确指出，以京津冀城市群、长三角城市群、粤港澳大湾区、成渝城市群、长江中游城市群、中原城市群、关中平原城市群等城市群推动国家重大区域战略融合发展，建立以中心城市引领城市群发展、城市群带动区域发展新模式，推动区域板块之间融合互动发展。

云南位于中国西南边陲，"一带一路"、"长江经济带"等国家重大倡议、战略的推进实施，为云南带来重大战略性机遇；"孟中印缅"和"中国—中南半岛"经济走廊的建设，国际经济格局和区域协调发展的深度调整为云南跨越式发展带来重大开放性机遇。云南应紧抓机遇，结合中国（云南）自由贸易试验区建设，立足于边境地区经济社会发展的基础，通过"点—轴—面"相结合，逐步建立和完善"陆路沿边开放新特区—边境开放城市—中大城市群"的梯度沿边开放体系，并形成各类大小要素聚集点基础上的边境经济，整体带动和促进沿边地区经济的普遍增长，为沿边地区经济、社会的持续、长足发展奠定基础。

（一）总体布局

构建"陆路沿边开放新特区—边境开放城市—中大城市群"协同联动发展的3个增长极、5个特色发展组团。依托8条经济走廊"支点"，引导沿边区域形成"芒市—瑞丽"、"景洪—勐腊—磨憨"、"蒙自—河口"3个增长极，形成"腾冲—猴桥"、"临沧—耿马—孟定"、"普洱—澜沧—孟连—勐阿"、"文山—麻栗坡—天保"及"文山—富宁—剥隘"5个特色发展组团。

围绕中缅、中老、中老泰、中越、泛珠合作经济走廊，打造国际重要战略通道支点，重点打造8条经济走廊"支点"：中缅印经济走廊（由腾冲猴桥出境）边境城市"支点"；中缅经济走廊（由瑞丽出境）边境城市"支点"；中缅经济走廊（即"昆孟经济走廊"，由耿马孟定出境）边境城市"支点"；中缅经济走廊（由孟连勐阿出境）边境城市"支点"；中老泰经济走廊（由勐腊磨憨出境）边境城市"支点"；中越经济走廊（由河口出境）边境城市"支点"；中越经济走廊（由麻栗坡天保出境）边境城市"支点"；泛珠经济走廊（由富宁向东连接北部湾、珠三角）边境城市"支点"。

围绕 8 条经济走廊"支点"，形成 8 条经济腹地支撑带。中缅经济走廊支撑带：（昆明—芒市—瑞丽—曼德勒—皎漂）；中老泰经济走廊支撑带：（昆明—景洪—磨憨—万象—曼谷）；中越经济走廊 1 支撑带：（昆明—蒙自—河口—河内—海防）；中缅印经济走廊支撑带：（昆明—隆阳—腾冲—密支那—印度；中缅经济走廊 2 支撑带：（昆明—临沧孟定—曼德勒）；中缅经济走廊 3 支撑带：（昆明—普洱—孟连—缅甸掸邦）；中越经济走廊 2 支撑带：（昆明—文山—麻栗坡—河江）；泛珠经济走廊支撑带：（昆明—文山—富宁—北部湾）。

（二）陆路沿边开放新特区的发展路径

以现有边境开放城市为陆路沿边开放新特区"强点"。结合产业结构调整，深化改革，强化现有边境开放城市的综合功能，特别是对外贸易中心、行政管理中心、交通枢纽中心、邮电通信中心、工业生产中心功能，提高边境城市化水平，增强和发挥其集聚力和辐射力，使之真正成为边境地区经济和文化发展的核心。坚持"输血"和"造血"相结合，通过长效普惠性的扶持机制和精准有效的差别化支持机制，加快补齐基础设施、公共服务、生态环境、产业发展等短板，提高吸引力、竞争力，成为云南沿边地区重要增长极。

以原有小城镇、边境贸易口岸等将"强点"进行"串线"。对"强点"进行改造，有重点、有选择地投入资金和技术，延伸产业链条，优化产业结构，增强经济活力，逐步扩大城市规模。在提高边境开放城市综合能力的基础上，以沿铁路、水路、出海通道、高速公路为"轴线"，积极发展边境开放城市，使之成为边境对外开放城市经济和文化辐射、带动的承接点和传播地，形成"芒市—瑞丽"、"景洪—勐腊—磨憨"、"蒙自—河口" 3 个增长极。

以五个特色发展组团建设"带片"发展。选择一些交通较发达、经济基础较好的地区，加快其发展步伐。建成沿边开放密集区，更好地发挥中小城市群便于接纳产业转移，推动云南产业承接和可持续发展，促进区域协调发展。依托 8 条经济走廊"支点"，形成"腾冲—猴桥"、"临沧—耿马—孟定"、"普洱—澜沧—孟连—勐阿"、"文山—麻栗坡—天保"及"文山—富宁—剥隘"5个特色发展组团。

（三）构建陆路沿边开放新特区的制度创新探索

构建陆路沿边开放新特区需要发挥自贸试验区建设的"大胆闯、大胆试、自主改"精神，同时亦需要国家差异化政策支持。

一是完善东西双向互济协调发展机制体制。建立纵向对内对外工作协调机制。支持"4个1联合体"（1个沿边地区省份与1个中央有关部委、1个沿海发达省市和1个大型企业等四方共同组成）分别负责与1个周边国家加强沟通联系。建立内外联通横向协调机制。支持面向南亚东南亚辐射中心建设与西部陆海新通道建设，成渝城市群、长江经济带和大湾区建设等协调推进。建立对内对外开放合作机制。支持制定沿边开发开放综合治理制度，深化边境治理、开放平台、"走出去"体制机制改革。

二是加快通道建设。提升云南通道战略地位，增加资源配置。推动中缅瑞丽至皎漂、仰光高速公路和铁路尽早开工建设。支持云南推动与周边国家联合制定区域电网总体规划。支持云南积极推动经济走廊建设。支持云南与相关国家建立走廊建设工作机制。吸收采纳云南规划云南方案，加快出台经济走廊建设规划和实施方案。加快推进与缅甸、越南等东盟国家签署跨境汽车运输协定。支持云南集聚优势产业产能。支持优势产能等向云南沿边开放重点地区转移，支持东部地区符合导向的产业进入云南沿边开放重点地区发展。

三是促进边境贸易发展。支持以合作平台促进搭建边贸新市场。支持探索边民互市商品负面清单管理制度。支持云南在周边国家（地区）布局一批重点园区，以专业对外投资合作平台为全国对外投资企业提供平台服务。加快形成多层次多渠道协调合作机制。支持云南在外交援外、财税金融、公安交通、土地环境、教育卫生、人力劳务、海关边防以及重大项目协调等各个方面建立与周边国家（地区）合作机制，签署合作框架协议。

四是提升口岸通关便利化程度。支持云南创新与周边国家口岸合作模式。考虑周边国家合理利益诉求，研究实施"绿色通道"、"联合监管"等措施，加快与周边国家（地区）"一站式"通关建设。支持云南自贸试验区启用关检"一站式"查验场。支持云南就口岸相关重点问题与周边国家对话磋商。支持云南与周边国家的双边（多边）联络协调机制。支持部分条件较好的边境口岸开展查验监管模式创新的国际合作。支持云南口岸城镇化建设。

五是加快推进境外投资合作。打通对外投资项下产品返销渠道，鼓励境外投资项下产品返销，试行负面清单管理，参照境外罂粟替代项下产品管理方法给予税收优惠。支持云南企业在境外经营所得的资源性产品免税返销。探索符合规定的返销产品按保税区进口模式管理，对云南自用产品不做配额限制，对经云南销往国内其他地区或国际市场的产品补征关税和进口环节增值税。支持构建新型对外投资项目协调机制。支持云南实施部分对南亚东南亚国家的成套物资及相关援助项目并参与管理。支持云南重点扶持一批NGO"走出去"，整合对外援助项目。支持云南与周边国家签订投资贸易自由化便利化相关协议。

六是加大人才交流保障。创新人才培育、评价体系，支持外籍高层次人才引进。探索建立各方政府之间的干部交流和跨区域专业人才培训制度。鼓励教育部、国家汉办、孔子学院总部增加投入和政策支持，筹建经济走廊汉语国际推广中心。

云南加快沿边开放思想体系和实践路径探索

摘 要： 云南与越南、老挝、缅甸接壤，与印度、孟加拉国、泰国等邻近，是中国可以同时面向东南亚南亚开放的省份，是"三亚两洋"的接合部，是中国陆路进入印度洋最便捷的通道，沿边开放的区位优势十分明显。2020年1月，习近平总书记考察云南时指出，"云南是我国面向南亚东南亚和环印度洋地区开放的大通道和桥头堡"，要求云南主动融入和服务国家重大发展战略，以大开放促进大发展，在建设我国面向南亚东南亚辐射中心上不断取得新进展。总书记的指示为云南开放工作指明了方向，云南必须正确认识和把握在全国全面开放新格局中的地位和作用，提炼沿边开放的思想体系，明确沿边开放的实践路径，加快推进沿边开放，化区位优势为开放优势、发展优势，担负起云南新时代的使命责任。

关键词： 沿边开放 开放制度创新 沿边大中城市群 跨境合作

一 云南沿边开放历程、现状和问题

（一）云南沿边开放的发展历程

1. 边境贸易发展起步阶段（1980～1990年）

1980年，云南首先在中缅边境恢复边境贸易；1985年，进一步放宽边

---

* 刘杰，云南省商务研究院副院长，副研究员；陈凤梅，云南省商务研究院助理研究员。

境贸易政策，边境 26 个县市（含畹町市）全部划为边境贸易区，边境贸易全面展开。到 1990 年，初步形成地方政府间贸易、边境民间贸易、边民互市等多层次、多形式、多渠道的边境贸易发展格局。

2. 确立目标扩大开放阶段（1990~1999 年）

1990 年，省委第五次代表大会确立把对外开放的重点转移到东南亚和南亚的方针；1992 年，国务院批准畹町、瑞丽、河口为边境开放城市并设立国家级边境经济合作区；1999 年，省委、省政府在实施国家西部大开发战略行动计划中明确提出把云南建成中国连接东南亚、南亚大通道，确立了对外开放的总体目标。在这一阶段，云南积极推动和参与大湄公河次区域合作，成为中国参与大湄公河次区域合作的主体省份，共同确定了大西南联合起来走向东南亚，扩大对外开放的总体发展战略。

3. 全面推进对外开放阶段（2000~2008 年）

云南省大力实施"引进来"和"走出去"战略，积极推进与周边国家"通路、通电、通商、通关"进程，积极参与中国—东盟自由贸易区建设、澜沧江—湄公河次区域合作和孟中印缅地区经济合作，积极拓展与东南亚、南亚开放合作领域，云南由改革开放的末端成为中国面向东南亚、南亚开放的重要前沿阵地。

4. 面向西南开放重要桥头堡建设阶段（2009~2015 年初）

2009 年，胡锦涛总书记到云南视察，要求云南"深化同东南亚、南亚和大湄公河次区域的交流合作，不断提升开放质量和水平"，"使云南成为我国向西南开放的重要桥头堡"。2009 年 12 月，省委八届八次全会将"桥头堡战略"确定为云南省经济社会发展的战略目标。

5. 建设面向南亚东南亚辐射中心新阶段（2015 年至今）

2015 年 1 月，习近平总书记深入云南考察指导工作，殷切希望云南主动服务和融入国家发展战略，闯出一条跨越式发展的路子来，努力成为我国民族团结进步示范区、生态文明建设排头兵、面向南亚东南亚辐射中心，谱写好中国梦的云南篇章。2020 年 1 月，习近平总书记再次亲临云南，要求云南主动服务和融入国家重大发展战略，以大开放促进大发展，在建设我国面向南亚东南亚辐射中心上不断取得新进展。建设面向南亚东南亚辐射中心成为云南对外开放的战略定位和总抓手。

（二）云南沿边开放的现状

改革开放 40 多年来，特别是党的十八大以来，云南坚持以习近平新时代中国特色社会主义思想为引领，贯彻落实习近平总书记对云南工作的重要指示精神，主动服务和融入国家"一带一路"建设，与南亚东南亚国家经贸关系更加多元和紧密，与周边国家交流合作政治基础和民意基础更加稳固务实，服务国家经略周边的外交大局的能力和水平显著提升，沿边开放形成了诸多亮点。一是全力打通对内对外通道脉络，沿边开放的基础不断夯实。云南加快构筑国家战略中面向南亚、东南亚的国际大通道，着力推进与周边国家的路网、航空网、能源保障网、水网、互联网等基础设施网络建设，形成了"七出省、四出境"的高速公路网络和"八出省、五出境"的铁路网络，以及"三出境"水运通道。二是大力促进国际国内要素有序流动，沿边开放的条件不断完善。对内全面对接长江经济带、泛珠区域合作、粤港澳大湾区、成渝经济圈等新区域发展战略，主动深化与周边省区互利合作，基本形成了服务开放大局、服务内外联动、促进东西互济的大格局。对外主动服务和融入"一带一路"建设，全力推进中国—中南半岛经济走廊相关建设项目，务实搭建孟中印缅经济走廊合作平台，主动发挥主体省份作用，积极开拓南向通道，务实推动"澜湄合作"，加快中老、中缅和中越经济走廊建设。三是倾力践行"亲诚惠容"周边外交理念，沿边开放的成效不断显现。坚持以开放促共赢，不断深化与周边经贸合作，与周边各省份及南亚东南亚各国共享发展机遇。首届"一带一路"国际合作高峰论坛成果清单中，有 5 大类 62 大项 160 多项成果与云南有关。四是极力破除制约经济社会发展的障碍，沿边开放的环境不断优化。主动创新开展了"开放型经济体制改革"，不断破除制约加快发展的体制机制障碍，研究出台了 170 项体制机制的改革方案和文件，共印发实施 110 多个改革性文件。

在看到云南沿边开放取得的成就的同时，也要注意到云南沿边开放存在的问题和制约因素仍然十分明显。一是开放总体水平偏低，经济合作层次不高。云南省开放型经济发展近年来步入快车道，但在全国仍处于中下游水平，在西南、西部地区也处于相对落后位置。从对外贸易来看，2019年，全省进出口总额完成 2323.7 亿元人民币，仅占全国进出口总额的0.73%。在出口商品中，20% 以上为初级产品，40% 以上为劳动密集型工业品，精深加工品少、产品附加值低；进口商品中，初级产品占 50% 以上，外贸商品结构层次较低。二是经济中心城市不强，开放的产业支撑弱。云南沿边区域经济社会发展总体水平较低，经济基础仍然十分薄弱。沿边 8 州（市）生产总值约占全省的三成，贫困发生率高于全省 4.6 个百分点，城镇化水平普遍较低。另外，沿边地区对"口岸经济"依赖较重，实体产业支撑不足，吸引利用内外资能力有限，限制了与周边国家的经济合作空间，影响对其丰富资源能源要素的配置和利用。三是边境城镇和口岸通道的基础设施建设滞后。沿边交通基础设施网络结构不优，高等级公路比例偏低，贯通口岸（通道）、连接内外的交通运输网络等级较低，交通设施信息化、现代化水平很低。口岸基础设施建设滞后，口岸承载和通关能力不强。口岸建设与试验区、跨境经济合作区等开放平台建设统筹衔接不够，口岸与园区的规划、建设、发展未能融合互促。物流基础设施建设滞后，服务能力不强、信息化发展水平不高，物流园区发展不完善，规划设计不合理等。四是周边国家发展落后，开放意愿不足。多数周边国家经济发展水平较低，基础设施较为落后，与云南的经贸合作规模不大、层次不高，互联互通的境外部分发展严重滞后，难以支撑高质量的沿边开放；部分周边邻国由于政治、安全等考量，在开放中顾虑较多，对我国推进的沿边开放和双边经济合作的参与度不高，产生了一定程度的屏蔽效应。

二　加快沿边开放的思想体系

（一）创新开放制度，加快沿边开放体制机制改革

1. 以制度创新激发云南沿边开放活力

"创新是改革开放的生命。"习近平总书记在庆祝改革开放 40 周年大会重要讲话中作出的这一重要论断，深刻指明创新对于推进改革开放事业的重要性。制度创新作为"软"创新，同技术"硬"创新一道贯穿于我国改革开放的过程中，共同助力我国改革开放取得重大成就。根据制度经济学的理论，制度是除土地、劳动、资本以外的第四大资源要素。通过制度的创新，一是能确立明确的规则，提高了信息的透明度，减少经济活动的不确定性和风险，降低了信息成本和交易成本；二是把资源从生产效率低的领域转移到生产效率高的领域，增加总产出；三是改变激励机制，把个人的付出与报酬、个人目标与社会目标联系起来，提高社会生产率。云南要加快沿边开放，就要充分发挥制度创新的作用，坚持问题导向，坚持试点先行，点面结合，破除妨碍加快沿边开放体制机制弊端，改革不适应沿边开放要求的体制机制和法律法规，构建科学、系统的规则制度和激励机制，优化资源配置，激发沿边开放的活力。

2. 以"放管服"改革释放云南沿边开放潜力

"放管服"改革是供给侧结构性改革的重要抓手，对营造稳定、公平、透明、可预期的营商环境具有决定性作用，对实现高质量发展可以起到激励作用。一是通过简政放权，消除体制弊端，可以激发和释放创新潜力；二是通过公正监管，清除妨碍市场公平竞争的做法，健全市场监管规则，可以促进公平竞争，形成正向激励，扩大有效供给，淘汰无效供给，优化资源配置；三是通过优化政府服务，调动各类创新主体的积极性。云南要加快沿边开放，必须把"放管服"改革推向纵深，通过简政放权把不该由政府管理的事项交给市场、企业和个人，通过放管结合、优化服务，把该由政府管的事管好管

住，促进公平竞争，维护市场秩序，使市场在资源配置中起决定性作用，同时更好发挥政府作用，将被不适宜的政策压抑的开放潜力释放出来。

3. 扩大"境内开放"，建立与国际经贸规则相衔接的内部机制

李克强总理在 2019 年政府工作报告中指出："继续推动商品和要素流动型开放，更加注重规则等制度型开放，以高水平开放带动改革全面深化。"制度型开放本质上是一种"境内开放"，要求着眼于规制层面，促进区域内的规则制度与国际通行的规则制度相衔接。云南要加快沿边开放，就必须重视制度型开放，密切跟踪国际经贸规则的高标准演进新趋势，并以此为目标导向倒逼自身内部改革，更大力度实施"负面清单"制度，对标国际标准，营造亲清政商关系，打造国际化、法治化、市场化、便利化的一流营商环境，建立与国际经贸规则相衔接的内部改革机制。

（二）夯实开放基础，提升沿边经济和产业发展水平

1. 促进口岸经济和沿边城市发展

经济和产业发展水平是支撑高质量开放的重要基础，口岸和沿边城市是沿边地带的增长极，也是沿边开放的最前沿。根据增长极理论，中心城市是区域经济发展的增长极和核心，有显著的聚集经济效益，对外围人才、资本、技术等各种生产要素吸引力大，而在吸引周边要素的过程中也能将自身的生产要素扩散到周边区域，既能促进自身经济的发展，也能带动周边区域经济的发展。经济的增长往往率先发生在"增长极"上，然后通过支配效应、乘数效应、极化和扩散效应等作用向外扩散，首先刺激和带动周边地区的经济发展，进而促进整体经济发展。云南加快沿边开放，需要大力促进口岸经济和沿边城市发展，汇聚优质要素，形成扎实的产业基础，形成对周边地区的带动作用。

2. 联动中、东部发展，积极承接产业转移

产业转移对于落后地区的产业发展意义重大。一是能促进要素整合和资源优化配置，推动劳动力、资本、技术等要素实现跨区域的流动，使转入地区更好地利用内外部资源、市场、技术等，扩大本地区经济的影响力和产业自生能

力，促进本区域的经济增长。二是能加强产业关联与技术溢出，通过产业间的前、后向联系带动上下游相关产业的发展，为本地企业获取技术提供了便利，提升转入地区技术创新能力。三是能打破落后地区原始产业的低效状态，强化市场竞争，促进产业结构升级。云南自身产业基础较为薄弱，要实现产业的快速发展，就必须积极承接东部沿海地区的产业转移，吸引优质要素和先进技术，形成较为完备的产业链，强化云南产业竞争的市场导向作用。

（三）加大开放力度，促进商品、要素流动

商品和要素的跨国流动是开放型经济最重要的组成部分，也是加强各国福祉，提升开放水平的重要途径。促进商品和要素的流动，一是能调节各国市场的供求关系，实现互通有无，增加国内短缺商品和要素的供给量，满足各类市场主体的需求，而且还为各国国内市场的过剩商品和要素提供了新的出路，在一定程度上缓解了市场供求的矛盾；二是促进生产要素的充分利用，将国内富余的商品和要素与其他国家交换国内短缺的商品、要素，从而使短缺得以缓解或消除，富余得以充分利用，扩大生产规模，加速经济发展；三是充分发挥比较优势的作用，扩大优势商品生产，缩小劣势商品生产，通过商品和要素的国际流动在社会生产力不变的前提下提高生产要素的效能，获得更大的经济效益；四是通过引进先进的科学技术和设备提高生产技术水平，使国内的产业结构逐步协调和完善，优化国内产业结构。云南要加快沿边开放，就要扩大与周边国家的经贸往来，提高贸易便利化水平，加大开放的力度，减少技术、劳动力、资本等要素跨境流动的体制机制阻碍。

（四）辐射开放效应，实现云南梯次开放

中国改革开放取得了巨大成就，很大程度要归因于中国"政策试验"为核心的渐进式、试验式的改革模式。从五个沿海经济特区的开放，到"东西双向互济，陆海内外联动"的开放新格局，中国的对外开放经历了由点到面、由沿海到内地的发展。政策试验的模式符合中国的文化传统、历史条件以及现实国情，体现了改革开放中的中国智慧，一是为中国的改革开放

决策提供了不断完善和及时纠错的机会，测试了政策的可行性和执行效果，降低了政策的风险，减少了政策失败的成本；二是使中国的改革开放决策得以及时发现和大力扶持新生事物成长，从而为大刀阔斧的制度创新奠定基础；三是减少不必要的争论，大胆试、大胆闯，在"摸石头"的探索中认识"过河"的一般规律，通过实践提炼政策的有效成分。云南加快沿边开放，就要加快沿边地区重点平台、重点方向上的先行先试，在实践中总结开放的经验、积蓄开放的能力，进而在全省范围内复制先进经验，辐射开放效应，实现云南梯次开放。

（五）完善开放通道，强化内外联通能力

早在 1776 年，著名经济学家亚当·斯密就在《国富论》中写道："良好的道路、运河和通航河道有助于降低运输费用，使一国偏远地区与城镇周边地区更接近于同一水平。因此，这是最重要的改善。"斯密的话揭示了大通道建设的两大意义，一是促进高效、高性价比的资源流动；二是减轻区域之间的不平等，加快整体发展。完善国际开放大通道建设，也是云南加快沿边开放的一项基本的工作。一方面，云南优越的区位条件需要完善的开放通道作为承载和支撑。云南是我国与南亚东南亚等"一带一路"沿线国家的天然连接点，拥有面向"三亚"和肩挑"两洋"独特的区位优势，如果有了完善的开放通道，云南的区位优势就能充分发挥；而如果开放通道建设不力，云南西南边陲和多山的地理特征就成了云南沿边开放的巨大限制。另一方面，云南在国家发展大局中的作用要求云南持续完善大通道建设。云南是"一带一路"建设和长江经济带发展的重要交会点，是我国面向南亚东南亚和环印度洋地区开放的大通道和桥头堡，要积极服务和融入国家发展大战略，承担云南的时代责任，必须是通道畅通，强化连接内外的能力。

（六）深化开放程度，完善次区域合作机制

制度自由主义把国际社会看成是市场失灵的情况，而合作机制的作用是克服导致市场出现失灵的因素，从而使行为体之间虽然存在利益的分歧，但

是共同利益以及相关机制的存在使得合作得以实现。国际机制克服"市场失灵"的方法包括三个方面。一是创建法律责任模式。国际机制可以提供规范国家行为的基本标准，确立了行为体权利的界定原则和行使的范围，从而有助于国家推断合作伙伴未来最有可能的行为方式，并提供争议解决的决策程序。二是降低交易成本。国际机制提供了各国拟定协议的原则，在一定的国际机制下，各国谈判拟定协议的成本更加低廉。三是提供完备的信息。国际机制通常要求行为体提供关于自身某一领域的真实情况，从而减少由信息不对称和信息缺失导致的合作阻碍。云南要加快沿边开放，需要加快双边、多边次区域合作机制的建设，通过合作机制减少合作中的阻碍，同时要寻求对次区域机制的影响力，积极参与规则和制度的制定。

三 加快沿边开放的实践路径

（一）以自贸区为抓手建设沿边开放新高地

一方面要以制度创新为核心，加快改革试点任务落实。强化自贸区各片区和省级有关部门的全球视野和战略思维，牢牢抓住制度创新核心任务，主动作为，结合云南自贸试验区的战略定位，对标国际经贸新政策、新规划、新标准，围绕"八个跨境"（跨境贸易、跨境电商、跨境产能合作、跨境金融、跨境人力资源合作、跨境园区建设、跨境物流和跨境旅游），突出沿边和跨境的优势和特色，开展差别化探索，积极主动向上对接争取政策，加强协作，推动跨片区、跨部门、跨层级的联动，推出更多具有集成性、引领性、带动性的重大制度创新，建立健全一套具有云南特色的制度体系。另一方面要以"放管服"改革为重点，打造一流营商环境。对标国际先进水平，营造一流的法治化、国际化、便利化营商环境，实现自贸试验区高质量发展。一是持续推进"证照分离"试点全覆盖，在现有试点基础上争取对区内承接事项采取更大力度改革举措。二是实施更大力度的赋权。本着"应放尽放、接得住、用得好"的原则，放试验区有需要的权，真正让"试验区说了算、有权能定事"。三是进一步优化提升"互联网＋政务服务"，推动更大涉企经营许可事项网上办、手机办，在自贸试验区打造"办事不求人、审批不见面、最多跑一次"的政务服务新环境。

（二）促进区域外贸发展，充分发挥边贸优势

一是推动加工贸易转型升级。在云南打造产业梯度转移的国际加工基地，增加本地增值和本地配套的比重，提升产品附加值，改善边境地区贸易结构，探索加工贸易项下资源类产品配额分配及进口许可证办理试点。二是发展新型贸易业态，加快培育海外仓、境外展销中心、外贸综合服务企业、国际快件监管中心等外贸发展新模式，加快聚集外贸发展新动能。三是推动边民互市健康发展。鼓励沿边居民积极参与边境贸易，创新边民互市组织方式和边民交易方式，促进边民互市便利化，简化审批手续，降低交易成本；落实好边民互市商品负面清单管理规定，激发边民互市市场活力。四是大力发展服务贸易。持续扩大服务领域开放程度，支持"互联网＋"发展，促进在旅游领域与南亚东南亚国家的合作，大力发展大健康服务贸易，推进服务贸易企业"走出去"和"引进来"协调发展。五是提升通关便利化。深化保税货物流转模式改革，积极探索与周边国家建立促进自由贸易的合作新模式，逐步实现与老、缅、越三国的"一关两检"信息系统对接、检验标准统一和检验结果互认；鼓励企业参与"自主报税、自助通关、自动审放、重点稽核"等监管制度创新试点；完善国际贸易"单一窗口"建设，提升通关信息化水平。

（三）深化区域跨境合作，提升双向投资水平

一是提升利用外资水平。进一步减少对外商投资准入限制，重点扩大沿边服务业和制造业对外开放，提高开放度与透明度，着力构建与负面清单管理方式相适应的事中事后监管制度，积极有效引进境外资金、先进技术和高端人才，提升利用外资综合质量。二是构筑对外投资促进体系，建立对外投资合作"一站式"服务平台。加强境外投资事后管理和服务，完

善境外资产和人员安全风险预警和应急保障体系。三是在周边国家建设一批产业园区。以自建、合建及"园中园"等多种方式，在孟中印缅经济走廊、中国—中南半岛经济走廊等重要节点地区建设一批境外产业园区，积极争取国家层面的支持，加大与周边国家磋商力度，向东道国争取更多园区优惠政策，将境外园区建设成为境外产能合作基地，降低企业境外投资风险。四是积极参与央企在周边国家的大项目建设。推动央企与云南企业组成联合体，共同开展境外基础设施、钢铁、有色、铁路、化工等重大项目合作。吸引央企到云南设立"区域总部"，对周边国家合作项目进行统筹管理，降低运行成本。

（四）融入陆海新通道建设，联动国家发展战略

一是构建综合交通运输体系。重点打造内畅外通的公路网骨架，构建形成"十三出境两出省"的交通组织格局，完善沿边中心城市之间的互联互通，加强通往南亚、东南亚的出境通道建设。加快推进出省、出境铁路建设，构建形成西起猴桥，东至富宁，横向联系沿边州府的沿边铁路；完善以昆明为中心向外辐射，对外通往南亚、东南，对内联系北部湾的出境出省通道。强化航空运输体系建设，打造腾冲、芒市、景洪3大国际空港，构建泸水、瑞丽、沧源、澜沧、勐腊5个支线机场，重点加快南亚、东南亚国际航线建设。加快推进水运发展，形成"三出境一出省"的水运空间格局。二是加快现代化口岸建设。提升沿边口岸基础设施建设和通关功能建设，完善口岸功能，进一步提升口岸服务国际合作大通道的能力和水平。创新与周边国家探索口岸合作模式，支持云南与周边国家口岸管理部门建立双边（多边）联络协调机制。鼓励探索与周边国家口岸实现"一次认证、一次检测、一地两检、双边互认"通关模式。加快建设西部陆海新通道核心陆路边境和航空口岸物流核心枢纽，完善相关服务，提供国际贸易通关、公路和航空过境运输等服务。三是加快推进物流便利化，提升物流效率。完善跨境节点物流基础设施，全力推进重点物流产业园和物流集散中心建设，加快构建跨境物流通道省内节点支撑服务网络，鼓励和支持云南有条件的企业在境外建

设保税功能物流园区。加强国际多式联运基础设施建设，构建以公铁联运为基础的多式联运集疏运网络体系，加强陆空联运基础设施和集散运输体系建设，探索"航空＋高铁"联运模式，配套建设多式联运中转设施。支持云南物流企业到周边国家开拓国际物流市场、拓展国际物流业务，在老挝、缅甸等国设立境外物流公司，加快构建高效跨境物流网。

（五）发展沿边特区和沿边大中城市群

以八大重点产业、"三张牌"为抓手，加快构建"两型三化"现代产业体系，积极承接国内第二产业转移，构建"技术密集"在内、"劳动密集"在外的多头在南亚东南亚国家的产业链，促进国内、澜湄区域协调平衡发展；打造"口岸＋产业加工""口岸＋跨境商贸物流"等发展业态，加快构筑面向南亚东南亚国家的区域性经济、金融、贸易核心功能区，提升沿边地区的经济和产业发展水平。一是要以现有边境开放城市为陆路沿边开放新特区"强点"。结合产业结构调整，深化改革，强化现有边境开放城市的综合功能，特别是对外贸易中心、行政管理中心、交通枢纽中心、邮电通信中心、工业生产中心功能，提高边境城市化水平，增强和发挥其聚集力和辐射力，使之真正成为边境地区经济和文化发展的核心。二是以原有小城镇、边境贸易口岸等将"强点"进行"串线"。对"强点"进行改造，有重点、有选择地投入资金和技术，延伸产业链条，优化产业结构，增强经济活力，逐步扩大城市规模。在提高边境开放城市综合能力的基础上，以沿铁路、水路、出海通道、高速公路为"轴线"，积极发展边境开放城市，使之成为边境对外开放城市经济和文化辐射、带动的承接点和传播地，形成"芒市—瑞丽"、"景洪—勐腊—磨憨"、"蒙自—河口"3个增长极。三是以五个特色发展组团建设"带片"发展。选择一些交通较发达、经济基础较好的地区，加快其发展步伐。建成沿边开放密集区，更好地发挥中小城市群作用便于接纳产业转移，推动云南产业承接和可持续发展，促进区域协调发展，形成"腾冲—猴桥"、"临沧—耿马—孟定"、"普洱—澜沧—孟连—勐阿"、"文山—麻栗坡—天保"及"文山—富宁—剥隘"5个特色发展组团。

（六）以沿边地区开放带动云南全境开放

一是瑞丽、勐腊（磨憨）、河口开放。加快与对方国家在监管政策、税收政策、通关便利、人力资源政策等方面的沟通协调。省、州、县三级政府加快审批权限调整，加快与国家部委、省级相关部门之间的沟通和协调。积极推动大型央企、省属大型企业与合作区平台公司的合作。完善提升开放发展平台功能，在经济带建设中发挥开放门户的引领带动作用，形成风险可控，可复制推广的开放经验。二是边境经济合作区开放。加快畹町、临沧2个国家级边境经济合作区，麻栗坡（天保）、腾冲（猴桥）、孟连（勐阿）、泸水（片马）4个省级边境经济合作区的开放探索，依托边境经济合作区的发展基础，在复制推广跨境经济合作区的基础上积极探索适合自身条件的开放举措并形成可复制推广的经验。三是边境州（市）开放。以怒江州、保山市、德宏州、临沧市、普洱市、西双版纳州、红河州、文山州8个边境州市的25个边境县市为开放目标，推动沿边地区联动内外、协作发展，提升开放发展能力和水平，促进形成新的经济增长带。四是全省开放。在跨合区、边合区、沿边州市开放的基础上，不断复制总结全国开放经验及自身开放特点，对内联动长三角、珠三角和成渝经济圈等发达地区市场，对外以南亚东南亚为依托，围绕体制机制创新，加快沿边开放步伐，打造国际化、法治化营商环境，全面建设沿边地区体制机制改革的试验田，全面提升区域经济实力。

（七）完善合作机制建设，促进次区域一体化

一是针对发展"堵点"加强政策机制沟通联系。加强协调和对接区域间道路运输有关法律、法规和技术标准统一，改善出入境便利化措施，完善口岸运行监测体系，建立口岸信息发布制度。合作建立区域内贸易和投资信息服务机制，构建新型、便捷的通关模式。通过技术手段加强区域内通关风险的管理，提高通关效率，打通联动发展的关键"堵点"。二是完善参与区域联动各国、各省区政府间合作发展机制。以"一带一路"建设为重点，

实行更加积极主动的开放战略，推动构建互利共赢的国际区域合作新机制。充分利用好中国—中南半岛、孟中印缅经济走廊、澜湄合作等区域性合作机制，进一步深化"云南—老北合作工作组"、"滇缅经贸合作论坛"等双边合作机制，巩固传统合作基础，不断拓展合作领域。三是吸引国际机构和跨国公司落户云南。鼓励南亚、东南亚国家使领馆和区域性国际组织代表处或办事机构落户云南，鼓励跨国公司在云南设立地区性总部、销售中心、物流中心和结算中心，完善相关制度，强化国际化人才培养，提高云南集聚国际高端要素资源的能力，提升云南城市国际化能级和对国际规则的话语权。

参考文献

［1］刘芳：《浅议制度创新对我国经济发展的作用》，《科技与管理》2007 年第 1 期，第 124 ~ 126 页。

［2］沈荣华：《推进"放管服"改革：内涵、作用和走向》，《中国行政管理》2019 年第 7 期，第 15 ~ 18 页。

［3］戴翔：《制度型开放：中国新一轮高水平开放的理论逻辑与实现路径》，《国际贸易》2019 年第 3 期，第 4 ~ 12 页。

［4］刘芬、邓宏兵、李雪平：《增长极理论、产业集群理论与我国区域经济发展》《华中师范大学学报（自然科学版）》2007 年第 1 期，第 130 ~ 133 页。

［5］王晓轩、张璞、李文龙：《佩鲁的增长极理论与产业区位聚集探析》，《科技管理研究》2012 年第 19 期，第 145 ~ 147 页。

［6］张幼文、薛安伟：《要素流动对世界经济增长的影响机理》，《世界经济研究》2013 年第 2 期，第 3 ~ 8 页。

［7］郝洁：《产业转移承接地效应的理论分析》，《中国流通经济》2013 年第 1 期，第 60 ~ 67 页。

［8］宁骚：《政策实验与中国的制度优势》，《学习时报》2014 年 2 月 17 日。

［9］斯蒂芬·格罗夫、杨意：《区域基础设施互联互通对亚洲的意义》，《博鳌观察》2013 年第 4 期，第 42 ~ 45 页。

［10］刘长玲：《基欧汉关于国际机制的理论》，《理论观察》2011 年第 2 期，第 44 ~ 47 页。

推进边境贸易高质量创新发展路径研究

——以云南省德宏傣族景颇族自治州瑞丽市为例

刘振中　徐　阳*

摘　要： 党中央、国务院高度重视西部地区开发和沿边地区开放工作，出台了系列促进"稳边固边安边、兴边富边强边"政策举措，推动形成开放新格局及区域协调发展新格局。本文选取云南瑞丽作为研究样本，对边境贸易这一推动沿边地区经济社会发展的重要力量和对外开放、兴边富民的重要抓手进行剖析研究，就发展的优势条件潜力和困难问题挑战提出对策建议——以培育新主体、打造新产业、布局新业态、拓展新市场、构建新平台、营造新环境为重点贯彻落实国家文件精神，争取形成多渠道协调合作机制、推进重大项目规划实施、推进相关双边协定签订、提升经济走廊贸易投资便利化，推动边境贸易高质量创新发展，服务和融入双循环新发展格局。

关键词： 沿边开放　边境贸易　边民互市

建设多元平衡、安全高效的全面开放体系，是构建现代化经济体系的重大任务，也是进一步发挥以开放促发展、促改革、促创新的积极作用，实现经济高质量发展的重要支撑。创新发展边境贸易是建设全面开放体系的关键

---

* 刘振中，云南省商务研究院助理研究员；徐阳，云南省国际贸易学会开放改革办副主任，助理研究员。

一环，是发挥周边外交主动性应对国际国内环境和条件深刻复杂变化的重大举措。为深刻理解中央扎实推进"一带一路"倡议，加快建设贸易强国，形成"东西双向互济、陆海内外联动"，服务新发展格局构建，本文在对沿边地区边境贸易及开放发展现状、条件基础、优势潜力、面临困难等方面进行剖析研究的基础上，提出推进边境贸易高质量发展的具体路径和重点内容，认为要以边境贸易创新发展为抓手推进沿边开放，落实"稳边固边安边、兴边富边强边"要求，更好服务和融入国家重大发展战略。

一 沿边地区开放发展中的边境贸易发展现状

我国对外开放从沿海起步，由东向西渐次推进。党的十八大以来，内陆和沿边地区开放取得长足发展，但总体上还是对外开放的洼地。西部地区拥有全国72%的土地面积、27%的人口、20%的经济总量，而对外贸易仅占全国的7%，利用外资和对外投资分别占7.6%和7.7%。内陆和沿边地区劳动力充裕，自然资源富集，基础设施不断改善，特别是随着"一带一路"倡议加快推进，中西部地区逐步从开放末梢走向开放前沿，开放型经济发展空间广阔。

党中央、国务院高度重视西部地区开发和沿边地区开放工作，按照"亲诚惠融""与邻为善与邻为伴"周边外交方针，将沿边开放作为我国经济区域协调发展的重大战略，持续出台了支持沿边重点开发开放、支持沿边金融改革、新设沿边自由贸易试验区等系列"稳边固边安边、兴边富边强边"政策举措，努力推动形成"陆海内外联动、东西双向互济"的开放格局，形成区域协调发展新格局，进而让中国发展成果更多惠及周边。2019年，国务院办公厅下发了《关于促进边境贸易创新发展的指导意见》（国办发〔2019〕46号），进一步丰富、完善和提升了边境贸易的内涵、举措与定位，提出改革创新相关体制机制、推动转变边境贸易发展方式、提升边境贸易的竞争力、扩大边民就业、改善当地民生和助力脱贫攻坚等十条指导意见，为进一步巩固边疆民族团结，实现稳边安边兴边，增强与周边国家经贸往来指明了新方向、奠定了新基础、提供了新动力。本文选取具有新兴边境城市特点、中缅经济走廊起点和边民互市贸易发展特色集中的云南省瑞丽市作为样本进行研究。

（一）云南省对外开放及贸易发展情况

云南省总面积 39.4 万平方公里，常住人口 4829.5 万人，世居少数民族 25 个。地处中国西南边陲，西与缅甸接壤，南部和东南分别与老挝和越南接壤，共有陆地边境线 4061 公里。全省共有 25 个边境县，184 个乡镇（农场），386.07 万边境居民，19 个一类口岸和 6 个二类口岸。2018 年，全省 GDP 实现 17881.12 亿元，同比增长 8.9%。社会消费品零售总额 6826 亿元，同比增长 11.1%。2019 年 1~9 月，实现生产总值 12971.85 亿元，同比增长 8.8%，完成社会消费品零售总额 5465.73 亿元，同比增长 10.2%。全省外贸进出口总额完成 1665.01 亿元，同比增长 18%。2019 年 1~9 月，云南省对缅甸贸易完成 59.77 亿美元，同比增长 18.4%。其中出口 24.17 亿美元，进口 35.59 亿美元。主要出口商品为手机、摩托车、化肥。主要进口商品为原油、天然气和矿产品。缅甸是云南边境贸易重点国别，对缅边境贸易占全省边境小额贸易的 80%，出口的主要产品是农用机械、小家电、小五金、生活用品等商品，占出口总额的 75% 左右；进口以金属矿砂等资源类产品和农产品为主，占进口总额的 90% 左右。近年来，云南省全力推进面向南亚东南亚辐射中心建设，制定实施了新时代深化和扩大开放的若干意见、加快面向南亚东南亚辐射中心建设"1+15"政策文件和工作方案，着力推进边境园区"1+2"建设、"一口岸多通道"监管创新，加快建设功能不同的边境经济合作区，高水平高标准高质量建设自由贸易试验区，创新沿边对内对外经济合作新体制、新模式，形成了新时代云南全面对外开放新格局，为沿边开放奠定了坚实基础。

（二）瑞丽市沿边开放和边境贸易基本情况

瑞丽市位于云南西部、德宏州西南部，是一个以傣族、景颇族为主的边境口岸城市，西北、西南、东南三面与缅甸接壤，国境线长 169.8 公里，有瑞丽、畹町两个国家一类口岸，是我国最大的对缅贸易陆路口岸。从陆地瑞丽口岸出境，经缅甸腊戍、曼德勒、马奎，可不经马六甲海峡，直接抵达仰光港、实兑港、皎漂港等港口，进入印度洋。瑞丽与缅甸贸易频繁，进口产品主要有大米、玉米、豆类、芝麻、花生、热带果蔬、水产、橡胶、蔗糖、咖啡、木材、珠宝玉石及部分矿产品，出口产品主要有化肥农药、农机具、温带水果、日用百货、纺织服装、五金交电、建材化工及部分工业生产资料。2018 年，瑞丽市实现生产总值 107.4 亿元，同比增长 6.1%；进出口贸易总额完成 716.9 亿元，同比增长 65.1%；进出口货运量 1591.6 万吨，同比增长 71.1%；出入境人流量 2147 万人次，同比增长 4.8%；出入境车流量 557.9 万辆次，同比增长 16.5%；累计完成边民互市交易额 26.31 亿元，同比增长 86.46%。2019 年 1~9 月，瑞丽市实现地区生产总值 74.59 亿元，同比增长 10.8%；进出口贸易总额完成 628.96 亿元，同比增长 19.8%，其中，进口完成 416.43 亿元，同比增长 20.0%，出口完成 212.53 亿元，同比增长 19.7%；完成边民互市进出口额 35.54 亿元，同比增长 19.89%；完成进出口货运量 1121.46 万吨，同比增长 16.34%，其中，进口 1042.93 万吨，同比增长 18.01%，出口 78.52 万吨，同比下降 2.05%。

二 边境贸易发展的条件优势和问题挑战

瑞丽在中国沿边城市中具有非常突出的特点，具有独特的区位优势、政策优势和后发优势，国家推进沿边开放的政策让瑞丽这样默默无闻的边境小城市焕发了新的生机和活力，边境贸易已经成为推动当地经济社会发展的重要力量和对外开放、兴边富民的重要抓手。

（一）边境贸易创新发展的条件优势

1. 边贸创新

从 20 世纪 80 年代开始，瑞丽就一直是中国多项陆路口岸开放政策的试验区和中国"与邻为善、以邻为伴"外交方针的实践地，从最早"摸着石头过河"开展边民互市和边境小额贸易，到率先推动边境贸易转型升级，向国际经济技术合作更深层次的领域发展；从建立云南第一个"境内关外"海关特殊监管区，到第一个实施边境贸易出口人民币结算退税政策，瑞丽形成了以边境贸易为基础的边民互市—边境贸易—边境经济合作—"境内关外"，渐次推进、创新发展的沿边开放模式；瑞丽航空、玉石网络直播成为瑞丽的新名片。

2. 边境维稳

瑞丽探索建立了边民矛盾纠纷民间调处中心，被中缅两国边民亲切地称为"边境线上的国际小法庭"；形成了解决跨境婚姻问题的机制；建立了中缅警方联合执法机制（缉毒、打拐、消防等），打造共建共享的和谐边境；建立了外籍人员服务管理中心，在全国首次推出《境外边民入境务工管理暂行办法》和境外边民服务管理系统。

3. 要素环境

搭建了沿边跨境金融合作交流平台，建立了全国首个在缅非现金跨境支付服务点，全国首创试点经常项下人民币兑缅币特许兑换业务，形成"瑞丽"指数；人民币专户出口结算退税试点"德宏模式"在全国首推；全省县级行政审批试点"综合服务"窗口；探索提出了"边贸税收管理"、"红木玉石加工销售管理"、"姐告贸易区境内关外管理"、"中缅油气管道设立独立结算点政策"等一系列优惠政策。

4. 对外合作

推动 NGO 组织国际化，2014 年瑞丽市妇女儿童发展中心缅甸木姐办公室成为中国在缅甸正式登记注册的第一个 NGO 组织；跨境农业合作助推农业技术和标准"走出去"，赴缅开展技术培训、共建规范化种植示范样板田、优良品种展示，筛选出适合在缅甸推广应用的中方西瓜、芒果、水稻、蚕桑、甘蔗、香蕉等农作物新品种，推广和输出了农业技术和标准。

5. 人文交流

创新建设了"国门书社"、边防小学、菩提学校，收了一大批小小留学生；对缅宣传形成包括报纸、广播、网络、社交媒体、移动客户端等在内的 7 种语言文字的对外传播全媒体宣传体系。

（二）边境贸易发展面临的问题挑战

国家出台46号文支持边境贸易创新发展，对支持边境经济发展更加精准和有效，给云南边境地区的发展带来了新的重大历史机遇，但在抢抓这一机遇的过程中边境贸易发展仍存在以下问题和挑战。

1. 开放创新较为谨慎

对中央鼓励边境贸易创新发展的重要性和指导性理解不够，对应用边境贸易政策进一步扩大对外开放的重大作用认识理解不到位。总体上思想观念更新缓、思维方式转变慢，对边境贸易创新发展缺乏系统性思路和科学规划；思想没有真正解放，推进全面改革创新的勇气和动力不足，全面系统思考和解决问题的能力不足；推进工作力度较小，存在小富即安的思想，不敢闯不敢试不敢改的现象明显。

2. 发展基础还不牢靠

瑞丽市作为县级市，地处偏远边境地区，经济发展水平低，经济总量小，口岸城市建设基础薄弱，城市化水平低。边境贸易还处于小规模、浅层次和低水平发展的阶段，没有形成贸易与产业共同发展的特色和优势。加之边境地区易受国内和国际不稳定不确定因素双重影响，推动边境经济社会持续发展的基础尚不牢固，沿边开放和影响辐射周边的能力不强。

3. 发展重点还不突出

瑞丽市抢抓开放机遇意识还不强，经济发展重点不突出。产业发展规划不鲜明、不科学；产业基础薄弱，产业链配套不完整；大力推动边境贸易发展、明确发展目标、优化发展路径等工作方面重点不明，缺乏突破发展瓶颈的重点产业、重大工程、重要项目的支撑，尤其缺乏骨干基地和龙头企业。

4. 发展环境有待改善

瑞丽边境贸易管理和发展环境不规范、不稳定，营商环境整体质量不高。中缅双边沟通机制不够畅通，双边政策缺漏滞后，交通运输、跨境劳务、人民币互换等协定尚未签署；边境贸易政策制度和监管机制僵化，制约开放合作；综合交通基础建设滞后，口岸基础设施建设投入不足，导致设施联通能力不够、通关便利化水平低；跨境金融方面突破难度大，人民币结算工作推进缓慢；在民心相通方面，人文交流互信不够，平台不足，渠道不畅，项目不多，难以适应扩大开放和边境贸易快速发展的需要。

三　创新发展边境贸易的具体路径建议

边境贸易发展意义重大，而加快沿边开放、推动边境贸易创新发展是一项极其复杂的系统工程，不仅要加快提高贸易相关要素的聚焦能力，还要配置要素之间产生化合反应的制度；不仅要改革完善边境地区体制机制建设，更要积极审视我国的周边形势和提升沿边开放水平。因此，我们认为云南应该也可以在国家对外开放整体战略中特别是对缅合作中发挥更大的作用，让"人类命运共同体"的理念，借沿边开放合作的平台，在周边国家率先落地生根、开花结果。

国家出台的46号文件是一项创新突破、务实管用的边境贸易政策，是我国进一步履行国际责任，进一步扩大进口的具体措施，是富民兴边的新举措，建议云南要高度重视边境贸易的发展，认真学习领会和贯彻落实文件精神，务实建立与促进边境贸易创新发展相适应的体制机制。以落实46号文为契机，大胆鼓励各边境县市加快边境贸易多元化发展，加快发展加工产业，出台务实管用的具体措施和细化方案，重点加快在培育新主体、发展新产业、开拓新市场、发展新业态、构建新平台和营造新环境等六个重点方面和关键环节上下硬功夫。基于对瑞丽推进边境贸易发展现状、优势条件、问题挑战的分析，提出如下建议。

（一）加快培育边境贸易新主体

加快边民互市链各贸易主体的发展培育。提高边民参与互市贸易组织化程度，真正让边民成为贸易的主体，让更多边民在国家的稳边富民政策中受惠；引导企业深化国际产能和装备制造合作，大力发展对外工程承包，设立境外种植和养殖基地，带动装备、技术、标准、认证和服务"走出去"，培育一批境外投资企业主体；加快培育和引进一批熟悉境外市场和流通渠道的市场销售和采购企业主体；加快完善边贸商品二级市场和三级市场，培育一批熟悉边民互市政策的专业化贸易企业主体；加快引进东部发达地区全产业链加工产业主体落地边境园区，提升边贸产品附加值。

（二）加快打造边境贸易新产业

加快对全省各边境地区发展规划做全面研究和统一规划，加强边境贸易新产业发展规划；有效吸引和承接东部产业转移，丰富、优化和更新现有产业；进口方面，加快发展与边境贸易特别是边民互市贸易相配合的产业，对标边境贸易进口商品资源发展落地加工产业；出口方面，依托边民互市贸易及劳动力、原材料等比较优势，重点发展面向东南亚国家市场的轻纺和小家电产业。

（三）加快布局边境贸易新业态

积极探索边境地区新的外贸业态，丰富对外贸易内涵。积极发展市场采购贸易；鼓励外贸综合服务企业发展；推动外贸综合服务平台建设，推进边境地区免税购物和旅游购物发展；以"互联网＋边境贸易"，协同发展跨境电商和跨境物流业务，探索跨境电子商务零售进出口管理模式；建立国别商品展示展销中心；发展离岸呼叫中心、数据存储服务中心、电力能源交易中心等服务贸易；开展保税监管业务；开展高价值商品保税业务；加快发展小型专业化边境贸易交易会（展）；完善管理体制和政策措施，鼓励发展网络直播等其他贸易新业态。

（四）加快拓展边境贸易新市场

云南应争当"买全国，卖全国；买全球，卖全球"的"超级推销员"，发挥链接"两种资源，两个市场"的优势，提高贸易便利化水平，培育一批市场营销专业化企业，努力开拓国内国际新市场；促进进口，加快系统研究东盟商品边民互市市场类别；不断拓展边民互市商品及加工产品销售的国内市场；加大出口，细化调研分析缅甸及周边国家市场需求；努力开拓多元化国际市场，扩大重点商品进出口，优化出口商品结构；探索与周边国家共同建立自由贸易新市场。

（五）加快构建边境贸易新平台

运用好现有自由贸易区、边境合作区、跨境合作区和各类开放型园区平台和扶持政策，争取国家外贸转型升级基地建设试点，发展依托边境贸易产业集聚区，培育一批产业优势明显、创新驱动突出、公共服务体系完善的基地。加强与国内挂钩园区合作，实现产业梯度转移，重点发展边民互市商品落地加工产业；积极推进跨境金融、跨境产能合作平台建设；加快建设边民互市产品信息平台和电子商务交易平台；加快打造边民互市商品专业市场；加快边民互市综合服务平台建设，提供公共政策、市场交易、金融、电商和物流仓储等综合服务；探索在邻边地区建设境外加工贸易示范区。

（六）加快营造边境贸易新环境

创建服务型政府，提升服务水平和能力，实现"一网通办，马上就办"；提升国门形象，提升双边口岸通关便利化水平，简化监管程序；发行地方政府债券，支持开放型园区平台基础设施建设；落实国家对边境贸易的税收优惠政策；加大转移支付资金对边境贸易的支持力度，创新支持方式；提升金融服务边境地区发展能力；做好外籍人员服务管理；深化边境地区反走私综合治理；注重双边人文合作与交流，加大对缅民生援助和扶持力度，打造和谐边境。

四 创新发展边境贸易的政策建议及争取事项

推进"一带一路"倡议，加快建设中缅经济走廊，需要我国加强与缅甸的友好交往，需要和平的缅甸、安全的缅甸、繁荣的缅甸、开放的缅甸。我国支持边境贸易发展的政策应该惠及双方边民，惠及双边地区经济社会的发展，应该成为加快打通印度洋通道的重要支撑。"一滴水里观沧海"，我们从云南瑞丽看到沿边开放的希望与活力，看到国家战略在这个小小的边境城市呈现出的巨大潜力。同时，也看到做好对缅合作和边境贸易这篇文章也有不小的难度，仅靠云南一省之力，做不好也达不到党中央期望的效果，需要在国家各部委层面给予更多要素资源支持，赋予更大的政策灵活度，才能有效实现资源整合和优势潜力挖掘，才能繁荣边境贸易发展，提升我国对周边国家的影响力、辐射力和号召力。因此，应积极争取国家政策和对重大事项的支持，站在更高的层次来思考和推进边境贸易的高质量创新发展。

（一）加快形成多层次多渠道协调合作机制，促进民心相通

一是争取国家成立高级别沿边开放推进领导小组。建立对内对外工作协调机制，形成沿边地区省份与中央有关部委、沿海发达省市和大型央企等四方共同组成联合体，分别负责与周边国家加强沟通联系。二是加快完善沿边经济治理体系。制定沿边开发开放综合治理制度，推进从要素开放到制度开放的沿边经济治理体系建设，使制度更加完善成熟定型，保持政策的稳定性、可操作性和可预期性。加快在外交援外、财税金融、公安交通、土地环境、教育卫生、人力劳务、海关边防以及重大项目协调等各个方面，形成更有力、更精准、更持久的沿边地区开放政策、制度和务实举措。三是积极发挥云南与缅甸的传统友好的双轨外交优势，加强政府与民间交往的常态化、制度化、实效化。通过政府援外项目与 NGO 合作等多重手段，重点加强与缅甸各级政府、民间组织和重点企业的合作，营造有利于重大项目建设的社会氛围和良好关系。四是建立多层次的人文合作机制，推动教育、科技、文化、体育、卫生、青年、媒体、智库等领域合作，夯实民意基础，将中缅经济走廊建成文明友谊之廊。

（二）加快重大项目的规划设计和推进实施，促进设施联通

一是争取在国家"一带一路建设领导小组"内增设中缅经济走廊建设工作组，统筹负责中缅经济走廊建设重大项目的前期研究、规划编制、政策

设计和项目协调等重点工作；二是加大力度支持沿边地区综合交通枢纽、口岸功能、跨境运输等基础设施建设；三是加快推进皎漂港园区建设；四是加快连接瑞丽—皎漂的公路、铁路项目建设；五是加快发展以中缅铁路班列为核心，国际铁路联运、陆水联运、铁海联运、公铁海联运等多种方式并行的对缅国际物流大通道；六是给予自贸试验区、跨境经济合作区等开放园区平台建设政策支持，扶持边境特色产业升级发展，在边境地区形成若干开放型经济新增长极。

（三）加快推进中缅两国相关协定的签订，加强政策沟通

争取国家推动中缅双边国际道路便利运输协定签署，实现跨境运输车辆牌证互认；加快中缅货币互换协定的签署，指导云南开展金融创新试点；加快缅甸输华屠宰用肉牛检疫卫生议定书签署，推进跨境农业合作；加快中缅跨境经济合作区合作协议签署；加快与缅方商定签署跨境劳务协定；进一步加强与周边国家司法机构和商事仲裁机构的交流合作。

（四）加快推进经济走廊贸易投资便利化，实现贸易畅通

一是加快中缅跨境经济合作区以及境外经济合作区建设，充分利用原产地优惠政策和普惠制规则规避贸易壁垒；加快与缅甸"一站式"通关建设；试行"一线放开、二线高效管住"的货物进出境管理制度，推动建立与周边国家"一次认证、一次检测、一地两检、双边互认"通关模式；二是允许沿边省份制定边民互市商品负面清单；三是支持加快中缅跨境经济合作区以及境外经济合作区建设，充分利用原产地优惠政策和普惠制规则规避贸易壁垒；四是支持云南在缅甸布局农业园区、加工园区、物流园区和文旅园区，建设专业对外投资合作平台，为全国对外投资企业提供平台服务；四是支持跨境农业合作农产品返销，视同国内生产；五是扩大境外罂粟替代种植项目项下返销产品目录，将缅甸、老挝北部由替代企业开展的利用缅甸老挝粮食（大米、玉米）作为饲料的肉牛罂粟替代养殖项目，以及境外蚕桑养殖等替代项下加工项目纳入境外罂粟替代发展产业项目。

参考文献

［1］胡海峰：《开放、发展与深入：经济高质量发展与开放型经济新体制互动研究》，《河南社会科学》2020 年第 2 期，第 36～46 页。

［2］高歌：《创新边贸合作机制，推进与周边国家边境合作深入发展——以中、越边境贸易为例》，《特区经济》2007 年第 9 期，第 85～87 页。

［3］张军强：《云南与广西边境贸易发展比较研究》，云南大学硕士学位论文，2016。

［4］佟家栋：《"一带一路"倡议的理论超越》，《经济研究》2017 年第 12 期，第 24～27 页。

［5］张燕青、冯馨瑶：《昆明关区边民互市问题与对策》，《中国市场》2015 年第 12 期，第 148～151 页。

［6］郑艳玲：《"瑞丽指数"：领跑中缅货币汇率机制形成——德宏中支在全国首创中缅货币兑换汇率机制》，《时代金融旬刊》2016 年第 1 期，第 69 页。

［7］戴天璐：《浅析云南边民互市贸易政策在实践中的问题》，《经济研究导刊》2016 年第 9 期，第 168～169 页。

［8］车义元：《云南边民互市贸易改革发展问题探究》，《中共云南省委党校学报》2018 年第 4 期，第 132～136 页。

［9］陈光春、马国群、于世海：《边境贸易规模、商品结构对经济增长的影响——基于广西边境贸易的面板数据分析》，《企业经济》2016 年第 12 期。

［10］程艺、刘慧、公丕萍等：《中国边境地区外向型经济发展空间分异及影响因素》，《经济地理》2016 年第 9 期，第 19～26 页。

发挥云南双向辐射独特优势
促进"一通道""两走廊"联动发展

陈凤梅　肖媚月 *

摘　要：　2020年1月，习近平总书记到云南考察时强调，"云南是我国面
　　　　　向南亚东南亚和环印度洋地区开放的大通道和桥头堡"，要求
　　　　　云南"要主动服务和融入国家重大发展战略，以大开放促进大
　　　　　发展"，为新时代云南发展进一步打开视野、领航定位、指明
　　　　　方向。本文聚焦"一通道""两走廊"联动发展，即加快推进
　　　　　西部陆海新通道、中老经济走廊、中缅经济走廊联动发展，提
　　　　　出立足以"联"促"通"、以"动"促"合"的"两步走"路径
　　　　　和云南联动周边发展的重点任务，以期进一步发挥云南面向南
　　　　　亚东南亚和环印度洋地区、背靠国内市场经济腹地"双向辐
　　　　　射"的独特优势，深度融入共建"一带一路"，主动服务担当
　　　　　"开放前沿"，加快打造"双循环"新发展格局的战略链接点
　　　　　和重要支撑点，在服务国家发展战略中做出应有贡献。

关键词：　沿边开放　区域联动发展　西部陆海新通道　经济走廊

云南在我国沿边开放及区域联动发展中具有独特优势，是我国构建全面
开放新格局和促进区域联动过程中不可缺少的关键引擎和重要枢纽区域，是

---

* 陈凤梅，云南省商务研究院助理研究员；肖媚月，云南省国际贸易学会开放改革办副主任。

中老、中缅经济走廊和西部陆海新通道建设中不可缺少的重要省份。在此背景下，为进一步发挥云南双向辐射的独特优势，我们认为，要坚持开放包容、创新实践、协同联动、共建共享，以云南为核心，以联动周边要素为发展基础，以带动区域合作一体化为内生动力，打造背靠西部省区、面向南亚东南亚的国际大通道，打通西部省区印度洋、太平洋出海口通道，加快打造"双循环"新发展格局的战略链接点和重要支撑点，促进"一带一路"和长江经济带有机连接，最终促进云南加速形成"联动周边、共同发展"的沿边开放新格局。

一　联动发展的条件及意义

（一）云南在联动发展中的地位与作用

中老经济走廊以云南为开端，云南是中老经贸的"先头部队"。近年来，在我国"一带一路"倡议和老挝"陆联国"战略指导下，云南作为我国唯一与老挝接壤的省份，滇老合作机制已成为双方长期友好、共同发展、互利共赢的成功模式，是澜沧江—湄公河合作中的典范。2017 年 10 月 13日，中国政府与老挝政府签署了《关于共同建设"中老经济走廊"的谅解备忘录》。建设起自中国云南，以中老铁路为依托，途经若干重要节点地区，抵达老南部的中老经济走廊，旨在通过开展以互联互通和产能与投资合作为重点的经济贸易合作①，落实双方共建"一带一路"的共识，实现经济发展目标和全面的区域经济合作。

中缅经济走廊以云南为开端，云南具有不可替代的优势和合作基础。2017 年 11 月 19 日，中国外交部部长王毅在与缅甸国务资政兼外交部长昂山素季会见时表示，"中方提议建设北起云南的'人字型'中缅经济走廊，打造三端支撑、三足鼎立的大合作格局"。中缅经济走廊连接了云南省和缅甸的三

---

① 《中国共产党和老挝人民革命党关于构建中老命运共同体行动计划》，新华网，2019 年 5月 1 日。

个重要经济中心，该条走廊的起点在云南的省会昆明，经中缅边境南下至缅甸第二大城市曼德勒，然后分别向东延伸到缅甸最大的城市仰光、向西延伸到中缅油气管道的起点皎漂港。云南省德宏州在"人字型"的中缅经济走廊建设中起到了门户枢纽的作用，瑞丽口岸将建成中缅经济走廊先行先试区。作为中缅经济走廊的关键组成部分，云南省在推进走廊建设过程中具有其他省份不可替代的地缘、文缘、族缘、人缘优势和非常扎实的合作基础。

云南对西部陆海新通道连接南亚东南亚有无可替代的地位和作用。自2017年首趟"渝桂新"回程测试班列在钦州港东站首发，西部陆海新通道构想逐步上升为国家战略。2019年10月，包括广西在内的西部12省区市以及海南省和湛江市签署共建"陆海新通道"协议，陆海新通道朋友圈扩大到14个省区市。同年8月，国务院印发《西部陆海新通道总体规划》，"一带一路"建设向纵深发展。新通道包含了我国西部的关键省区市，依托与周边国家地缘相近、民族同源、文化相通的优势，云南是各省区市中践行"亲诚惠容"周边外交理念的"实践先锋"。云南向内可依托川渝连长江经济带，南接粤桂，通过珠三角及港、澳与海上丝绸之路相连接；向外可沟通我国通往东南亚、南亚的陆路国际大通道，形成中国构筑安全便捷的全球经济一体化战略大通道。云南具有外连南亚东南亚、内接南向通道上西南西北各省区市的特点，发挥其良好的区位、交通、产业、平台等优势，是西南地区联动释放发展优势和潜力的"桥梁纽带"。

（二）联动发展的条件分析

内部条件决定云南具有联动发展的独特优势。一是区位优势。云南是中国连接东南亚、南亚的地缘经济板块，是我国通过东南亚、南亚出印度洋走向世界，世界各国从东南亚、南亚进入我国内陆腹地的重要通道。二是交通运输优势。云南以"五网"建设为重点，形成了"七出省、四出境"的高速公路网络和"八出省、五出境"的铁路网络，以及"三出境"水运通道。三是资源优势。云南水能资源理论蕴藏量居全国第3位；森林面积居全国第3位；拥有全国63%的高等植物、70%的中药材、59%的脊椎动物等物种资源。四是人文交流优势。云南与共建"一带一路"国家和地区的贸易合作蓬勃发展，边民互市往来频繁，不断实施国家援助项目，加强与周边国家民生合作项目，促进经贸合作与人文交流走深走实。

外部挑战决定云南沿边开放不能脱离联动发展。一是西部陆海新通道沿线地区的强势、快速发展将一定程度上削弱云南对南亚东南亚的辐射力。重庆将致力于打造西部中心枢纽，广西的北部湾经济区将深化与东盟国家陆海全方位合作，融入粤港澳大湾区建设。二是减缓了云南承接产业转移和产业聚集速度。西部陆海新通道的建设过程中，各项有利因素将形成合力，加速企业在新通道周边聚集，一批企业将会被带离云南，使云南交通运输业、物流行业和口岸的业务量及总收入被部分占有，云南若脱离新通道发展单打独斗，则不利于承接产业转移和加快产业聚集。三是冲击了云南商品在南亚东南亚国家的市场份额。西部陆海新通道的打通，将会降低各类出口商品在运输过程中的时间和成本，促进我国西部各省区市与东盟的贸易往来，削弱了云南省的地缘优势，更多沿线企业将通过西部陆海新通道把产品出口至南亚东南亚国家，云南企业的出口商品市场将受到冲击。

（三）联动发展对云南的重要意义

一是有利于加快把云南建成面向南亚东南亚辐射中心。有利于云南与我国西部各省区市和南亚东南亚各国开展多方面、多形式的合作，在云南交通设施和产能通道日益完善的基础上，在与周边联动发展的过程中，更好地依托走廊服务全国各地的企业开拓南亚东南亚市场。二是有利于加快云南互联互通基础设施建设。云南与周边各省区市和南亚东南亚各国交通基础设施的进一步完善将助力云南更加有效对接周边省区市和周边国家，加快推动云南"八出省、五出境"铁路通道建设、"七出省、五出境"高速公路干线主骨架建设，进一步完善对内对外水、陆、空立体交通网络。三是有利于为我国开辟国际交通、能源运输新通道。中缅经济走廊建设将加快云南打通由缅甸出海的铁路和公路，促进环印度洋地区的双、多边合作，有利于开辟我国通向印度洋的战略通道，成为保障我国经济安全和能源安全的重要基础和保障。四是有利于巩固云南与周边地区的睦邻友好关系。有利于进一步加强云南与周边国家和地区扩大与深化教育领域的交流与合作、加强旅游领域的交流与合作、扩展文化和宗教领域的交流与合作、加大科技领域的交流与合作、扩展卫生领域的交流与合作、加强媒体领域的交流与合作、加强体育领域的交流与合作、加大研究与智库合作交流，巩固云南与周边地区的睦邻友好关系。

二　联动发展的路径

（一）以"联"促"通"，为各方要素便捷流通奠定基础

加强政策机制沟通联系，疏通发展关键"堵点"。增强扩大开放意识，客观认识到云南作为区域联动协调发展关键省份的战略地位，以海纳百川、优势互补、合作共赢的开放意识，积极主动在西部陆海新通道建设中有所作为。加强云南与周边区域的贸易便利化、运输便利化等政策合作与衔接，内外统筹，打通联动发展的关键"堵点"。联合区域内相关部门开展合作，共同研究制定区域内的相关贸易促进政策，改善出入境便利化措施，加强协调和对接区域间道路运输有关法律、法规和技术标准统一。完善口岸运行监测体系，建立口岸信息发布机制，提供跨境贸易集成一体化通关、便捷化运输等综合性物流服务等。

深化周边区域交流合作，形成睦邻友好新局面。推动政府间积极协商各领域的合作发展规划，推进金融、旅游、物流等领域标志性合作项目的建设。加强同四川、重庆、贵州、广西等省区在物流、经贸、信息、人文等领域的合作，推动落实国家长江经济带发展战略规划。加强与中老、中缅经济走廊和国内省区市各种形式的人文交流，推进民心相通，为区域一体化发展打牢坚实的社会基础。

（二）以"动"促"合"，加快促进区域一体化发展

优化区域空间产业布局，联动各方形成优势。高起点布局产业，实施产

业发展分类指导，推动产业要素重构，服务模式和格局创新。发挥现代物流产业复合性强、发展潜力大、带动作用强的优势，积极构建云南省联动西部省区、面向南亚东南亚的现代物流大通道。利用老挝、缅甸等周边国家和地区廉价土地、劳动力等生产要素以及产业优势和消费潜力，布局劳动密集型产业，加强区域农业合作，与周边国家开展畜牧业、水产养殖和加工合作。

发挥地区引领带动作用，实现空间联动发展。推进中国（云南）自由贸易试验区、（边）跨境经济合作区等重点开放型功能园区的建设，通过推进各类功能区集群发展实现区域联动发展。加快以昆明市与滇中新区为中心，以滇中城市群和滇东北、滇西北、滇西、滇西南、滇东南等城镇群为重点，发挥重点城市群经济增长极的带动作用，积极服务和融入区域发展。

三 联动发展的重点任务

（一）促进关键要素联通，为区域一体化发展奠定基础

1. 以"政策沟通"为先导，完善合作机制

对内主动服务和融入长江经济带战略。一是依托长江—金沙江黄金水道的优势，联动澜沧江—湄公河，加强与长江中下游地区联动协调发展，促进两头开放、双向流动。二是加强与长江流域、泛珠三角区域、京津冀、成渝经济区和周边省区的交流合作，积极参与沿江产业承接转移，促进分工协作和区域协调，持续优化长江沿岸产业布局，推动经济高质量发展。三是完善省际协商合作机制，积极拓展由四川、重庆、云南、贵州四省市签署的《关于建立长江上游地区省际协商合作机制的协议》合作领域，在基础设施互联互通、生态环境联防联控、公共服务共建共享、旅游合作共赢发展方面继续推动省际协商合作，推动劳动力、资本、技术等要素跨区域自由流动和优化配置。

对外进一步完善双多边合作机制与平台。一是聚焦"一带一路"建设，面向南亚东南亚和印度洋周边经济圈，积极主动推进开放，推动构建互利共

赢的次区域合作新机制。二是利用好孟中印缅经济走廊、中国—东盟自由贸易区、中国—中南半岛经济走廊、澜湄合作等区域性合作机制，完善滇泰、滇老、滇越、滇缅、滇印等合作机制，巩固传统经贸合作基础，不断拓展经贸合作领域。三是参考借鉴云南省与印度西孟加拉邦、捷克奥洛莫茨州建立国际友城的合作模式，积极拓展云南与周边常态化的省邦（州）合作机制，对接周边国家和地区发展战略，推动建立更多友好省邦（州）关系。

2. 以"设施联通"为纽带，加快产能合作

加快与周边基础设施互联互通建设。一是全力推进中缅铁路建设，积极配合国家推进瑞丽至缅甸腊戍、曼德勒、皎漂境外铁路建设；积极协调建设猴桥—梁河—芒市—临沧铁路，盈江那邦—缅甸八莫—密支那铁路；做好丽瑞—陇川—盈江—梁河—猴桥铁路前期工作，实现铁路口岸建成开放。二是建设昆明长水机场国际航空枢纽，依托西双版纳、芒市等支线机场，加密加厚国内航线网，拓展至经济走廊区域国际航线，新开辟节点城市和旅游景点直飞或环飞航线；加快布局沿边支线机场和通用机场，提升军民双向保障能力，拓展国际、国内航空货物运输，构建区域航空运输通道体系。三是以中老铁路建设为引领，加快实施云南与老挝互联互通专项规划；合作建设跨境公路，优先打通瓶颈路段和关键路段，满足日益增长的运输需求；加快落实与老挝、缅甸的跨境汽车运输协定，方便跨境货物运输和人员往来。四是加快推进澜沧江—湄公河次区域高等级国际航道疏通整治，建设景洪、关累现代化国际国内物流港以及中下游梯级渠化库区港口和其他客货运港站，提高集疏运通道能力；统筹航运发展与沿江开发区、物流园区的通道建设，拓展港口运输服务辐射能力。五是加快推进国际能源互联互通建设。加强区域内省区间电力互济，继续扩大西电东送等省外电力市场，推动与贵州水火互济；建设云南能源国际枢纽骨干网络，重点建设中老、中缅等高等级电力通道；优化电力资源和电源、电网等基础设施配置，统筹区域电力供需平衡，推动建设跨境电力交换枢纽；推进油气互联互通建设，加快分布式能源、能源互联网、先进储能技术的产业化应用合作，深化与周边国家能源装备制造领域合作交流，加快云南电机、变压器、开关、电缆等优势产业"走出去"。

　　积极与西南、西北省区市形成联动合力，加快建设面向南亚东南亚大通道。一是加强滇川合作。以"成都—内江—宜宾—西昌—大理—瑞丽—缅甸皎漂港"西南大通道建设为契机，充分利用沿线资源优势、产业优势，拓展沿线对外经贸发展新空间。促进与四川沿边州市开发合作，推进川藏铁路与西南大通道组成四川进入南亚东南亚的"'人字型'经济走廊"建设。二是加强与陕、川、渝、黔、桂等西部五省区市的合作，以优势互补、共同发展为原则，充分发挥云南面向南亚东南亚和环印度洋地区开放大通道的区位优势，发挥区域比较优势，加强国际国内产业分工与合作，建设一批外向型特色产业基地，共同拓展南亚东南亚市场。三是加强云南双向通道建设，拓展国外反补国内渠道，加快构建内连滇中、两广、大西南，外接越南老街延伸至河内、海防的综合交通体系。四是积极联合四川、甘肃等省份建设一条贯通"乌鲁木齐—西宁—成都—昆明"的南向通道，架好内联外接的沿边桥梁，为我国各地商品"走出去"和"引进来"提供保障，服务好周边省份和长江经济带沿线省份。

　　以国际物流通道为龙头加快推进区域联动的动脉建设。一是加快推进昆明长水国际机场改扩建、玉磨铁路、大瑞铁路等重大跨境物流项目建设，完善云南出境国际物流大通道基础设施。协调推进皎漂经济特区项目实施，配合国家推动中缅瑞丽至皎漂、仰光高速公路和铁路尽早开工建设，推动泛亚铁路中线老挝段加快建设。二是全力推进省级重点物流产业园和县级物流集散中心建设，加快构建跨境物流通道省内节点支撑服务网络。在昆明、磨憨、瑞丽等重点口岸建设一批保税功能物流园区，大力发展保税物流。鼓励和支持有条件的企业在境外建设保税功能物流园区，与省内海关特殊监管区联动发展。三是加快推动以集装箱多式联运为核心的中转设施建设，构建以公铁联运为基础的多式联运集疏运网络体系。加强陆空联运基础设施和集散运输体系建设，大力发展卡车航班，探索"航空＋高铁"联运模式，配套建设多式联运中转设施，提升境外物流节点支撑服务能力。四是支持物流企业到周边国家开拓国际物流市场，培育组建大型跨国物流企业集团。鼓励有实力的物流企业到省外设立若干分支机构，建立覆盖中西部地区主要城市的物流服务网络。五是加快跨境冷链物流发展，在花卉、水果、蔬菜、畜产品等农产品主产区和区域集散地规划建设适配的冷链物流园区，改造升级一批冷链基础设施，引进国内外知名的水产品冷链物流贸易企业，加强与周边国家合作，构建滇缅、滇老泰水产品冷链物流贸易网络。

3. 以"民心相通"为基石，夯实民意基础

深化与周边旅游文化交流合作。一是强化旅游带动，探索在西双版纳、德宏、河口等有条件的地区设立跨境旅游合作区，以"游客往来便利、服务优良、管理协调、吸引力强"为目标，与周边国家共同打造重要国际旅游目的地。依托边境城市，强化政策集成和制度创新，研究设立边境旅游试验区，积极探索全域旅游发展模式，推动建立经济走廊国际旅游圈和澜沧江—湄公河国际旅游区。二是拓展文化交流，以边境文化活动、边民交流、国门学校、国门书社等为载体开展多样化的文化交流与合作。探索与缅甸和老挝共建文化产业园区、文化旅游区和特色文化街区、文化市场。用好现有合作机制，鼓励和引导社会组织走出去开展民间援助，促进政府与社会渠道对外援助协调发展。三是做好境内外劳动力培训和就业工作，鼓励沿边各州市有针对性地组织动员、供需对接、规模输送，加强对外籍务工人员的管理，吸引周边充足劳动力。

深化与周边科教卫生交流合作。一是完善中老、中缅经济走廊教育交流合作机制，重点实施国际人才培养基地、教育和技术交流合作平台建设。推进沿边国门大学加快向应用技术型大学转型，拓展面向南亚东南亚的国际化人才培养渠道，建成一批在国内有一定知名度、在中南半岛地区有重要影响力的应用型特色区域国际化国门大学。二是强化中国—东盟创新中心、中国—东盟科技论坛等合作机制，依托云南重点高校、科研部门、重点实验室、大型企业研发中心等研究机构平台，搭建大型研究基础设施、科学数据和科技资源互联共享平台。三是加强疾病防疫合作和医学交流，加快推动区域性国际疾病预防控制中心和国际诊疗中心建设，加强疾病防疫合作和医学交流，大力推广远程医疗服务，重点开展健康促进、边境传染病联防联控、应急救援等医疗卫生援助活动。

（二）以关键要素联动发展，引领区域融合向纵深推进

1. 以"贸易畅通"为支撑，全面提升区域经济实力和辐射带动能力

加大开放平台优化整合提升力度。一是重点实施园区平台的优化整合提升，促进错位发展、协调发展。要深化园区管理体制改革，创新运行管理模式，吸引外来企业、资本和项目向中国（云南）自由贸易试验区、边（跨）境经济合作区、重点开发开放试验区、综合保税区、经济技术开发区等园区集中。二是延伸展会价值链，提升专业化、国际化、品牌化、信息化水平，借助进博会、投洽会、南博会、商洽会、泛珠洽谈会等综合性投资贸易活动，加大对重点产业、合作领域、营商环境、重大政策及重点项目的宣传推介力度。

进一步提升区域通关便利化水平。一是全面推进"一口岸多通道"模式创新和智慧口岸建设，持续推进口岸通关便利化改革，持续压缩口岸货物通关时间，提升货物通关效率。二是进一步清理和规范口岸收费，推动降低报关、货代、船代、物流、仓储、港口服务等环节经营服务性收费。三是优化报关报检服务。在河口、瑞丽等进出口货物量大的口岸全面推广进出口货物"提前申报＋"快速放行通关模式，在货物入境前采取"提前报、提前审、提前放"，货物入境后实行"申报放行""查验放行""抽检放行"等模式。四是建立口岸通关时效评估机制。加强对整体通关时间的统计分析，开展口岸整体通关时效第三方评估，建立常态化评价机制。

不断提高区域贸易便利化水平。一是深入贯彻落实全国统一的市场准入负面清单，落实民营企业差异化监管政策。建立主动发现、智能预警、自动派单、管理闭环的新型监管方式。二是持续推进"放管服"改革。创建服务型政府，提升服务水平和能力，实现"一网通办，马上就办"。三是提高企业融资、收付汇、退税便利化水平，着力解决企业资金周转难、融资难、贷款难问题。四是加快研究和探索与周边国家建立促进自由贸易的合作模式，深入推动"执法互助、监管互认、信息互换"海关合作理念认同。五是积极争取国家部委支持，通过窗口整合、业务流程再造，在自贸试验区内

试点开展外国人工作、居留"单一窗口"等。六是积极推进海外仓、境外展销中心和国际快件监管中心建设。支持有条件的企业在周边国家设立海外仓、商务平台、专卖店和展销中心等，加快构建南亚东南亚营销体系。

2. 以"资金融通"为保障，进一步发挥金融的资源配置作用

立足云南特色加大金融领域改革创新。一是立足云南"沿边、跨境和离岸"三大特色，加强对周边国家的国情研究，加快跨境金融合作步伐。结合中缅、中老和中越等签订的国家间货币结算合作协议，加快人民币"走出去"步伐，支持金融机构加强与缅甸、越南、老挝、泰国等国家金融机构合作，建设合资银行。二是创新跨境人民币业务，支持各国有商业银行云南省分行、各外资银行昆明分行充分发挥境外网点布局优势，加强与其境外机构的合作，共同开发境内外联动的跨境金融产品、合作创新支付手段等。

提升金融多元化服务功能，强化金融服务支撑能力建设。一是鼓励银行机构通过多种方式支持企业开拓国际市场，鼓励商业银行按照风险可控、商业可持续原则开展跨境投融资金融业务，鼓励大型银行依托全球机构网络优势为"走出去"企业提供特色化金融服务，提升跨境投资贸易金融服务便利化。二是加大金融基础设施建设力度，加快推进昆明金融产业园区建设，建设泛亚金融大数据应用中心，搭建综合性数据运算、分析与服务平台，依托瑞丽、磨憨等沿边重点地区推动建设次区域金融服务中心。三是支持和推动期货交易所在沿边重点地区设立商品期货交割仓库，支持沿边重点地区规范发展矿产权、文化产品等交易市场。四是完善金融专业服务和中介服务体系，支持与金融相关的专业服务机构规范发展。

扩大人民币跨境使用，畅通跨境支付结算渠道。一是进一步发挥人民币在跨境交易中的计价、结算和储备智能，推广人民币跨境支付系统（CIPS）应用，提高境外市场主体对人民币的接受程度。二是有序推进跨境金融基础设施建设，继续探索开展跨境金融便民支付服务试点，实现境外沿边地区支付结算业务推广，推动人民币与缅币兑换模式复制到其他非主要国际储备货币。三是鼓励银行、第三方支付服务机构建立跨境零售支付平台、跨境金融

信息服务基地，推动企业应用电子商务应用平台开拓南亚东南亚市场。四是争取国家政策支持，逐步完善多层次区域货币交易及调运模式，提升人民币在东南亚地区定价能力和流通能力，建立人民币对非主要国际储备货币交易市场。

四　联动发展的保障措施

（一）加强组织领导，增添发展新动力

一是加强云南省推进"一带一路"建设工作领导小组办公室、云南省参与推进中老经济走廊建设领导小组、中缅经济走廊联合委员会的组织领导作用，推进区域协调发展联席会议机制建立。二是充分发挥发改、商务、外事等部门职能，统筹相关州（市）和重点园区等主管部门，形成高位统一、各方协同的组织领导体系，切实加强规划实施的组织领导。

（二）整合政策支撑，建立发展新机制

一是落实好国家出台的跨境经济合作区适用的税收政策，用足用好用活各项政策。二是全面梳理云南省与周边区域协调发展的各项政策、法规、制度、办法，形成支持区域联动发展的完善的政策支持体系。围绕参与区域协调发展建设的各项重大任务，适时研究出台针对性和分层级配套政策，注重与相关国家和地区政策需求相衔接，形成政策有效承接和执行。

（三）完善合作机制，巩固发展新成果

一是完善多领域交流合作渠道，形成多双边并重、宽领域覆盖、多层次参与、全方位推进的合作机制与平台，完善经济走廊争端解决机制。二是巩固云南在经济走廊建设和区域合作中的重要地位，积极发展新的双边战略合作关系，聚焦重点领域和项目，加快与老挝、缅甸等政府机构和商协会签订双边战略合作协议，促成经贸领域更多务实合作。

（四）拓宽平台渠道，搭建发展新载体

一是推进完善国际物流大通道基础设施建设，优化国际物流大通道发展环境，促进物流发展环境优化升级。二是加快推动跨境经济合作区创新发展，探索建立双方共同建设、共同管理、共同受益的合作机制。三是进一步支持沿边地区口岸发展。打造一批功能完善、产业配套、特色突出、外向度高和辐射性强的口岸。

（五）优化人才保障，打造发展新先锋

一是围绕区域协调发展建设推进工作，加强云南组织协调和项目执行人员培养，建立适应区域合作发展需要的人才激励机制。二是创新双边多边交流交往新模式，探索建立各方政府之间干部交流和跨区域专业人才培训制度，推动打造双边、多边职业教育培训交流合作中心，举办教育研讨、培训、认证活动等。

参考文献

［1］ 康云海：《云南融入长江经济带建设的思考》，《长江技术经济》2018 年第 4 期，第 14～19 页。

［2］ 范建华、齐骥：《论云南在国家向西开放战略中的地位与作用——开放大西南重振南丝路的战略构思》，《学术探索》2014 年第 4 期，第 24～31 页。

［3］ 李天顺：《我国国家安全视域下云南"桥头堡"建设再审视》，《普洱学院学报》2018 年第 5 期，第 19～22 页。

［4］ 徐潇剑：《云南省国家级陆路口岸通关便利化问题研究》，云南财经大学硕士学位论文，2017。

［5］ 周梅芳：《辐射中心背景下瑞丽边境经济合作区发展现状评价及对策研究》，云南财经大学硕士学位论文，2016。

［6］ 尤婷：《长江流域生态环境治理的法治协同机制研究》，《湖南行政学院学报》2020 年第 3 期，第 50～57 页。

［7］ 张金萍、强宁娟：《重庆市在共建"西部陆海新通道"中面临的机遇与挑战》，《对外经贸》2020 年第 4 期，第 47～49 页。

加快边境城市建设
构建沿边开放新"支点"

周希宁　李　婷[*]

摘　要： 中国对外开放不会停滞，更不会走回头路。当前我国正主动推进从一次开放向二次开放的转型。云南作为一个与老挝、缅甸、越南3国接壤，25个边境城市与外方若干边境城市相连的沿边省份，应紧抓时代机遇、做出时代贡献，以边境城市为载体，发挥开放的"支点"作用，构建区域合作先行区、新样板，积极探索体制、财税、外交、经济、贸易、金融、交通等方面发展新机制，加快构建云南省全面对外开放新格局。

关键词： 云南　边境城市　沿边开放　新"支点"

回顾第一轮开放浪潮，中国东部沿海作弓，长江作箭，走出了一条不断解放思想、解放生产力的开放发展之路。当前，我国正主动推进从"一次开放"向"二次开放"的转型，我们认为云南应紧抓时代机遇，以"25 + 30"边境城市为支点，先行构建区域合作先行区、新样板，做好沿边开放的"弓"，成为我国沿边对外开发开放的"陆上珠三角"和未来30年新的经济增长极之一。

---

[*] 周希宁，云南省国际商贸学会商务发展研究中心（自贸试验区研究中心）主任，助理研究员；李婷，云南省商务研究院中级经济师。

一　中国"二次开放"与云南机遇

当前，为适应经济全球化新情况与我国经济转型目标，我国正以开放赢得国内发展和国际竞争的主动权，主动推进从"一次开放"向"二次开放"的转型，以自由贸易区战略、"一带一路"倡议、服务贸易战略为重点，务实推进更深层次、更高水平的双向开放，赢得国内发展和国际竞争的主动权，尽快形成"二次开放"的大格局。

表1　从"一次开放"到"二次开放"对比表

	"一次开放"	"二次开放"
起点	低收入水平 工业化初期(国内) 制造业全球化(国际)	中等偏上收入水平 工业化中后期(国内) 服务业全球化(国际)
外部环境	全球化的制度安排比较稳定	全球化的制度安排不稳定， 面临变数
内部禀赋	劳动力无限供给,资本短缺	劳动力供给下降,资本剩余
开放重点	货物贸易 制造业市场开放	服务贸易 服务业市场开放
开放途径	融入既有的国际市场	通过"一带一路"主动开辟新市场
资本流向	"引进来"为主，净流入	"引进来"和"走出去"并重，净流出
开放路径	加入WTO	全面实施自由贸易战略
开放体制	构建外向型经济体制:围绕出口导向 战略形成系列鼓励和扶持出口型工 业发展的体制机制	构建开放型经济新体制:以 自由贸易为导向构建对外 开放的体制机制
国际角色	国际规则的接受者、 参与者、跟随者	国际规则的推动者、 促进者、引领者

党的十九大报告提出"推动形成全面开放新格局"。在"二次开放"中，随着全球经济格局的调整和我国经济体量的扩大，我国成为全球经济治理的重要推动者，将在全球经济再平衡、全球经济治理中发挥更大的作用。结合我国区域发展的战略布局以及"大国是关键，周边是首要，发展中国家是基础，多边是舞台"的外交战略部署，应该全力推进沿边开发开放战略。

从这个意义上来说，云南要服务国家三项任务：一是打通中国—中南半岛经济走廊和孟中印缅经济走廊，打开向南开放的新门户；二是建设亚洲生态安全屏障；三是构建人文交流网络，推动周边命运共同体形成。

事实上，云南有着通江达海沿边的区位优势，也有着丰富的水电、矿产、旅游等资源优势。30 年前，把中国东部沿海比作一张弓，长江比作一支箭，形成了"一次开放"的格局；30 年后，优先拓展南亚东南亚战略纵深，可把云南建设成为沿边开放战略的"陆上珠三角"，形成新时代沿边开放的"弓"。

二 以"25 +30"边境城市为支点，先行构建区域合作先行区、新样板

沿边地区是我国重要的战略资源储备地区和安全生态屏障，也是对外开放和维护国家主权、安全的前沿，在经济社会发展中具有重要战略地位。经过 40 多年的改革开放，沿边地区成为开放的前沿。新地理经济学证明在外部开放条件改变时，边界地区会成为连接两个市场的重要区位。边境城市的本质是大规模、高效率配置资源的工具，是开展跨境合作的载体平台，是沿边开放的支点，使得规模效应、集聚效应、辐射效应和联动效应达到最大化。在这样的背景下，推动边境城市加快发展对深化区域合作具有重大意义。

作为一个沿边省份，云南与老挝、缅甸、越南 3 国接壤，25 个边境城市与外方 30 个边境城市相连，天然地具有向南开放的使命，应以边境城市为"支点"，构建先行区、新样板。加快云南边境城市发展，有利于完善云南全方位开放格局，促进沿边、内陆与沿海开放联动，全面提升沿边开放水平；有利于务实推进睦邻安邻富邻，深化与周边国家交流合作，促进毗邻地区共同繁荣发展，夯实辐射南亚东南亚硬件与社会基础；有利于促进云南省区域内部密切联系，形成新的经济增长区域，促进全省区域协调发展；有利于推进沿边脱贫攻坚，促进民族团结和边疆稳定，实现沿边地区建成全面小康社会；有利于加强生态环境建设与边境管理联防联控，构建我国西南安全屏障。

因此，我们认为应紧紧抓住国家构建全面开放新格局战略机遇，进一步解放思想，大胆探索，先行先试，发挥边境城市在跨境合作中的"支点"

作用，以开放带动开发，以开发促进开放，加快提升边境地区城市基础设施、综合交通建设水平，加快发展具有边境地区特色的优势产业，全力打造开放型经济发展平台，形成功能健全的城镇体系，创新开放合作政策，建设边境特色城镇，把区位优势有效转化为开放和发展优势，为践行"亲、诚、惠、融"的周边外交理念提供示范，为"一带一路"国际合作和孟中印缅、中国—中南半岛经济走廊建设以及中越、中老、中缅经济走廊建设作出云南特殊贡献。

"25＋30"边境城市发展定位。区际层面：中国沟通欧亚大陆的重要陆路桥梁，区域合作先行区、新样板。国家层面：中国西南部的国家安全战略屏障；中国面向南亚、东南亚开放合作的门户；中国西南部的能源与资源保障通道。省域层面：云南省省域发展总体格局中新的增长极；云南省重要的外向型优势产业基地。

三　可向中央提出具体政策建议的思考

由于云南经济社会发展滞后，财力有限，云南能够投入的预算和资源是有限的，缺乏强有力的引擎，制约了面向南亚东南亚辐射中心建设战略的龙头带动作用。实践证明，辐射中心建设意义重大，但仅靠云南一省之力恐势单力孤，需要打造一个更大的区域发展引擎，为面向南亚东南亚辐射中心建设战略提供更强大的动力。因此，中央应赋予该地区以更大的政策灵活度，推动区域整合，然后以此为引擎，将更多的人脉、财力、物力、信息等资源投入辐射中心建设战略中，让周边命运共同体的理念落地生根，开枝散叶，发扬光大。为此，参考之前中央出台的西部大开发政策文件，建议国家从以下几方面给予帮助。

第一，体制上给予支持。成立国家层面的沿边开放战略领导小组，建立云南与中央、各部委、有关省市和大型央企的协调对接机制。领导小组制定云南沿边开发开放的重大政策，其下设办公室负责解决政策实施中遇到的具体问题。依托商务部，成立沿边开发开放局，整合沿边地区发展所需职能，实体化运作。

第二，政策上给予优惠。聚焦巩固边疆、发展边疆、提升边疆辐射影响力、构建周边命运共同体，结合边境地区对外互联互通、经贸合作、人文交流、边防安全和周边辐射具体任务，从财税、土地、环境、教育、人才以及外交等各个方面出台更有力、更精准、更持久的扶持政策。国家应给予云南在产业发展上的政策优惠，促进人才、资金、技术向云南流动。在服务业上，云南可实行价格优惠的政策，尤其是在金融、电信、运输、教育、医疗服务方面。通过降低服务价格，促进云南服务业的快速发展，充分发挥其就业吸纳能力。

第三，财税上进行倾斜。一是国家"让渡财税收入"，将边境地区的关税、增值税等上缴中央税种，全额让利地方留成，统筹用于边境地区的开发及基础设施建设。二是国家"承担守边成本"，对于边境地区口岸管理人员费用、边境风控费用、边境城市开放型经济发展费用、边境互联互通基础投入等，由国家统筹承担。

第四，外交上适当放权。适度赋予云南在同周边国家交流合作时的外事权限，有利于促进云南同周边国家的沟通与交流，加快同东盟和南亚地区的经济合作进程。

第五，经济上扩大辐射。利用中国—东盟自由贸易区、澜湄合作等诸多合作机制，深化我国与周边国家的交流与合作，实现互利共赢，发挥中国经济的对外辐射作用，带动周边区域的经济社会发展，促进周边国家的社会稳定。

第六，贸易投资上给予便利。国家应放松对沿边贸易投资的硬性约束，出台有利于贸易投资自由化的新政策，加快实现云南与周边国家，特别是接壤国家的沿边贸易投资便利化。具体来说，一是进一步推进通关改革，提高通关效率和物流速度，与成都、重庆、贵阳等城市开展合作，建立以云南作为"口岸"，其他西部海关作为"属地"的通关模式，积极开辟贸易通道，促进昆曼大通道的运输和贸易便利化。二是推进与大湄公河次区域各国在"监管互认、执法互助、信息互换"方面的合作，进一步加强与东盟国家的经贸合作。三是共同推动中缅孟印四国经济合作，支持云南打造面向印度洋沿岸国家的外向型产业基地和进出口商品生产加工基地。四是逐步实现与周边国家口岸的对等开放。与周边国家口岸的不对等开放，是"有边不活"的主要症结之一，影响通关便利化的推进和对外贸易的发展。建议通过外交手段与周边国家谈判协商，实现对等开放，消除"一边活、一边死"的现象，使双边的通关便利化成为现实。五是建立与东盟、南亚跨国无障碍的旅游合作机制，在简化人员、车船出入境手续的基础上，争取实现旅游团队互免签证。

第七，大力支持云南沿边金融改革创新，推动人民币向南"走出去"，实现人民币在周边区域的国际化。加快推进昆明区域性国际金融中心建设，深化云南、广西沿边金融综合改革创新试验区建设，聚集金融资源，推动地方经济发展。以加强与周边国家和地区的经贸联系为纽带，以跨境人民币结算为切入点，有序扩大人民币跨境使用的规模和业务范围，逐步实现资本项目可兑换，健全人民币跨境回流机制，切实把人民币跨境结算作为加快贸易投资便利化的主要途径，推动人民币向南走出国门，走向周边。

第八，加强立体交通建设，促进互联互通。加速构建包括空中交通、高速公路、高速铁路、城际快轨等在内的综合交通体系。强化云南作为我国西南地区乃至整个泛亚地区交通枢纽中心的战略作用，进一步盘活大西南地区的商贸物流。加强与缅甸等国的合作，深挖昆明直通皎漂港的油气管道功能，使之成为保障我国能源安全的陆上大通道。

四 对沿边城市开放发展政策诉求的思考

新反哺。关税、增值税等中央财税，留地支配，但针对开放型经济指标进行有考核的支配。

新支撑。沿边重点开放城市四圈（三实一虚）统筹推进的开放模式：一是口岸实圈，针对通关，原有传统的口岸通关功能及区域。二是园区实圈，针对产业要素流动和聚集，以产业产生价值升值，围网进行加工、转销、物流等。精准产业：跨境物流、产品展销、跨境电商、加工贸易（标准厂房）。三是城市实圈，针对吸引人员流入和聚集，提供国际化均衡的教育、医疗、康养等城市功能。四是金融虚圈，针对人民币与越老缅自由汇兑，以风控目标倒逼设计，形成单一银行向多个银行放开的封闭风控圈。

新动力。金融突破。限定银行机构封闭式对缅开放资本项下货币流通，限定区域注册限定企业放开。

新保障。按照"谁审批、谁主管、谁监管、谁风控"的原则，建立风控制度，明确风控要求，落实风控责任，加大对外开放条件下的新型风险监管力度，确保开放与风控同步到位。依托大数据、云计算、物联网等现代信息技术，建立统一的进出口货物、人员、交通工具信息化监管平台，实现管理流程更优化、监管更高效。

新空间。聚焦人的城市服务功能，建设沿边特区，逐步圈层放开。服务产业集聚、开放、升级。全境放开针对性国别和人群出入境。围绕人消费，如医疗、教育、养老、休闲、旅游、体育等，设计专门人员出入境便利措施，并加大配套功能招商、投资和建设，对进口设备给予保税政策，给予外籍人才特殊政策，如个税返还、收入出入境便利、消费品购买免关税等。

新考核。树立正确政绩观，不以国内生产总值增长率来论英雄，围绕要素跨境设置考核指标，包括经济、社会、文化、监管等外向度指标。加强对市场要素、社会要素、监管要素、市场政策、风险与重大事件管理、对缅开放等考核。

五 对云南突破性改革开放举措的思考

紧紧围绕加快构建全面对外开放新格局，学习借鉴《关于支持海南全面深化改革开放的指导意见》举措，依托云南沿边对外开放基础，整合区域政策、开放功能优势，以"全省开放、梯次开放、国别开放；优先聚人、金融突破、全域合作；改革体制、创新机制、复制推广；有效风控、规则引领、塑造周边"为目标，抓紧建设中国（云南）自由贸易试验区沿边片区，创造不同于沿海自由贸易试验区的新经验，争取在 2022 年基本建成"一带一路"面向南亚东南亚辐射中心的核心区，为构建我国与南亚东南亚命运共同体做出重要贡献。深化贸易投资、招商引资、开放平台、"走出去"、口岸管理、市场流通、现代物流等体制机制改革。进一步深化与周边国家在农业、基础设施互联互通和产能、经贸合作、金融、人文交流等领域合作，为我国与周边国家"建立更加紧密的贸易安排、建立更高水平的自贸区和推进与周边国家一体化发展"做好试验，打好基础，探索路径，积累经验。

云南自由贸易试验与全境开放探索

徐艺翀　张春伟*

摘　要：　目前，云南正积极建设中国（云南）自由贸易试验区。自由
贸易试验区以制度创新为核心，大胆试、大胆闯、自主改，
为云南高水平推动沿边开发开放、进一步转变开放发展思想
带来了新的助力。在此基础上，本文创新性提出云南自由贸
易试验与全境开放探索，整合区域政策、开放功能优势，进
一步解放思想，主动大胆创新探索，先行先试。本文梳理了
全球经济结构性改革背景下，云南省对外开放带来的机遇与
挑战，提出云南自由贸易试验与全境开放探索的具体构想、
任务措施和实施保障。

关键词：　云南　对外开放　自由贸易

2013 年以来，我国自由贸易试验区在政府职能调整、外商投资管理制
度改革、贸易发展和监管方式转型升级、金融开放创新和法制环境建设等方
面取得了重大进展，形成了一批体制机制创新成果并在更大范围内复制推
广。目前，云南正积极建设中国（云南）自由贸易试验区，整合区域政策、
开放功能优势，主动大胆创新探索。研究认为，在新的时代起点上，云南应
展望长远，以"最高标准、长远规划"为目标，以"全省开放、梯次开放、

---

* 徐艺翀，云南省国际贸易学会商务发展研究中心（自贸试验区研究中心）助理研究员；张春
伟，云南省商务研究院助理研究员。

国别开放、优先聚人、金融突破、全域合作，改革体制、创新机制、复制推广、有效风控、规则引领、塑造周边"为路径，探索不同于沿海自由贸易试验区的开放新经验，主动提出云南开放新思路，为我国沿边开放新格局建立贡献智慧。

一 全球经济结构性改革下云南对外开放机遇与挑战并存

改革开放之初，在经济发展条件约束下，我国选择了出口导向的开放模式，主动融入国际市场，同时倒逼国内市场化改革。随着我国经济体量不断扩大、结构逐步优化，开放的比较优势随之发生变化，我国总体上不再是一个资本短缺的国家，开始由资本净流入国转变成为资本净输出国，要素由向内流动变为双向流动，开放战略有了重大升级。

当前，为适应经济全球化新情况与我国经济转型目标，我国正以开放赢得国内发展和国际竞争的主动，主动推进从"一次开放"向"二次开放"的转型，以自由贸易区战略、"一带一路"倡议、服务贸易战略为重点，务实推进更深层次、更高水平的双向开放，赢得国内发展和国际竞争的主动，尽快形成"二次开放"的大格局。

回顾改革开放四十多年来，云南尽管在国家政策支持下实现了很大的发展，尤其是西部大开发赋予云南等西部地区强大的发展动力，但并没有从根本上解决云南相对封闭和发展不平衡的问题，东南沿海地区的快速发展尽管可以拉动西南地区，但毕竟能量有限，且受路途遥远和山高路险的制约，云南等西部地区在观念、体制和人才方面的劣势和压力变得突出，发展十分滞后。

值得特别注意的是，党的十八大以来，乘着国家"一带一路"建设东风，云南抢抓发展机遇，遵循经济发展规律、把握发展机遇，不断创新开放思维、增强开放气质、建构长效机制，以更加开放的姿态，以更加奋进的精神，再谱云南开放发展、融合发展、赶超发展的新篇章。在构建开放型经济新体制改革催动下，云南对外开放渐入佳境，"四梁八柱"性质的开放型经济体制改革主体框架已基本确立，重要领域和关键环节改革取得突破性进展，呈现出全方位、多层次、宽领域的开放特色，沿边开放的新高地正在加速形成。

二 新时代自由贸易试验与全境开放探索基础夯实

最大的优势是区位。21 世纪是亚洲的世纪，中心和引擎是中国、南亚和东南亚地区。当前我国与南亚、东南亚地区拥有人口超过 40 亿；《经济学家》预测，世界各国 GDP 增长最快的有三个国家和地区，它们分别是印度、中国和东盟；庞大的人口与经济的快速增长意味着巨大的市场需求和贸易增长。云南正是处在三个国家和地区联系的中心地带，具有独特的区位优势。

国际通道基本形成。为充分发挥通道运输的先导和支撑作用，构建便捷、安全、高效的开放型综合通道体系，经过几十年的建设和发展，云南面向南亚东南亚的国际通道基本形成。

周边治理初显成效。当前，经济全球化向纵深发展，各国经济间相互开放和融合的程度大大加深，经济一体化趋势进一步加强，区域合作意愿不断加深。随着"一带一路"倡议深度实施，亚太自贸区的启动推进、区域全面经济伙伴关系（RCEP）谈判启动、东盟自贸区升级成功、澜湄合作全面推进，贸易、投资等方面的障碍逐渐消除，生产要素自由流动和配置水平不断提高，统一的生产、分配、流通及消费市场逐渐形成。周边国家合作意愿不断加强，边境地区更加开放，合作更加紧密。

周边局势总体稳定。云南发挥与周边民族同宗、文化同源、血脉相连优势，省领导多次以"睦邻友好、合作共赢"、"友好、合作、发展"、"南亚友好合作之行"、"亲邻之旅"等为主题开展了高层访问，加强了相互友好交往，建立了畅通合作沟通机制，在经贸、科技、教育、文化、学术交流等方面取得了良好成效。云南已成为周边学生重要留学目的地和党政干部培训基地；昆明已被老挝定为其中央领导体检和治疗地。中缅、中老、中越、中巴、中孟、中斯、中尼等频繁的友好往来和交流，已经就加强经贸合作开展了多个层次、多种形式的探讨和探索，这些都为建设沿边自贸区创造了良好的外部条件。

三 云南自由贸易试验与全境开放探索构想

紧紧抓住国家构建全面开放新格局战略机遇，依托云南沿边对外开放基础，整合区域政策、开放功能优势，进一步解放思想，主动大胆创新探索，先行先试，以制度创新为核心，以可复制可推广为基本要求，以"全省开放、梯次开放、国别开放、优先聚人、金融突破、全域合作，改革体制、创新机制、复制推广、有效风控、规则引领、塑造周边"为路径，探索沿边自由贸易试验区的开放新经验，努力将云南建设成为我国面向南亚东南亚辐射中心、沿边地区体制机制改革试验田、内陆开放型经济新高地以及"一带一路"、长江经济带和西部大开发战略交汇新支点，为我国沿边开放新格局建立贡献智慧。

（一）发展定位与目标

围绕体制机制创新，加快沿边开放步伐，打造国际化、法治化营商环境，全面建设沿边地区体制机制改革的试验田；发挥云南独特地缘优势，主动引领澜湄合作与孟中印缅经济走廊合作，加快形成面向南亚东南亚辐射中心；充分发挥先行先试、内引外联的叠加优势，着力打造"一带一路"和长江经济带交汇战略支点。

到 2022 年，全面推进自由贸易试验区建设，周边开放度显著提高；到 2025 年，中国（云南）边境自由贸易试验区制度初步建立，营商环境达到国内一流水平；到 2035 年，沿边州市全面对外开放格局全面形成，建成面向南亚东南亚的综合交通体系以及跨境经贸、投资合作风险可控的格局；跨境人员、货物、资金往来便利化的双多边合作机制的作用更加突出，面向南亚东南亚辐射中心的影响力凸显。到 2049 年，全省对外开放新格局全面形成，要素资源聚集、辐射能力显著增强，经济贸易主体国际化、多元化格局基本形成，经济贸易配套服务水平全面提升，具有区域性国际国内两个市场资源配置功能，现代服务业发达，形成服务全国、服务南亚东南亚、辐射世界主要地区的服务网络。初步形成亚洲大陆经济贸易高度发达的区域性国际经济贸易中心。

（二）梯次开放步骤

以跨合区、边合区、边境州市、云南全域的思路逐步探索开放，走出点、线、面结合的全面的开放步伐。首先以中缅瑞丽—木姐跨境经济合作区、中国河口—越南老街跨境经济合作区、中老磨憨—磨丁经济合作区为突破口，再以云南边境经济合作区为先驱，最后拓展到沿边州市、云南全域，形成云南全境开放。

1.境内开放

瑞丽、勐腊（磨憨）、河口开放。加快与对方国家在监管政策、税收政策、通关便利、人力资源政策等方面的沟通协调。省、州、县三级政府加快审批权限调整，加快与国家部委、省级相关部门之间的沟通和协调。按照"政府引导，企业配合，市场化运作"的总体原则，积极推动大型央企、省属大型企业与合作区平台公司的合作，组建独立经营、自负盈亏的平台公司，全面推进合作区的招商引资、开发建设和运营管理。完善提升开放发展平台功能，在经济带建设中发挥开放门户的引领带动作用，形成风险可控、可复制推广的开放经验，在跨合区内尽快走出一条沿边对外开放的路子。

边境经济合作区开放。在三个跨境经济合作区开放试验的基础上，进一步扩大开放范围。加快畹町、临沧2个国家级边境经济合作区，麻栗坡（天保）、腾冲（猴桥）、孟连（勐阿）、泸水（片马）4个省级边境经济合作区的开放探索，依托边境经济合作区的发展基础，在复制推广跨境经济合作区的基础上积极探索适合自身条件的开放举措并形成可复制推广的经验。

边境州（市）开放。以怒江州、保山市、德宏州、临沧市、普洱市、西双版纳州、红河州、文山州8个边境州市的25个边境县市为开放目标，着力增强沿边开放经济带发展活力。推动沿边地区联动内外、协作发展，提升开放发展能力和水平，促进形成新的经济增长带。加快边境县市的边境干线公路及铁路贯通工程、与周边国家互联互通的国际通道境内段建设以及与广西、四川、西藏等临近省区连通的省际通道建设。立足边境地区，着眼发挥沿边比较优势，形成沿边区域开放的可复制推广经验。

全省开放。在跨合区、边合区、沿边州市开放的基础上，不断复制总结全国开放经验及自身开放特点，对内联动长三角、珠三角和成渝经济圈等发达地区市场，对外以南亚东南亚为依托，围绕体制机制创新，加快沿边开放步伐，打造国际化、法治化营商环境，全面建设沿边地区体制机制改革的试验田，全面提升区域经济实力。

2. 面向境外开放

云南同时与越南、老挝、缅甸接壤，是西南地区陆上边境线最长、中国毗邻东南亚国家最多的省份，已具有广阔且类型多样的边境接触。以越老缅为切入口，不断深化改革，最终形成面向南亚东南亚开放的新局势。

面向越南、老挝、缅甸开放。经过多年的开放发展，云南具备了面向越南、缅甸、老挝全面开放的基础。一是基础设施互联互通，腾冲至密支那公路建成通车，河口连接越南老街高速公路，经西双版纳出境的昆明至曼谷公路已全线贯通，国家第四条能源通道初步建成，中缅油气管道全面贯通运营，与越南、老挝、缅甸实现局部电力联网，中缅、中老光缆传输系统已投入使用，泛亚铁路东线境内段已全线建成通车，境外段米轨转准轨项目也进入设计阶段，中缅国际通道昆楚大铁路于 2018 年 7 月 1 日顺利建成通车，大（理）瑞（丽）铁路、玉（溪）磨（憨）铁路也都顺利推进；二是跨境经济合作区的先行探索，云南在对越、对老、对缅三个方向分别建立了跨境经济合作区，经过几年的发展，形成了一系列对外开放举措，政府间友好磋商，投资贸易便利化，人员、车辆、资金等跨境流动都得到了高效、安全监管；三是开放型功能平台支撑，云南—越北、云南—老北、云南—缅北等双边合作机制运转良好，中国—东盟国际产能合作系列活动、南博会暨昆交会成功举办，有力推动了云南与越南、老挝、缅甸的交流与合作。

面向东盟六国开放。在云南面向越南、老挝、缅甸开放的同时，不断积累经验，逐步扩大开放范围。充分发挥云南省在全面开放新格局和"一带一路"建设中的区位优势，促进云南省加强与周边国家互利合作，加快建设面向南亚东南亚辐射中心。云南省在 2020 年将建成以昆明、曲靖、大理、蒙自四座城市为核心枢纽的水陆空跨境交通网，形成完善的内部交通网、边境口岸与国际物流体系，形成铁路"八出省四出境"、公路"七出省四出境"、水运"两出省三出境"的基本格局。在云南"打造中国通向东南亚、南亚的西南陆上通道，建设东部产业转移基地和面向东南亚、南亚的出口加工基地，连通东南亚、南亚和我国内陆腹地三大市场，形成昆明至河内、昆明至曼谷、昆明至仰光、昆明至加尔各答四条经济走廊建设"的对外开放布局，实现云南对东盟 6 国开放。

面向南亚东南亚国家开放。通过发挥滇老、滇越、滇泰、滇印、滇缅等多、双边合作机制优势，争取与其余南亚东南亚国家建立新的合作机制，积极参与各种部长级会议和工作组，加强商务、海关、税务、商检等有关部门协调配合，简化、规范和协调通关程序，实现部门联动互动、资源共享，提高通关便利化和通关效率。强化政府为企业服务功能，营造国营、民营、外资等各类企业平等参与、公平竞争、优胜劣汰的体制环境；鼓励行业龙头企业向产业链两端延伸，开展国际化经营，培育一批具有全球资源整合能力的跨国企业。促进外贸、外资、外经联动发展，支持更多云南企业到南亚东南亚国家投资，提升云南对南亚东南亚国家对外工程承包和劳务合作水平，不断扩大对南亚东南亚国家的辐射能力，不断提升云南面向南亚东南亚的开放水平。

三　云南自由贸易试验与全境开放探索任务措施

（一）建设国际化、市场化、法治化营商环境

在扩大开放的制度建设上大胆探索、先行先试，加快形成高标准投资贸易规则体系。按照统一、公开、公平原则，试点开展对内对外开放的执法与司法建设，实现各类市场主体公平竞争。支持发展国际仲裁、商事调解机制。

开展知识产权综合管理改革试点，紧扣创新发展需求，发挥专利、商标、版权等知识产权的引领作用，打通知识产权创造、运用、保护、管理、服务全链条，建立高效的知识产权综合管理体制，构建便民利民的知识产权公共服务体系，探索支撑创新发展的知识产权运行机制，推动形成权界清晰、分工合理、责权一致、运转高效、法制保障的机制体制。探索建立自贸试验区跨部门知识产权执法协作机制，完善纠纷调解、援助、仲裁工作机制。

（二）促进贸易转型升级

推动加工贸易转型升级。在自贸试验区打造产业梯度转移的国际加工基地，增加本地增值和本地配套的比重，延长产业链，提升产品附加值，改善边境地区贸易结构。探索加工贸易项下资源类产品配额分配及进口许可证办理试点，对开展加工贸易涉及配额进口许可证管理资源类商品，在配额分配和有关许可证办理方面给予支持。支持设立符合内销规定的加工贸易产品内销平台和内销后续服务基地。重点发展高原特色现代农业加工、新材料、先进装备制造、生物医药和食品与消费品制造等加工贸易新产业集群，搭建加工贸易转型升级的技术研发、工业设计、知识产权等公共服务平台。

发展新型贸易业态。加快培育海外仓、境外展销中心、外贸综合服务企业、国际快件监管中心等外贸发展新模式，加快聚集外贸发展新动能。积极发展跨境电子商务，设立中国（昆明）跨境电子商务综合试验区，加快推进跨境贸易电子商务配套平台建设。鼓励发展市场采购贸易，支持昆明市开展内外贸结合商品市场试点工作，开展市场采购贸易试点。支持昆明建设国家服务外包示范城市和服务贸易创新发展试点城市。

大力发展服务贸易。鼓励跨国公司在自贸试验区设立地区性总部、销售中心、物流中心和结算中心，鼓励先进制造业价值链延伸，与现代服务业融合发展。在自贸试验区海关特殊监管区域内，大力发展航空维修等临空产业。支持"互联网＋"发展，推广大数据分析在商贸服务、医疗、教育、金融等领域的应用，加快面向南亚东南亚离岸数据中心建设。加快培育跨境电子商务服务功能，建设多语种电子商务平台。促进在旅游领域与南亚东南亚国家的合作，支持在自贸试验区设立的南亚东南亚国家的旅行社经营内地居民出国（境）（不包括台湾地区）团队旅游业务。

（三）扩大双向投资及产能合作

提升利用外资水平。对外商投资实行准入前国民待遇加负面清单管理制度，着力构建与负面清单管理方式相适应的事中事后监管制度。外商投资准入特别管理措施（负面清单）之外领域的外商直接投资（国务院规定对国内投资项目保留核准的除外）和外商直接投资企业设立及变更实行备案制。进一步减少和取消对外商投资准入限制，重点扩大沿边服务业和制造业对外开放，提高开放度与透明度，做好对外开放的压力测试和风险测试。积极有效引进境外资金、先进技术和高端人才，提升利用外资综合质量。

构筑对外投资促进体系。实施对外投资管理体制改革，确立企业对外投资主体地位，支持企业开展多种形式的境外投资合作，在法律法规规定的范围内，允许自担风险到境外自由承揽项目。建立对外投资合作"一站式"服务平台。加强境外投资事后管理和服务，完善境外资产和人员安全风险预警和应急保障体系。依托港澳在金融服务、信息资讯、国际贸易网络、风险管理等方面的优势，将自贸试验区建设成为企业"走出去"的窗口和综合服务平台。加强与港澳在项目对接、投资拓展、信息交流、人才培训等方面交流合作，共同开拓国际市场。加强境外投资事后管理和服务，完善境外资产和人员安全风险预警和应急保障体系。

在周边国家建设一批产业园区。充分利用云南与周边国家地缘相近的优势，在孟中印缅经济走廊、中国—中南半岛经济走廊等重要节点地区，以自建、合建及"园中园"等多种方式，建设一批境外产业园区，成为境外产能合作基地，有效降低企业境外投资风险。将云南在周边国家承建的重点境外经贸合作区列为政府间重大投资项目，积极争取在国家层面加以重点推进。合理设定境外园区确认考核条件，争取国家加大对云南在周边国家建设的园区支持力度。争取国家在出入境管理上给予支持，实行合作区内中方管理人员一年内一次审批多次有效的出入境政策。积极引导中央企业和各类有实力企业优先进入园区发展。争取国家政策性金融机构研究支持中国企业进入云南周边国家境外园区发展的信贷、保险等优惠产品和政策。加大与周边国家磋商力度，在国家间经贸合作框架下建立协调机制，向东道国争取更多园区优惠政策。加大对外援助支持力度，帮助云南境外园区所在国对园区周边道路、水电、通信等基础设施进行配套建设，并为当地培训合作区管理技术人才。积极设立国际产能合作基金。

（四）深化金融领域开放创新

支持人民币跨境业务创新。探索与周边国家的贸易、投资采用人民币计价、结算。争取国家支持云南开展非居民现金存取款业务，方便境外边民开设人民币银行账户，满足周边机构和居民交易结算需求。积极推进《云南省规范境外边民人民币个人银行账户管理工作方案》试点工作，抓紧建设境外边民个人银行账户信息管理平台，推动账户服务便利化。争取国家支持云南开展个人经常项下跨境人民币业务试点，开展跨境人民币双向贷款试点，开展跨国企业集团跨境人民币资金集中运营。全面加强与南亚东南亚国家的合作，构建边境反假币协作机制。建立防范和打击非法集资活动社会联动机制，探索金融消费合法权益保护的有效手段。构建全方位金融风险防控体系，重点防范和打击金融欺诈、非法集资、非法证券期货活动等各类违法行为，牢牢守住不发生系统性、区域性金融风险底线。与周边国家在双边银行签订结算协议的前提下开展人民币现钞跨境调运，由省会中心支行负责审批，按季集中向总行报备。争取国家支持，通过采取提供咨询、帮助设计、援助建设等方式推动与周边国家开展结算清算体系、证券交易体系等金融基础设施建设合作，推动实现双边金融基础设施对接。

加大对云南周边国家重大项目金融支持力度。鼓励银行业金融机构按照商业可持续及风险可控原则，采取银团贷款、混合贷款、项目融资等方式，对与缅甸、老挝等周边国家的互联互通基础设施、政府合作、国际产能与装备制造合作、能源矿产合作等领域重大项目设立专项贷款，单独核定规模，建立贷款快速审批通道，纳入亚投行、丝路基金支持范围，并给予开发性、政策性银行低成本资金专项额度（如人行 PSL 资金）。

探索创新金融监管机制。探索建立与自贸试验区相适应的新型风险监管体系。落实风险为本的原则，探索建立跨境资金流动风险监管机制，强化开展反洗钱、反恐怖融资、反逃税工作，防止非法资金跨境、跨区流动。鼓励金融行业协会、自律组织独立或者联合依法开展专业调解，建立调解与仲裁、诉讼的对接机制，加大对金融消费者维权的支持力度。支持建立健全金融消费者教育服务体系，积极创新自贸试验区特色多元化金融消费者教育产品和方式。

（五）加快面向南亚东南亚辐射中心建设

促进基础设施互联互通。加快实施云南与周边国家互联互通专项规划，尽快建成孟中印缅经济走廊、中国—中南半岛经济走廊陆路大通道。加强与周边国家协商，推进铁路干线建设，实现云南与周边国家铁路互联互通，共同构建区域内运输大动脉。与周边国家合作建设跨境公路，优先打通瓶颈路段和关键路段，满足日益增长的运输需求。加快推进和落实与云南周边国家的跨境汽车运输协定，方便跨境货物运输和人员往来。充分发挥跨境河流航运功能，完善航运合作机制，积极推进澜沧江—湄公河航道二期整治工程。支持昆明建成国际航空枢纽，构建覆盖南亚东南亚各国首都和主要城市、连接世界主要航空枢纽的航线网络。推动"十三五"期间建设边境干线公路（国道 G219），尽早形成贯通云南沿边地区的运输大通道。建设面向南亚东南亚的国际通信枢纽。

增强对外开放平台和窗口作用。依托自贸试验区培育核心发展动力，推动滇中城市经济圈一体化发展和昆明区域性国际城市建设取得重要突破。发挥沿边优势，提升云南在大湄公河次区域以及滇泰、滇老、滇越、滇缅、滇印合作机制中的作用。建成区域性国际人才培训基地、医疗基地、科技研发基地、物流中心、金融中心和文化教育交流中心。

建成辐射周边的开放合作功能区网络。发挥自贸试验区示范带动作用，增强边（跨）境经济合作区、综合保税区、重点开发开放试验区、高新技术产业开发区、经济技术开发区、滇中产业新区等开放合作功能区聚集辐射作用，提升口岸城市（城镇）功能，大幅改善口岸基础设施条件，显著提高通关便利化水平，提升区域开放合作层次和水平。

加快形成沿边开放型经济新格局。以自贸试验区促进外向型产业和特色优势产业聚集发展，进一步扩大高原特色农业、食品和消费品制造等优势产业开放发展；提高新材料、先进装备制造、生物医药、电子信息等战略性新兴产业集群的国际市场竞争力；推动面向南亚东南亚的现代物流、电子商务等商贸流通业发展，加快旅游文化、咨询和健康养老等服务业发展；布局一批产业转移示范基地、国家科技创新与技术转移基地，形成经济开放度明显提升、布局更加合理、结构显著优化的开放型经济新格局。

推动跨境经济合作区创新发展。根据周边国家具体国情及发展需要，务实推进中缅、中越、中老跨境经济合作区建设。加大与周边国家和地方的协商力度，探索建立双方共同建设、共同管理、共同受益的合作机制。推动合作区总体规划的编制和实施，合理确定合作区的功能定位，确保基础设施的互联互通和标准统一，统筹协调建设进度。

与周边国家开展种植业合作。与周边国家合作，开展规模化种植、产业化经营、专业化生产，提高周边国家农业发展水平。发挥云南热带作物产业优势，鼓励云南企业在周边国家建立生产基地，积极开展甘蔗、水果、茶叶、咖啡等特色经济作物种植，并通过示范种植、订单带动、科技推广等方式，带动当地种植业发展。根据当地气候特点和资源条件，适应周边和国际市场需要，优化种植结构，推广先进种植技术，提升农业科技含量。

与周边国家开展畜牧业合作。与周边国家合作，开展草食家畜标准化、规模化和生态化养殖，提升养殖业发展水平。合作推广粮改饲，把周边国家富余粮食转化为饲料，形成产业链，提升附加值。支持云南企业采取租用土地联合开发、合资、合作等形式，在周边国家开展畜牧业和畜禽标准化养殖合作，形成种草养畜、饲料育肥、屠宰加工、检疫出口等全产业链。支持在周边国家建设水产养殖和加工基地。

建设面向南亚东南亚的能源合作中心。通过多种形式与周边国家合作，提升当地能源供给能力。支持云南开展跨境电力通道建设，重点推进中越、中缅、中老泰、中缅孟线路，实现与周边国家电力联网，拓展境外电力市场。与周边国家合作，因地制宜开展水电、火电和各种新能源建设，缓解当地能源紧张局面。积极推动在周边国家开展发电、输变电、电网建设、线路改造等重大电力项目合作，带动电力成套设备和技术出口，提升当地电力基础设施水平。将云南为服务国家战略在周边开展的重大电力合作项目，纳入国家"一带一路"能源合作规划中给予支持。

四 云南自由贸易试验与全境开放探索的保障

制定相关容错纠错机制。加强边境地区试点试验作用，在边境地区围网范围内试点试验，获得成功后再扩大范围推广。充分发挥海关和边防检查的作用，配合电子围网监管，在联检服务新区内设立电子监控中心，监控系统建成后可覆盖整个合作区及居民活动区域，确保各条道路以及河流的安全有效监管。

监管部门加强事后监督。按照"谁审批、谁主管、谁监管"的原则，建立监管制度，明确监管要求，落实监管责任，加大对外开放条件下的新型风险监管力度，确保开放与监管同步到位。

加强信息共享平台建设。实现各管理部门监管信息的归集使用和全面共享。健全行政执法与刑事司法衔接工作机制，完善行政执法与刑事司法衔接信息共享平台运行管理制度，实现相关信息资源共享以及省、市、县三级信息共享平台互联互通。

充分发挥第三方机构的作用。根据扩大开放和政府职能转变的新要求，在涉及开放的投资者条件、企业设立程序、业务规则、监督管理和违规处罚等方面，重点发挥会计师事务所、税务师事务所、律师事务所、资产评估机构等市场专业化服务组织的监督作用，支持其依法对企业财务、纳税情况、资本验资、交易行为等真实性、合法性进行鉴定。

新局势下云南构建国际大通道研究

李恒杰　徐　阳*

摘　要：　当前，受新冠肺炎疫情影响，世界经济严重衰退，国际产业链供应链循环受阻，全球化进程将会以更加曲折复杂的方式向前发展，次区域合作趋势将得以强化。在此背景下，云南对外开放工作在中国对外开放大局中的地位和作用变得更加重要。云南应加快中老经济走廊和中缅经济走廊的建设步伐，加快打通同周边国家互联互通国际大通道的步伐，对内服务长江经济带发展，对外加快与中南半岛各国的开放合作，加快互联互通国际大通道建设，加快形成贸易通道、跨境农业合作通道、跨境劳务合作通道、跨境旅游合作通道、跨境物流通道、消费通道等，形成"东西双向互济，陆海内外联动"的开放型经济新格局。

关键词：　大通道　合作通道　经济双循环

2020年1月，习近平总书记考察云南时强调，云南是我国连接东南亚、南亚的重要大通道，是"一带一路"建设、长江经济带发展两大国家战略的重要交汇点，云南要主动服务和融入国家重大发展战略，以大开放促进大发展，加快同周边国家互联互通国际大通道建设步伐，要主动衔接，积极扩大和中南半岛的开放合作。当前，受疫情影响，世界经济严重衰退，国际产

---

* 李恒杰，云南省商务研究院助理研究员；徐阳，云南省国际贸易学会开放改革办副主任，助理研究员。

业链供应链循环受阻，全球化进程将会以更加曲折复杂的方式向前发展，次区域合作趋势将得以强化。云南应该正确把握在全国发展大局中的地位和作用，充分挖掘云南独特的区位优势，强化区域、次区域合作，全面加强面向南亚东南亚的辐射中心建设。

一　云南构建国际大通道的新局势

（一）基础情况

作为一个沿边省份，云南与老挝、缅甸、越南3国接壤，25个边境城市与外方30个边境城市相连，具有建设面向南亚东南亚辐射中心的天然使命。近年来，云南省认真贯彻落实习近平总书记考察云南的重要讲话精神，抢抓"一带一路"建设的机遇，对内开放与对外开放并举，各项工作取得了较大成绩。一是互联互通的基础设施网络基本形成。公路干线主骨架已基本建成，铁路路网进一步完善，水运通道建设顺利，正积极推进水陆联运，省内机场布局和国内、国际航线网络日趋完善。二是跨区域能源交换网建设持续推进。积极打造以水电为主的绿色能源基地，稳步推进大江干流水电项目建设，形成跨区域电力交换枢纽骨干网架。三是多（双）边合作机制不断健全。中国—中南半岛经济走廊、孟中印缅经济走廊、大湄公河次区域合作等多边合作机制逐步完善，滇泰、滇老、滇越、滇缅等双边合作机制得到进一步巩固。四是对外经贸合作延续稳步发展态势。合作模式不断创新，率先推行通关便利化"三证合一"模式，境外罂粟替代种植、跨境动物疫病区域化管理试点正积极推进。五是口岸建设不断加强。云南拥有26个口岸，其中一类口岸20个，二类口岸6个，口岸基础设施和配套设施不断完善，口岸数字化进程加快，通关便利水平不断提高。六是国际产能合作不断深化。深入实施"走出去"战略，电力、装备制造、冶金、化工、建材、轻工、物流等重点领域国际产能合作持续推进。七是开放合作平台进一步完善。边合区、跨合区等平台建设持续完善，老挝万象赛塞塔、缅甸曼德勒缪达等境外经贸合作园区建设积极推进，宝象临空国际物流基地等一大批重大物流项目加快实施，跨境物流大数据平台上线运行。

（二）面临的新任务

一是有更多机会参与区域性国际合作。未来一段时间内，世界主题仍围绕和平与发展，发展中国家将继续增强群体力量，国际力量逐步趋向平衡。随着"一带一路"倡议深入推进，经济全球一体化持续深入发展，部分国家与我国商签自贸协定意愿增强，双边和区域自由贸易协定数量不断增加，产生新的贸易投资机会，带动和扩大我国外向型经济发展。"澜湄合作机制"、中国—东盟自贸区新一轮升级、"RCEP"区域全面经济伙伴关系协定等区域合作机制将云南省变成中国与南亚、东南亚合作的战略连接点，形成"连接三亚，肩挑两洋"的独特区位优势，云南成为中国与南亚、东南亚合作的最前沿。南亚东南亚国家成为世界经济的新增长极，开放合作潜力巨大，随着双方市场的进一步开放，贸易壁垒逐渐消除。继中柬命运共同体、中老命运共同体之后，中缅双方一致同意构建中缅命运共同体，明确了下一阶段互联互通建设、扩大贸易投资等各领域交流合作目标。

二是中国与南亚东南亚国家全方位的交流合作得到不断丰富和拓展。在此背景下，必将为经济发展带来更多新机遇。同时，有望通过进一步促进中国与南亚东南亚国家深入交流合作，争取在更多合作领域取得新突破，实现双边经济共同发展。此外，当前正处于新一轮信息技术革命前夕，科学技术创新呈井喷之势，一批新业态新动能加快发展，东部地区产业转型升级步伐加快，为沿边地区主动承接产业转移，利用我国技术、管理优势，推动沿边产业升级发展创造了良好条件。

三是云南经济发展出现结构性变化。八大产业结构不断优化，"三张牌"内涵不断加深，以绿色能源、绿色食品、健康生活目的地及数字经济为特征的发展新动能正在形成，中国（云南）自由贸易试验区建设不断推进，创新发展试点作用有效发挥，口岸营商环境不断优化。也将加快中老、中缅经济走廊建设，进一步提速面向南亚东南亚辐射中心建设；积极协调推动中缅、中老泰、中缅（孟）印境外段铁路互联互通建设项目实施，实现云南国际大通道全面畅通，完善边境口岸公路、铁路、航空口岸联检查验设施建设；进一步优化和巩固提升中越、中老、中缅边境跨境旅游线路，打通连接多国的旅游环线，打造南亚东南亚黄金旅游圈；促进"口岸＋产业加工与展示"、"口岸＋保税仓储与物流"、"口岸＋跨境商贸物流"、"口岸＋边境旅游购物"、"口岸＋特色小镇"等发展，提升边境城市（镇）辐射带动能力，助推沿边开放经济带发展，带动边疆人民致富。

二 大通道建设面临的突出问题

（一）互联互通通而不畅

一是中缅、中老经济走廊公路运力较弱。中老经济走廊公路从昆明经玉溪—思茅—景洪至磨憨段共 668 公里，已实现公路高等级化，但由磨憨口岸出境经老挝南塔至万象段公路等级较低，从磨憨至万象约 400 公里，需通行 12~18 个小时，雨季经常导致道路通行中断。中缅经济走廊公路分瑞丽、猴桥、清水河口岸出境三条道路，境内公路除保山高寨—腾冲 64 公里高速公路在建和腾冲猴桥口岸 148 公里为二级公路外，其余公路已全部实现高等级化。但出境三条道路中，由瑞丽口岸出境经缅甸腊戍、曼德勒、马圭、勃丹至皎漂公路等级较低，经瑞丽弄岛至缅甸八莫和经陇川章凤至缅甸八莫公路通行能力较差；由猴桥口岸出境经缅甸甘拜地、密支那至曼德勒公路等级较低；由清水河口岸出境经缅甸腊戍、至曼德勒段公路通行能力较差。①

二是中缅、中老经济走廊铁路尚未形成运力。中老经济走廊铁路（泛亚

---

① 缅甸木姐至曼德勒公路全长约 392 公里，始建于 1996 年，设计车流量为 3000 辆/日，路基宽大部分 7~12 米，路面为 5~7 米沥青路面，道路等级较低。近年来随着中缅贸易量增长，每天车流量已近 1.3 万辆，且年增长率达 11% 左右，远远超出原设计车流量。其次，经缅方 105 码查验后的车辆需经过木姐城区才能进入姐告，城市交通与过境交通混同，加剧了缅方木姐城区一侧车辆拥堵的情况，经常出现车流缓慢、交通阻塞的现象。

铁路中线）全长 1667 公里，从中国昆明出发，途经中国磨憨口岸至老挝万象。云南段昆明至磨憨全长 610 公里，昆明—玉溪南段已经建成，玉溪至磨憨段 503 公里，预计 2021 年建成通车。境外段经磨丁至万象段于 2016 年 12 月 25 日开工建设，但由于老挝财力、物力投入不足等原因，进度明显滞后于境内段。中缅经济走廊铁路（泛亚铁路西线）全长 1507.1 公里，从昆明出发经瑞丽口岸出境直达缅甸皎漂。云南省境内全长 662.6 公里，昆明至大理段已建成通车，大理至保山段预计 2021 年 12 月 31 日建成，保山至瑞丽段预计 2022 年 12 月建成通车。境外瑞丽至皎漂段规划和可行性研究报告已提交缅方。

三是澜沧江—湄公河国际航运大通道通而不顺畅。澜沧江—湄公河作为我国连接老挝、缅甸、泰国、柬埔寨和越南最有发展潜力的国际水运通道，是我国与东南亚邻国互联互通发展的有效抓手。但是，由于多年来受到基础设施建设投入少和区域经济发展滞后等因素影响，澜沧江航运发展总体水平较低，仍然存在诸多"短板"，澜沧江—湄公河国际航运大通道通而不畅，无法满足次区域经济社会发展对水上交通安全日益增长的要求。

四是国家间合作机制尚不健全。中缅两国国家层面尚未签署《中缅汽车运输协定》和实施《大湄公河次区域便利货物及人员跨境运输协定》，中缅、中老国际大通道"通而不畅"问题依然突出，毗邻三国对我主要贸易通道和口岸基础条件落后，跨境物流和通关效率低，已严重滞后于发展需求。

（二）口岸多而不活

一是口岸开放水平与大开放促大发展要求有差距。云南边境口岸所处地区经济发展相对落后，产业基础差，结构单一，产业链短；口岸发展缺少科技支撑，口岸监管自动化程度低，边境执法和监管机制未实现互助互通，"智慧口岸"建设进展缓慢，口岸对周边地区及国家的辐射带动能力不足。境外商品进口及准入限制矛盾仍然突出，边境贸易创新发展基础不足。与周边国家口岸跨区域合作主要集中在第一产业、第二产业领域，跨境旅游、跨境消费、跨境培训等第三产业合作面窄；与周边国家人才、土地、资金等要素流动机制，医疗卫生、就业培训等民生合作机制，金融投资、大数据、信息技术交流等经济运行机制，营商环境优化权益等保护机制制度尚未建立。

二是口岸便利通关能力与促进形成国际大通道有差距。一方面，口岸流量已远超当初口岸规划设计通行能力。2015～2019年的5年间，全省口岸流量持续快速增长，口岸货运量从1831万吨增长到了3186万吨，增长74%，出入境人员从3494万人次增长到了4095万人次，增长了17%，出入境交通工具从684万辆（艘、架、列）次增加到了860万辆（艘、架、列）次，增长了25.7%。近年来，云南省加大了口岸建设投入，口岸基础设施建设不断健全完善，但口岸的通行能力未得到根本性提升，口岸流量快速发展与口岸通行能力矛盾日益凸显，无法满足当前和今后云南省对外开放需求。另一方面，边境口岸发展不平衡。随着我国与周边国家农业合作不断深化、境外替代种植面积不断扩大，农副产品返销国内数量激增，每年12月至次年5月，境外农产品进入集中收获高峰期，主要销往国内市场，口岸入境的车辆数量激增，极易造成口岸拥堵。

三是对外开放、稳定边境、巩固固防的任务艰巨。边境贸易量的快速增长，边境疫情防控、走私、跨境犯罪、动植物疫病防控等给边境口岸（通道）通关风险管控带来了巨大的压力；口岸（通道）通关量和通关方式不断变化，边境应急防控现代化治理能力有待提升，给边检管控工作提出了新的要求。

（三）产能合作合而不强

一是产能合作结构层次较低。出口商品中，初级产品、劳动密集型工业品占比较大，精深加工品少、产品附加值低；在进口商品中，初级产品占50%以上（主要是非食用原料）。沿边各类园区入驻企业普遍存在产业链条较为薄弱、投资强度小、整体效益偏低问题。

二是产能合作质量不高。2018年云南省对外直接投资额为83.56亿美元，仅占当年全国对外直接投资额（10156.16亿美元）的0.82%，且云南省没有一家企业入选中国非金融类跨国公司100强企业名录。[①] 2019年云南

---

① 数据来源：《2019年度中国对外直接投资统计公报》。

省利用外资项目 236 个，同比增长 29.67%。合同利用外资 55.45 亿美元，同比下降 30.19%。按商务部口径，云南实际到位外资 7.23 亿美元，同比上涨 10.18%，尽管云南利用外资增长较快，但实际到位外资仅占全国同期实际到位外资额（1381.4 亿美元）的 0.52%。对外投资规模不大，实力弱。

（四）消费市场潜力尚未发挥

一是消费市场有效供给不足。云南地处中国经济圈、东南亚经济圈和南亚经济圈的接合部，南亚东南亚区域内人口达 28 亿，随着中南半岛各国刚刚启动了新一轮的经济改革和复苏计划，消费者需求正在稳步提升。但云南商品及服务供给结构性不足，生活型服务产业优势带动效果还不明显，南亚东南亚国家消费知名品牌的集聚地和潮流时尚的重要传播地尚未形成。

二是消费流通渠道有待优化。云南基础设施建设不断完善，消费流通领域有了较大改善，但流通主体不强，网点布局不足，境外连锁流通布局发展缓慢，境外流通基础设施建设滞后，与周边国家跨境运输配套服务体系不健全，国内国际双循环消费流通体系有待完善。

三是整体消费环境有待提升。当前仍存在市场调控能力有待增强、消费领域标准体系不健全、商品追溯体系建设不健全、保障商业服务业健康发展机制不足、提供国际化高品质服务不完善、外币兑换不便捷、消费新模式创新不足等问题。

二 加快对外开放大通道建设的几点建议

（一）加快南亚东南亚大通道基础设施建设

一是提升陆路交通运输能力。公路方面加快昆明至万象公路建设速度，对磨憨口岸出境经老挝南塔至会晒段，经南塔、乌多姆赛、琅勃拉邦至万象段公路加快改造升级。加快昆明至皎漂公路建设进度，加快经腊戍、曼德勒、马圭、勃丹至皎漂高速公路建设，提升曼德勒至仰光公路等级；加快经瑞丽弄岛至缅甸八莫、经陇川章凤至缅甸八莫公路改造升级；加快缅甸密支那至曼德勒段公路改造升级。铁路方面加快推进瑞丽至缅甸腊戍、曼德勒和皎漂高速铁路建设、曼德勒至仰光铁路改造提升，越南老街至海防铁路改造提升。

二是加快陆水联运出境通道建设。建议在国家层面对澜沧江—湄公河国际巷道养护、整治、支持保障系统建设等方面协同推进。加快澜沧江—湄公河国际航道二期整治，改善澜沧江—湄公河航运条件，提升航行安全和环境保护水平；加快伊洛瓦底江八莫—曼德勒—仰光航运基础设施建设，提高运力，降低运输成本。

三是加快国际大通道国内段建设。加强国际国内双向通道建设，促进成渝西昆合作，加快实现长江经济带西向陆水联运，拓展"成渝西昆—大理—瑞丽—缅甸皎漂港"西南大通道沿线对外经贸发展新空间。建立滇、陕、川、渝、黔、桂等西部六省区市的国际物流合作机制，加快构建内连滇中、两广、大西南，外接缅甸、老挝的综合交通体系。

（二）加快现代化口岸建设

一是加快提升沿边口岸功能。整体布局安排提升沿边口岸基础设施建设、通关功能建设和功能完善，进一步提升口岸服务国际合作大通道的能力和水平。

二是与周边国家共同探索口岸合作模式。加快与周边国家协商探索"一站式"通关新模式。支持云南与周边国家口岸管理部门建立双边（多边）联络协调机制。鼓励探索与周边国家口岸实现"一次认证、一次检测、一地两检、双边互认"通关模式，加快实现"一线放开、二线管住"，与周边国家实现信息互换、监管互认、执法互助。探索高水平的次区域口岸自由贸易合作，重点研究和探索与周边国家建立促进自由贸易的合作模式，深入推动"执法互助、监管互认、信息互换"的关检合作理念认同。

三是加快建设西部陆海新通道核心陆路边境和航空口岸物流核心枢纽。

加大力度支持昆明区域性国际物流枢纽和边境口岸建设。支持云南分类逐步完善陆港型、生产服务型、商贸服务型等物流设施。完善相关服务，提供国际贸易通关、公路和航空过境运输等服务。

四是适时谋划一批口岸经济区。抢抓"一带一路"建设重大机遇，充分发挥云南省面向南亚东南亚及环印度洋地区的重要战略通道和综合枢纽优势，抢占文旅、通道、消费、信息、生态、金融六个制高点，促进口岸所在地规划建设集进出口商品加工制造与展销、商贸物流、保税仓储、商务旅游、免税购物、物流配送、旅游购物、酒店住宿、文化教育等为一体的云南口岸经济区，加快口岸城市"加快形成国内大循环为主体，国内国际双循环相互促进的新发展格局"的步伐，加快构建口岸跨境物流、跨境消费、跨境旅游、跨境支付结算等服务体系，积极推进口岸及边境辖区边疆民族地区边境管理和应急管理现代化，提升口岸促进地方经济发展能力和水平。

（三）支持云南加快与周边国家产能合作

一是深化跨境产能合作。加快在中缅经济走廊、中老经济走廊沿线布局一批跨境产能合作园区，建设一批农业园区、产能园区、物流园区、文化旅游园区等重点园区，为中国企业走向南亚东南亚提供平台支撑服务。

二是创新探索"小组团"滚动开发建设模式。加快高位规划、合理布局，结合省内边（跨）合区及周边国家的特点及优势，在园区内发展落地加工制造业，鼓励央企、有实力的民营企业入驻边（跨）境经济合作区，将供应链中的部分环节转移至边（跨）境经济合作区。

三是加快边境贸易创新发展。支持境外投资项下产品返销，试行负面清单管理，参照境外罂粟替代项下产品管理方法给予税收优惠；云南企业在境外经营所得的资源性产品免税返销；探索符合规定的返销产品按保税区进口模式管理，对云南自用产品不做配额限制，经云南销往国内其他地区或国际市场的补征关税和进口环节增值税。

四是加快构建沿边开放城市群。将边境贸易口岸、小城镇等进行"串线"发展，形成对缅、对老、对越三个方向若干沿边开放城市群。构建"技术密集"在内、"劳动密集"在外的产业链。支持沿边开放城市群积极开展制度创新探索，推动开放格局由商品和要素流动型开放向规则和制度型开放转变。

（四）加快构建以云南为核心的区域性经济双循环

一是提升消费发展环境。完善云南公益性流通基础设施，边（跨）境旅游公共基础设施，商旅文体融合为核心的新基建、新消费基础设施建设的公益性，完善商品追溯机制，维护消费者的切身利益，建立健全规范市场运行和市场竞争的法律、法规和相关标准。

二是加快内外贸融合发展。加快建设昆明国际商品采购中心，拓宽昆明的国际商品营销渠道，以市场集群为载体，建设面向西南地区和周边国家的国际商品采购中心，以现代营销和供应链管理技术为支撑，打造产业集聚程度高、交易功能强，具有强大国际辐射力的国际商品采购平台，逐步形成极具国际市场影响力的"昆明价格"。

三是建设区域性国际消费城市圈。培育昆明国际消费中心城市，建立成渝西昆四城联动促进消费协同机制，打造成渝西昆西部核心消费经济圈。发挥云南在中老、中缅经济走廊建设中的独特优势，北向联合成、渝、西城市群，南向串联万象、曼谷、仰光、金边等国际城市，构建以云南为核心连接中国西部地区和中南半岛国家的区域性经济双循环格局。

综上，云南作为"一带一路"倡议和面向南亚东南亚辐射中心建设的支点，在全国对外开放和区域发展新格局中的地位、作用日益凸显，这为云南构建集贸易通道、跨境农业合作通道、跨境劳务合作通道、跨境旅游合作通道、跨境物流通道、消费通道为一体的国际大通道提出了新要求。云南亟须把握好新产业新业态新模式发展机遇，科学谋划口岸经济区，促进沿边城市全方位开放，加快推进云南通道经济高质量发展，充分发挥云南与周边国家互联互通、经济辐射功能作用。

参考文献

［1］姚勤华：《中缅交通互联互通现状与前景分析——以云南基础设施建设为视角》，《社会科学》2017 年第 5 期，第 25～37 页。

［2］王昆：《跨境地区合作与空间发展》，清华大学博士学位论文，2014。

［3］郝畅：《云南对缅甸边境口岸物流体系建设研究》，云南财经大学硕士学位论文，2017。

［4］明丹丹：《云南国际物流发展研究：贸易视角》，云南大学硕士学位论文，2016。

［5］徐榕行：《区域物流通道运行机制研究》，西南交通大学硕士学位论文，2015。

［6］NOPPRON SINDAENG：《"一带一路"国际通道战略下中泰铁路建设合作》，浙江大学硕士学位论文，2017。

［7］金晶：《"一带一路"国际铁路通道建设风险评估研究》，中国铁道科学研究院博士学位论文，2019。

［8］张磊：《中新互联互通南向通道驱动因素分析与对策》，《学术论坛》2018 年第 5 期，第 156～161 页。

［9］陆华、王晓平、王鑫宇：《"一带一路"沿线物流枢纽网络体系建设研究》，《宏观经济研究》2018 年第 11 期，第 94～101、138 页。

［10］李微：《中缅铁路通道通关、换装模式及特许经营研究》，西南交通大学硕士学位论文，2014。

［11］徐建斌：《交通网络变化与区域经济关系演化的规律研究》，鲁东大学硕士学位论文，2016。

实 践 篇
Practice Topics

广西沿边开放实践探索

广西壮族自治区商务厅

中央对广西开放发展特别关心、寄予厚望。2015 年 3 月，习近平总书记在参加十二届全国人大三次会议广西代表团审议时，要求广西构建面向东盟的国际大通道、打造西南中南地区开放发展新的战略支点、形成"一带一路"有机衔接的重要门户，赋予广西"三大定位"新使命，为新时代广西开放发展作了战略定位，提供了总遵循。2017 年 4 月，习近平总书记在广西考察工作时进一步强调，广西发展的潜力在开放，后劲也在开放，有条件在"一带一路"建设中发挥更大作用。要立足独特区位，释放"海"的潜力，激发"江"的活力，做足"边"的文章，全力实施开放带动战略，推进关键项目落地，夯实提升中国—东盟开放平台，构建全方位开放发展新格局。

一 广西在国家对外开放大格局中的地位和使命

根据"三大定位"新使命，广西在国家对外开放大格局中的地位和使命主要有四个。

（一）要全力实施开放带动战略

总书记指出，把广西区位优势转化为发展优势，关键是要实行更加积极主动的开放战略。要全力实施开放带动战略。广西是我国面向东盟开放前沿窗口，在服务国家周边外交战略、衔接"一带一路"、落实"三大定位"新使命等方面负有义不容辞的责任和使命。广西要推进更高水平对外开放，必须按照"三大定位"新使命和"五个扎实"新要求，全力实施开放带动战略，通过实施开放带动战略强基础、谋发展。

（二）要加快形成面向国内国际的开放合作新格局

总书记指出，经济发展进入新常态，是我国经济发展阶段性特征的必然反映。广西要积极适应、主动引领新常态，必须把转方式调结构摆在更加重要位置，做好对外开放这篇大文章。国家制定的"一带一路"建设规划对广西的定位是：发挥广西与东盟国家陆海相邻的独特优势，加快北部湾经济区和珠江—西江经济带开放发展，构建面向东盟的国际大通道，打造西南中南地区开放发展新的战略支点，形成21世纪海上丝绸之路与丝绸之路经济带有机衔接的重要门户。形成这个格局，广西发展这盘棋就走活了。

（三）积极融入"一带一路"建设

总书记指出，广西发展的潜力在开放，后劲也在开放，有条件在"一带一路"建设中发挥更大作用。一要立足"一湾相挽十一国，良性互动东中西"的独特区位，释放"海"的潜力，激发"江"的活力，做足"边"的文章，全力实施开放带动战略，打造全方位开放发展新格局。二要推进关键项目落地，抓好"一廊两港"建设，推进国家"一带一路"重大项目和重大标志性工程建设。三要打造新亮点，敞开大门迎进来，迈开大步走出去，采用多种方式，推进同东盟的产能合作，加强经济贸易合作，建设好跨境经济合作区、产业园。四要构建大通道，加强互联互通建设，提升通达水平，构建面向东盟的国际大通道。

（四）要夯实提升中国—东盟开放平台

总书记指出，广西是我国唯一同东盟相边的省份，"走两步"就是东盟。总书记特意点了几个重点开放平台。一是夯实提升"两会"平台。2004年以来，中国—东盟博览会、中国—东盟商务与投资峰会已连续成功举办，成为广西亮丽的名片，也成为中国—东盟重要的开放平台。要创新区域合作机制，形成各有侧重、主题鲜明、特色突出的高层对话平台以及专业合作平台，畅通"南宁渠道"。二是北部湾经济区。总书记指出，国务院批复了北部湾城市群发展规划，要抓好落实。要重点发挥北部湾经济区龙头作用，带动全区在更高层次、更宽领域参与国际合作和竞争。

二 广西对外开放主要做法

广西最大的优势在区位，最大的潜力在开放。要把广西的区位优势转化为经济优势、发展优势，必须实施积极主动的开放带动战略。历届自治区党委、政府坚持把扩开放促发展作为事关全局大事来抓。改革开放以来，广西对外开放有几个关键时间节点。一是1984年5月，国务院批准开放大连、秦皇岛、天津、烟台、青岛、连云港、南通、上海、宁波、温州、福州、广州、湛江、北海14个沿海港口城市，北海市成为我国首批对外开放的沿海城市之一。二是1992年，中央提出"要发挥广西作为西南地区出海通道的作用"，国务院开放了包括广西凭祥、东兴在内13个沿边城市，广西沿海沿边开放迈出新步伐。三是2004年，中国—东盟博览会永久落户南宁，形成了加强中国与东盟合作的独具特色的"南宁渠道"，成为广西开放发展一张亮丽名片。四是2008年，广西北部湾经济区上升为国家战略，有力引领了整个广西发展腾飞。五是2015年，中央赋予广西"三大定位"新使命，为新时代广西开放发展提供了总遵循。六是2018年以来，中央先后批准设立面向东盟的金融开放门户、西部陆海新通道、中国（广西）自由贸易试验区、防城港国际医学开放试验区、广西百色重点开发开放试验区、南宁临空经济示范区等重大开放平台，广西开放发展向更高水平迈进，工作抓手进一步做深做实。

（一）自治区党委、政府谋定而动，从国家战略和广西经济发展实际出发，作出构建"南向、北联、东融、西合"开放发展新格局重大决策部署

2018 年，自治区党委、政府在深入分析国内外形势、广西区位优势和周边发展状况的基础上，提出实施更加积极主动的开放带动战略，加快构建"南向、北联、东融、西合"全方位开放发展新格局。

南向：主要是以参与西部陆海新通道建设、打造面向东盟的金融开放门户为契机，加快构建面向东盟的国际大通道，建设一批重大基础设施项目，全方位加强与沿线国家和地区在交通、信息、港口、园区、金融、内陆无水港等方面合作，在面向东盟开放和服务"一带一路"建设中发挥更大作用、谋求更大发展。

北联：主要是加快畅通联接贵州、重庆、四川、陕西、甘肃等地的大通道，以北部湾港为陆海交汇门户，把"一带"与"一路"在我国西部地区畅通连接起来，形成开放合作经济带。

东融：主要是全面对接粤港澳大湾区，加快提升做实珠江—西江经济带，主动服务大湾区建设，接受大湾区辐射，对接大湾区市场，承接大湾区产业，借力大湾区发展。

西合：主要是联合云南等省份，加强与越南、缅甸、老挝等湄公河流域国家合作，大力推进基础设施的"硬联通"和政策、规则、标准的"软联通"，推动优势产能"走出去"，开拓新兴市场，拓展全方位合作。

（二）推动区域协调发展

广西各地发展基础、资源禀赋差异很大，区域发展不平衡、不充分问题仍较为突出。为此，广西壮族自治区党委、政府立足沿海沿江沿边的独特区位，依托各区域的资源禀赋、发展基础、产业特色，加快构建"龙头带动、区带支撑、特色鲜明、协调发展"的区域经济新格局。

释放"海"的潜力。以实施强首府战略和推进北海、钦州、防城港一体化为抓手，增强产业创新能力，大力发展高新技术产业和向海经济，做大做强临港产业，建优建强北部湾经济区，打造引领全区高水平开放高质量发展的龙头。

激发"江"的活力。携手广东提升做实珠江—西江经济带，加快推进重大基础设施互联互通，合作共建园区平台，积极承接大湾区产业转移，加强生态环境联防联治，依托珠江—西江黄金水道，建设广西开放合作和产业承接经济带。

做足"边"的文章。深入实施左右江革命老区振兴规划和新时代兴边富民行动，加快脱贫攻坚步伐，大力发展边境地区特色优势产业，加快建设沿边经济带，提升沿边开放开发水平。

（三）作出六大新部署

2018年，自治区党委、政府紧紧围绕贯彻落实"三大定位"新使命，在深入分析国内外形势、广西区位优势和周边发展状况基础上，提出实施更加积极主动的开放带动战略，对全区开放发展作出了六大新部署，引领推动广西开放发展进入新阶段。

一是对解放思想再出发作出了新部署。2019年3月18日，自治区专门举办全区省级领导和厅级主要负责同志专题研讨班，鹿心社书记作了题为《解放思想、改革创新、扩大开放、担当实干 奋力开启建设壮美广西共圆复兴梦想新征程》的讲话，针对发展中的突出问题，从战略和全局高度拿出解决方案，作出顶层设计，大力推进思想再解放、改革再深入、创新再提速、开放再扩大，为建设壮美广西、共圆复兴梦想凝聚共识、集聚动力。

二是对全面对接粤港澳大湾区作出了新部署。2019年7月2日，广西与广东共同召开了两广推进珠江—西江经济带发展规划实施联席会议第六次会议暨粤桂联动加快珠江—西江经济带建设会议，并召开广西全面对接粤港澳大湾区加快珠江—西江经济带发展会议，出台全面对接粤港澳大湾区"1+10+1"系列文件，全面加快"东融"步伐，深化与粤港澳大湾区全方位开放合作。

三是对推进北钦防一体化作出了新部署。2019 年 7 月 31 日，自治区召开全面推进北钦防一体化和高水平开放高质量发展暨西部陆海新通道建设大会，出台《关于推进北钦防一体化和高水平开放高质量发展的意见》和《广西北部湾经济区北钦防一体化发展规划（2019—2025 年)》，加快突破制约北钦防三市协同发展的瓶颈，进一步优化发展空间规划布局，着力做大经济总量、做优质量效益、做强综合竞争力。

四是对推进强首府战略作出了新部署。2019 年 11 月 27 日，召开广西实施强首府战略工作会议，出台《关于实施强首府战略的若干意见》和《关于支持强首府战略的若干政策》，突出首府城市建设的"形、实、魂"，聚焦强经济、强产业，着力聚要素、优布局，着力优环境、增活力，不断提升经济首位度、创新首位度、开放首位度。

五是对兴边富民作出了新部署。2019 年 5 月 24 日，自治区召开全区兴边富民工作会议，出台加快建设沿边经济带、深入推进兴边富民强边固边的意见"1＋7"系列文件，围绕强基固边、开放睦边、产业兴边、民生安边、生态护边、团结稳边等六个方面，统筹推进，加快建设沿边经济带和全国强边固边示范区。

六是对全面优化营商环境作出了新部署。自治区把优化营商环境作为事关全局的大事来抓，2018 年 5 月 29 日，召开全区优化营商环境大会，出台优化营商环境"1＋14"系列文件，在全区深入开展为期 3 年的优化营商环境大行动，全方位降低企业成本负担，突出抓好招商引资和招才引智系列"组合拳"，优化营商环境 7 项重点指标明显提升，进一步激发开放活力。

三 以西部陆海新通道、广西自贸试验区建设为引领，为沿边开放开发提供"广西经验"

（一）推动西部陆海新通道上升为国家战略

2019 年 8 月 2 日，国家发展和改革委员会正式印发《西部陆海新通道总体规划》，标志着西部陆海新通道正式上升为国家战略。广西壮族自治区党委、政府高度重视陆海新通道建设，指出陆海新通道是自治区党委、政府落实"三大定位"新使命、推动构建开放发展新格局的一项牵引性工程，要举全区之力扎实推进陆海新通道建设。广西推动西部陆海新通道建设，大概经历了三个阶段。

1. "打基础、启运营"阶段

一是建机制。广西牵头率先与新加坡工贸部签署合作共建陆海新通道备忘录，之后相继与重庆、贵州、甘肃签署了四省区市政府合作机制、关检合作机制、金融支持机制、铁路跨区域运输机制，形成了合作推进陆海新通道的跨省、跨部门工作机制。二是搭平台。由北部湾港务集团、重庆西部物流园、重庆中外运、重庆民生物流共同组建中新南向通道物流发展有限公司，之后又将南宁铁路局、成都铁路局和中铁南宁集团纳入运行平台，确保了陆海新通道海铁联运班列、班轮常态化开行。

2. "提战略、破瓶颈"阶段

一是提战略。广西牵头，会同重庆、四川、贵州、甘肃等西部省区市人大政协联名提建议议案，推动全国人大常委会副委员长、民革中央主席万鄂湘，全国政协副主席郑建邦，全国政协副主席马飚，国务院副总理韩正等4位国家领导人先后率队来桂调研陆海新通道建设，并推动陆海新通道列为2018年全国政协一号重点提案。二是做规划。广西、重庆、甘肃委托国务院发展研究中心探索编制国际陆海贸易新通道发展规划。国家发改委牵头正式编制西部陆海新通道发展规划。三是破瓶颈。广西率先成立陆海新通道建设工作领导小组办公室，明确了钦州铁路集装箱中心站、钦州港东航道等12大破瓶颈项目，出台了一系列工作方案、政策文件支持陆海新通道建设。推动中国与新加坡签署《关于中新（重庆）战略性互联互通示范项目"国际陆海贸易新通道"建设合作的谅解备忘录》。陆海新通道在国内外和业界的影响力不断扩大。

3. "扩规模，快发展"阶段

一是降成本。取消广西沿海铁路集装箱运费固定基价，降低运价达

20%；促成铁路部门降低铁路运输价格 10%～30%；清理口岸收费。二是畅通关。推进国际贸易单一窗口建设，推动海铁联运一单制、一口价。三是集物流。在重庆、甘肃、贵州以及区内有关市建立无水港，促进广西货走广西港和海铁联运货物集聚。

陆海新通道自 2017 年 3 月正式启动建设以来，在西部省区市的合力推动下，经过三年多实践，取得了积极成效。一是通道物流迅速集聚，陆海两大干线实现了规模化运行。2017 年 4 月 28 日，北部湾港至重庆班列实现首发，9 月 28 日实现常态化运行，目前已开通北部湾港至西部 6 省区市的 5 条班列线路，通道物流规模不断扩大。北部湾港吞吐量大幅增长。货物吞吐量从 2016 年的 1.396 亿吨增长到 2019 年的 2.33 亿吨，增长 67%；集装箱吞吐量从 2016 年的 179.5 万标箱增长到 2019 年 382 万标箱，增长 1.13 倍，2017～2019 年连续突破 200 万、300 万标箱，增速排全国沿海主要港口第一位。2020 年 1～6 月，北部湾港是全国沿海主要港口中唯一货物和集装箱吞吐量双双实现两位数增长的港口，2020 年将达到 500 万标箱。海铁联运班列规模化运行。开行班列从 2017 年的 178 列增长到 2018 年的 1154 列，再到 2019 年 2243 列，实现了连年翻番。集装箱班轮航线不断加密。北部湾港开行航线达到 51 条，其中东盟航线 19 条。开行北部湾港至香港和至新加坡常态化班轮，开通了至南美洲、非洲 3 条远洋航线。跨境陆路运输规模不断扩大。开行广西至越南、泰国、老挝、柬埔寨 4 条跨境公路班车运输线路，凭祥友谊关口岸货车日均通行量保持每天 1200 辆次。2019 年凭祥友谊关口岸出入境货车 35.6 万辆次，同比增长 22.4%。

二是重大基础设施项目加快推进，通道建设瓶颈加快突破。自治区制定出台了陆海新通道重大基础设施建设三年行动计划（2018～2020 年），建立了重大基础设施项目库，重点推动 52 个基础设施项目，特别是加快推进钦州铁路集装箱中心站等 12 个破瓶颈项目。重点铁路方面：钦州铁路集装箱中心站一期工程于 2018 年 7 月正式开工，于 2019 年 6 月完成并投入使用，有效破除海铁联运"最后一公里"关键瓶颈。争取到国家发展改革委同意将黄桶至百色铁路、南昆铁路百色至威舍段增建二线、黔桂铁路增建二线等

3 个项目列为近期实施项目，并推动项目前期工作；在建项目加快推进，贵阳至南宁高铁全年完成投资超过 58 亿元，焦柳铁路怀化至柳州段电气化改造进入主体施工阶段，南防铁路南钦段电气化改造建成投产。南宁国际铁路港一期如期建成。港口航道方面：建成钦州港东航道扩建一期，二期工程正在加快建设，可满足 10 万吨级集装箱船通航。钦州港 30 万吨级油码头、防城港 401 号泊位等项目计划 2020 年内竣工；钦州港 20 万吨级集装箱码头、防城港 30 万吨级码头等深水泊位计划近期开工建设。物流园区建设方面：中新南宁国际物流园是陆海新通道的标志性工程，计划总投资 100 亿元，分三期建设，包括十个功能区，占地共计 4273 多亩。项目一期已引进了万纬物流、复星国药、太古冷链等一批知名企业，保税仓、保税加工厂房、冷链物流仓储等基础设施全面开工，二期正加快建设。

三是建立了跨省跨区域合作机制，通道合作范围不断扩大。地方政府间合作机制有效运行。2017 年 8 月，渝桂黔陇四省区市签署政府间合作协议；2019 年 1 月，渝桂黔陇四省区市与青海、云南、新疆、宁夏签署合作协议，通道参与省份扩大至西部 8 个省区市。同年 10 月，西部 12 省区市、广东湛江、海南签署合作协议，陆海新通道实现西部省区全覆盖。建立了桂新合作机制。2017 年 4 月 28 日，广西与新加坡贸工部企发局签署合作备忘录；同时与新加坡太平船务有限公司签署合作共建中新南宁国际物流园框架协议，该项目于当年 9 月 1 日正式启动，目前已引进一批物流企业。拓展了跨部门跨领域合作机制。渝桂黔陇四省区市关检八方签署通关一体化协议；四省区市与中国铁路成都、南宁、兰州局集团签署合作备忘录；渝桂黔陇青五省区市与五地人民银行签署合作备忘录。

四是综合物流成本大幅下降，通道市场竞争力不断增强。铁路部门给予运价下浮优惠，目前往重庆、成都方向集装箱运价下调 30%，昆明、贵阳方向下调了 10%。同时，陆海新通道海铁联运推行"一口价、一票制"，西部省份通过北部湾港出海的物流费用大幅降低。

——渝桂班列运输时间需要 2 天，4330 元/TEU（重庆—上海洋山港距离 2400 多公里，需要 10~12 天，运价 2600 元/TEU）。蓉桂班列运输时间需要 3 天，5250 元/TEU。滇桂班列运输时间只需要 1 天，5160 元/TEU。兰桂班列运输时间需要 6 天，11485 元/TEU（陇海线运价 12693 元/TEU，运输时间 2 天左右）。

——北部湾港—香港班轮运输时间需要 2 天左右，约 1000 元/TEU，

——北部湾港—新加坡运输时间需要 4 天，约 1500 元/TEU。

铁海联运的物流成本优势：以重庆—北部湾港—新加坡为例，综合物流成本约为 6000 元/TEU，比原来的 8000 元/TEU 左右降低了 2000 元/TEU，降幅超过 25%，与传统的江海联运基本持平。但时间上缩短 15 天以上。

五是通道影响力不断提升，产业集聚效应逐步显现。与西部省区共建飞地园区。与四川省共同推进川桂国际产能合作产业园建设，谋划与重庆、贵州等省市合作共建北部湾沿海港口项目，并互设飞地园区，进一步加强通道沿线产业合作。"三企入桂"参与通道建设。央企、湾企、民企积极参与西部陆海新通道产业投资，自治区建立"三企入桂"通道招商项目库，项目总投资 2870 亿元。华谊钦州化工新材料一体化基地、桐昆北部湾绿色石化一体化产业基地、防城港生态铝工业基地等一批大型临港产业项目加快建设，恒大新能源汽车广西基地、东方希望北海氧化铝、南宁万有国际旅游度假区等一批重大项目加快落地，通道产业集聚能力不断增强。

（二）聚焦"五区一港"，突出制度创新，为沿边开放开发提供"广西经验"

2019 年 8 月，国务院批准设立中国（广西）自由贸易试验区，标志着国家自贸试验区战略从沿海省份扩大到沿边地区。这是党的十九大以来，以习近平同志为核心的党中央统筹国内国际两个大局，推动新一轮对外开放的战略举措，对于加快构建以国内大循环为主体、国内国际双循环相互促进的新发展格局，推动边境地区开放发展具有重大现实意义。

《中国（广西）自由贸易试验区总体方案》明确，广西自贸试验区要发挥与东盟国家陆海相邻的独特优势，建设引领中国—东盟开放合作的高标准高质量自由贸易园区。广西自贸试验区着力打造面向东盟的国际投资贸易先

导区、金融门户核心区、沿边开放引领区、向海经济集聚区、现代服务业开放创新区和西部陆海新通道门户港，加快形成"南向、北联、东融、西合"全方位开放发展新格局，推动沿边开放进入新时代，更好服务国家对外开放总体战略布局。

一是打造面向东盟的国际投资贸易先导区。推动与东盟之间的投资自由化、贸易便利化是广西自贸试验区建设的重要内容。中国—东盟开放合作正在迎来第二个黄金十年。2020 年 1~8 月，我国与东盟贸易额达 2.93 万亿元，超过欧盟、美国，东盟成为我国最大贸易伙伴。广西自贸试验区要抢抓中国—东盟自贸区升级《议定书》全面生效的有利时机，围绕《中国—东盟战略伙伴关系 2030 年愿景》《区域全面经济伙伴关系协定》（RCEP）提出的新方向新领域，加快构建公平开放、竞争有序的投资贸易新机制，实现广西自贸试验区与中国—东盟自贸区升级版建设的有效对接，为促进中国—东盟经贸合作升级发展探索新路径、积累新经验。

二是打造面向东盟的金融开放门户核心区。国际贸易增长必然带来金融、物流等现代服务业快速发展。近年来，广西积极探索人民币区域国际化，截至 2020 年 7 月，广西与东盟跨境人民币结算达 8500 亿元。要大力推进面向东盟的金融开放合作，积极推动中马"两国双园"跨境金融合作试点，探索推进面向东盟的数字贸易，进一步推动人民币面向东盟的国际化，发挥好中国—东盟金融合作学院作用，加快南宁金融机构总部、中外资金融分支机构、金融中后台服务机构的集聚，为深化中国—东盟经贸合作提供金融服务保障。

三是打造沿边开放引领区。自贸试验区的设立，把沿边地区由改革开放末梢变为前沿阵地，广西自贸试验区在探索沿边开放中承担着重要使命。要积极推进在跨境贸易、跨境劳务、跨境物流、跨境金融、跨境旅游等方面先行先试，建设沿边开放新高地和跨境产业合作示范区，做足"边"的文章，为全国沿边开放发展探索积累经验。

四是打造向海经济集聚区。习近平总书记 2017 年视察广西时强调，广西要打造"向海经济"，向海之路是一个国家发展的重要途径。要大力发展临港工业和海洋装备制造，建立沿海绿色化工产业体系，打造面向东盟的国家级石化产业基地和北部湾新能源汽车产业基地，积极发展以东盟国家中草药为原料的医药产业，努力形成更高水平、更加高效的国际产业链。

五是打造现代服务业开放创新区。围绕自贸试验区先进制造业发展需求，重点推动自贸试验区与中国—东盟信息港融合发展，打造数字经济产业集群，探索推进面向东盟的国际医疗、教育体育、文化旅游传媒等领域的创新合作，打造现代服务业体系，形成制造业和服务业融合发展的良好局面。

六是打造陆海新通道门户港。北部湾港是新通道陆海交汇的重要门户。2020 年 1～8 月，北部湾港货物吞吐量、集装箱吞吐量分别达到 1.9 亿吨、303.4 万标箱，增速均居全国沿海主要港口前列。要瞄准 2025 年北部湾港建成千万级标箱大港目标，加大政策创新力度，加快推进中国—东盟港口城市网络建设，完善多式联运体系，促进航运服务高端要素集聚，推动国际航运和配套产业集群发展，加快建设服务西南、中南、西北的国际陆海联运基地。

一年来，广西自贸试验区已完成改革试点任务 58 项，完成率 48.3%；下放自治区级行政权力事项 162 项，落实"证照分离"改革全覆盖试点事项 545 项；新设企业超 1 万家，外贸进出口额超 1308 亿元，占广西同期总额的 30.9%。特别是在深化面向东盟合作、创新边境经济发展、畅通国际陆海贸易新通道等方面开展了积极探索，初步形成了一批具有广西特色的创新经验。

四　广西开放发展面临的问题和风险

一是开放平台亟待融合发展。开放平台是产业聚集的载体，是区域经济发展的衡量标准。我区开放合作平台载体数量多、规格高、种类全。据不完全统计，广西共有国字号开放平台 6 个，国家级园区 14 个，自治区级园区 49 个，高新区 9 个（其中国家级 4 个），经开区 7 个（其中国家级 4 个），海关特殊监管区域 4 个，边境经济合作区 2 个。但这些开放平台作用没有得到充分发挥，政策创新引领性、示范性不强，产业集聚能力弱，重点试验区、保税区、工业园区定位不清晰、无序竞争严重。不少园区在规划设计上盲目追求"高大上"，较少考虑本地资源及产业优势和特点，入园企业随机性很大，存在"捡到篮里都是菜"心理。各园区之间也没有实现错位发展，企业间没有形成上下游产业配套。园区自身带动、辐射作用尚未充分发挥，4家高新区在全国综合排位仅处于中游水平，其中3家排名连续下降；4家经开区在全国综合排位中下游，其中3家在219家经开区中排位都在190名以后。

二是国家对开放平台审批加速，广西原有平台优势在逐步减弱。为落实中央统筹国际国内两个市场、两种资源，进一步扩大开放重大部署，有效应对疫情防控，落实国家"稳外贸稳外资"要求，2020年4月，国务院新设46个跨境电商综试区，全国跨境电商综试区数量达到了105个，一年增加46个，这在过去是没有过的。为进一步增强稳外贸措施和手段，国务院近期将批准新设16个市场采购贸易试点城市，将市场采购贸易试点增加到30个。国家还有可能再增设一批自贸试验区等。这些开放平台加快审批，一方面表明中央在当前复杂多变的国际形势中稳定外贸进出口、拉动经济增长的决心；另一方面表明广西已有开放平台政策优势在逐步减弱，过去是人无我有，形成政策洼地，随着中央新批准系列开放平台，广西开放平台面临激烈竞争，如果不加快建设窗口，原有政策优势就会消失殆尽。

三是海南自由贸易港政策虹吸效应加剧。2020年6月1日，中共中央、国务院批准印发了《海南自贸港建设总体方案》，从11个方面明确了自贸港建设的时间表和路线图。广西与海南隔海相望，一方面，广西自贸试验区可以加强与海南自由贸易港联动发展，形成政策延续、产业带动效应，这对广西来说是机遇。但另一方面，国家赋予海南自由贸易港的开放政策，在未来几年陆续落地生效，也将会带来巨大的"虹吸效应"。例如，海南自贸港支持政策60条，许多条政策广西在申报自贸试验区时都未能得到国家部委支持。比如"展会境外展品进口和销售免税""经洋浦港中转离境的货物实行起运港退税"，再比如"鼓励类企业实施15%的企业所得税""旅游业、现代服务业、高新技术产业企业2025年前新增境外直接投资所得免征企业所得税"等。这些优惠政策，具有强大的虹吸效应，广西开放发展面临巨大竞争压力，留给广西开放发展窗口期已经不是很长，最近两三年必须加大开放力度，形成开放新优势。

四是开放型经济基础比较薄弱。工业企业外向度低，2019 年全区规模以上工业企业 6162 家，有进出口业务的企业为 740 家，仅占 12%。外贸依存度比较低，全国外贸依存度为 32% 左右，但广西外贸依存度只有 20% 左右，比全国低 10 个百分点以上。企业自营进出口数量少，2019 年全区实际有进出口业务企业 3685 家，进出口企业数量仅相当于湖南省的 53.7% 和江西省的 74%（同期湖南省 6860 家、江西省 4977 家）。

五 下一步工作建议

广西将突出沿边优势，以西部陆海新通道和广西自贸试验区建设为引领，积极开展差异化探索，通过矩阵式项目管理模式强化制度创新，全面落实改革试点任务，形成一批具有广西特色的沿边开放的"广西经验"。

（一）聚焦稳边固边富边，突出边境经济创新发展

一是推进边境贸易创新发展。探索发展"边境贸易进口商品 + 落地加工"模式，实施"加工贸易倍增计划"，提高边贸出口商品自产率。二是构建跨境物流体系。加密中越跨境公路货运直通车班次，支持中越跨境公路运输和跨境铁路集装箱班列常态化运行。三是发展跨境旅游业。重点打造中国德天—越南板约瀑布跨境旅游合作区、中国友谊关—越南友谊旅游合作区等跨境旅游合作典范。四是创新完善跨境金融合作。深化人民币跨境结算、人民币与东盟国家货币互换及汇率形成机制，加大对边境贸易服务力度。五是夯实跨境劳务试点。在自贸试验区内探索实施越南入境务工人员一次最长可停留 90 天，增强服务企业用工能力。

（二）聚焦与东盟经贸合作，突出打造跨境产业链

一是加快建设中国—东盟经贸中心，构建投资、贸易、法律、领事、仲

裁等一站式服务平台。二是聚焦有色金属、糖、茧丝绸，打造面向东盟的大宗商品"期现合作"交易平台。三是着力打造汽车、电子信息、绿色化工、食品加工等中国—东盟跨境产业链，形成"一中心、一平台、一链条"，促进资源整合和系统集成。四是大力发展面向东盟的跨境电商，依托南宁、崇左跨境电商综合试验区，开展跨境电商零售进出口业务，打造面向东盟的物流分拨中心，促进贸易新业态加快发展。

（三）聚焦西部陆海新通道，突出推动贸易便利化

一是积极探索推动钦州港和新加坡港国际贸易"单一窗口"互联互通，搭建集关、检、汇、税于一体的国际陆海贸易新通道公共服务平台。二是创新开展连接西部省份和东盟国家的"一口价""一单制"国际多式联运定制化服务。三是探索在东盟国家主要港口设立铁路集装箱还箱点，形成原箱出口、一箱到底、海外还箱全程国际多式联运模式，加快推进跨境运输便利化。

黑龙江省对外开放实践探索

黑龙江省商务厅

近年来，黑龙江省商务系统认真贯彻落实习近平总书记在深入推进东北振兴座谈会上的重要讲话以及对黑龙江省重要讲话重要指示批示精神，服从服务于国家对外开放大局，深度融入共建"一带一路"，建设开放合作高地，努力"打造一个窗口，建设四个区"，加快构建全方位对外开放新格局，全省开放型经济水平进一步提升，有力地促进了经济社会发展。

一 对外开放领域主要成绩

（一）开放型经济主要指标稳中向好，不断呈现新的亮点

2019 年，全省外贸进出口实现 1866.7 亿元，增长 6.7%，增速高于全国 3.3 个百分点。其中，出口实现 349.6 亿元，增长 18.9%；进口实现 1517.1 亿元，增长 4.2%。实际使用外资 5.4 亿美元，增长 15.6%；实际利用省外资金 806.9 亿元。对 22 个国家和地区的 78 家境外企业开展投资合作，实际对外投资 4 亿美元；对外承包工程完成营业额 17.9 亿美元，增长 1.5%。2020 年以来，开放型经济因疫情影响受到冲击，各类计划安排的外经、外贸、招商等对接活动推迟或终止，部分开放型经济指标增速出现不同程度下滑。1~8 月，全省对外贸易实现 1047.3 亿元，下降 15.8%。其中，出口 238.8 亿元，增长 7%，出口增幅列全国第 7 位，高于全国出口增幅 6.2 个百分点。实际利用外资 2.8 亿美元，增长 24.2%；合同外资 20.8 亿美元，增长 2.2 倍。实际对外投资 4718.3 万美元，下降 85.6%。

（二）开放型经济体系更加完善，质量和效益不断提升

一是多元化国际市场不断拓展。目前与黑龙江省有贸易往来的国家和地区达到 200 多个，贸易伙伴遍布亚、欧、非、北美、拉美、大洋洲。要不断巩固与双边国家地方政府间国际经贸关系，在已确定的欧美、日韩和我国港澳台等 16 个重点开拓的国别（地区）市场，全力推进经贸合作。积极推动与"一带一路"国家贸易往来，2019 年，与"一带一路"沿线国家和地区贸易进出口实现 1486 亿元，增长 4.6%，占全省进出口总额的 80%，对日本、韩国、东盟分别增长 8.7%、20.6%、45.3%。二是贸易主体不断壮大、贸易方式更加多样。目前，全省每年实际开展对外贸易业务的企业 2000 多家，国有企业、私营企业、外资企业进出口分别约占 50%、40% 和 10%。中小企业占外贸企业总数量的 90% 以上。对外贸易方式呈现多样化发展态势，贸易方式涵盖一般贸易、边境小额贸易、加工贸易、对外承包工程出口货物、边民互市贸易等。其中，一般贸易是主体，占 80% 左右；边境小额贸易占 10% 左右；加工贸易占 5% 左右。三是招商引资成效显著。坚持创新招商方式，拓宽外资渠道，强化大项目招商牵引，全省利用外来投资的质量效益全面提升。成立以省长为组长的省开放招商领导小组，推动实施"专班＋园区""目标＋考核"招商引资新机制，编制全省和园区产业招商地图、招商指引和招商图谱，推进精准招商，建设了全国首个省级招商引资大数据平台，将其打造成为"投资龙江第一站""精准招商工具箱""项目调度作战图"。制定《黑龙江省商务厅委托招商办法》，推进专业化委托招商，制定《黑龙江省招商引资目标责任考核办法（试行）》《黑龙江省招商引资激励办法（试行）》，招商引资竞争力和吸引力不断增强。长三角、珠三角和京津冀环渤海地区等发达地区成为黑龙江省的主要省外投资来源地。吸引省外投资排在前五位的分别是北京、辽宁、吉林、广东、上海。已有 91 个国家和地区的外商在黑龙江省设立投资项目，有 52 家世界 500 强企业在黑龙江省投资 120 个项目，瑞士雀巢、英联食品总部、法国达尔凯、美国约翰迪尔、荷兰农机、日本发动机、韩国汽配、沃尔沃、福特整车生产等一

大批重点外资企业在黑龙江落户。四是对外投资合作步伐加快。全省已在61个国家和地区设立境外投资企业672家，境外投资存量达到49.9亿美元。对外直接投资行业从初期主要集中在贸易、采矿业、制造业领域，到目前已覆盖大多数行业门类，投资结构由资源获取型向参与全球价值链和供应链转变。哈电气集团、龙建路桥、大庆油田、省建工集团、省火电公司等企业在境外开展了多项有国际影响力的电站、石油、电力工程、基础设施和路桥项目合作。培育出了哈药集团、恒阳牛业、飞鹤乳品、北大荒丰澳等一批过亿美元投资规模的企业群体。

（三）对俄经贸合作不断深化，对俄全方位交流合作进一步增强

一是对俄贸易规模不断扩大。近年来，全省对俄进出口份额占到全省外贸进出口总额的60%以上，占全国对俄贸易总额的15%左右，对俄经贸大省地位进一步巩固和提升。2019年，全省对俄贸易实现1270.9亿元，绝对值列全国第一位，增长4.1%，占全省进出口总额的68.1%，占全国对俄进出口总额的16.6%。2020年1~8月，全省对俄进出口实现656.6亿元，占全省进出口总额的62.7%，占全国对俄贸易总额的13.6%。边境贸易政策进一步落实，以省政府名义出台《关于促进边境贸易创新发展的贯彻落实意见》和《边民互市贸易进口商品落地加工试点方案》，黑河、绥芬河作为全国第一批互贸进口商品落地加工试点县市开展落地加工试点。选择大豆、油菜籽、中草药等商品，对互贸进口商品落地加工进行压力测试。二是对俄投资合作稳步发展。2019年，对俄实际投资8257万美元，下降29.8%，占全省实际对外投资总额的20.9%。2020年1~8月，对俄实际投资2141.6万美元，下降58.9%，占全省实际对外投资总额的45.4%。对俄投资由最初的工程承包、劳务合作发展到目前的能源、石化、农业、林业、矿产等领域的合作，累计获得境外农业耕地面积1461万亩，在俄远东和西伯利亚地区获得森林采伐权1137万公顷。形成一批牵动性的新项目。龙商能源集团完成萨哈林油气开发项目收购，项目一期投资金额7200万美元；与萨哈林政府签订3.5亿美元的100万吨LNG工厂建设框架协议；黑龙江省经安钢

铁公司收购萨哈吉米尔矿山钢铁企业铁矿石项目正在推进，拟建立跨境钢铁产业，项目总投资超过 200 亿元；碧桂园集团拟在俄投资 10 亿美元的现代农业项目正在进行项目论证。三是对俄合作机制不断完善。借助中俄两国总理定期会晤机制、中国东北地区与俄罗斯远东地区地方合作理事会、中俄边境地方间经贸合作常设工作组会议等合作机制开展全方位的对俄经贸合作交流。经国务院批准，黑龙江省与俄罗斯毗邻的滨海边疆区、哈巴罗夫斯克边疆区、犹太州、阿穆尔州、外贝加尔边疆区建立了省州长定期会晤机制。哈尔滨、牡丹江、佳木斯等 9 个城市分别与俄罗斯阿穆尔州、哈巴罗夫斯克边疆区、滨海边疆区等 12 个区、州、市结成了友好省、市，数量居全国首位。定期与远东各州区举办"省州日"活动，举办经贸投资项目推介会、经贸合作企业对接会等。成功举办第 30 届中国哈尔滨国际经济贸易洽谈会。2014 年，"哈洽会"升级为国家级中俄博览会，哈尔滨市和俄叶卡捷琳堡市分别成为中俄博览会永久举办地，并连续成功举办六届。

（四）开放平台基础不断夯实，对经济的拉动作用进一步凸显

自由贸易试验区、跨境经济合作试验区建设作为省委、省政府"一窗四区"建设的重要内容，2019 年取得重大突破，中国（黑龙江）自由贸易试验区获批，哈尔滨、黑河、绥芬河三个片区建设全面启动，对标中国营商环境评价指标体系和世行评价体系，开展营商环境评价整改，自贸试验区整体营商环境大幅提升。自贸试验区成立一年来，总体方案 89 项改革试点任务实施 86 项，实施率 96.6%，在同批 6 个新设自贸试验区中名列前茅；形成了超百项制度创新经验，生成了 67 项创新实践案例，其中 12 项上报商务部，率先发布了首批省级十佳创新案例；自贸试验区新设立企业 4855 家，新签约项目 148 个，投资额超过 1800 亿元；24 个中直、省直部门制定 28 个政策支持文件，哈尔滨片区出台"黄金 30 条""新驱 25 条"、黑河片区出台招商 10 条、绥芬河片区出台扶持办法 16 条等，初步形成黑龙江自贸试验区的政策支撑体系，有效激发市场活力。跨境经济合作试验区破题，探索对接俄自由港和跨越式发展区政策，在我方一侧先行推进跨境经济合作试验区

试点，黑河、绥芬河、东宁三个跨合试验片区挂牌运行，省政府出台《支持跨境经济合作试验区建设若干政策》，推动跨境经济合作试验区建设。境内外园区加快建设进程，通过优化整合，目前，全省共规划建设各类开发区、园区117家。其中，国家级开发区13家，省级开发区89家，海关特殊监管区15家。深圳（哈尔滨）产业园区奠基开工，打造全国跨区域对口合作的典范。国家先后在黑龙江批准设立的哈尔滨新区，绥芬河、哈尔滨综合保税区，牡丹江、黑河保税物流中心（B型），建设积极推进。哈尔滨、绥芬河、黑河先后批准成为国家跨境电子商务综合试验区，哈尔滨跨境电商综合试验区"一区四园"建设持续推动，2020年1~7月，全省纳入海关统计的跨境电商实现4.6亿元，增长6.5倍。推进建设了黑河、绥芬河两个国家级边境经济合作区。在边境口岸市县相继设立了东宁、黑河、绥芬河、同江等11个中俄边民互市贸易区（点）。在俄建设15个经贸合作区，2个经贸合作区为国家级对俄境外经贸合作区。

（五）跨境通道体系日趋完善，建设水平不断提高

一是口岸通道建设快速推进。2020年1月、6月，国务院先后批准黑河公路口岸和黑河步行口岸对外开放，全省国家一类口岸达27个，对俄边境口岸19个，占全国的70%。2019年，全省口岸客运量实现404.4万人次，增长12.3%；货运量实现4543万吨，增长9.7%。全省形成了铁路、公路、水运、航空以及冰封期冰上汽车运输、明水期轮渡汽车运输、流冰期气垫船运输、浮箱固冰通道运输、石油管道运输等全方位、立体化的口岸运输格局。推动口岸通关便利化，国际贸易"单一窗口"标准版货物申报系统和全省电子口岸平台正式上线运行，电子口岸支撑国际贸易"单一窗口"、货物申报应用率全省实现100%。口岸营商环境进一步优化，运行口岸全部落实了通关流程、收费、意见投诉"三公开"制度，全省口岸实现了货物进出口通关"透明化"。同江铁路口岸、黑瞎子岛公路客运口岸、黑河公路口岸、黑河国际步行口岸加快建设。研究制定《黑龙江口岸中长期发展规划》，已上报省政府，待批复后拟上报省委常委会审定。哈尔滨综合保税

区、绥芬河市建设和设立进境肉类指定监管场地获海关总署批准。黑河、东宁口岸中药材进口种类由 5 种扩展到 15 种。口岸整体通关时间持续压缩，上半年，进口整体通关时间全国排名第 6 位，出口整体通关时间全国排名第 7 位。"95306 数字口岸"在绥芬河铁路口岸上线运行，企业从申报到海关放行时间由原来的半天压缩至半小时以内。二是跨境基础设施建设不断完善。哈欧、哈俄班列和哈绥俄亚陆海联运大通道常态化运营；中俄同江铁路大桥、黑河公路大桥分别完成合龙；全省开通国际航空运输航线 25 条，其中对俄航线 13 条；开通了哈尔滨至叶卡捷琳堡跨境电商航空货运通道，2019 年以来，发运对俄国际邮政小包 1266.7 万件，货重 4640.7 吨，货运量占全国对俄邮政小包运量的 1/3，连续多年位居全国对俄邮政小包出口前列；全省海外仓数量达到 25 个，仓储面积 21.5 万平方米。

二　存在的主要问题

黑龙江作为沿边内陆省份，面对复杂严峻的国内国际形势和突如其来的新冠肺炎疫情，在推动开放型经济发展上还面临一些困难和问题。

（一）经贸合作国别结构不均衡

俄罗斯是黑龙江省第一大经贸合作伙伴，黑龙江对俄罗斯市场的依赖性过强，对"一带一路"沿线国家和地区投资合作不够。且对俄贸易市场 80% 以上在俄罗斯远东州区，与俄中部和欧洲部分贸易比例较低。

（二）外向型产业基础支撑不足

黑龙江省产业以装备制造业、石化产业等重化工业为主，虽然有一定的产业基础，但外向度不高，缺乏拥有自主知识产权的高端装备制造业、石化产业自主品牌商品，更缺乏国际竞争力强、出口量大的商品。

（三）经贸主体实力不强

黑龙江省外贸企业主体相对弱小，抗御风险能力差，国际竞争力不强，一些企业因自有资金不足和融资渠道狭窄，市场开拓能力弱，业务难以做大。

（四）招商引资规模质量有差距

特别是外资规模太小，大项目不多。来自美国、德国等欧美发达国家实际投资不大，吸收外资主要以第二产业为主，第三产业发展较为缓慢，生产型企业居多且质量不高。

（五）对外投资能力不足

从海外投资能力看，黑龙江省企业投资能力普遍较弱，目前的对外投资基本以投资环境差、投资风险高的国家和地区为主，对发达国家投资能力不足。

（六）外向型企业受疫情冲击较大

疫情期间，用工、物流、原料、防疫、违约、融资等成本上升是外向型企业面临的突出问题。同时，企业产能、产量、订单下降幅度比较大，加之下游渠道尚未恢复，导致无收入或收入减少，资金回笼较慢，企业流动资金短缺。

三　思考与建议

为深入贯彻落实习近平总书记关于东北地区"打造对外开放新前沿"的要求，加快建设高水平开放型经济体制机制，全力打造以对俄经贸合作为重点的特色鲜明、优势突出、竞争有力的对外开放新格局，为国家对外开放战略的深入实施作出积极贡献，特提出以下建议。

（一）加强开放平台建设

一是高标准推进中国（黑龙江）自贸试验区建设，开展沿边开放创新高地和产业结构调整高质量发展的探索实践，积极融入和服务国家战略，加快落实深化改革扩大开放举措，形成制度创新成果。二是推动大型经贸展平台建设。提升哈洽会、中俄博览会及参与广交会、进博会等大型经贸活动的水平和层次。

（二）提升对外贸易质量效益

一是拓展多元化市场，加强与欧美、中亚、日韩、新西兰等国家和地区合作，提升经贸规模水平。二是积极培育外贸转型升级基地和外贸综合服务企业，争取市场采购贸易试点，承接加工贸易梯度转移试点。三是推进外贸新业态发展，以哈尔滨、绥芬河、黑河跨境电商综合试验区建设为牵动，培育引入跨境电商经营主体。四是深化哈尔滨市服务贸易创新发展试点，加快先进制造业和现代服务业融合发展。加强与俄罗斯、日本、韩国等周边国家的服务贸易合作。

（三）扩大对俄经贸合作

一是巩固能源资源类商品进口优势，扩大自主品牌商品对俄出口。推进边境贸易创新发展，推动互市贸易进口商品落地加工。二是加快推进以农业为重点的对俄投资大项目合作。积极参与俄跨越式发展区和自由港建设。推动中俄两国其他省州特别是经济发达地区参与合作。推动对俄合作向俄中西部腹地延伸。三是规范境外园区建设，修订完善黑龙江省境外经济合作区考核办法，推动境外园区提档升级。

（四）加快"走出去"投资合作步伐

一是积极参与共建"一带一路"，深化境外基础设施合作，拓展国际合作市场。二是积极推动对外劳务合作国别（地区）市场拓展工作，努力开拓海外就业市场并提升高端人才海外就业比重。三是加强企业规范管理，做好"走出去"企业风险防范工作。

（五）提升招商引资质量

一是加强对长三角、珠三角、港澳台以及日韩、欧美等重点国家和地区交流合作。二是完善"一图、一谱、一指引",推动委托招商、专业化招商,加强招商大数据平台建设,开展精准招商。三是建立省市县(区)三级联动招商机制。完善"专班+园区"机制,强化"目标+考核"机制。细化招商引资台账制度。四是贯彻落实国家外资政策措施,加大外资政策解读,稳定和优化外资。

(六)推进开发区、园区转型升级

一是深化开发区改革创新。推进百千亿园区培育行动计划实施,加快培育千亿级产业园区。二是结合产业基础和发展重点,建设汽车、生物制药、高端装备制造、冬季运动以及森林工业等领域对欧、对日韩合作产业园区。三是以全省经济开发区为基础建立产业链链长机制,编制产业链"底图、蓝图、架构图、路线图"和产业链闭合图谱,实现开发区"稳链、补链、强链、提升"。

(七)加强口岸通道建设

一是推动重点边境口岸建设进程。推动俄方改善口岸基础设施,提高通关效率。二是打造自俄进口水果、肉类、冰鲜水产品、中药材等特色口岸,打通黑龙江省进口俄罗斯禽肉类通道。三是开展国际贸易"单一窗口"新增功能应用和规范收费管理,提升口岸通关便利水平。

吉林省沿边开放实践探索

吉林省商务厅

吉林省沿边开发开放工作相关情况

近年来，吉林省深入贯彻落实国家战略部署，充分发挥地处东北亚区域中心优势，紧扣国内外形势变化趋势，加快推进沿边开发开放，已经成为融入"一带一路"建设的重要平台和窗口、连接东北亚的重要通道枢纽、外向型特色产业基地、睦邻安邻富邻的示范区。

一 基本情况

一是平台建设方面。珲春国际合作示范区、和龙国家级边境经济合作区、珲春综合保税区、珲春海洋经济合作示范区等国家级开放平台相继获批。继2018年12月省政府批设集安、临江省级边合区后，2020年1月，又新设图们、龙井、长白3个边境经济合作区，全省沿边具备条件的7个县市区全部布局建有边境经济合作区。2002年国务院批设珲春中俄互市贸易区，目前已实现常态开放，互市商品交易规模、品类不断扩大，对俄边民互市贸易由2016年的5.1亿元增长至2019年的8.6亿元，2020年又获批边民互市贸易进口商品落地加工试点，目前正在制定《珲春市边民互市贸易进口商品落地加工试点方案》。新建延龙图新区、通化内陆港务区、白山市硅藻土产业开发区等特色产业开发区，发挥重要支撑带动作用。同时，延边州积极发挥沿边区域优势，已成功举办12届"图洽会"，面向东北亚开放合作全面推进。

二是互联互通基础设施建设方面。近年来，省里充分利用"一带一路"、长吉图开发开放等专项资金，加大沿边地区互联互通基础设施建设投入力度，先后完成珲春圈河—朝鲜罗津港 52 公里二级公路改造，中朝圈河—元汀、集安—满浦界河大桥建成通车，图们—南阳新界河公路桥全线贯通，谋划推进中蒙"两山"铁路、"滨海 2 号"。推进完成了珲春圈河口岸联检楼及附属设施建设项目、图们南阳跨境桥项目、龙井市三合口岸货检中心建设项目、长白口岸国门执勤用房维修改造项目等一批边境口岸基础设施建设及维修改造项目，口岸通关过货能力显著提升。支持重点边境口岸依托吉林省国际贸易"单一窗口"物流协同系统，建设一批车辆"一站式"智能通关系统。集安公路口岸于 2019 年 1 月 18 日经国家批准正式对外开放，4 月 8 日，集安公路口岸正式开关运行；安图双目峰公路口岸 2019 年 12 月 26 日经国务院批准升级为双边常年客货口岸。

三是陆海联运方面。吉林省沿边地区特别是珲春市周边港口资源丰富，发展陆港联运业务基础条件较好。近年来，吉林省加大对外联络力度，协调推动中俄珲春—马哈林诺口岸铁路恢复国际联运，现已实现货物双向、多品种运输。珲春—扎鲁比诺—釜山航线正式开通，保持常态稳定运营，截至目前，累计运行 138 个航次，运输货物 4421 个 TEU。珲春—扎鲁比诺—宁波内贸货物跨境运输航线于 2018 年 9 月首航，截至 2020 年 5 月，已成功运行 6 个航次，运输货物 1782 个 TEU。2020 年 5 月，珲春—扎鲁比诺—青岛内贸外运新航线首航，运送 220 个集装箱玉米，6 月上旬装载 220 个集装箱铜精粉返航。"长珲欧"货运班列试运行，打通吉林省北上欧洲的第二条国际铁路联运大通道。

四是产业项目建设方面。近年来，沿边县市区突出发挥沿边地区资源优势，大力加强开放型产业建设，加工贸易、金融服务、跨境旅游、智慧海洋、保税物流、国际产能合作等特色产业集群发展。雅戈尔国际服装城、浦项现代国际物流园、华唐大数据及服务外包产业园、LNG 应急储备、柠檬酸加工等一批重大项目相继落位，加快推进，珲春国际合作示范区跨国产业初具规模。

五是投资贸易方面。积极拓展双边投资和贸易合作，推进企业"走出去"共同开发俄罗斯、朝鲜农业、林业、渔业和矿产资源。美来中信"中俄友谊工业园"、双湖"伊尔库茨克木材合作园"、泰源俄什科托沃"农牧业产业园区"等境外合作园区项目稳步实施，截至目前，吉林省在俄投资企业129户，投资金额22.6亿美元。充分利用平壤、罗先商品展及中蒙、中俄博览会等国际展会，推动吉林特色产品"走出去"，对俄进出口贸易保持稳定增长。创造了跨境电商综合服务平台和查验平台建设至通货全国用时最短的"珲春速度"，在全国率先完成海关总署全国统一版平台切换和实单过货，创出了俄罗斯海关认可推广的"9610"模式"珲春标准"，成为目前我国对俄跨境电商唯一陆路白关口岸，联合阿里巴巴独家开通了菜鸟大包专线，建设了菜鸟首公里揽收仓，开通了香港大通关业务，畅通了"1239"进口业务，成功获批中国（珲春）跨境电商综试区和跨境电商零售进口试点城市并以省政府名义正式印发《中国（珲春）跨境电商综试区建设实施方案》，2020年5月开通了1210出口模式，实现了跨境电商进出口的全模式畅通，极大提升了珲春电商商品集聚能力。珲春已经成为我国对俄跨境电商3C产品物流成本最低、投递速度最快的通道。

六是合作机制巩固深化。充分利用区域合作机制，多次承办"大图们倡议"部长级会议，积极参加"大图们倡议"框架下各分委会活动，承办GTI投资贸易圆桌会议、GTI产业园区对话会等活动，有力推动东北亚区域合作。加强毗邻国家地方交流合作，延边州与符拉迪沃斯托克、珲春与罗先市建立了友好城市关系。开展对俄各层级互访交流，互相邀请参加"东方论坛""东北亚博览会"，深化友好合作。建立对俄、对朝口岸协调机制，定期沟通会晤，协调推动人员往来、贸易便利化、口岸基础设施建设，为沿边地区稳定繁荣提供了机制保障。

二　存在问题

吉林省沿边开发开放取得积极进展，但是受东北亚区域地缘政治、经济、外交等因素制约，一些阻碍沿边开发开放的突出问题还比较多。主要有以下几个问题。

一是复杂多变的东北亚及半岛局势深刻影响着吉林省沿边地区的开发开放。尤其是当前联合国对朝制裁还没有解除，对外合作与发展面临许多不确定因素。吉林省毗邻俄罗斯远东地区存在历史领土问题，俄方戒备心理较强，推动边境区域合作不积极，涉及借港出海、跨境合作等事项难以推进。

二是"通而不畅"的问题没有得到根本解决。互联互通基础设施落后、通关便利化水平低下等在一定程度上制约了对外开放的规模和层次。特别是吉林省与朝鲜铁路、公路多数建在 20 世纪三四十年代，年久失修，难以满足两国货物贸易大进大出的需要，通而不畅问题十分突出。

三是沿边地区主导产业趋同，缺少龙头企业和重大项目，产业集聚度不高，沿边各地区多数围绕资源、区位发展主导产业，错位发展、互补发展的意识不强，在招商引资、引进项目上还存在恶意竞争等问题。

三　对策建议

（一）加快推进重点平台建设

一是继续谋划推动中俄珲春—哈桑跨境经济合作区前期工作。二是支持珲春、和龙，临江、集安等国家级、省级边境经济合作区扩大边境贸易和加工出口业务，推动图们、龙井、长白 3 个新批省级边境经济合作区加快发展建设。三是支持珲春中俄互市贸易区扩区改造，扩大交易品类。四是推动泰源农牧业产业园、吉林森工远东木材加工园等境外产业园区，扩大规模效益。

（二）加快推进互联互通基础设施建设

一是重点做好口岸基础设施、跨境桥建设和改造，推动内陆港口建设，打造口岸经济和贸易平台。二是畅通中蒙俄经贸大通道，推动内贸货物运输航线稳定运营，推进"长满欧""长珲欧"等国际货运班列扩大运量、提升效益，推动开通"平蒙欧"国际货运班列。

（三）加快推进投资贸易合作

一是推动已经开工项目尽早达产。二是通过珲春市获批为国家级跨境电子商务综合试验区和吉林市保税物流中心跨境电子运营中心等平台，推动跨境电商扩大规模。

（四）加快推进合作机制建设

一是建立协调机制。加强地方政府间合作，建立完善各级政府共谋发展的沟通联系、项目合作、口岸会晤、磋商等工作机制。二是建立联动机制。积极探索通关便利化新模式，推动货物运输、人员往来便利化、顺畅化，推进口岸基础设施和重大通道建设。

俄罗斯伊尔库茨克境外合作园区的
经验及问题

一　企业国际化经营的具体做法

1. 在俄罗斯建立境外合作园区，加快区内企业快速发展、促进园区的产业升级，进一步增加产业集聚的吸引力，促进产业集群实现扩总量促升级。充分利用现有俄罗斯伊尔库茨克地区的产业基础、丰富的林业资源及鼓励政策，实现企业抱团"走出去"。

2. 与宜家等国际知名企业集团签订战略合作伙伴协议，实现企业之间互利共赢，互帮互助，共同发展。同时，积极招纳企业入园，实现企业之间优势互补，共享共建。

3. 积极响应国家政策，走"一带一路"专线运输，实现资源回运数量及进出口额稳步增长。

4. 积极投身俄当地公益事业，为当地福利机构、幼儿园等捐款捐物。

5. 做好环保措施，木材在加工利用过程中会产生木片废料等，所在国比较重视环保措施的落实。企业在生产中注重环保，做好废物清理、再利用等举措。

6. 严格遵守所在国当地法律，并严格按照相关法律执行。按时依法纳税、保护中国员工及当地员工合法权益等

二 企业国际化的实践经验

1. 在国外建设工厂，要积极到中国领事馆备案，取得领事馆的支持。平时也需要按时向领事馆汇报工作，积极沟通遇到的困难及问题，以及取得的经验，寻求领事馆的帮助。

2. 要与俄罗斯当地政府机构包括税务局、公安局、消防部门及移民局保持联系，积极沟通。尤其受俄罗斯气候条件影响，空气干燥，木材又属于易燃物品，更要注重消防设施的建设，配置消防车、消火栓及消防物品等。

3. 注重企业抱团出海，加强园区的建设。积极寻找战略合作伙伴，积极招纳企业入园，引进资金及设备等。实现企业之间优势互补。

4. 注重环保措施的落实，所在国重视环保政策，做好环保既可帮助企业实现废物再利用，节省原料成本，也可避免触犯当地环保相关法规，给企业造成不必要的损失。

三 企业国际化经营面临的问题和风险

1. 国外疫情形势仍然严峻，疫情防控方面企业资金投入大，有些技术岗位工作人员无法按时到岗，打乱了企业原来的工作计划，国内工人过境条件高，等待时间长，在当前疫情条件下，国人普遍不愿意出境工作，企业需投入更多的财力精力来维持人员稳定。且俄罗斯劳动力流动性太大，企业培

养员工的成本非常高，一些员工学成后还会跳槽到大城市。

2. 受中美经贸摩擦影响，国际市场下行，国内市场疲软，且木材制造业、家具等行业转移到东南亚。订单逐步减少，企业将面临部分产品停产风险。

3. 企业融资困难，贷款门槛高。尤其我公司资产大部分在国外，贷款困难。且公司与国内大型上市企业合作存在账期问题，资金回笼慢。客户一般不采用预付款的形式，而是要求我公司货到三个月之后才付款。这就要求我公司提前一年购买原料备货，提前半年加工生产，然后运输过程又需要45天，货到后晚三个月付款相当于企业提前一年投入财力物力等各项成本，一年后资金才会回笼，这就给企业造成了极大的资金周转困难。

4. 政策方面：由于其他省份对于回运的补贴力度特别大，相比之下吉林省对于回运的补贴力度很小。导致其他省份的大量企业在俄采购后造成木材原料价格上涨，国内市场受到冲击造成价格混乱，而市场价格压得特别低，吉林省企业得到的补贴又较外省少，企业生存成本加大。

四　相应对策与建议

1. 调整企业战略方向，充分调动国内战略伙伴，与长期合作伙伴抱团，在此基础上调整产业结构，从以前的普通大板供应加工转向木材深加工，做成家具等。

2. 疫情防控上不能放松，要继续加大投入，建议上级部门在疫情防控方面给予物资及信息支持。

3. 企业积极与银行协商，保持贷款的延续性。

4. 建议政府加大对资源回运的补贴力度，达到和外省相同，否则由于外省拿到的补贴力度大纷纷到俄采购，导致市场价格低，我们拿到的补贴力度又小，就会导致企业成本增大，时间一长就会被外省企业拖垮。

5. 建议国家的政策支持包括园区、回运等要有延续性，企业按照国家引导资金产业方向发展。政策不可朝令夕改，没有政策支持的延续性企业会被拖垮。

辽宁省丹东市沿边开放实践探索

辽宁省商务厅

一 十八大以来对外开放主要工作情况

（一）加快沿边地区开发开放平台载体建设

2013 年以来，国务院先后印发了《国务院关于加快沿边地区开发开放的若干意见》（国发〔2013〕50 号）和《国务院关于支持沿边重点地区开发开放若干政策措施的意见》（国发〔2015〕72 号）文件，为沿边地区的开发开放指明了发展方向。为此，丹东市委、市政府成立了市沿边开发开放领导小组，统筹推进开发开放平台载体建设。

1. 规划建设丹东重点开发开放试验区

国发〔2013〕50 号文件提出，研究设立辽宁丹东、广西凭祥、内蒙古二连浩特、吉林延吉等六个第二批国家重点开发开放试验区。丹东市委托浙江大学中国西部发展研究院编制丹东市试验区建设实施方案、总体规划及各专项规划。2016 年编制完成了《辽宁丹东重点开发开放试验区建设实施方案》。受周边国际形势影响，国家发改委要求暂缓上报。目前除丹东、延吉外其他试验区都已获批。

2. 建设运营丹东国门湾中朝边民互市贸易区

设立中朝边民互市贸易区，是丹东市贯彻落实国发〔2013〕50 号文件精神的重要举措，也是辽宁省扩大沿边开放的重大举措。2015 年 6 月，经省政府批准，国门湾中朝边民互市贸易区正式设立。国门湾互市贸易区位于丹东边境经济合作区辖区内，毗邻丹东中朝新区口岸及中朝黄金坪特殊经济区，具有明显的区位优势，是辽宁省对朝经贸合作的重要支撑点，中方边民在互贸区内可每人每天购买 8000 元朝鲜免税商品。互贸区采取"政府主导、海关监管、企业投资、市场化运作"的运营模式，累计投资 10 亿元人民币，占地 200 亩，建筑面积 27 万平方米，形成了进口商品展示交易区、出口商品展示交易区、中朝贸易总部经济、创业孵化基地、商业生活配套等五大功能区。

国门湾互市贸易区自 2016 年 6 月投入运营以来，入驻商户 600 余家，参与互市贸易的边民达 4 万余人次，累计实现交易额近 4 亿元人民币。帮助 300 多名贫困边民脱贫，人均实现年收入 4000 元人民币，社会效益初步显现。互贸区依托平台物流、人流、资金流的集聚效应，已成为丹东市中朝经贸合作新通道，促进了丹东新区的繁荣发展。

2017 年以来，联合国安理会通过了一系列涉朝制裁决议。丹东市坚决服从国家政治外交大局，本着"不增一分、不减一分"的原则，不折不扣执行有关决议。由于制裁带来的负面影响，2018 年以来，丹东市的边民互市贸易遭到重创，几乎陷于停顿状态，广大边民的日常生活也受到了不小的影响。

2019 年 9 月，国务院办公厅印发了《国务院办公厅关于促进边境贸易创新发展的指导意见》（国办发〔2019〕46 号）。46 号文件是发展理念、发展模式的重大创新，赋予了丹东市免税进口周边国家商品的重大利好政策。市委市政府高度重视 46 号文件的重大政策机遇，把边民互市贸易作为今后一个时期丹东市对外开放的重要引领和重要抓手。为此，主要采取了以下举措：一是促进边民互市贸易跨越式发展，提出了丹东市边民互市贸易在"十四五"期间的"三个百亿"奋斗目标，即：争取实现互市贸易年进口额 100 亿元，争取实现互市商品二级交易年成交额 100 亿元，争取实现互市商品落地加工年产值 100 亿元。二是培育发展互市贸易商品市场和商贸中心，规划建设丹东国门湾边民互市商品二级交易市场、丹东东北亚进出口商品展销中心和丹东边民互市贸易中心。三是发展适合互市贸易特点的电商新业态，着力培育打造"互联网＋互市贸易"的"国门云购"和"东北亚贸易城"两个电商平台。四是制定了丹东市边民互市贸易进口商品落地加工试点方案，规划建设互市进口商品落地加工产业园，大力发展落地加工产业，变"过道经济"为"落地经济"，带动广大边民就业和产业升级。五是注重顶层设计，着手编制《丹东市"十四五"互市贸易创新发展规划》。

（二）制定对外开放政策规划

1. 2018 年，为贯彻落实习近平总书记 2018 年 9 月在辽宁考察时和在深入推进东北振兴座谈会上的重要讲话精神，丹东市制定了《关于深度融入共建"一带一路"建设开放合作新高地的实施意见》（丹委办发〔2018〕96号）和《丹东市参与辽宁"17＋1"经贸合作示范区工作方案》。明确了 10项重点任务：一是主动深度融入"一带一路"建设；二是积极促进外贸可持续发展；三是有效利用境外投资；四是鼓励支持优势产业走出去参与国际合作；五是全面畅通开放大通道；六是扎实推进开放平台建设；七是深入推进开发区改革创新发展；八是持续推动区域开放合作联动协同深化发展；九是继续加强对外友好交往；十是有效提高经贸及人员往来便利化水平。

2. 组织开展了"开放年"活动。2018 年初，市委、市政府决定开展"开放年"活动，制定了《丹东市 2018 年"开放年"活动实施方案》，确定了 8 方面重点工作任务：一是着力创新开放型经济体制机制；二是全力推进沿海经济带"北黄海翼"开放发展；三是深入推进区域合作与开放；四是加快推进开发开放平台建设；五是精准开展招商引资；六是积极促进外贸可持续发展；七是持续优化营商环境建设；八是稳步推进职业教育国际合作。

3. 2019 年，丹东市制定了《丹东市人民政府关于加快推进东北亚经贸合作构建高水平对外开放新格局的意见》（丹政发〔2019〕21号），明确10 项重点任务：一是提升与东北亚国家贸易水平；二是吸引日韩俄企业投资丹东；三是加强与日韩俄技术合作；四是加强与日韩重点产业合作；五是打造高能级对外开放平台；六是建设东北亚区域性交通枢纽；七是推进丹东机场航空口岸开放；八是提升金融服务企业的能力；九是深化友城间的交流合作；十是积极构建外向型经济体制机制。

4. 2019 年，丹东市出台了《关于促进丹东边境经济合作区（丹东新区）高质量发展的实施意见》，同时启动了宽甸边境经济合作区的申报工作，旨在将边境经济合作区建成促进丹东发展的高水平沿边开放平台。

（三）持续复制推广自贸试验区改革创新经验

近年来，丹东市按照国务院及省政府有关文件精神，积极复制推广自贸试验区改革创新经验。一是有序推进以投资便利化为核心的商事制度改革；二是全面落实以提高通关水平为重点的贸易便利化措施；三是稳步实施以资本项目可兑换和金融开放为目标的金融创新制度；四是不断完善以健全信用制度为导向的事中事后监管体系。截至目前，累计复制推广上海等自贸试验区改革试点经验 58 项、辽宁自贸试验区改革创新经验 27 项。

（四）打造高能级对外开放平台

1. 规划申报丹东综合保税区

根据《海关总署关于支持新一轮东北振兴的若干举措》中"支持丹东在符合条件时设立综合保税区"和《东北东部绿色经济带发展规划》中"支持在条件成熟的地区增设综合保税区"精神，依托沿江、沿海、沿边独特区位优势，以东北东部经济带为区域依托、以丹东港为战略支点、以保税加工、保税物流等为主导产业来规划建设丹东综合保税区。充分发挥综合保税区统筹国际国内两个市场、两种资源的作用，牵引和拉动丹东市外向型经济步入快速发展轨道。目前，丹东综合保税区前期调研与论证、可研报告编制、规划选址工作已初步完成。

2. 规划建设中韩丹东国际经济合作示范区

依据辽政发〔2019〕15 号《辽宁省人民政府关于加快推进东北亚经贸合作打造对外开放新前沿的意见》精神，抢抓中韩自贸区发展机遇，规划建设中韩丹东国际经济合作示范区。以申报中的丹东综合保税区为依托，以韩国 SK 集团拟在丹东新区投资建设的产城融合项目为核心，建设中韩产业园、韩国商品展示交易中心、中韩商品一条街和中韩电子商务中心。

3. 研究增设辽宁自贸试验区丹东片区

2019 年 12 月，根据省委书记陈求发的批示精神，丹东市形成了《关于增设辽宁自贸区丹东沿边新片区的情况汇报》，得到了省委领导的充分肯定。

二　主要困难和问题

一是以战略眼光、全球视野来谋划对外开放的能力不足。没有及时跟上国家战略的步伐，融入共建"一带一路"的大格局尚未完全形成。

二是贸易、投资、通道、平台之间缺乏统筹。不同要素之间协调推进不够，缺少利用外资的重大标志性工程，开放平台建设进展比较缓慢。

三是开放型经济新体制不够完善。对体制机制的创新思考少、行动慢、成效不明显。

四是沿边地区的对外开放容易受到比邻国家形势变化的影响。比邻国家受到国际制裁，丹东市服从国家政治外交大局的需要，对外经贸合作必然会因此受到多方面的负面影响。

三　新时代进一步推动沿边地区对外开放的思考

（一）推进投资贸易便利化

1. 持续复制推广上海自贸试验区、辽宁自贸试验区等的改革经验

积极探索对接辽宁自贸试验区新途径，深入推进"先照后证"、"证照分离"、"多证合一"等商事制度改革，全面实行准入前国民待遇加负面清单的外商投资管理制度。

2. 提升口岸开放水平

推进丹东港扩大开放项目；适时做好丹东机场开放申报工作；跟踪推进太平湾口岸列入一类口岸管理；谋划推进水产品、中药材、粮食进口指定口岸申报工作。

3. 提高口岸通关便利化水平

继续落实国家有关政策，做好"单一窗口"标准版推广应用工作，开展压缩货物通关时间和降低合规成本工作，进一步做好免除海关查验没有问题吊装移位仓储费用试点工作。

（二）建设对外开放平台

1. 规划申报丹东综合保税区

根据《海关总署关于支持新一轮东北振兴的若干举措》中"支持丹东在符合条件时设立综合保税区"和《东北东部绿色经济带发展规划》中"支持在条件成熟的地区增设综合保税区"精神，依托沿江、沿海、沿边独特区位优势，以东北东部经济带为区域依托，以丹东港为战略支点，以保税加工、保税物流等为主导产业来规划建设丹东综合保税区。充分发挥综合保税区统筹国际国内两个市场、两种资源的作用，牵引和拉动丹东市外向型经济步入快速发展轨道。

2. 规划建设中韩丹东国际经济合作示范区

依据《辽宁省人民政府关于加快推进东北亚经贸合作打造对外开放新前沿的意见》（辽政发〔2019〕15 号）精神，抢抓中韩自贸区发展机遇，规划建设中韩丹东国际经济合作示范区。以申报中的丹东综合保税区为依托，以韩国 SK 集团拟在丹东新区投资建设的产城融合项目为核心，建设中韩产业园、韩国商品展示交易中心、中韩商品一条街和中韩电子商务中心。

3. 研究增设辽宁自贸试验区丹东片区

在申报丹东综合保税区获批的基础上，适时启动研究增设辽宁自贸试验区丹东片区相关工作。

（三）推进边境贸易创新发展

把边民互市贸易创新发展作为推动丹东市扩大对外开放和高质量发展的重要引领，与综合保税区建设、口岸升级开放、外贸外资引入互为支撑，互为发展。以丹东综合保税区为核心，以互市商品落地加工产业园为引擎，以边民互市贸易区（点）和边民互市二级交易市场为两翼，推动面向东北亚五国的边民互市贸易创新发展。

1. 构建"一核心、六园区、六区点、三市场"的边境贸易布局

规划建设 1 个综合保税区、6 个互市商品落地加工产业园、6 个边民互市贸易区（点）和 3 个边民互市二级交易市场。

一核心（保税区）。在丹东临港建设占地约 10 平方公里的综合保税区。

六园区（互市商品落地加工产业园）。拟建设 6 处互市商品落地加工产业园，分别是：中日产业园、中韩产业园、东港边贸互市产业园、边合区（一撮毛）边贸互市产业园、凤城市经济开发区边贸互市产业园和宽甸城南经济开发区互市商品落地加工产业园。

六区点［边民互市贸易区（点）］。在现有的国门湾边民互市贸易区基础上，增设丹东港东北亚五国互市贸易区、东港边贸互市产业园边民互市区、边合区（一撮毛）边民互市区、太平湾边民互市区、大台子边民互市区等 5 个边民互市贸易区（点）。

三市场（边民互市二级交易市场）。以站前木都广场、国门湾家居广场、国门湾科技五金城 3 家为示范，打造边民互市二级交易市场，面向周边五国进行互市商品旅游展示。

2. 提升口岸开放水平

一是进一步推进丹东港扩大开放；二是继续推进太平湾口岸列入一类口岸管理；三是适时推进丹东机场正式开放；四是积极推进水产品、中药材、粮食和肉类进口指定口岸申报工作。

3. 申报建设中国（辽宁丹东）互市贸易跨境电子商务综合试验区

着力培育"互联网＋互市贸易"，以互市贸易的形式实现通关便利化，以跨境电商的成功经验开展线上营销。

（1）打造互市数字贸易综合服务平台。以数字经济理念为进出口企业、贸易商与边民提供贸易对接、边民证办理、边民通关、税务办理、外汇结算、仓储物流、二次加工等互贸特色服务。

（2）打造互贸跨境电商平台。引导丹东边民开设线上免税店，并与各

类电商、直播等三方平台打通，形成边民通关、全网卖货的创新跨境电商平台模式，真正做到"一地互市、全国营销"。

四　有关建议

（一）助力口岸建设升级

一是中朝友谊桥运行时间较长，为保障正常运行，建议投入资金予以改造；二是建议有关部门对新鸭绿江大桥验收予以工作指导，力争一次性通过同时给予资金支持；三是丹东港扩大开放已进入国家层面审理，建议协调国家口岸办等有关部门加快推进；四是太平湾口岸列入一类口岸管理项目事宜，建议协调省政府尽快上报国务院；五是加大丹东机场航线补贴投入，对丹东机场给予一定支持，在现有 5 条航线的基础上，使其尽快达到开通 10 条国内航行的基本条件，同时争取逐级纳入省级和国家级"十四五"口岸发展规划。

（二）加大对外开放政策、平台等方面的支持

一是请国家支持丹东申报建设综合保税区、增设辽宁自贸试验区丹东片区。二是恳请国家部分解除制裁涉及的从朝鲜进口商品的种类，允许民生所需的商品恢复边民互市贸易。三是建议将中朝边民互市贸易区项目纳入国家"一带一路"倡议及对朝经贸合作总体战略布局，作为双方定期会商内容。支持丹东国门湾互市贸易区在朝鲜新义州建设国际物流园和朝中互市贸易区项目，搭建中国商品"走出国门，走进朝鲜"的海外仓。支持开通丹东国门湾互市贸易区直通新义州的商务旅游专线。支持丹东国门湾互市贸易区与朝鲜开展人文交流，拓展具有边境特色的中朝技能人才交流和培训合作。四是请国家税务总局支持丹东的边境小额贸易出口比照市场采购贸易方式，进行增值税无票免税试点，并实行出口商品简化申报措施。五是请国家市场监督管理总局支持丹东口岸申报水产品、中药材、粮食进口指定口岸。

（三）解决对外经贸方面的具体困难及问题

一是建立对朝贸易结算通道，监管贸易资金，促进边贸资金合法化；二是放宽朝鲜劳动力限制；三是在边境转移支付方面对丹东市进行适当倾斜，给予商务部门一定比例的资金使用权；四是适当放宽出境加工条件，推动丹东边境贸易创新发展；五是申请成为国家级加工贸易梯度转移重点承接地，已经申报国门湾国际商贸城、国门湾科技五金城、华美科技大厦 3 个商品市场为国家级市场采购贸易方式试点备选市场尽快获批；六是重新启动黄金坪、威化岛经济区，让更多的国外资本关注丹东，成为投资的"热土"；七是项目扶持政策能够向丹东倾斜，尤其是在对外工程承包、援外项目等方面，能够降低丹东的申报、审批标准，使丹东的企业能够享受到政策红利；八是协调放开对朝投资，解决原投资企业遗留的问题，放开新办对朝投资项目，给予对朝投资享受"一带一路"国家同样的政策。

发挥国家向北开放"桥头堡"作用，融入"一带一路"建设

——内蒙古自治区对外开放实践探索

内蒙古自治区商务厅

一　总体情况

内蒙古自治区位于祖国北疆，横跨"三北"，内连八省，外接俄罗斯、蒙古国，资源富集、区位独特，发展潜力巨大，在全国经济社会发展和边疆繁荣稳定大局中具有重要的战略地位。党中央、国务院高度重视内蒙古的发展，并赋予内蒙古在"一带一路"和"中蒙俄经济走廊"建设中发挥重要作用的战略任务。自治区党委、政府不忘初心、牢记使命，按照党中央、国务院建设"一带一路"和"中蒙俄经济走廊"的总体部署，紧紧围绕"政策沟通、设施联通、贸易畅通、资金融通、民心相通"五个方面，在更宽领域、更高层次加强与俄罗斯、蒙古国的合作交流，创新与俄蒙合作模式和机制，扩大沿边地区开发开放、推动发展泛口岸经济。目前，俄蒙两国已发展成为内蒙古自治区最大贸易伙伴，口岸过货量常年稳居沿边地区首位。

近年来，内蒙古自治区认真分析研究与俄蒙合作交流的实际，从顶层设计入手、从重点工作上突破，进一步推动向北开放工作走深走实。一是自治区专门设立了向北开放工作专项协调办公室。立足自治区实际，科学谋划部署全区向北开放工作，研究制定了一系列重要政策措施和发展规划。二是重点抓好合作平台建设，使之成为自治区扩大向北开放，建设"一带一路"和"中蒙俄经济走廊"的重要支撑和组成部分。满洲里、鄂尔多斯综合保

税区，赤峰保税物流中心封关运营，呼和浩特综合保税区获批，巴彦淖尔、包头保税物流中心通过验收。满洲里、二连浩特边民互贸区运营良好。中蒙博览会成为两国全面交流合作的窗口。三是加大互联互通和国际通道基础设施建设力度，"十三五"以来自治区投入约 12.5 亿元用于口岸建设，极大地改善了口岸的通行条件。经满洲里铁路口岸运行的中欧集装箱班列线路达 55 条，是沿边口岸中开通线路最多的口岸。经二连浩特铁路口岸运行的中欧班列线路达 26 条。

二　工作建议

发挥国家向北开放桥头堡作用，融入"一带一路"建设是一项长期而艰巨的任务。我们要以习近平总书记考察内蒙古时的重要讲话精神为指导，围绕转变经济发展方式、优化经济结构、推动高质量发展的需要，紧紧抓住"一带一路"倡议和"中蒙俄经济走廊"建设的机遇，推动内蒙古向北开放工作取得实实在在的成果，以高水平对外开放推动高质量发展。

（一）以基础设施互联互通为先导，打通融入"一带一路"建设的堵点

一是加快推进重点互联互通基础设施建设。推动集二线电气化改造和二连浩特铁路口岸换装能力建设，二连浩特至乌兰巴托高速公路建设。建设满洲里铁路集约封闭集装箱查验场地，解决满洲里和后贝加尔斯克口岸之间 1 公里跨境通道建设问题。加快连通口岸公路缺失路段，解决跨境道路的"堵点"问题。二是进一步完善口岸基础设施特别是查验配套设施。全面提升口岸通关能力和水平。积极推动国家层面加快与俄蒙两国协商进程，改善毗邻口岸及地区的基础设施状况，同步提升双方互联互通水平。三是通过国际贸易"单一窗口"提升全区口岸通关便利化水平和口岸政务服务能力，提高通关效率。

（二）以优化贸易结构为重点，推动"一带一路"建设向纵深发展

一是提升边民互贸区发展水平。完善自治区边民互市贸易管理办法，扩大边民互市交易商品种类，允许第三国商品入区交易。扩大边民互市贸易政策覆盖范围。促使互市进口商品落地加工，延长产业链，提高附加值，带动口岸轻工业加工体系快速发展，扩大就业、解决脱贫、繁荣市场。二是大力发展班列经济。合理布局建设内蒙古始发中欧班列口岸和铁路枢纽货物集拼集散中心，提升自治区始发班列占比。推动形成以班列为纽带的物流集散、展示、加工和销售产业。支持自治区企业在俄蒙及"一带一路"沿线国家物流节点建设境外返程班列货物集拼集散中心，实现始发班列重去重回。三是推进境外园区的建设。支持自治区企业在俄蒙及"一带一路"沿线国家投资，建立多元、稳定、可靠的境外资源供应渠道，并配套物流基地建设，提升对中蒙俄经贸合作和国际供应链的控制力，提升进口资源落地加工能力，做好进口资源加工货源保障工作。四是积极发展跨境电子商务。按照"先行先试、复制推广"要求，加快推动呼和浩特跨境电子商务试验区建设，并将试验区政策在具备条件的盟市推广，构建自治区"数字丝绸之路"。

（三）以平台载体建设为支撑，打造"一带一路"合作新增长极

一是做强沿边开放合作平台。依托重点口岸，打造沿边开放合作平台。加快建设甘其毛都、策克自治区级开放开发试验区，以矿产资源、有色金属、粮食、化工、木材等大宗商品为突破口，开展大宗商品的口岸现货交割交易。二是加强平台建设区域协作工作。围绕满洲里、二连浩特—乌兰察布、策克三大枢纽，打通中蒙俄国际物流大通道，链接亚欧大陆，面向俄蒙乃至欧洲和中国广大腹地形成双向辐射。积极对接"国际陆海新通道"项目，通过宁夏、陕西、重庆、广西铁海联运打造自治区联通东南亚国家的陆海新通道。支持沿黄沿线的呼和浩特、包头、集宁、巴彦淖尔、乌海和东部地区呼伦贝尔、赤峰、通辽等区内工业集中地带积极承接东中部地区产业转移，打造一批特色外向型产业基地。三是推进海关特殊监管区域建设。理顺

园区管理体制机制，由园区所在地市级党政领导担任园区主要领导，赋予更大的权力，集中统一行使规划、建设、发展和管理服务等职能。各园区创新工作机制，集聚新动能，形成新的发展局面。自治区根据腹地盟市外向型经济发展要求，合理布局海关特殊监管区域，加大对建设和运营的支持力度。对已封关运营的综保区优化产业发展规划，制定配套优惠政策，加大招商引资力度，提高运行效益。

（四）以人文合作领域拓展为抓手，营造"一带一路"建设新氛围

一是深化人文交流，广泛开展科技、教育、文化、卫生、旅游、环保、体育等领域合作。坚持"走出去"与"请进来"相结合，不断拓宽与俄蒙的人文交流渠道，构建政府民间并举、多方参与的人文交流格局。共同举办国际文化节、艺术比赛、电影周及其他形式的文化活动。鼓励有条件的蒙医、中医医疗机构在蒙古国设置传统诊疗机构，建设健康体检中心。鼓励重点院校与俄蒙进行联合办学，不断扩大互派教师、留学生、培训人员规模。加强在农牧业科技领域人才培养合作与交流，共同开发优势资源。二是研究制定促进旅游投资、交流合作、通关服务等政策措施，促进中蒙游客互动交流。推动边境及跨境旅游业协同发展，发挥满洲里国家边境旅游试验区政策示范带动效应，将二连浩特、策克、黑山头、阿尔山、阿日哈沙特等列入国家边境旅游试验区范围。积极争取中蒙两国达成人员、车辆多口岸通行协议和互免团队旅游签证协议，简化跨境旅游手续。

（五）以政策和制度创新为保障，释放参与"一带一路"建设的活力

一是要认真学习、深刻领会国家关于对外开放重大决策部署，加大政策落实和执行情况的督查力度，并根据工作推进情况，大胆解放思想、主动先行先试，研究制定新的政策措施。特别是要做到统筹兼顾，更好地发挥不同政策之间的叠加优势，实现共享共用，避免各自为政和重复建设。二是争取

国家加大对内蒙古自治区沿边地区的专项转移支付力度，积极对接丝路基金和亚洲基础设施投资银行，用于口岸基础设施及各类平台建设。自治区研究设立"发展泛口岸经济基金"，从发展泛口岸经济的实际需要出发，在转移支付、专项债券发行等方面对沿边重点地区适当倾斜，积极争取国家关税和进出口环节增值税返还边境口岸地区特殊政策。三是不断优化营商环境。营造稳定、公平、透明、可预期的营商环境，消除各种隐性壁垒，吸引国内外大企业来自治区投资兴业。打造服务最优、效率最高的口岸运营环境，在降低进出口环节合规成本、简化进出口环节监管证件、压缩整体通关时间、优化通关流程和作业方式、提升口岸管理信息化智能化水平方面取得更大突破。四是完善合作机制。依托国家和自治区各类对俄蒙合作机制，进一步加强与俄罗斯及蒙古国相关部门的沟通和衔接，对影响双边合作交流的障碍逐一突破、逐项解决。

黑龙江对俄境外合作区

黑龙江省商务厅

案例一　俄罗斯龙跃林业经贸合作区

俄罗斯龙跃林业经贸合作区主要进行木材采伐和精深加工。2015 年，被中华人民共和国商务部、财政部批准为国家级境外经济贸易合作区。

（一）基本情况

境内实施主体：牡丹江市龙跃经贸有限公司。

境外实施企业名称：俄罗斯龙跃林业经贸合作区（一园四区）。

境外实施项目地址：俄罗斯犹太州帕斯科沃区、阿穆尔边疆村、滨海边疆区丘古耶夫卡市、伊尔库兹克州秋娜镇。

建区时间：2013 年 4 月。

所属市（地）：牡丹江市。

项目投资情况：计划总投资 13 亿美元，目前实际投资额 3.85 亿美元，建区企业投入 2.28 亿美元，入区企业投入 1.57 亿美元。

园区面积：规划面积 900 万平方米，现完成面积 200 万平方米。

合作区类型：资源利用型园区。

（二）入区企业情况

入区企业 20 家，累计投资 1.57 亿美元，累计总产值 8.87 亿美元，上缴东道国各种税费累计 9503.6 万美元，就业人数 871 人，其中俄籍 424 人。

1. 俄罗斯耐力木业有限责任公司

投资 604 万美元，年加工原木能力 7 万立方米，年生产木片能力 1.4 万立方米，年生产集成材能力 5000 立方米，纳税额 440 万美元，就业人数 41 人，其中外籍 20 人。

2. 俄罗斯阿穆尔建材有限责任公司

投资 453 万美元，年生产单板能力 9000 立方米，年生产板材能力 1.8 万立方米，纳税 264 万美元，就业人数 31 人，其中俄籍 15 人。

3. 俄罗斯优塑有限责任公司

投资 417 万美元，塑料及塑木制品年生产能力 800 吨。纳税累计 304 万美元，就业人数 31 人，其中俄籍 15 人。

4. 俄罗斯白熊有限责任公司

投资 250 万美元，年生产苯板能力 2000 吨，复合板生产能力 160 万平方米，纳税 243 万美元，就业人数 21 人，其中俄籍 10 人。

5. 俄罗斯新春木业有限责任公司

投资 1897 万美元，年育苗能力 300 万株、森林采伐能力 30 万立方米，纳税 942 万美元，就业人数 85 人，其中俄籍 42 人。

6. 俄罗斯新东方有限责任公司

投资 1049 万美元，年加工原木能力 30 万立方米，纳税额累计 567 万美元，就业人数 52 人，其中俄籍 27 人。

7. 俄罗斯海华有限责任公司

投资 1283 万美元，单板年生产能力 2 万平方米、地板年生产能力 100 万立方米，纳税 809 万美元，就业人数 75 人，其中俄籍 36 人。

8. 俄罗斯远东春天有限责任公司

投资 655 万美元，年采伐能力 30 万立方米，原木加工能力 5 万立方米，纳税 465 万美元，就业人数 31 人，其中俄籍 15 人。

9. 俄罗斯远东商务商贸有限责任公司

投资 977 万美元，年采伐能力 40 万立方米，纳税 690 万美元，就业人数 47 人，其中俄籍 23 人。

10. 俄罗斯云海有限责任公司

投资 798 万美元，年采伐能力 15 万立方米，木炭年产能力 3500 吨，纳税 548 万美元，就业人数 40 人，其中俄籍 20 人。

11. 俄罗斯储德湖有限责任公司

投资 442 万美元，年生产胶合板 2 万立方米、复合地板积材 2 万立方米，纳税 315 万美元，就业人数 33 人，其中俄籍 16 人。

12. 阿穆尔钢结构有限责任公司

投资 150 万美元，年生产钢结构 1 万吨、异型钢材 1 万吨，纳税 202 万美元，就业人数 29 人，其中俄籍 14 人。

13. 俄罗斯阿穆尔－安吉尔责任有限公司

投资 2030 万美元，年产 8 万吨彩涂板，纳税 838 万美元，就业人数 39 人，其中俄籍 19 人。

14. 金色希望有限责任公司

投资 855 万美元，年生产能力 6 万吨机制炭，累计纳税额 489 万美元，就业人数 70 人，其中俄籍 32 人。

15. 杰勒米纳尔责任有限公司

投资 393 万美元，年采伐能力 35 万立方米，原木加工能力 8 万立方米，纳税 296 万美元，就业人数 37 人，其中俄籍 18 人。

16. 远东出口责任有限公司

投资 374 万美元，年生产单板 8000 立方米，板材 1.5 万立方米，纳税 275 万美元，就业人数 23 人，其中俄籍 11 人。

17. 针叶林有限责任公司

投资 58 万美元，设计年产地板 10000 立方米，纳税 61 万美元，就业人数 20 人，其中俄籍 10 人。

18. 安哥拉有限责任公司

投资 1275 万美元，年采伐能力 25 万立方米，原木加工 15 万立方米，纳税 672 万美元，就业人数 56 人，其中俄籍 24 人。

19. 列娜有限责任公司

投资 725 万美元，年采伐 20 万立方米，原木加工 10 万立方米，纳税 441 万美元，就业人数 53 人，其中俄籍 19 人。

20. 秋娜木业有限公司

投资 997 万美元，年采伐 20 万立方米，原木加工能力 10 万立方米，纳税 642 万美元，就业人数 57 人，其中俄籍 38 人。

案例二　黑河北丰中俄阿穆尔农业（畜牧）产业园区

该园区始建于 2012 年，建设主体为黑河市北丰农业科技服务有限公司。黑河北丰中俄阿穆尔农业（畜牧）产业园区为农业产业型园区，主要以农业种植、养殖、农产品与畜牧产品深加工、商贸物流等为主。2019 年被评为省级经贸合作区。园区规划面积 120 万平方米，计划总投资 8800 多万美元，其中建区企业投入 6078.21 万美元，入区企业投入 2722.83 万美元，目前实际投资额 8761 万美元。入园企业 6 家，已有 5 家投产运营，园区农业综合体管理规范，制度健全，安全保障体系完善，通过俄政府部门的各项监管考核，获得俄政府部门的多项荣誉称号，2019 年种植 30 万亩，产量 10 万吨，加工大豆 5 万吨，蛋鸡存栏 20 万只，年产鲜蛋 5000 万枚，种牛存栏 3000 头，年出栏肉牛 3000 头，加工牛肉 1000 吨，年回运农产品 2000 万美元。农牧业、加工业总产值 2 亿美元以上。

（一）入区企业情况

1. 红星油脂加工厂

计划投资 1000 万美元，累计投资 500 万美元，主营加工豆油、豆粕，产值累计 3000 万美元，利润 636 万美元，纳税 139 万美元，就业人数 50 人，其中俄籍员工 35 人。

2. 红星金色丰收饲料公司

计划投资 800 万美元、累计投资 500 万美元，主营加工生产复混饲料，产值累计 850 万美元，利润 160 万美元，纳税 36.7 万美元，就业人数 35 人，其中俄籍员工 26 人。

3. 红星十月公司

计划投资 700 万美元，累计投资 500 万美元，主营种牛繁育，产值累计 1500 万美元，利润 300 万美元，纳税 75 万美元，就业人数 45 人，其中俄籍员工 35 人。

4. 长青蛋鸡厂

计划投资 600 万美元，累计投资 500 万美元，主营蛋鸡养殖，产值累计 2000 万美元，利润 380 万美元，纳税 81 万美元，就业人数 75 人，其中俄籍员工 70 人。

5. 扬州维扬公司

计划投资 800 万美元，累计投资 500 万美元，主营农业种植，种植大豆、玉米、小麦，产值累计 1300 万美元，利润 253 万美元，纳税 56 万美元，就业人数 30 人，其中俄籍员工 24 人。

6. 哈尔滨海利有限公司

计划投资 500 万美元，累计投资 222.83 万美元，主营农业种植，种植大豆、玉米、小麦，产值累计 1034.5 万美元，利润 217.2 万美元，纳税 48 万美元，就业人数 18 人，其中俄籍员工 13 人。

（二）有关建议

对俄农业合作是黑龙江省对俄投资合作的重点领域，当前中俄两国在农业领域合作面临前所未有的机遇，建议国家在支持企业开展对俄农业合作方面予以支持：一是增加农产品进口配额，增加境内对俄农业合作企业玉米、小麦、水稻权益产品回运项下的进口配额；二是给予企业融资支持，在中央财政农业综合开发资金中安排适当比例的境外农业开发配套资金，支持企业对外农业合作和农产品精深加工等项目开展；三是给予税收减免支持，解决对俄农业合作企业双重征税问题，并实行税收优惠政策；四是给予资金补贴支持，使境外农业开发企业享有同境内种植企业同等的税收减免政策和资金补贴支持政策，并对企业境外土地租赁、农机购置租赁、境外农业投资保险和权益农产品回运、仓储和物流设施建设等方面给予特殊补贴支持。

开拓市场"走出去"

——内蒙古鹿王羊绒有限公司

内蒙古自治区商务厅

内蒙古鹿王羊绒有限公司创建以来，先是通过"引进来"和"走出去"的发展模式；后来又以"不忘初心，开拓市场走出去；牢记使命，一带一路展宏图"的新思路，形成了中国包头、临河、上海、桐乡，非洲马达加斯加以及东南亚柬埔寨六个生产基地，构建了一个集原料、研发、设计、生产、销售于一体的专业化的生产羊绒系列产品的纺织服装企业，打造了"鹿王羊绒"这一民族品牌。鹿王是羊绒行业首批国家级"企业技术中心"、国家级"工业设计中心"、国家级"农业产业化重点龙头企业"，是国家级高新技术企业，也是国家工信部首批评定的"绿色工厂"和"绿色设计产品"。目前，拥有海内外员工 10000 余名。

一 鹿王"走出去"发展，国际化经营的具体做法及成就

始建于 1985 年的鹿王羊绒集团公司，随着中国改革开放大潮走过了 35 年的发展历程。35 年来，从引进海外资源到产品走向世界，就是一个我国改革开放的缩影。鹿王公司的发展经历了两个重要的历史阶段：一是"引进来"。建厂之初，兼并了 8 家国有和民营企业，合资组建了 8 家公司，就业人数达到了 8000～10000 人。二是"走出去"。未"入世"前，中国羊绒衫出口实行配额制，而当时全国羊绒衫的出口配额不够鹿王公司一家使用。为了解决羊绒衫出口配额不足的问题，经过前期详细考察调研，认为马达加斯加、柬埔寨及毛里求斯等国家政局稳定，具有《洛美协定》《最惠国待

遇》等许多优惠贸易政策，劳动力充足、民风淳朴等许多其他国家地区无可比拟的优势，鹿王公司分别于 1997 年和 2009 年在马达加斯加、柬埔寨及毛里求斯等国家建立了海外工厂和营销中心。

众所周知，由于受国内劳动力成本急剧上升等因素的影响，中国纺织行业与东南亚、非洲等新兴经济体相比，成本比较优势逐渐缩小，像鹿王公司这样的典型劳动密集型中国纺织企业"走出去"国际化是大势所趋。鹿王公司积极调整发展战略，将用工多、技术含量低的生产工序适当调整到境外工厂，而尖端技术、研发核心部门和人才均留在国内总部。从竞争发展趋势来看，未来中国所需的纺织品也需要从国外较不发达国家进口，鹿王公司在这方面也做了有益探索，取得了良好的效果。

鹿王公司植根非洲 20 余载，全球雇员超过了 7000 人，与其他纺织业一道，为马达加斯加共和国提供了 20% 的就业机会，创造了整个国家 1/3 的工业产值，在一定程度上影响了马达加斯加的工业化进程，促进了马达加斯加的经济和社会发展，切实降低了当地的贫困人口数量，践行国际公益事业，实现了中非共同富裕；同时还为当地培养了大量的专业技术人才，带动了当地一大批纺织产业大军加速成长。

鹿王海外创业取得的成就及在国际上形成的影响力有目共睹，我国多位国家领导人都视察过鹿王海外工厂，外交部、商务部等主要部委及各省市多个代表团先后考察过鹿王马达加斯加工厂，都给予了高度的评价。2017 年，大型纪录片《守望》在央视一套播出，特别是鹿王人在海外创业敢为人先、勇于创业的先进事迹在社会各界引起了很大反响，受到了一致赞誉。鹿王不仅成为"一带一路"的先行者，也成为中国企业与外国投资合作成功的典范。鹿王公司及其员工不仅深受当地政府和人民的拥护和爱戴，公司所在区域还被当地老百姓亲切地称为"鹿王文明和谐街区"。

为满足市场和生产的需要，鹿王公司将在马达加斯加投资建设一个全产业链的纺织工业园；对两个海外工厂的设备设施进行全面升级改造；生产管理运用自主研发的先进的 ERP 系统与国际领先的视频监控系统相结合；引进国内外先进的智能自动化设备，扩大生产规模，同步建设零污染排污系统、分布式光伏发电系统，以打造绿色环保循环经济的现代化智能工厂，建设成为"中国智能制造 2025"的标杆创新企业。

毫无疑问，非洲是一片年轻的土地。接近 12 亿的总人口中，24 岁以下的年轻人占 60%。年轻意味着增长，也意味着无限想象空间。不过，其中的无限可能也正是非洲的迷人之处，非洲正处于历史的转折点，今天的非洲是一片充满机遇的土地。过去数百年的历史证明：非洲从来都不适合循规蹈矩者，时至今日，依然如此。当很多人对非洲的印象还停留在草原、落日和野兽时，创业、创新及科技公司们已经早早登场。随着中非经贸关系的稳定发展，非洲已成为"一带一路"建设的重要节点区域，推动双方的产能合作是未来中非经贸合作的主线，这也是国内企业将自己的优势产能输出去，让自己"走出去"，走向国际的最好历史机遇期。"走出去"，除了响当当的品牌与技术之外，需要更多地与当地社会进行融合，比如帮助当地人民做各类的公益事业，为职工家属提供免费医疗救助，免费为当地失业人员进行就业技能培训；同时严格遵守当地的法律法规、尊重当地的风俗习惯；促进当地经济建设和发展，促进当地社会稳定，保障员工权益，构建和谐社会等。

2019 年 1 月，马达加斯加国家大选顺利选出了新总统并产生了新一届政府。我们认为新当选总统将带领全国人民大力发展经济，努力提高人民生活水平，整个国家将迎来全速发展的历史最好机遇期。中国作为马达加斯加传统友好国家，必将同新一届政府携手努力，深化共建"一带一路"合作，落实好中非合作论坛北京峰会成果，推动中马全面合作伙伴关系不断迈上新台阶，特别是中马两国的企业全方位合作恰逢其时。

非洲现在正进入城市化和工业化重要阶段，在这个时候急需借助外力来提升城市化和工业化水平，创造就业，刺激本国经济。中非之间开展产能合作具备相应的基础与条件，中国的资本、技术、装备和经验适合非洲，中非产能合作前景广阔。非洲对于民营企业来说更具有吸引力，劳动力和自然资源丰富，经济发展上升空间非常大。中国和非洲经济的互补性非常强，正在把各自的优势聚集起来，发挥出来。这种优势互补的合作将对双方发展提供巨大的动能，也必将对全球经济发展作出巨大的贡献。我们相信，非洲的经济发展必将带来世界的繁荣。

二　鹿王在"一带一路"国际化经营中的成功经验

我们认为，"一带一路"建设是推进中国新一轮对外开放的重要抓手，新形势下推进"一带一路"建设，要以构建全面开放新格局为着力方向，在宏观上具体包括三个方面：一是将"一带一路"建设作为中国对外开放的新契机；二是将"一带一路"建设作为中国对外开放的新通道；三是将"一带一路"建设作为中国对外开放的新突破。

当然，国内及内蒙古许多兄弟企业"走出去"意愿强烈，但目前"一带一路"国际经营部分地区政治风险较大，企业"走出去"受资金、信息、制度等因素的制约，也缺乏行业主管部门和商业协会的有效指导。我们应加强总体设计，理清"走出去"的路径和方式，强化政策支持，提高企业国际化经营水平，避免盲目"走出去"。从微观方面看，鹿王公司在海外投资国际化经营的经验主要有三点：

一是明确"走出去"国际化区域重点。"一带一路"沿线国家众多，企业"走出去"国际化必须有的放矢，才能做到事半功倍。应统筹考虑"一带一路"沿线国家发展诉求、合作意愿、资源禀赋、投资环境、产业基础条件等，按照因地制宜、分类施策、充分发挥所在国比较优势的基本思路，进一步明确"走出去"的重点国家和地区。

二是选择合适的"走出去"国际化方式。"走出去"国际化的方式一定程度上决定了"走出去"的绩效。只有选择合适的模式，才能提升成功率。首先，不同类型的企业应选择不同的"走出去"方式。对于国际化经验还相对欠缺的企业初次跨国投资，可以通过参股、合资的方式进行投资，这样可以大大地分担风险；其次，对于具有丰富的海外运营经验、实力较强的龙头企业，可以选择独资的方式进行海外投资。

三是完善政府管理和服务。政府是"走出去"国际化战略的制定者、服务者和管理者，企业"走出去"国际化离不开政府强有力的支持和全方位的服务。一是加强规划指导。国家有关部门应制定对外直接投资的相关战略规划，明确对外投资的目标和任务，着力解决产业选择、国别选择、"走出去"的方式和步骤、跨国公司培育等一系列相关重大战略层面问题。二是强化政策支持。要加大财税、金融等政策支持力度。如建立企业"走出去"专项基金，运用财政补贴资助，鼓励企业的海外投资活动；企业在海外发展业务或投资可享受所得税减免优惠等。同时，鼓励商业性银行、商业性保险公司、担保公司开展跨国投资的贷款、保险、担保等业务。三是提供信息服务。不断完善境外投资公共服务平台，通过平台为企业提供投资国的相关法律、资源、市场行情等信息。同时，要加快培育境外投资中介机构，通过中介组织为企业提供咨询、培训、市场分析等各种信息服务。

三 企业"走出去"国际化经营面临的问题与风险

提升企业"走出去"国际化的适应能力。构建与国际环境变化相适应的能力是国内企业能否成功"走出去"的关键。在"走出去"过程中，企业首先必须了解相关区域法律、风俗和营商环境等，增强风险意识。企业要"走出去"更要"融进去"。

一是提升国际化信息获取与处理能力。国外跨国企业的成功大多取决于获得信息的能力。在"走出去"过程中，国内企业应积极参与政府或行业协会等发起的经济交流活动，强化与海外华人华侨社团的联系，主动利用各类公共信息服务平台，及时把握市场发展的动态，获得投资国法律、习俗等相关信息。

二是增强企业应对风险能力。企业在"一带一路"沿线国家投资过程中，尤其要警惕地缘政治风险所带来的损失，采取措施积极应对地缘政治风险。企业要建立有效的风险管理系统，形成完整的风险管控预案，风险管理要达到日常化、制度化。同时，"走出去"的企业要积极投保，利用境外投资险和再保险，防范和减少可能出现的投资损失。

三是企业要有面对突发事件的能力。

例如：2018 年对鹿王马达加斯加公司来说是极不平凡、惊心动魄的一年，更是全体员工拼命工作、勇于奉献的一年。

这一年，我们遇到了前所未有的天灾人祸，不仅发生在同一个时间，还发生在生产最繁忙、交货最关键的三个月，台风刮来了，马达加斯加的大选来了，港口瘫痪，海关罢工，货柜延误，船到港口不能靠岸，天天闪电、断电，工人罢工……到处是枪炮声及打砸抢的痕迹。但是我们马达加斯加公司全体员工并没有慌乱，而是沉着应对；因为我们身后有强大祖国的支持与"一带一路"倡议的引领，马达加斯加公司员工紧跟总公司步伐，发扬了"新鹿王精神"，不怕流血流汗、齐心协力、加班加点，夜以继日地连续奋战在生产第一线，再加上马达加斯加公司 ERP 系统的应用，把许多不可能变为可能，把许多不确定变为确定。看到最后一批订单成功离港的那一刻，公司全体员工沸腾了，我们胜利了，我们成功了，我们打赢了这场建厂以来最艰难的大生产战役。鹿王人用实际行动践行了习总书记那句朴实的名言"幸福都是奋斗出来的"。

又如：2020 年伊始，突如其来的新冠肺炎疫情严重冲击了我国经济，造成前所未有的影响。非常时期有着非常的考验，非常考验需要非常的担当。

新冠肺炎疫情牵动着鹿王人的心。全球疫情持续蔓延，其中美国、西班牙、意大利、德国、土耳其、印度、俄罗斯等国家更为严重，鹿王的许多客户也分布在这些区域。公司高度重视和密切关注当地国家疫情发展。

根据我们多年国际经营及对各国社会制度、风土人情、文化风俗的了解，对形势作出了较为准确的判断。公司郑董事长于 2020 年 1 月 25 日指示鹿王马达加斯加公司、鹿王柬埔寨公司在中国大陆欢度春节的员工做好准备，尽快提前奔赴海外生产基地，同时电话指挥包头总部要抢时间将纱线、辅料（如扣子、弹力丝、干燥剂等）发往海外。

2020 年 1 月 26 日，鹿王马达加斯加公司第一批中方员工冒着极大的疫情风险踏上了远去的征途。鹿王驻马公司总经理冯海根望着街头亮起的景观灯，红底黑字映出两行中国字："海内存知己，天涯若比邻。"此时，他辞别家人、远赴非洲,默默地记下这两句唐诗。进入候车室更感觉到疫情的严重性,候车室里空无一人,只有鹿王一行的 21 人。当踏上行程的那一刻,心情说不出来的难受,对父母孩子亲人的不舍,对自己一路安全的担忧,眼泪在眼眶中打转。这时冯海根总经理感觉到大家的担心,特意说着一些玩笑话,逗大家开心来缓解紧张情绪。就这样,彼此相互安慰着、相互鼓励着,历经 48 小时到达了马达加斯加。为了尽快投入生产、赶订单,我们只能是做好自身防护,于第二天就进入全面的生产中。

在公司高层运筹帷幄下,马达加斯加公司及时统筹了生产和疫情防控专项工作,将疫情防控与安全生产同安排、同计划、同部署,做到了"三确保"。

确保鹿王公司全体员工健康。"宁可十防九空、不可失防万一",中方员工全员督导部署落实疫情防控工作,并在加强员工疫情排查处置、加强人员管理、提高个人防护等方面提出了具体工作要求,做到疫情的严防严控,为公司正常生产经营奠定了坚实基础。

确保主动消除恐慌情绪。新冠病毒是全世界共同的敌人,即使中国人在国外都应该与马达加斯加员工并肩作战,科学应对此次疫情,而不能制造恐慌情绪。为了企业的生存,为了"一带一路"中国企业的风范,员工们默默地承受着来自身体、生产、订单等各种压力,他们彼此互相鼓励着、互相慰勉着、咬牙坚持着……由于大家齐心协力,再加上正确、理性、客观地认识疫情,让驻外员工释疑、减虑,为生产经营工作坚定信心、催生动力。

确保生产不停工。疫情当下,鹿王马达加斯加公司中方全体员工主动挑起重担,在做好疫情防控的基础上,毫不松懈地抓细抓实防控和安全生产的每个环节,保证了随时复工复产。

在优化组织上,重点关注关键工序,积极借助当地资源,确保生产经营有序推进。例如,2020 年 3 月 24 日,马达加斯加疫情已经非常严重,当地政府突然要求鹿王立刻关厂停产,员工在煎熬期盼中等了一周。面对疫情,在企业在生死存亡的关键时刻,应该如何抉择?鹿王公司在马达加斯加经营了 22 年,在当地有着相当好的口碑;由于"一带一路"给了中国企业前所未有的机会，我们在马达加斯加不是杀价格、卖便宜货，而是给当地政府和人民带去了新的理念、新的思想、新的经商模式，为当地政府创造价值、创造就业、创造税收。在疫情期间，鹿王为当地医疗机构捐赠5万个口罩，为当地无家可归人员救助点捐赠40多立方做饭木材。所以当地人及外籍员工与鹿王结下了深厚的感情，在这么严峻的情况下，居然有95%的外籍员工都表达了自愿工作的诉求，这对我们来说真是深感欣慰。再加上马达加斯加总统拉乔利那亲临鹿王驻马公司参观考察，我们从大局出发，给予马达加斯加政府大力支持，在短短的一周时间内，完成了工厂搬迁。马达加斯加发行量最大的报纸《午报》评论道："在履行社会责任方面，中国鹿王从不缺位。"

在创新工作方式上，充分利用信息化平台、工具开展远程办公，化解受疫情影响专业人员不到位的矛盾；对一些工序，把可以提前做的做到位，确保疫情解除后，能够更快地投入生产。在达到复工复产的条件下，要求所有管理人员统一佩戴口罩，进入工厂时严格做好人员出入检查、测体温逐个登记工作，落实"日报告"制度，全方位加强公司疫情防控；要求每个工场生产现场设置一个防疫专员，佩戴防疫红袖章，负责各个工种、工作面的现场检查。

刚解决了复工这个矛盾，新的难题又摆在我们的面前：首先鹿王马达加斯加公司是劳动密集型企业，有着6000多名外籍员工，为了员工的健康，复工无疑会带来更大的风险；其次又面临着订单不能按时交货带来的损失和赔偿。最担心的问题就是公司员工感染病毒的风险，一旦有一人感染，那么面临的就是彻底关厂。

这时，公司总部防护用品、药品已经发往马达加斯加，中国驻马使馆、医疗队、中资企业协会也给予鹿王公司大力的支持和帮助。有强大的祖国和总公司做后盾，鹿王马达加斯加公司更有信心做好防疫，大胆工作，即使风险犹在，但是我们同舟共济，信心满满，共同打赢这场新冠病毒与劳动赛跑的战役，一定排除万难完成生产任务。

在这万分关键时刻，郑董事长对国内总部、马达加斯加公司、柬埔寨公司全体员工讲道："如果你的眼光只能看到一个县，那么你只能做一个县的生意；如果你的眼光只能看到一个省，那么你只能做一个省的生意；如果你的眼光能够看到全世界，那么你就可以做全球最优秀的企业家！所以希望公司各级领导干部、全体员工在这场没有硝烟的战争中顾大局、讲担当，拼速度、讲效率，全力以赴、共克时艰，伸出肩膀去扛起担当，举起双臂去托起担当，在非常之时要尽非常之责。"在公司高层的鼓舞下，激荡起全公司及海外公司党组织、党员干部担当尽责、干事创业、爱拼敢赢的澎湃热情。

一个党员就是一面旗帜，一个支部就是一座堡垒，鲜红的党旗在防控疫情斗争第一线高高飘扬。在这场疫情防控斗争中，鹿王马达加斯加公司10名共产党员成为抗击新冠肺炎疫情的中流砥柱，鹿王马达加斯加公司成立了10个抗击新冠肺炎疫情小组，每个小组组长由党员担任，他们挺身而出、英勇奋斗、扎实工作，把投身疫情防控第一线作为共产党员践行初心使命、体现先锋模范作用的"试金石"和"磨刀石"，以舍我其谁的勇气、坚如磐石的信念、高严细实的作风，筑起了鹿王马达加斯加公司抗击疫情的钢铁长城，谱写了一首首感天动地的生命赞歌……是他们，用自己的青春和热血书写了历史，用自己的责任和付出践行着"一带一路"中国企业的担当，展现了中国"一带一路"企业形象，树立了大国风范。

2020年是全面建成小康社会收官之年，也是脱贫攻坚收官之年。统筹疫情防控和推进经济社会发展的关系，做到防疫情与谋发展两不误，至关重要。

为此，鹿王公司坚持"一企一策"，分类指导国内总部、鹿王马达加斯加公司、鹿王柬埔寨公司开展生产经营工作。要求外贸公司加强与客户沟通，多种渠道保持与上下游客户交流，做好合同管理，千方百计确保订单如期履约；秉持"保履约、保收汇，促签约、促市场开发"的工作精神，克服不利条件，利用视频会议和电话会议的方式，多次与客户讨论履约方案，通过保交期、保质量实现保市场；国内力量上不去的国外力量要上，柬埔寨力量上不去马达加斯加力量要上，充分意识到这场疫情的阵痛和影响的长期性，做好正确预期和有力应对。

事发突然，应对稳妥。鹿王公司是全球高端羊绒制品最大的出口产品供应商。疫情发生后，国际进口商纷纷打来电话、发来电子邮件询问鹿王公司情况，对其已经下达的订单能否如期交货表达了高度关切。公司经营管理团队从现有产能与订单匹配情况出发，对已经完成工作量的事实和数据进行分析，充分做到即使疫情不能在短时间得到控制，公司也将努力如期交货。并且郑重承诺：不启动实际发生"不可抗力"条款，不主动免除交货责任。在此阶段，千斤压力自己扛，就是要"满足顾客需求"。

加强沟通，增强客户信心。到 2020 年 3 月底，疫情蔓延到了鹿王客户集中的欧洲、日本和美国市场。客户纷纷通知因疫情政府关闭商场，发生"不可抗力"取消订单。鹿王公司依据国际贸易公约及"不可抗力"的准确定义，提出羊绒制品是冬季销售的产品，没有确切证据证明 6 个月后商场依然关闭，且鹿王公司属最早经受疫情影响的国际贸易供货商，并未启动"不可抗力"条款，客户应该冷静观望；同时鼓励客户，及时将国内生产情况视频发给客户，增强客户信心，与企业携手战胜疫情带来的经济损失。

携手应对，共克时艰。习主席的人类命运共同体的理念，在这次疫情防控过程中再次证明为真理。鹿王公司的责任担当和英雄气魄，也极大地鼓舞了国际客户，他们信心逐步恢复，已经下达的订单逐步恢复生产。鹿王海外生产基地，面对生产与疫情双重压力，连续加班 150 余个昼夜，截至 2020 年 9 月 1 日，鹿王公司已经交货 201 万件。

疫情蔓延，客户不确定因素，将长期影响市场经济。鹿王公司的国际客户分为两大类，一是大型百货集团，全是上市公司；公司规模大、实力强，占鹿王公司总业务量的 80% 以上，这些公司订单下达多在前一年的 10 至 11 月份。另一类公司是私人公司、中小型精品店和专卖店；这类公司数量多，订单数量少，款式多，难度大，附加值高。这类公司受疫情影响比较严重，后半年这类客户的订单大量减少，因此鹿王公司的后半年订单存在不确定性。大型百货公司普遍有两到三个月的关店期，错过了春夏产品销售季节，直接影响现金流和年度盈利水平。疫情影响将在下一年度更加明显，这说明即使是欧美经济发达市场，其经济弹性并不那么大，问题的长期积累因突发事件变得不可控制，全球供应链和产业链必将受到长期影响。

疫情蔓延，国际贸易格局将会改变。疫情蔓延，将改变人与人的交往方式，将影响国际贸易和人员往来。种族隔阂、种族歧视将产生贸易歧视。国际贸易的寒冬还没有到来，今后的困难会愈来愈多，原来成功的经验和方法将很快过时无用。出口不畅，利润微薄，竞争将更加激烈，出口减少必将导致市场价格大战。

四　国家出台相应政策建议

近年来，内蒙古的羊绒产业虽然取得了举世瞩目的成绩，但是存在的问题和困难也不容小觑，如果我们现在不能及时地纠正和预防这些问题的发生，将对我区的羊绒行业发展产生不良影响，甚至会失去昔日的辉煌。以羊绒出口产业为例，存在以下问题，应采取措施认真应对：市场竞争进一步激烈，经济的全球化，导致市场间的竞争上升为国家间的竞争，发展中国家都试图向发达国家出口，我国原有的竞争优势逐渐不明显，因为发展中国家必然也是优先发展中低端制造业，必然要同中国竞争，乃至和发达国家一同到中国市场竞争，为此，建议从以下8个方面采取措施。

（一）延伸产业链的建设

2009年羊绒价格一度落到40万元/吨，2011年暴涨到80万元/吨（2020年由于受疫情影响，羊绒价格暂不计内）。表面上是价格的涨落，其深层次的问题是我们缺少一套有效的市场管理机制，产业集中度不高，小而散，低层次的恶性竞争每隔几年就会爆发一次，解决这个问题首先建议政府出台一个羊绒行业振兴发展的长效政策，重点培育支持几个大型的行业骨干企业，提高产业的集中度。政府要应用政策、资金、资源配置向大型龙头企业倾斜的政策，提高产业集中度。设立兼并与重组基金，推动行业内部整合，建议在推行"走出去"国际化政策的同时，还应配套"留下来"政策，要留住基础性设计、研发、管理、运营、营销和国际结算等核心功能，为"走出去"提供持续不断的支持。

（二）加大政策支持力度，培育建设几个重点行业龙头企业尽快实现上市

羊绒行业属于劳动密集型行业，这个产业也是内蒙古自治区引以为自豪的具有世界知名度的行业。羊绒企业不但解决了大量职工就业问题，也为自治区的经济建设做出了重大贡献。对于发展少数民族地区的特色产业，构建民族团结和谐稳定，保护农牧养殖户的稳定收益也具有重大意义。整个行业涉及农牧户养殖、原料收购、工厂生产加工、产品销售等多个环节。要想使行业健康可持续发展，必须统筹兼顾各方利益。目前整个行业发展税负过重，一些政策支持力度偏小，资金分散。同时也应该放宽出口企业的信贷条件，否则，如果大家都只盯住国内市场，那么竞争将会更加激烈，过剩产能更加没有出路。

（三）对知名品牌的培育和销售网络建设，是保持企业可持续发展建立新的经济增长点的捷径

多年来，内蒙古自治区羊绒系列产品的出口量和销售量稳居全国第一，但真正以自己的品牌出口销售的不到总出口量的10%，大量的产品是为世界知名品牌贴牌生产，导致这种局面的深层次问题不是我们的产品质量不过关，科技含量不高，而是品牌培育销售渠道的建设力度不够。众所周知，金融危机对羊绒行业的冲击也非常严重，企业为了保客户、保市场根本无力去解决品牌培育和渠道建设问题。因此我们建议，鉴于行业的特殊性，羊绒是内蒙古特色产业、世界知名行业，羊绒企业可以吸纳大量的劳动力解决就业，企业也曾经为自治区的经济发展做过重大贡献，希望各级政府能够出台一些政策支持企业的品牌和销售渠道的建设，只有企业发展壮大，才能够持续地为地方经济做出贡献，反之前景堪忧。内蒙古自治区应该选择几个重点行业，支持培育建设自己的世界知名品牌。

（四）关于养殖基地建设问题要与做终端产品企业联合起来，绒山羊品种的改良与养殖基地的建设是一个投资周期长，风险大的行业

一般的改良周期需要经过 3～5 年或者更长的时间。其间还要受到自然环境气候变化（干旱、雨涝）与市场供求关系变化诸多因素的影响。因此企业搞基地建设也要承担极大的风险，而且要不断地投入，给企业的经营会带来很大的压力。因此建议国家、自治区政策部门要对那些终端产品有销路、解决就业人数多、带动农牧民数量大的国家农业产业化重点龙头企业配置草原基地，与农牧养殖户构成紧密联系的利益共同体，要集中财力物力，连续不断地支持，扶持，使其做大，做强。只有龙头企业强大了，自然会带动相关产业链的发展。

（五）国家、自治区在扶持农业产业化龙头企业的同时，还应重点考虑企业的创新能力、可持续发展能力

企业只有不断地创新才有生命力。企业创新工作需要大量投入来支撑，但新产品带来的收益对行业也会产生重大影响。鹿王每年投入的研发费约 3000 万～5000 万元。新产品对市场贡献率占 30%～40%，由此带来的社会效益更是无法用金钱计算，因此特别是相关农牧民切身利益的企业，建议国家要在资金扶持上予以重点考虑。

（六）建议制定羊绒行业品牌培育、销售、网络建设、上市专项奖励等政策

在现有羊绒企业当中选拔一些规模大、知名度高、有发展前景的企业重点培育支持。

（七）建议自治区商务厅考虑设立出口奖，对出口业绩稳定、就业岗位多的企业和行业进行重点奖励，提高奖励的比重

不鼓励高耗能、高污染的产品出口。提高劳动密集型产品的实际出口退税率。

（八）建立国家层面的风险防范机制，防止国际贸易风险

建立国家级的追索与保险体制，弥补单个企业无力进行旷日持久的国际诉讼短板。

就企业内部而言，企业"走出去"要具有国际视野，要专业专注，要靠优质原料、先进技术、可靠质量、多样化品种、营销渠道建设和服务功能取胜，确保品牌的唯一性，不可取代。企业产品既要有民族特色，还要有世界化表达，既有个性，又要兼容，要不断地打破自我，不断地寻找突破，改变惯性，开拓创新。

未来，鹿王公司将继续着力提升国内鹿王品牌建设，加速布局欧洲、美国、日韩鹿王品牌营销中心，从而实现由建厂时原材料输出到现在的优势产能输出，再到驰名品牌输出，以提升企业自主创新能力为主线，以设计创新平台建设为载体，以重大产业创新和创新成果产业化为重点，推进企业技术提升、产业结构优化，最终实现经济发展方式转变，提升企业核心竞争力，与多方实现互利共赢，向十九大报告明确提出的推动构建人类命运共同体的方向迈进，为提升人类穿着、共享美好生活砥砺前行！

内蒙古自治区企业"走出去"国际合作案例

——伊利集团

内蒙古自治区商务厅

一 企业基本情况简介

内蒙古伊利实业集团股份有限公司（以下简称伊利集团），位居全球乳业五强，蝉联亚洲乳业第一，也是中国规模最大、产品品类最全的乳制品企业。伊利集团拥有一条涵盖上中下游的全球产业链，合作伙伴遍及五大洲，分布在33个国家和地区，主要业务涉及乳及乳制品的加工、制造与销售，旗下拥有液体乳、乳饮料、奶粉、冷冻饮品、酸奶等几大产品系列，持续多年稳居中国乳品市场占有率第一。优异的产品品质、领先的综合服务能力和全面的可持续发展能力，让伊利集团一直深受全球顶级盛会、赛事以及各级政府和社会各界的信赖与认可。从2008年北京奥运会到2019年武汉军运会、2022年北京冬奥会，从2010年上海世博会到2016年G20杭州峰会，伊利集团作为唯一一家提供服务的乳制品企业频频亮相。同时伊利集团也是世界经济论坛、博鳌亚洲论坛、世界互联网大会等顶级峰会的合作伙伴。

2020年上半年，业绩逆势双增：营业总收入达475.28亿元，同比增长5.45%，扣非净利润37.66亿元，同比增长7.02%，展现出强大的系统性抗风险能力和内生增长确定性。其中，营业总收入、净利润、综合市场占有率、总资产周转率等核心指标继续蝉联亚洲乳业第一。

2020年8月，荷兰合作银行公布了"2020年全球乳业二十强"排行榜。榜单显示，伊利集团排名跃升至第5，成功跻身五强。这是中国乳企首次进入全球乳业五强，也是迄今为止亚洲乳业在榜单上的最高排名。这一次伊利集团真正改写了世界乳业版图，潘刚董事长则用结果证明了他"全球乳业的未来在中国"的论断。站在全球乳业五强的新起点，伊利集团未来仍将秉承对全球消费者的"健康"承诺，以高品质滋养生命活力，以奋斗者精神向"全球乳业第一、健康食品五强"的战略目标迈进。

二 企业国际化经营的具体做法

随着中国经济的高速发展，中国企业逐步走进世界舞台中央。面对着广阔的全球市场，伊利集团以更加广阔的视野和更加国际化的胸襟，积极践行"一带一路"倡议，大胆"走出去"，积极引进来，全力构建全球健康生态圈，为全球的乳业发展共赢贡献力量。

2014年3月，习总书记在出访荷兰期间，出席了伊利集团欧洲研发中心的签约仪式。

2014年10月，习总书记与新西兰总理约翰·基共同为伊利集团大洋洲乳业一期项目投产揭牌，并为伊利集团在新西兰的乳业二期项目签约助签。

2016年8月，习总书记召开"一带一路"座谈会，潘刚董事长受邀出席并受到了总书记的亲切接见。

2018年10月，伊利集团在印度尼西亚首都雅加达举行Joyday冰淇淋的全球首发。

2018年11月，伊利集团发布公告收购泰国本土最大冰淇淋企业Chomthana，并于当天在泰国曼谷隆重举行了签约仪式。这是继Joyday系列产品在印度尼西亚上市之后，伊利集团乘"一带一路"东风与东南亚市场的再次携手。

2019年8月，伊利集团发布公告宣布收购新西兰Westland Co-Operative Dairy Company Limited（简称"Westland"），并于当天在新西兰奥克兰举办股权交割仪式。

2019年9月，伊利集团在新加坡举行发布会，宣布旗下高端酸奶品牌安慕希正式在东南亚上市。此次安慕希扬帆出海是伊利加速全球布局、更好服务全球消费者的重大突破，也把伊利集团的品质信条和创新理念带到了更广阔的国际市场舞台。

根据伊利集团国际化的战略部署，分别在境外投资子公司大洋洲乳业有限公司、Westland Co-Operative Dairy Company Limited，绿色亚洲印度尼西亚食品有限公司、伊利印度尼西亚乳业有限责任公司，泰国Chomthana Co.，LTD公司。

大洋洲乳业有限公司，位于新西兰南岛南坎特伯雷地区，是伊利集团于2013年通过境外全资子公司伊利集团国际发展有限公司及香港金港商贸控股有限公司收购新西兰大洋洲乳业有限公司100%股权而建，并开始在新西兰筹建全球最大的"乳业一体化生产基地"项目。

绿色亚洲印度尼西亚食品有限公司，成立于2015年9月，投资2300万美元，主要开展冰淇淋贸易和进口业务，公司位于印度尼西亚首都雅加达市。

伊利印度尼西亚乳业有限责任公司，成立于2018年10月，投资12783.6万美元，在建项目，拟生产冰淇淋、酸奶系列产品，位于爪哇省勿加泗绿地国际工业中心。

泰国Chomthana Co.，LTD公司，2019年4月25日正式完成并购，投资近9000万美元，位于泰国曼谷，是一家综合性食品加工与销售型企业，也是泰国本地最大的冰淇淋企业。同时还生产沙拉包等快餐食品，产品不仅覆盖泰国国内市场，而且还远销至新加坡、美国等14个国家和地区。

Westland Co-Operative Dairy Company Limited，伊利集团于2019年8月1日成功收购新西兰第二大乳制品企业Westland而建，全球布局再获重大突破。也是伊利集团"乳业丝路"加速全球产业融合的重要里程碑，构建起了横跨太平洋的"乳业桥梁"，开启了让世界共享健康的崭新格局。此次收购的成功也加速提升伊利在全球乳业的影响力。

跨国贸易方面，伊利集团于2018年7月向新加坡、泰国、马来西亚、菲律宾、越南、缅甸六个东南亚国家派驻了销售团队拓展当地市场，各国团队在到达目标市场后迅速开展产品出海的各项准备工作。2019 年 2 月新加坡传来捷报，伊利集团安慕希产品率先抢滩登陆，同年 7 月安慕希、优酸乳产品正式登陆缅甸，随着产品不断的准入完成，伊利集团国际业务部 8 月组织东南亚经销商访华交流，参观我们的全球样板工厂，各国经销商被我们的生产制造工艺深深折服，参观期间集团领导与各国经销商深度交流，经销商深深感受到亚洲第一乳企的责任担当，纷纷表示回国后会加倍耕耘各国市场，提升伊利产品的销量及传播伊利的品牌。

三 企业国际化的实践经验

1. 伊利集团在新西兰

新西兰是首个与中国签订自贸协定的发达国家，乳业合作是两国经贸合作的重要内容。2013 年伊利集团投资 30 亿元建立大洋洲乳业有限公司，2014 年 8 月正式运营。

2014 年，当时正在新西兰进行国事访问的中国国家主席习近平与时任新西兰总理约翰·基共同为大洋洲乳业揭牌，成为中新两国一揽子合作中首个揭牌的项目。大洋洲乳业有限公司被认为是新中两国加强经贸合作的标志性项目，成为新中两国在"一带一路"倡议发展下的新典范。可以说它是伊利集团"全球织网"国际化战略布局的一个缩影。伊利集团通过搭建全球资源重新配置平台，把全球最有价值的资源整合到企业自身体系中，推动中国乳制品"世界级智能化"转型：一方面通过"互联网＋"全方位构建消费者生态圈，另一方面在供应链上游也充分利用高科技设备，用科技确保品质，令每一滴牛奶拥有国际智能化的保障。

作为投资总额刷新中新两国经贸纪录的全球目前最大的一体化乳业基地，伊利集团大洋洲乳业基地投产后不仅带动了当地的经济发展、解决了大量就业，还推动了中新两国经贸和文化交流交融。正因如此，伊利集团赢得了当地知名的"南坎特伯雷商业大奖"提名殊荣。2017 年 3 月 25 日，投资超过 20 亿元的伊利集团大洋洲生产基地二期也正式揭牌,新品睿护奶粉在同一天面世。新西兰是全球最大的奶粉出口国,而伊利集团通过在新西兰的投资,掌握了上游资源的同时,也因"输出技术、管理和标准"的新模式,增强了在国际市场的话语权。

2019 年 8 月伊利集团投资 2.4 亿新西兰元收购西部乳业,2019 年乳制品产量 14.1 万吨,主要销往中国、新西兰、澳大利亚等 50 多个国家,其中中国市场收入占比约 20%。

西部乳业拥有两个主要品牌,Westpro 和 Westgold,Westpro 覆盖全脂粉、脱脂粉、黄油、无水奶油等大宗乳制品原料以及婴配粉、乳铁蛋白、酪蛋白、MPC70/80、WPC80 等专业乳制品原料,目前销往新西兰、澳大利亚、阿塞拜疆、日本、韩国、马来西亚、新加坡、阿联酋、美国、越南、泰国、印度尼西亚等 50 多个国家;Westgold 覆盖零售和餐饮服务渠道的黄油、UHT 奶油、UHT 牛奶及奶粉等产品,销往新西兰、澳大利亚、阿塞拜疆、日本、韩国、马来西亚、新加坡、阿联酋、美国、越南等 18 个国家。

伊利集团在新西兰推动当地发展、爱护环境、融入当地文化,树立了中国品牌的形象,为其他赴新西兰投资的中国企业做出表率,也为中国企业"走出去"做出了有益的探索。

2. 伊利集团在印度尼西亚

2015 年 9 月伊利集团成立印度尼西亚子公司——绿色亚洲食品印尼有限公司,总投资 1400 万美元。目前主要开展冰淇淋贸易和进口业务,公司位于首都雅加达市。早在中国提出"一带一路"倡议之初,伊利集团积极响应号召,印度尼西亚市场拓展团队用了三年多时间,完成了从公司注册、国内工厂认证、产品设计与认证、运营及经销商团队组建等所有环节工作,在 2018 年 5 月将伊利 Joyday 冰淇淋产品成功推向印尼市场。

2018 年 10 月 23 日,伊利集团在印度尼西亚首都雅加达隆重举行 Joyday 冰淇淋的全球首发。本次全新发布的 11 款 Joyday 冰淇淋,是伊利集团经过深入的市场调研和精心研发,率先面向东南亚市场推出的高品质产品。

Joyday 的品牌内涵是"快乐每一天",旨在为消费者带来更多健康、更多快乐，享受更加美好的生活。发布会前，Joyday 冰淇淋已经进入印度尼西亚雅加达、棉兰、泗水、万隆四大主要城市。凭借营养健康的品质、丰富独特的口味搭配以及充满活力的产品形象，获得了当地消费者的高度认可和热烈响应。据当地媒体报道，伊利集团凭借国际品质，刚上市就吸引了当地的大批消费者，雅加达街头甚至出现排队购买的长龙。

2019 年，伊利集团 Joyday 冰激凌产品覆盖印度尼西亚 20 多个城市，并逐步拓展到东南亚其他国家，更多新产品也将陆续推出。同年，伊利印度尼西亚乳业有限责任公司新建项目正式启动。2020 年，销售渠道已覆盖印度尼西亚的 22 个省 40 个城市。

绿色亚洲食品印尼有限公司在拓展业务的同时，不忘初心，积极投身社会公益事业。得到了当地各大主流媒体的高度赞扬，并给予全面的报道。

2019 年 5 月公司积极参与印尼儿童肿瘤基金会在雅加达举办的"筑梦百万儿童"大型慈善活动，并将收入全部用来帮助当地的患癌症儿童。

2019 年 6 月公司积极参加清真监管机构组织的贫困儿童开斋活动，为当地穆斯林贫困儿童免费提供美味的冰淇淋品尝。

2020 年 3 月公司积极参加印尼慈济国际学校开展的校园义卖活动，并将收入所得全部捐给贫困儿童。

2020 年 5 月向印尼总统办公室捐赠 10 万个医用口罩、2000 套防护服及 2000 套护目镜，为医护人员带来健康守护。

2020 年 6 月向雅加达坦博拉村的 500 个贫困及失业家庭捐赠爱心包及冰淇淋，帮助其渡过难关。

2020 年 7 月通过雅加达政府向公立医院捐赠便携式消毒洗手设备及冰淇淋，为医护人员带去健康守护。

同时绿色亚洲食品印尼有限公司在带动当地税收、解决就业及拉动周边经济等方面起到了一定的推动作用。

伊利印度尼西亚乳业有限责任公司是伊利集团的子公司，于 2018 年 10 月 17 日正式成立，投资 8.6 亿元人民币，生产冰淇淋雪糕系列、酸奶系列产品，目前项目正在建设中，预计在 2021 年投产运营。伊利印度尼西亚乳业有限责任公司通过合理设置产品结构，保证产品质量，提高产品竞争力，提升公司品牌形象，更加有效地满足市场发展需求，并通过利用好当地资源，更好地满足印尼市场需求，进一步提升伊利集团冰淇淋雪糕产品、酸奶产品的市场占有率，巩固和提升市场份额。同时，伊利印度尼西亚乳业有限责任公司在当地积极践行企业责任，在带动当地就业发展的同时积极参与社会活动。

随着印尼市场的不断扩大，产品销售量逐步增长，充分利用印尼市场巨大的发展空间，未来伊利印度尼西亚乳业有限责任公司将进一步为伊利集团销售收入和利润的增加做出贡献，为伊利集团实现国际化战略迈出坚实的一步。

印度尼西亚历史悠久，自然资源丰富，人口近2.64亿，是东南亚地区最大的经济体。近年来，以"一带一路"建设为契机，中印两国在外交、经贸、人文等领域的合作不断深入，友好关系持续推进。此次Joyday冰淇淋全面登陆印度尼西亚等海外市场，掀开了伊利集团国际化征程的新篇章，展现出伊利集团带领中国乳业走向世界的领导力与责任担当，也是伊利集团打造新的增长极，实现业务外延式增长的重要战略布局。

在发布会上，伊利集团执行总裁张剑秋表示："Joyday冰淇淋的成功上市，标志着伊利集团将全面进入印度尼西亚等东南亚市场，以营养美味的乳制品，开拓一条让世界共享健康的'乳业丝路'，这不仅是伊利集团继欧洲创新中心、大洋洲生产基地和中美食品智慧谷之后，在全球织网上又迈出的重要一步，也是向全球消费者传递伊利集团品质，倡导健康生活，共筑友谊桥梁的重要举措。"

在发布会上，呼和浩特市市长冯玉臻表示："伊利集团作为中国乳都的一张名片，是呼和浩特市的优秀企业代表。希望伊利集团用全球最优标准的产品和服务，为印度尼西亚乃至全球的消费者带来更多营养与健康。"

作为中国乳业龙头的伊利集团，通过全球化战略布局，正在开拓一条让世界共享健康的"乳业丝路"。在"伊利集团即品质"的信条指引下，伊利集团致力于成为全球最值得信赖的健康食品提供者，持续向服务全球20亿消费者的目标迈进。

当伊利集团登录印度尼西亚市场时，全球知名媒体"雅虎财经"在第一时间发布深度报道《伊利集团进入东南亚市场 为中国食品行业开启"大航海时代"》。文中写道：公元15—16世纪被称为"大航海时代"，又被称为地理大发现时代，从未被认知的大陆，从未联系过的国家被新航路串联起来，形成了新的商贸通道与政经关系。来自中国内蒙古自治区的乳业龙头伊利集团，率先登陆海外市场。伊利集团的这一行动，不亚于为中国食品企业再次开启登陆国际市场的"大航海时代"。

3. 伊利集团在泰国

Chomthana公司位于泰国曼谷市外环的工业经济集聚区巴吞他尼府，是泰国本土最大的冰淇淋和冷冻食品分销企业。历经四十年的发展，Chomthana公司凭借其先进的生产设备、良好的研发实力、优质冷链资源和规范的运营管理，2018年生产冰淇淋近15万吨，产品种类多达500余种，其产品口味纯正、品类丰富，受到广大消费者的喜爱，产品不仅覆盖泰国国内市场，而且还出口远销至新加坡、马来西亚、美国、法国、澳大利亚及周边等14个国家和地区，Chomthana公司已经成长为泰国本地最大的冰淇淋企业。

2018年11月29日，伊利集团正式与泰国Chomthana有限公司达成战略合作协议，并于2019年4月25日正式完成并购交割手续，自此泰国Chomthana公司迎来了中国伊利时代。正式交割以来，泰中双方管理人员相互尊重、坦诚沟通，跨文化融合与交流活动逐步深化，各项经营管理工作正在稳步推进，短短一年多的时间，公司不仅先后投资改善了制冷系统、蒸汽系统及消防水系统，而且对污水系统进行了全面升级改造，充分彰显了伊利集团注重安全生产与环境保护的绿色发展理念与责任担当。同时，公司还通过优化车间布局、培训员工技能、开展全方位演练，提升工作效率，工厂日产能较交割前快速提升30%以上。销售领域通过新品市场推广、终端冰柜投放、物流配送强化，并构建激励机制拉动终端拓展，全面激活销售团队的工作热情。

2020年疫情期间，公司产品出现了逆势增长的良好态势，产供销衔接有序，实现了产销两旺的并购运营目标，公司文化建设与推广及厂容厂貌也发生了巨大的变化，一座位于东南亚中南半岛的伊利花园工厂正跃然眼前。伊利集团充分促进中泰优势互补，充分发挥战略协同效应，"让世界共享健康"的梦想更进一步。

伊利集团作为亚洲第一大乳制品企业，其拥有管理经验丰富、生产品类齐全、生产工艺先进、设备自动化程度高、研发创新实力强等诸多优势。随着全球经济一体化的不断深入，伴随着"一带一路"国际合作项目的东风，伊利集团国际化步伐也在不断加快。伊利正在汇聚全球能量，持续推动全球乳业"资源互补、创新协同、互利共赢"，用全球最优质的资源更好地服务消费者。伊利集团此次选择投资泰国Chomthana公司，就是要将伊利在企业管理、食品制造等方面的丰富经验带到泰国Chomthana公司来，充分促进中泰企业优势互补，帮助Chomthana公司全面提升管理水平和运营能力，全面发挥战略协同效应和区位优势，为东南亚乃至全球消费者提供一流的产品和服务，实现社会责任、企业效益、员工收入的多维度改善和提升。

在全球经济一体化进程加速的当下，中国以开放的胸襟、共赢的举措在国际社会赢得一片好评。习近平总书记在民营企业座谈会上的讲话极大地提振了民营企业的信心，民营企业正处在良好的国际国内环境中，正是安心谋发展、专心搞经营、用心练内功，积极推动开放合作，努力实现共赢发展的好时候。

伊利集团董事长潘刚在接受采访时曾说过，"企业要汇聚全球能量、坚持不断创新，用全球的优质资源更好地服务消费者"。在国际化的推动下，伊利集团已发展成为一家国际化的乳品企业。在收购Chomthana的签约仪式上，伊利集团执行总裁张剑秋表示，"伊利集团在推进国际化的进程中，始终坚持'开放、合作、共赢'的理念"。随着全球经济一体化的不断深入，借助"一带一路"东风，伊利集团不断加快国际化步伐。从"全球织网"到打造"全球智慧链条"，再到"让世界共享健康"，伊利集团持续推动全球乳业"资源互补、创新协同、互利共赢"。

Chomthana 公司总裁 Soh Chee Yong 表示，"通过多次接触会谈，我们认为伊利集团是一家令人尊敬的企业。伊利集团始终坚守'伊利即品质'的企业信条，一直以持续的国际化、创新享誉全球。在'让世界共享健康'的梦想下，伊利集团产品赢得了全球消费者的信赖，伊利集团是一家名副其实的与消费者同心的企业"。

对伊利集团收购 Chomthana，全面进驻东南亚市场，香颂资本执行董事沈萌认为，伊利集团这次收购泰国企业，是伊利集团国际化的一个重要里程碑，泰国是东南亚地区的重要国家和"一带一路"倡议的重要节点，是伊利集团国际化的审慎布局，也是中国乳业国际化的一个重要里程碑。

资深乳业分析师陈瑜认为，作为亚洲乳业领军企业，伊利集团持续不断拓宽海外渠道，带领中国乳业借乘"一带一路"东风"扬帆出海"，促进全球产业链上优质资源加速流动。

这是伊利集团向东南亚驶出的又一站，可以想见，在与这家深受本土消费者欢迎的企业签约后，伊利集团将充分促进中泰优势互补，充分发挥战略协同效应，为中国食品行业跨入东南亚铺就营养健康的"丝绸"之路。

四　企业国际化所面临的问题和风险

1. "一带一路"国家新市场开发中资源投入大

伊利集团东南亚国家海外新市场开发初期，在目标国家品牌知名度及影响力方面与较早进入当地市场的雀巢、达能等国际乳业巨头相比还比较薄弱，提升品牌知名度和影响力需要长期的过程去打造。在海外公司品牌建设渠道及推广上企业投入很大，短期来看确有一定的压力，同时也会对业务快速地开拓有一定影响。伊利集团多年来在国内已积累了成熟的管理模式，开发新市场可以为目标市场带来先进管理模式和优质的产品，但也势必在业务开拓初期需要投入大量资源来提高品牌知名度和影响力。

2. 新市场开发中的信息不对称

中国企业出海不仅会面临目标国际市场对本土企业缺乏了解的现实，反之出海企业进入目标市场初期同样会面临应对一些"奇遇"的境地。出海企业在开展国外业务之前，都会对目标国家市场完成一份详尽的调研，但实际上再详尽的调研材料，在目标国家真正开展业务之前都只是一份无限趋于现实的"假设"，需要海外业务团队一边开展业务，一边对调研报告上的信息进行验证，并制定出因地制宜的市场开发方式。于是，在实际海外项目开展过程中，目标国家的政治、经济、文化、投资及进出口政策、生意模式等各个环节都需要最大限度地做好调研准备，并对差异作出快速反应。

伊利集团在践行国际化战略的实际工作中，既要抓住机会快速开拓市场，也要依靠敏捷型业务团队来面对不同国家的种种不确定性。

3. 供应链效率

伊利集团的液奶和冷饮产品出口到东南亚国家，产品出口周期较长（生产—企业检验—报检—报关—海运），会影响产品海外上市新鲜度，同时货款入账周期也随之较长。报关过程如涉及改单需合同双方重新签批盖章，有可能导致报关发运延误，进一步为企业开展海外业务带来不同程度的挑战和困难。

4. 贸易壁垒

中国企业出海在东道国会遇到不同程度的来源国劣势，指跨国企业的"来源国／母国"对企业国际化产生的负面影响，进而导致跨国企业在东道国处于竞争劣势地位。其中，在东道国市场遭遇的来源国劣势，具体包括政府歧视、消费者偏见、市场进入壁垒等。目前中国乳制品尚未能进入印度尼西亚，仍存在贸易壁垒，印度尼西亚伊利集团准入产品仅限于冰激凌产品，阻碍企业相关业务市场的开拓。越南农业农村发展部下属的检验检疫局与中国海关下属的质量管理与检验检疫总局未签订有关检验检疫的协议，中国涉及动物或从动物身上直接获取的食品，如牛羊肉、牛奶等，无法进入越南。对伊利集团的直接影响是中国乳制品无法出口越南。另外泰国对进口乳品有配额限制，马来西亚等国家贸易壁垒较高，对牛奶、奶粉等乳制品准入限制较多，办理时间长，办理难度大。

5. 文化差异

中国员工在管理中表现出来的文化是不太愿意直接进行沟通，但是尊重老板。外企更多地强调统一的理论与实践方法。同时在与当地的中介机构和咨询机构合作时，通常会遇到很大的问题，导致在谈判过程中双方没有办法形成契合点。中西方管理理论以及文化都需要一个融合的过程，不同的实践方法都会受到理念、文化和传统价值观的影响。

6. 特殊时期员工安全问题

伊利集团投资及贸易项目目前主要集中在东南亚国家，受新冠肺炎疫情的持续影响，大多数国家现在还处于大规模社会限制阶段，各行业都受到沉重打击，经济均出现不同程度的下滑。经济下行导致居民消费能力下降，贫苦、失业群体增加，不利于社会安定。华人在海外国家遭到抢劫和故意伤害的情况近期也时有发生，中国外派员工甚至华企安全风险上升。

五 提出相应政策建议

1. 出海企业品牌推广支持

希望借助国家"一带一路"建设，从更高层面推动企业更好地进行海外市场拓展。政府及城市间可搭建交流平台，有相关经贸活动、旅游推介及双边洽谈等机会时，可多给予企业参与机会，提高知名度，帮助宣传本土企业及参与经济交流，同时也可给予企业政策扶持等相关优惠。企业同时可以借助更多国内外媒体展示自己，获得权威认证、企业荣誉等建立可靠形象，提高行业影响力。

在新目标国家市场开发方面，希望可以借助政府资源，如我国在当地大使馆、他国在中国的大使馆等，进一步了解当地商会资源以及与当地政府部门对接，减少信息不对称情况。

2. 减少误解，促进双边合作

希望可以获得政府高层帮助打破目前的贸易壁垒，帮助中国企业获得外部合法性，克服来源国劣势，拓展贸易准入范围，将乳制品纳入，让企业有更多的市场选择机会，营造公平的竞争环境。

3. 供应链方面

国内为出海企业产品提供更为宽松的出口条件，产品生产结束后可以由公司担保出口产品质量，提前进行报检，最大限度地压缩产品国内检验、报检、报关时间。由企业制定预案，确保产品报关离港前可以随时召回。出口产品报关如与报检数量有差异，在 1% ~ 5% 以内可以不需要改单，由出口企业和进口方按照短溢装规定多退少补、据实结算。设立港口或者异地出口"监管区"，与生产企业属地海关建立连通机制，出口产品生产结束后可提前拉运至"监管区"确保报检放行后可及时报关出口，前置内陆运输时间。如遇海关系统抽检可联动异地海关取样检测。按照出口企业资信设立不同外汇监管条件，确保企业收支外汇更加便捷。

基于以上，希望了解食品企业出口是否有生产结束后就可以进行预报检的"绿色通道"或"海关监管仓"等便捷，缩短检验检疫周期，可以有效降低产品国内流转存放时间。

伊利集团实验室已获得 ANO 高级认证及 CNAS 认证，实验室检测能力得到认可，或可以此为背书，加大有相应资质的第三方检查机构对伊利集团出口产品的采信额度，快速核放，缩短检验检疫周期。同时，希望在产品生产结束后即可申请检验检疫，企业自检与海关检验检疫同步进行，这样可以大幅提升产品出口效率。

4. 尊重与包容

伊利集团于 2019 年末升级企业核心价值观为：卓越、担当、创新、共赢和尊重。尊重作为核心价值观中的新元素首次出现在核心价值观当中，体现了伊利集团拥抱多元、换位思考、建立互信关系的内核。正视差异是理解和接纳多元文化，换位思考是主动倾听并坦诚沟通，信任彼此是及时认可努力和贡献。因此，当面对不同时，应该意识到尊重与包容，践行尊重，多加理解与沟通。

5. 员工安全保障

员工安全保障问题是中国出海企业考虑的重要问题，其中不仅包括国内外派海外国家的管理、技术人员，同时也包括当地员工。希望政府海外机构可以提供更多保障海外员工安全方面的手段和措施。

六 伊利集团"走出去"、引进来

在 2019 年 11 月初召开的民营企业座谈会上，中共中央总书记习近平重申了"三个没有变"：非公有制经济在我国经济社会发展中的地位和作用没有变，我们毫不动摇鼓励、支持、引导非公有制经济发展的方针政策没有变，我们致力于为非公有制经济发展营造良好环境和提供更多机会的方针政策没有变。这是近期中共中央给广大民营企业吃的最大的定心丸，成为企业大胆向前、安心谋发展的明确信号。

作为一家伴随改革开放成长起来的企业，伊利集团经历 20 世纪的股份制改造，成为公众上市公司，并在中国加入世贸组织后，全面引入国际伙伴提升产品品质。过去几年来，伊利集团在国际化的推动下，已经成长为位居全球乳业五强的乳品企业。

如今，伊利集团秉持"合作共赢"的理念，积极响应"一带一路"倡议，"走出去"，引进来。未来，伊利集团还将继续深化完善全球布局，积极构建全球健康生态圈，不断推动乳业向着更高质量、更高水平迈进。

云南建投物流有限公司"走出去"
案例分析

——以中老高速首都万象至万荣段为例

云南省商务厅

一 项目概况

（一）中老高速的区位优势及重大意义

中老高速是老挝第一条高速公路，也是目前中老合作最大的高速公路项目，起于中老边境磨憨口岸，止于老挝首都万象市，打通老挝北部万象、琅勃拉邦、乌多姆赛和琅南塔4个经济重要省份至中国的交通中枢，全线设计里程440公里，计划分期实施，是连接中国—中南半岛南北交通的核心大动脉，也是中国陆路通往中南半岛的重要战略通道。中老高速全线建成后从万象至磨憨口岸仅需4小时，比现时的20小时节约16小时，切实加快老挝"陆锁国"变"陆联国"的历史进程，有效加强中国同老挝、泰国、马来西亚、新加坡等8个国家之间的互联互通，实现昆明至新加坡的全程高速通行，构筑我国直达印度洋出海口的高速通道，极大地推进中南半岛便捷陆路通道的发展，并通过云南省形成背靠中国西南腹地，北连丝绸之路经济带，南下21世纪海上丝绸之路，东连长江经济带大动脉，通江达海，外引内联的全面对外开放新格局，对加快中国—中南半岛国际经济走廊建设，推动区域经济一体化，构筑区域命运共同体，促进"一带一路"倡议走深走实具有重大意义。

（二）中老两国政府高度重视和支持中老高速项目

在党中央、国务院和云南省委、省政府的关心支持下，中老高速项目得到了切实的推进。2015 年 5 月 9 日，云南省委书记陈豪与时任老挝常务副总理宋沙瓦共同见证了《滇老合作中老高速 MOU 协定》的签订。2017 年 11 月 13 日国家主席习近平访问老挝时，与老挝国家主席本扬·沃拉吉共同见证了中老高速第一段万象—万荣段高速公路《合资协议》的签订，项目成为两国高层互访的成果，并写入《中老联合声明》。2019 年 4 月 30 日，习近平主席和本扬·沃拉吉主席在北京签署《构建中老命运共同体行动计划》，明确将实施万象—万荣高速项目作为中老命运共同体行动计划的重要组成部分。2019 年 5 月 28 日，云南省委副书记、省长阮成发访老时与老挝宋迪·隆迪副总理共同见证了《中老高速全线合作框架协议》的签订，进一步落实了习近平总书记考察云南时提出的将"云南建设成为南亚东南亚辐射中心"的要求，助推两国共建中老经济走廊。

老方党政高层高度评价和支持中老高速建设，2019 年 3 月 6 日本扬·沃拉吉主席在听取项目汇报后称赞建投集团从增进中老两国人民共同的福祉出发，为老挝经济社会发展做出了重大贡献。2020 年 1 月 9 日，通伦·西苏里总理调研云南建投集团时高度评价中老高速、赛色塔开发区和老中石化等建投集团在老挝实施的各大项目。2020 年 6 月 4 日，老挝中央政治局委员、纪委书记、副总理本通·吉玛尼调研项目时对中方克服疫情带来的困难，优质高效推进项目表示高度赞赏，认为中老高速为老挝带来巨大的利益，支持两国政府牵头推进项目。6 月 27 日，老挝中央政治局委员、副总理宋赛·西潘敦调研项目时表示中老高速是构建中老命运共同体，增进人民福祉的重要工程，要高标准严要求把项目打造成中老两国合作的标杆工程。7 月 21 日，在国务院总理李克强和老挝总理通伦·西苏里的视频会晤中，通伦·西苏里总理正式向李克强总理提出了请求，主动提出目前正在建设的中老高速不仅是两国间的重要项目，更是涉及多国区域发展的国际大通道，请中方支持项目。8 月 21 日，老挝中央政治局委员、国会主席巴妮·雅陶都调研项目时强调中老两国是命运共同体，当前尤其需要继续推进中老高速的建设，为中老友谊助力增光。在 8 月 24 日举办的澜湄合作第三次领导人会议中，老挝通伦·西苏里总理作为主席国的总理高度赞扬中老高速项目为老挝的基础设施建设和发展做出了重大贡献，为各国（各民族）的友好往来提供了便利，为加强各区域的互联互通创造了条件，符合《东盟互联互通总体规划》和"一带一路"倡议，并提议加强建设中老高速位于核心位置的澜沧江—湄公河经济走廊和国际贸易通道。

（三）中老高速的政治、经济和社会效益

1. 有效推进老挝"变陆锁国为陆联国"战略的对接，对构建形成覆盖中南半岛全境的交通网络，推动老挝经济发展和人民生活水平提高具有重大意义

老挝是东南亚唯一的内陆国家，基础设施的薄弱成为制约老挝经济发展和人民生活水平提高的重要因素。老挝是传统的农业国，农业是国民经济支柱，由于农业现代化技术的进步和人们生活条件的改善，对农产品的需求增长，供应范围扩大引起运输量增长，农业进出口需求的扩大促进了农产品外贸运输的增长。此外，根据世界银行数据，老挝城市化率从 1980 年的 12% 上升到 2011 年的 34%，已进入国际公认的城市化加速发展阶段，预计在未来二三十年，老挝城市化发展速度将年均增长 1%～1.4%。城镇化率的提升会带来旅客运输总规模的持续快速增长，特别是城际交通发展迅速，而高速公路是城际交通发展的基础核心。

中老高速项目建成后将显著改善老挝交通设施，健全老挝交通网络，撬动与大湄公河次区域各国之间战略和项目的对接，有助于加速区域间各种资源要素的流动，有效解决交通运输瓶颈问题。同时，能够在加强口岸建设，深化海关检验检疫合作，扩大双边贸易、民间交往，深化人文交流与合作，推动物流发展，开展电商合作，推进重大项目建设等方面发挥支撑引领作用。项目的建设及运营将对沿线地区国民经济和社会发展带来显著贡献，较大程度改善老挝中部地区的交通现状，带动沿线地区经济的增长，促进区域产业结构的优化和调整，提高沿线居民的生活水平和质量，增加就业岗位，

减少贫困，促进当地文化、教育、卫生事业等发展。

2. 促进大湄公河次区域（GMS）国家合作

大湄公河次区域处于东南亚、南亚与中国大西南的接合部，地理位置十分重要，区域优势明显。区域总面积 230 万平方公里，2.5 亿人民共同居住在世界第 12 大河澜沧江—湄公河畔，文化与历史的渊源将他们紧密连接。然而基础设施的落后，严重阻碍着各国的经济发展和对外交流。在协调 GMS 各国家之后，亚行制定了《大湄公河次区域合作战略与规划》，通过规划九条经济走廊的公路运输通道解决该区域之间的经济交流，沿着该九条经济走廊的公路运输通道也随之规划并实施。老挝位于该区域中心，中心通道、东北通道、南北通道、东西通道四条经济通道穿过老挝，是大湄公河次区域东西交流、南北互通的必经之地。

中老高速位于亚洲公路网 AH12 通道内，所在通道为大湄公河次区域的中心通道。它的建成将辐射缅甸、越南、泰国、柬埔寨、马来西亚、新加坡，对构建形成密集有序、覆盖中南半岛全境的交通网络具有重大意义，同时扩大大湄公河次区域内贸易往来、民间交往，促进各国合作发展。与亚投行"通过在基础设施及其他生产性领域的投资，促进亚洲经济可持续发展、创造财富并改善基础设施互联互通"的宗旨高度契合。

3. 大幅提升通行效率，保障交通安全，并具有节能和环境效益

老挝全国公路里程 43605 公里，其中混凝土路 866 公里，柏油路 6496 公里，碎石路 15324 公里，土路 20919 公里，老挝境内尚没有高速公路。目前，老挝国内还主要依赖公路运输，公路运输占全国运输总量的 79%，中老高速沿线地区公路等级总体处于三级路标准以下，行车速度慢、运输效益差。原有万象至磨憨道路由于路线过长，路面质量差，通行条件恶劣，给行车安全带来较大隐患，加大了车辆的磨损和油耗，加重了对环境的负担。与中老高速并行的 13 号公路，全长 1400 余公里，是老挝唯一贯穿全境的柏油公路，但路面质量不容乐观，道路安全堪忧，严重影响公路的便利性，并提高了陆路运输成本，制约沿线经济发展。

中老高速公路项目全线设计里程约 440 公里，比原有的三级公路缩短近

200 公里。中老高速万象至万荣段建成后，从万象到万荣只需 1 小时通行时间，比现时节省 2.5 小时，将极大地推动沿线区域的经济和社会发展；中老高速建成后，从万象至磨憨口岸仅需 6 小时，比现时的 20 小时节约 14 小时，除了通行条件大幅度改善，中老高速为通行车辆节省的油耗已经完全覆盖车辆缴纳的通行费用，大幅提升通行效率的同时，具有很好的节能和环境效益。

4. 对提升老挝当地就业、减少贫困具有重要的现实意义

老挝政府特别重视民生问题，致力于消除贫困，并将每年的 10 月 17 ~ 24 日定为国家消除贫困周，项目经过的北部地区是老挝少数民族较多的山区，交通基础设施薄弱，公路通行条件差，导致经济欠发达，据世行官方数据统计，老挝生活在国家贫困线下的人口在 200 万人左右。

截至 2020 年 4 月 29 日，中老高速万象至万荣段所有参建单位共有人员 2972 人（中方管理人员 555 人，老方管理人员 8 人，劳务工人 2409 人，其中老挝劳务工人 1232 人，占 51.1%；中方劳务工人 991 人，占 41.1%；越南劳务工人 180 人，占 7.5%；孟加拉国劳务工人 6 人，占 0.2%）。中老高速项目大幅提升了沿线居民的就业保障。此外，项目的运营还将吸收和培养沿线的少数民族群体以及女性就业，有利于扩大沿线居民家庭收入来源，直接减少贫困家庭的产生，并在一定程度上促进性别的平等就业。

5. 助力提高多行业多方面的能力

建设本项目需要老中政府、国际机构、各国企业、咨询机构等多方参与、共同推动，防范和化解自然、政策、法律、市场等风险。

首先，项目能促进老挝政府改善治理能力，提高一般性公共服务能力，建立有利于企业投资的外部环境。其次，提高在老挝的境外企业生存和适应能力。投资企业和合作企业要充分了解项目所在国的经济、人文、法律、政策等信息，做好跨境项目的前期工作；组建专业团队，及早开展项目可行性研究论证工作，合理评估跨境项目的风险和收益，科学决策；建立与当地政府、社区、企业之间良好的互动关系，提升企业自身形象，创造有利于跨境项目合作的外部环境。最后，中老高速能拉动面向东南亚地区科研与咨询服务水平。科研与咨询服务要充分了解项目所在国的政策、法律、人文、政治、

营商环境等多方面信息，客观帮助跨国企业规避政治、法律等风险；本着客观、独立和公正的原则，做好企业和政府之间的沟通协调工作，最大限度实现相关各方的互利共赢；尊重跨境项目的独特性，实事求是地提供有针对性和可操作性的咨询服务；加强人才队伍建设，建立跨国境的专家服务团队。

（四）实施模式及实施主体

项目由云南建投集团与老挝中央政府合作，具体实施方式为：云南建投集团与老挝政府签订《合资协议》，并授权云南建投集团下属的基投公司和老挝财政部，于 2017 年 12 月 8 日正式组建具有独立法人资格，自主运营的老中联合高速公路开发有限公司，公司注册资本金 1 亿元人民币，老挝政府占股 5%，云南建投集团占股 95%，以 BOT 的模式实施中老高速万象至万荣段项目。老中联合高速公路开发有限公司与老挝政府签署中老高速万象至万荣段《特许经营协议》，约定中老高速万象至万荣段的特许经营期限，建设和运营的范围及内容，移交的方式和程序，通行费收费标准，沿线资源开发，税收减免优惠，法律豁免，财务管理和协议变更等；根据《特许经营协议》，进行中老高速万象至万荣段的投资、建设和运营，特许经营期 50 年（不含建设期）。

（五）项目公司组建

项目公司于 2017 年 12 月 8 日获得《营业执照》和《税务登记证》，2018 年 6 月 21 日获得《特许经营投资许可证》，相关证照已经办理完毕，各项业务正常开展。

在项目公司的组织架构和团队建设方面，根据与老挝政府在《合资协议》中的约定，项目公司董事会有 7 名董事，其中董事长 1 名，副董事长和 3 名董事由中方选派，1 名副董事长（财政部）和 1 名董事（公共工程与运输部）由老方选派；经理层有 7 名高管，其中总经理和 4 名副总经理由中方选派，2 名副总经理由老方选派（财政部和公共工程与运输部各选派 1 名）。

目前，项目公司共有中方高级管理人员 7 名，老方高级管理人员 3 名；

中方普通工作人员（含运营期员工）27 名，老方普通工作人员（含收费员）78 名。建设期人员已经满足工作需要，运营期人员还在持续进行招聘。

（六）中老高速万象至万荣段实施情况

1. 项目报批情况

（1）项目国内报审工作

①云南省国资委：2017 年 6 月 11 日，审核同意并出具了《国资监管事项备案表》；

②云南省发改委：2017 年 7 月 31 日，审核通过并转报国家发改委；

③国家发改委：2017 年 8 月 22 日，审核同意并下发了项目备案通知书，2018 年 8 月 9 日，同意云南建投集团授权云南基投公司实施项目；

④云南省商务厅：2017 年 8 月 16 日，审核通过并转报商务部；

⑤商务部：2017 年 8 月 31 日，审核同意并指令云南省商务厅下发了《企业境外投资证书》，2018 年 1 月 31 日，同意云南建投集团授权云南基投公司实施项目；

⑥云南省外汇管理局：申请资金出入境的手续已经办理完毕，目前项目资金可以正常进出。

（2）项目国外报审工作

①路线方案：2017 年 5 月 23 日，线路方案通过老挝总理府办公会议，总理府办公厅于 2017 年 6 月 14 日下发正式文件确认路线方案。

②工程可行性研究：2017 年 8 月 17 日，老挝公共工程与运输部组织了项目评审会议，并于 8 月 25 日正式发文批准了工程可行性研究报告。

③环境和社会影响评价：2017 年 10 月 3 日，环境和社会影响评价报告通过老挝自然资源及环境部的批准，项目获颁环境证书。

④开工许可：2018 年 12 月 30 日，老挝公共工程与运输部签发项目的开工许可，允许项目全线开工。

⑤初步设计：2018 年 2 月 11 日通过专家评审，并于 3 月 10 日根据专家意见完成了初步设计的修改和完善。此外，初步设计文件于 2018 年 6 月 8

日通过老挝公共工程与运输部的评审，以部长决议的方式进行了确认。

⑥施工图设计：2018 年 9 月 14 日通过土建部分的施工图评审；机电、绿化和交安的施工图设计于 8 月 4 日通过评审。项目施工图设计满足现场施工需求。

2. 项目投资建设情况

中老高速起于中老边境磨憨口岸，止于老挝首都万象市，全线设计里程440 公里。

（1）项目投资完成情况

中老高速万象至万荣段项目总投资额为 89.5 亿元，截至 2020 年 8 月 30日，已完成投资 74.25 亿元，占项目总投资的 82.96%，计划于 2020 年老挝国庆节正式通车运营，各项工作受到老挝中央政府高度肯定。

（2）融资工作推进情况

①项目资本金顺利注入。已出资 23.39 亿元，并取得老挝央行验资证明，确保了项目资本金注入的合规性，为后期的贷款提取奠定了基础。

②中长期融资。由国开行牵头，中国进出口银行、交通银行、中国银行、工商银行和邮政储蓄银行参与的 50 亿元人民币 +1.8 亿美元的中长期贷款银团正在有序组建，计划在 2020 年年内提款；10 亿元的"一带一路"中期票据已取得《注册通知书》，计划在 10 月发行。

③直接融资业务。计划发行 10 亿元的"一带一路"中期票据，目前已完成交易商协会注册工作，取得《接受注册通知书》，计划在 10 月前正式发行。

④亚投行主权担保贷款申请情况。中老高速万象至万荣段申请亚投行主权担保贷款已由云南省发改委和财政厅联文报送至国家发改委和财政部；老挝财政部副部长已经向云南省财政厅和亚投行致函表达了对项目申请亚投行贷款的积极支持，成为我国首例尝试采用中国主权担保与国际金融组织合作，开展跨境高速公路投资建设的先行先试案例。

（3）争取优惠政策和资金补助

①2018 年 8 月 10 日，中老高速项目进入国家重大建设项目库。

②已经获得云南省财政厅的 2019 年外贷项目前期工作经费及管理经费

补贴 80 万元、省商务厅的"走出去"战略发展专项资金补贴和促进对外投资合作专项资金共计 1350 万元及国家发改委 2020 年国际产能合作补助中央预算内投资专项补助 4000 万元。

③根据关于抗疫特别国债项目储备申报的相关政策，对接落实抗疫特别国债运用于本项目的可能性，争取进入储备项目清单。

（4）工程形象进度

目前主线 109.13 公里已完成征地工作，路基和主线桥梁工程基本完成，正在进行路面、交安、绿化和沿线设施工程的施工。路基填方完成 99.4%；桥梁桩基完成 98.9%，梁板预制完成 100%，梁板吊装完成 98.5%；沥青混凝土下面层完成 88.7%，上面层完成 59.3%；中老友谊隧道左幅、右幅均已贯通，仰拱及填充、二衬均已完成；K104 石方工程完成石方开挖 96.6%。质量安全管控状态受控，项目开工至今质量和安全零事故。

（5）运营准备工作

一是收费系统和运营管理系统软件开发正在按计划推进，已在国内完成系统联调联试，下一步将按照项目建设进度，在现场开始测试。二是运营期办公和生活所需的设备、家电、家具等数量清单已梳理完毕，已启动招标流程。三是人员招聘工作已经在政府逐步放开疫情防控后正常开展，原计划派往国内培训的运营管理员工，受疫情影响无法派往国内培训，现已在本地进行培训。四是运营立法及执法工作持续推进，同时积极对接老挝政府，确保于 2020 年 12 月前取得老挝政府颁发的中老高速万象至万荣段通车许可文件。五是积极推进沿线服务区和停车区开发、ETC 安装及推广、储值卡推广发行、多币种收费现金管理等运营衍生业务，与老挝当地企业和银行多次对接，已有多家企业有合作意向。

（七）中老高速万荣至磨憨段实施情况

在优质高效地推进第一段万万段项目的同时，中老高速万荣至磨憨段也在有序开展项目前期工作。其中，万荣至琅勃拉邦段的线路方案已通过公共工程与运输部审批，正报送总理府批复，工程可行性研究工作已基本完成，勘察设计工作已全面启动。琅勃拉邦至磨憨段的路线方案已上报老挝政府公共工程与运输部审批，工程可行性研究、环评、社评工作正在开展，计划于 2020 年内完成万荣至磨憨段全部的工程可行性研究工作。

（八）境外疫情防控情况

自老挝的新冠肺炎疫情发生至今，云南建投集团严格按照中共中央和云南省委省政府的境外防疫要求积极采取强制措施开展新冠肺炎疫情防控工作，截至 2020 年 9 月 15 日，中老高速项目在持续推动项目建设的同时，没有一例感染病例，取得了"疫情零感染、生产有突破"的成绩，很好地维护了中国企业的海外形象。

二　项目存在的困难及风险

（一）中老高速万象至万荣段风险高

中老高速万象至万荣段以 BOT 模式，50 年特许经营权，按全市场化投资、建设和运营，能有效控制投资风险，确保投资收益，实现境外国有资产的保值增值；万荣至磨憨段里程长，桥隧比高、造价成本高、回收期长、回报低，只有成为两国政府间合作的项目，争取到国家层面的融资优惠等政策支持，才能保证项目风险可控。随着中老高速万象至万荣段临近通车，老方多次催促要求加快实施中老高速万荣至磨憨段，并已同意将中老高速作为两国政府间合作的重大项目进行推动，仅 2020 年上半年，已有 6 名老挝中央政治局委员、3 名副总理到中老高速现场调研并表示支持中老两国政府签署项目合作协议，将中老高速上升为中老两国政府间合作的重大项目。

（二）融资成本高，投资建设压力大

中老高速是目前中老合作最大的公路项目，也是云南省最大的海外投资项目。与中老铁路项目相比，中老高速项目得到的国家层面的实质性融资支

持较少，投资规模大，投资周期长，银行方面仍按照一般项目进行审批，融资成本偏高，企业投资建设压力很大。

（三）亚投行主权担保贷款需高位协调争取

项目申请亚投行主权担保贷款过程中，国家发改委、财政部及亚投行对项目非常重视，但在实际操作过程中，由于目前缺乏针对中国主权担保贷款应用在跨境项目的相关配套政策和操作案例，面临着贷款落地难、融资进度与建设进度错配等难题。

（四）老挝经济基础薄弱，易受国际宏观经济风险影响

老挝鼓励使用本国货币基普（KIP），但在市场上基普、美元及泰铢均能相互兑换。受疫情影响，老挝基普对人民币汇率持续走低，银行间中间价从开年的 1273∶1 持续下跌到 1343∶1。老挝资本市场外汇储备比较低，项目中长期还款存在货币错配问题，即高速公路运营收费主要是老挝基普，需要兑换为人民币、美元进行还款。

（五）法规层面上，对于投资保护仍有完善空间，尤其是高速公路特许经营权保护方面

在"长期稳定、睦邻友好、彼此信赖、全面合作"方针的指引下，中老两国经贸合作发展顺利，中国目前位居老挝外来投资第一位。为吸引国外资金，促进革新开放，近年来，老挝政府制定并不断完善投资法。对于公路领域，老挝目前已有的法律法规包括《老挝陆路交通法》《老挝陆路运输法》《老挝公路法》《老挝多式联运法》《老挝陆路交通规则法》《公共工程与交通运输部第 13848 号货车最高许可载重量的规定》。然而，特许经营高速公路对于老挝来说属于新兴事物，对于路权路政管理、收费制度、应急处理、特许经营高速公路投资者、经营者、使用者的合法权益缺少法规、条例层面上的保障。境外高速公路经营缺少外部资源支持，项目经营者面临较大的运营压力。项目公司在开通前需要为高速公路经营做充分的准备，包括协

调行政与执法部门明确各方责任、软硬件标准确定及本地化调试安装、人力资源管理、应急处置工作、安保管理等，虽然国内高速公路管理经营与模式成熟、法律法规完备、执法部门分工明确、后勤力量充足、人力资源丰富，但老挝当前的社会发展阶段还不能提供以上外部资源，要做适宜的本地化调整，在前期备运营期建立合理机制，尽可能地减少各类风险发生概率。

三　目前的应对措施

针对老挝政府还没有出台针对特许经营权模式高速公路的法律法规，云南建投集团通过合约与法规条例两个层面保障项目投资人和经营者的合法权利。首先，云南建投集团作为实际控制人的项目公司与老挝计划投资部签署《首都万象至万荣高速公路项目特许经营权协议》，确定投资者的勘察、设计、投资、建设、运营各个环节的专属特权，通过签订具有排他性质的合约，保证中方合法权利。其次，鉴于老挝当地还未出台针对高速公路收费、路政管理、交通规则、应急处理的法规和条例，云南建投集团参考我国《公路法》《高速公路交通管理办法》《收费公路管理办法》《道路交通安全法》《云南省收费公路管理条例》，推动老挝政府出台《老挝人民民主共和国特许经营高速公路管理条例》。同时，高速公路采用中国的道路交通标示，确保道路交通安全。条例和交通标示的顺利实施能确保运营者和道路使用者的合法权益，减少项目运营风险出现的概率和损失，间接输出了中国法律标准和交通运营标准。该条例拟在2020年12月前颁布出台。

针对融资和资金管理方面，云南建投集团采取了以下措施处理资金风险。一是完成境外投资所需的各项报备报批工作。项目已经全面完成了中国政府的境外投资报审报备手续和老挝政府要求的项目建设审批手续，为项目建设的合规性及所需的资金提供安全保障。二是与老挝政府协商争取项目的税收优惠。项目公司与老挝政府进行协商，与老挝国家计划投资部签订《特许经营协议》，其中对合资公司税收的相关优惠条款确保项目投资能够及早收回而减少税收支出，也为企业的融资提供了利好要件。三是降低企业融资成本。包括项目融资获得了中国国家政策性银行的融资贷款支持、项目资本金投入获得了中国政府财政补贴支持、项目融资通过内保外贷获得境外低利率的银行融资贷款、项目控股股东通过发行中期票据及债券获得资金支持、项目争取亚投行优惠融资贷款。四是依法建账纳税，规避财务风险。项目公司依法建账纳税，聘请老挝国家税务司认可的事务所进行审计，确保财务管理合规合法，规避财务风险。五是选拔并培养优秀的财务管理团队，确保企业具备可持续发展所需的境外人才。六是持续完善项目经营状况，待满足境外发债或者上市条件时可尝试在境外发债或者上市。七是在未来的特许经营权协议中明确老挝政府方应该承担的责任，包括保障项目公司的外币兑换需求在约定时间内得到满足，将项目公司加入老挝央行优先兑换的企业名单中，确保项目优先兑换。

在运营准备方面，在参考云南省公路服务设施建设及营运服务管理试行规范、云南建投集团高速公路运营管理手册，并参考老挝当地实际情况，按照任务紧迫程度和可行性，分阶段进行处理，自通车前11个月列出47大项任务清单，逐项执行运营准备工作。主要包括行政机关业务对接及制度确定、道路和隧道巡查工作、收费标准和制度确定、收费设施及运营管理中心的土建施工、机电设备等物资采集、应急处置预案、收费监控通信系统的软件定制和调试、当地人员培训、高速公路收入解款押款、服务区运营标准制定和招商、对外宣传等。以上工作的完成能够保证高速公路在通车后能够顺利运营，减少事故发生概率。

为了落实上述风险控制政策，项目公司在建立事前事中事后内部控制制度时，由各业务主控部门对相关风险进行预判、处理、总结，从制度上解决上述风险控制。事前就投资风险、资金风险、征地拆迁风险、建设（工程、技术、建设）风险、海外宏观风险、其他风险等进行风险评估并制定相应管控措施。事中通过设置与境外管理运营匹配的领导机构及部门，职能职责明晰，涵盖企业生产、经营管理全过程，并实施执行；同时，项目公司定期开展内部控制评价，针对薄弱环节进行整改，确保内部管理体系有效运行；前述措施确保项目前期规划和风险应对措施能够得到有效执行，确保资金使用流程有效记录、透明、实现物有所值，达到资金使用预期效果。事后通过总结中老高速万象至万荣段项目经验，为后三段高速公路项目做好基础，提高投资效率，完善项目建设运营风险控制能力，为实现全线贯通做准备。

社会影响方面，中老高速万象至万荣段通过采取有效措施保护投资国自然环境和人文环境，帮助老挝当地村民修建乡村道路，包括改建万象市某土质巷道，为当地村民修缮村庄道路，为当地居民修建钢便桥，积极为当地村民维修道路并开展爱心助学活动；为改善万赛村小学环境，赞助学校平整场地用土 19 车，赞助维修资金 180 万基普，赞助图书基金 60 万基普等；通过对老挝的弱势群体给予关怀与帮助，树立中资企业的良好形象，增强中资企业在当地的软实力。同时与当地孔子学院展开合作，对老挝籍员工进行中文强化培训。对于非核心岗位，项目公司在建设、运营阶段从当地大量雇用老挝籍员工，尤其是有来华留学背景的当地年轻人，为当地民众增加就业机会，增加老挝政府税收，非核心业务领域里与老挝国企建立商业合作机会，增强当地民众对中国的良好印象，增强中资企业对当地的影响力。

四 政策与对策建议

1. 恳请高位推动中老高速成为两国政府间合作的项目，签订中老高速万荣至磨憨段合作协定，提升项目合作层次，争取国家的支持，使项目得到更高效的推动。

2. 一是恳请协调各金融机构继续加大融资支持力度，在融资期限、成本方面给予优惠，并加快万万段项目的贷款审批及投放，保证万万段项目资金需求并对后三段项目的实施予以短期资金和中长期资金的支持。二是恳请争取国家发改委、财政部、亚投行对"走出去"企业的重点支持，营造国际化合作平台，争取将中老高速项目列入两部委上报国务院的国际金融组织贷款备选项目规划，争取亚投行主权担保贷款重点支持。三是恳请协调争取中央援外资金支持，将中老高速符合条件的工程尽可能纳入援外清单，尤其是后三段的部分工程纳入援外，利用援外资金进行建设，尽可能减轻企业压力。

3. 人民币国际化方面，在中国与老挝建立全面战略合作伙伴关系十周年之际，2020 年 1 月 6 日中国人民银行与老挝银行（老挝中央银行）签署了双边本币合作协议，允许在两国已经放开的所有经营和资本项下交易中直接使用双方本币结算。中老两国央行签署双边本币合作协议有利于进一步深化中老货币金融合作，提升双边本币使用水平，促进贸易投资便利化，让人民币国际化进入实际发展阶段，并且极大地缓冲对本项目及其他东南亚"一带一路"项目的汇兑风险。

4. 在运营准备方面，恳请高位推动与老挝政府部门的对接，尽快建立中老高速项目在政府层面的沟通协调机制，在政府层面协商解决中老高速项目协议谈判、资源配置补偿、项目融资、建设和运营等方面遇到的困难。

云南建投集团一定在党中央、国务院，云南省委、省政府的坚强领导下，更好地服务和融入国家"一带一路"建设，全面抓好中老高速投资、建设、运营各项工作，助推中老经济走廊合作更上新台阶，为推动云南成为我国面向南亚东南亚辐射中心，为谱写好中国梦的云南篇章不懈奋斗！

云南省沿边开放的实践探索

云南省商务厅

一 对外开放的实践经验

（一）现代物流业沿边开放

建立跨区域物流服务网络。主动应对区域竞争挑战，统筹利用中央、省级资金，支持有实力的企业到省外及"一带一路"沿线国家和地区设立物流公司、分支机构或经营网点（主营业务范围有运输、仓储、配送、国际货代等业务）。

提高跨境物流服务能力。支持有实力的物流企业牵头在中越、中缅、中老三个经济合作区投资建设跨境物流园区。

推进跨境物流便利化。落实自贸试验区建设任务，加快中缅、中越、中老、中老泰等国际物流大通道建设，允许企业在周边国家运营（或参与运营）的货运车辆进入云南境内停靠和装卸货。

（二）口岸通关贸易便利化程度提高

加强与周边国家合作机制建设。一是 2019 年 11 月，云南—老挝北部合作工作组第十次会议及中越陆地边境口岸管理合作委员会召开后签署《中国云南—老挝北部合作工作组第十次会议纪要》及《中越陆地边境口岸管理合作委员会第七次会议纪要》。云南省商务厅于 2020 年年初就建立双边口岸联络合作机制，向老挝、越南及缅甸三国口岸管理部门发出正式邀请函，并积极联络协调。此后，我方收到三国口岸管理相关部门回复，均表示鉴于全球新冠肺炎疫情变化正趋复杂，各国正集中精力抗击疫情，因此目前暂无法参加会谈，建议疫情结束后双方再举办会谈会晤。二是推动中缅云南省级口岸管理部门与缅甸边境省邦建立省邦级口岸管理与合作会谈会晤机制。5月21日，会同省级相关部门在中缅清水河口岸交界处举行非正式会晤，双方就加强双边疫情防控合作和口岸建设、口岸开放、通关便利等关心关注的议题进行友好磋商，并取得了预期成果。三是探索新会谈模式。推动州市县与毗邻国家对等部门开展边界、界桥、界碑会谈，共享信息，共商防控方案。

加强国际贸易"单一窗口"建设。口岸信息化建设是推进口岸发展方式转变的重要举措，对于支持口岸管理模式创新、提高口岸通关效率、缓解联检单位人力资源不足、提升口岸综合竞争能力等方面都具有重要的现实意义。一是按照"政府主导、协同治理、便利企业、规范安全、创新驱动"的原则，全力推进中国（云南）国际贸易"单一窗口"建设，陆续上线了货物申报、运输工具申报、舱单申报、税费支付、加贸保税、公共查询等14项国家标准版功能，创新建设了全省边民互市系统、跨境自驾游和口岸突发事件应急协调处置中心等地方特色应用，实现了对全省所有口岸和通关业务的"全覆盖"。二是为确保国际贸易"单一窗口"主要业务应用率达到国家目标要求，精心组织、多措并举，通过与海关和边检等单位联合发文、组织全省培训、上门服务、开通95198服务热线等多种方式进行宣传推广，从年初开始申报业务量呈直线上升趋势。经过努力，2019年6月底云南"单一窗口"标准版的货物申报、空运运输工具、公路运输工具、空运舱单、公路舱单等主要业务应用率均已达到并稳定保持在100%，之后保持稳定，提前半年完成国务院要求年底主要业务应用率达到100%的工作目标。截至2019年12月31日，云南"单一窗口"累计完成业务量980万票，其中国家标准版业务量470万票，日均4431票，边民互市业务量510万票，日均7926票，门户访问量34万次，日均访问1115人次。

完成中越陆地边境口岸管理合作委员会第七次会议承办任务。根据国家口岸管理办公室指示，认真组织、周密筹划，中越陆地边境口岸管理合作委员会第七次会议于2019年11月17～20日在云南省顺利举办。会前，中越双方对中越陆地边境河口口岸进行了联合调研，国家口岸办党英杰副主任还调研了中国河口—越南老街农副产品快速通关"绿色通道"运行情况，并给予了充分肯定。会后，国家口岸办向云南省商务厅发送了感谢信，肯定了云南省商务厅在本次会议中所做的大量组织协调工作。

加大统筹协调，提升口岸保障能力。一是着力解决联检部门人力资源不足的问题。近年来，云南省口岸流量快速增加，口岸监管和查验任务日趋繁重和复杂，云南出入境边防检查总站和昆明海关多次就协管员缺口、经费保障等提出需求。为支持解决全省边境地区口岸联检部门聘请协管（检）员经费保障困难，确保全省口岸正常、安全运行，服务全省对外开放大局，省商务厅、省财政厅、昆明海关、云南出入境边防检查总站联合印发《关于聘请边境地区口岸协管（检）员有关工作的通知》（云商办〔2019〕203号），从组织领导、资金拨付和发放、编制人数、监督检查等方面，对口岸协管（检）员聘用、管理和资金保障进行了规范，并加大支持力度，足额保障到位。二是积极支持联检部门开展通关便利化改革创新。昆明海关出台优化口岸营商环境实施方案，建立通关时长监测预警机制，围绕业务融合优化作业流程，压减通关时长。发挥科技引领作用，提升口岸查验智能化水平，提升口岸查验效能和物流时效，报关单24小时放行率达到96%以上。精简进出口环节监管证件，口岸验核监管证件已由86种精简为46种。持续推动多元化税收担保改革创新，进一步降低企业进口成本，提高企业经营活力。落实大宗资源性商品"先放后检"等便利化措施，对进口铁矿、锰矿等五类进口矿产品实施"先放后检"监管方式，平均放行时长由原来的9天缩短为0.75天，压缩比为91.7%，有效降低了企业经营成本。三是结合新时代发展要求，着力破解口岸通关便利化改革和发展难题，开展"云南口岸人员通关便利化改革与发展"课题研究，为关检提供理论支持。

二 对外开放面临的问题和风险

（一）跨境物流

企业境外投资限制多。越南、缅甸、老挝、泰国等国相关法律规定，不允许外国企业在当地设立独资公司或在合资公司中控股,本地企业需持股51%以上,严重制约我国企业"走出去"投资境外物流公司。

跨境物流通关便利化矛盾突出。我国与周边国家在检验检疫、海关等方面存在一系列制度性差异,双方通关程序各不相同,过境担保手续繁杂,电子化通关及物流信息资源难以互联共享,极大影响通关效率。

国际道路运输技术标准不一致。我国与周边国家对入境行驶车辆技术标准均按本国相关法律、法规执行,我国的荷载标准按照总轴数来核定载重量,而老挝等国按照不同轮数来核定,导致双边车辆装载标准不一致,必须在途中卸货、换车倒货,大大影响运输实效且增加额外费用。

三 下一步工作推进的建议

(一)继续推进跨境物流畅通

加强跨境物流运营合作。云南将支持和推动有实力的物流企业到周边国家投资,设立境外物流公司,在物流通道节点投资建设物流园区、口岸仓、海外仓、集散中心等跨境物流设施,加快完善跨境物流服务网络,深化周边国家跨境贸易及跨境物流合作。希望周边国家对云南在投资企业实行差别化的外商投资待遇,充分发挥云南企业的资金、人才、技术等资源优势,实现双方互利共赢。

加强国际物流标准建设合作。共同制定并执行统一的跨境物流设施设备标准、跨境多式联运规则及单证规则,推动双方国际运输线路道路的通行标准、服务设施、交通标示设置等互认,实现两国出入境准行车辆在载重、尺寸等方面标准统一。

建立开放透明的道路运输收费制度。共同规范双方国际运输线路道路运输收费行为,在指定的国际运输线路上不设置非法收费关卡,建立统一、透明的道路运输收费制度,共同维护国际道路运输秩序,共同推动实现跨境物流直达运输。

（二）进一步提升口岸通关贸易水平

统筹口岸疫情防控和经济社会发展工作。全省口岸各管理部门将继续加大对周边国家疫情形势的研判分析力度，千方百计收集周边国家疫情信息，准确掌握周边国家疫情发展情况，贯彻"外防输入、内防反弹"的总体防控策略，按照"一口岸一方案"的要求，压实地方属地管理责任，切实织密口岸防控网络，有效阻断境外疫情经陆路水路口岸输入。会同口岸管理部门持续提升通关便利化水平。一是进一步压实地方政府疫情防控属地管理责任，统筹推进边境疫情防控和跨境货物运输工作。二是会同各口岸联检部门采取灵活多样的措施，继续对鲜活农产品和疫情防控物资实施快速验放，采取延长通关时间、"绿色通道"等特殊措施，多措并举推进通关"零延时"、"零等待"，快速放行疫情防控物资进口和鲜活农产品等物资，确保口岸跨境运输车辆当天全部放行，避免滞留和积压。三是有序组织企业安排进口通关计划，在高峰期组织企业有序通关，错峰申报，避免无序扎堆集中通关。四是加快启用口岸货运专用通道，实行人货快速分流。

持续优化口岸营商环境。我们将继续深入贯彻落实党中央、国务院、省委省政府关于优化口岸营商环境工作的各项要求，深入推进"放管服"改革，对标国际先进水平，创新监管方式，优化通关流程，提高通关效率，降低通关成本，营造稳定、公平、透明、可预期的口岸营商环境。一是动态管理全省口岸收费目录清单；二是持续压缩口岸整体通关时间，保持在全国前列；三是在全省清理口岸收费领导小组机制下，配合加强联合督促检查和指导，持续推动全省清理口岸收费工作；四是在中越双边口岸收费公示的基础上，积极协商中老、中缅口岸实现双边口岸收费公示。

开通中老农副产品快速通关"绿色通道"。待疫情结束后，我们将与老挝和缅甸相关部门进行沟通，着力推动开通中老磨憨—磨丁农副产品快速通关"绿色通道"。总结推广中越边境河口—老街口岸农副产品快速通关"绿色通道"模式，推动开通中缅边境畹町—九谷口岸、中老边境磨憨—磨丁口岸农副产品快速通关"绿色通道"和昆明国际机场口岸农副产品快速通关"绿色通道"。同时加快推进全省其他口岸推进开通口岸农副产品通关"绿色通道"。积极探索和推动双边自助通关、中老铁路口岸"两国一检"等口岸通关新模式。

完善"单一窗口",助力复工复产。落实海关总署《关于应对疫情影响促进外贸稳增长的十条措施》、国家移民管理局《统筹推进新冠肺炎疫情防控和经济社会发展工作部署十项措施》、《云南省关于疫情稳定经济运行 22 条措施的意见》文件要求,发挥"单一窗口"非接触式报关优势,实现网上申报和无纸化、大批量集中通关,减少人员在口岸现场聚集。同时,靠前服务,主动对接,加大对中小微外贸企业的实操培训和问题解答,为企业排忧解难;多措并举,创新措施,升级数据查询、报关单信息订阅推送等功能,探索完善"单一窗口"金融、信保等服务功能,力求减轻广大中小微企业的经营压力,帮助外贸企业渡过疫情难关,配合外贸稳增长相关措施落地实施。

深化与周边国家的口岸交流与合作。一是积极推动国家层面建立中老、中缅边境口岸联席工作机制。二是建立中老省级口岸联络协调机制,研究解决中老陆地边境口岸开放、建设和运行维护等方面存在的主要问题,加强双边口岸合作,优化双边口岸服务,促进口岸通关便利化。因受疫情影响,初步计划在 2020 年 10 月底前在中方召开中老省级口岸联络协调机制第一次会议。三是探索新会谈模式。推动州市县与毗邻国家对等部门开展边界、界桥、界碑会谈,共享信息,共商防控方案。

不断强化口岸突发事件应急保障处置。督促各州、市、县人民政府高度重视口岸运行风险排查工作和应急处置工作,及时掌握口岸出入境规律和出入境信息,加强与海关、边检、交通运输等部门协作以及与周边国家的沟通协作,制定和完善应急处置预案。

做好境内外疫情舆论监测和政策宣传。一是针对境外疫情发展形势,做好疫情研判,提前抓好前期防范工作。要求各外经企业每日坚持疫情报告,将疫情报告的重点从企业外派人员延伸到外方员工,确保一有情况,第一时间进行处置。二是联合各口岸管理部门主动加强信息发布和网络舆情监控,通过多种渠道及时组织发布客观、准确的口岸通关信息和政策,引导企业合理安排时间,有效组织货物和车辆通关,确保口岸正常、安全、有序通关。

政 策 篇
Policy Topics

国家出台相关开放政策及文件

蓝皮书编写组整理

2011年

5月6日，《国务院关于支持云南省加快建设面向西南开放重要桥头堡的意见》（国发〔2011〕11号）

9月30日，《国务院关于支持喀什霍尔果斯经济开发区建设的若干意见》（国发〔2011〕33号）

2012年

4月13日，《国务院办公厅关于支持中国图们江区域（珲春）国际合作示范区建设的若干意见》（国办发〔2012〕19号）

6月21日，《海关总署关于支持横琴新区开放开发的意见》（署厅函〔2012〕280号）

11 月 30 日，《关于规范和促进边境经济合作区发展的意见》（商资发〔2012〕421 号）

2013年

1 月 18 日，《科技部国家高新技术产业开发区"十二五"发展规划纲要》（国科发高〔2013〕23 号）

9 月 8 日，《国务院办公厅关于同意建立宁夏内陆开放型经济试验区建设部际联席会议制度的函》（国办函〔2013〕89 号）

11 月 21 日，《云南省广西壮族自治区建设沿边金融综合改革试验区总体方案》

2014年

3 月 16 日，《国家新型城镇化规划（2014—2020)》（中发〔2014〕4 号）

9 月 25 日，《关于依托黄金水道推动长江经济带发展的指导意见》（国发〔2014〕39 号）

2015年

3 月 28 日，《推动共建丝绸之路经济带和 21 世纪海上丝绸之路的愿景与行动》

7 月 16 日，《国务院关于同意设立云南勐腊（磨憨）重点开发开放试验区的批复》（国函〔2015〕112 号）

12 月 6 日，《国务院关于加快实施自由贸易区战略的若干意见》（国发〔2015〕69 号）

12 月 24 日，《国务院关于支持沿边重点地区开发开放若干政策措施的意见》（国发〔2015〕72 号）

2016年

1月12日，《国务院关于同意在天津等12个城市设立跨境电子商务综合试验区的批复》（国函〔2016〕17号）

2月22日，《国务院关于同意开展服务贸易创新发展试点的批复》（国函〔2016〕40号）

3月3日，《国务院关于深化泛珠三角区域合作的指导意见》（国发〔2016〕18号）

4月19日，《国务院关于同意设立黑龙江绥芬河—东宁重点开发开放试验区的批复》（国函〔2016〕71号）

8月2日，《国务院关于同意设立广西凭祥重点开发开放试验区的批复》（国函〔2016〕141号）

2017年

1月12日，《关于扩大对外开放积极利用外资若干措施的通知》

8月8日，《关于促进外资增长若干措施的通知》

12月25日，《国务院关于在自由贸易试验区暂时调整有关行政法规、国务院文件和经国务院批准的部门规章规定的决定》（国发〔2017〕57号）

2018年

1月2日，《国务院办公厅关于推进电子商务与快递物流协同发展的意见》（国办发〔2018〕1号）

6月1日，《国务院关于同意深化服务贸易创新发展试点的批复》（国函〔2018〕79号）

11月23日，《国务院关于支持自由贸易试验区深化改革创新若干措施

的通知》（国发〔2018〕38 号）

12 月 23 日，《国务院办公厅关于推广第二批支持创新相关改革举措的通知》（国办发〔2018〕126 号）

2019年

3 月 19 日，《关于新时代推进西部大开发形成新格局的指导意见》

4 月 14 日，《国务院关于做好自由贸易试验区第五批改革试点经验复制推广工作的通知》（国函〔2019〕38 号）

11 月 15 日，《关于在自由贸易试验区开展"证照分离"改革全覆盖试点的通知》

12 月 31 日，《国务院办公厅关于支持国家级新区深化改革创新加快推动高质量发展的指导意见》（国办发〔2019〕58 号）

2020年

1 月 23 日，《国务院办公厅关于推广第三批支持创新相关改革举措的通知》（国办发〔2020〕3 号）

4 月 13 日，《商务部办公厅关于创新展会服务模式 培育展览业发展新动能有关工作的通知》

3 月 23 日，《中国进出口银行办公室关于应对新冠肺炎疫情支持边境（跨境）经济合作区建设促进边境贸易创新发展有关工作的通知》

8 月 2 日，《国务院关于同意全面深化服务贸易创新发展试点的批复》（国函〔2020〕111 号）

8 月 12 日，《商务部关于印发全面深化服务贸易创新发展试点总体方案的通知》（商服贸发〔2020〕165 号）

沿边九省区出台相关开放政策及文件

蓝皮书编写组整理

甘 肃

2015 年 11 月 30 日，《中共甘肃省委关于制定国民经济和社会发展第十三个五年规划的建议》

2016 年 9 月 8 日，《甘肃省"十三五"开放型经济发展规划》

2018 年 5 月 8 日，《甘肃省人民政府关于加快发展现代商贸物流业的意见》

2020 年 4 月 10 日，《甘肃省商务厅 2020 年深化"放管服"改革优化营商环境工作实施方案》

广 西

2010 年 9 月 29 日，《广西壮族自治区人民政府办公厅转发自治区公安厅关于进一步加强和规范对外开放口岸边防检查设施建设的意见的通知》（桂政办发〔2010〕190 号）

2010 年 12 月 29 日，《广西壮族自治区人民政府办公厅关于成立南宁内陆开放型经济战略高地和东兴开发开放试验区建设工作推进领导小组的通知》（桂政办发〔2010〕242 号）

2016 年 10 月 23 日，《广西壮族自治区人民政府关于支持沿边重点地区开发开放的实施意见》（桂政发〔2016〕52 号）

2018 年 5 月 14 日，《广西壮族自治区人民政府办公厅关于做好我区加

快沿边开发开放政策落地工作的通知》（桂政办发〔2018〕47 号）

2019 年 5 月 31 日，《广西壮族自治区人民政府办公厅关于印发深化东兴重点开发开放试验区和跨境经济合作区管理体制机制改革方案的通知》（桂政办发〔2019〕63 号）

黑龙江

2008 年 12 月 30 日，《黑龙江省人民政府关于印发黑龙江省沿边开放带发展规划的通知》（黑政发〔2008〕123 号）

2016 年 9 月 1 日，《黑龙江省人民政府关于贯彻落实国务院支持沿边重点地区开发开放若干政策措施的实施意见》（黑政发〔2016〕28 号）

2020 年 7 月 13 日，《黑龙江省人民政府关于印发中国（黑河）跨境电子商务综合试验区实施方案的通知》（黑政规〔2020〕4 号）

吉　林

2016 年 9 月 9 日，《关于金融支持通化市建设向南开放窗口的实施意见》（吉金办联字〔2016〕8 号）

辽　宁

2015 年 5 月 25 日，《辽宁省交通厅关于贯彻落实〈国务院关于改进口岸工作支持外贸发展的若干意见〉有关情况的函》（辽交港航〔2015〕99 号）

内蒙古

2018 年 1 月 3 日，《内蒙古自治区人民政府办公厅转发自治区发展改革委商务厅人民银行呼和浩特中心支行外事办关于进一步引导和规范我区企业境外投资方向实施意见的通知》（内政办发〔2018〕8 号）

2019 年 11 月 24 日，《内蒙古自治区人民政府办公厅关于印发贯彻落实全国深化"放管服"改革优化营商环境电视电话会议重点任务分工方案的通知》（内政办发〔2019〕28 号）

西 藏

2017 年 8 月 13 日，《西藏自治区人民政府办公厅关于调整充实自治区推进"一带一路"建设工作领导小组的通知》

2020 年 3 月 25 日，《西藏自治区人民政府办公厅关于印发西藏自治区复制推广借鉴优化营商环境改革举措工作方案的通知》

新 疆

2020 年 4 月 1 日，《关于印发自治区 2020 年深化"放管服"改革工作要点的通知》

2020 年 8 月 23 日，《关于印发自治区进一步优化营商环境更好服务市场主体的实施方案的通知》

云 南

2015 年，《中共云南省委 云南省人民政府关于加快建设我国面向南亚东南亚辐射中心的实施意见》（云发〔2015〕21 号）

2015 年 5 月 8 日，《云南省人民政府转发国务院批转发展改革委关于深化经济体制改革重点工作意见的通知》（云政发〔2015〕46 号）

2016 年 10 月 21 日，《云南省人民政府关于支持沿边重点地区开发开放若干政策措施的实施意见》（云政发〔2016〕91 号）

2016 年 7 月 5 日，《云南省人民政府关于印发云南省沿边地区开发开放规划（2016—2020 年）的通知》（云政发〔2016〕55 号）

2016 年 7 月 14 日，《云南省人民政府关于印发支持勐腊（磨憨）重点开发开放试验区建设若干政策的通知》（云政发〔2016〕60 号）

2016 年 11 月 20 日，《云南省人民政府办公厅关于印发云南省边境经济合作区管理办法的通知》

2017 年 8 月 21 日，《云南省沿边城镇布局规划（2017—2030 年）》

2018 年 8 月 24 日，《云南省人民政府关于积极有效利用外资促进外资增长推动经济高质量发展的实施意见》

2018 年 8 月 27 日，《云南省人民政府办公厅关于促进全域旅游发展的实施意见》

2018 年 11 月 23 日，《云南省人民政府办公厅关于扩大进口促进对外贸易平衡发展的实施意见》

2019 年 1 月 25 日，《云南省人民政府关于印发中国（昆明）跨境电子商务综合试验区实施方案的通知》（云政发〔2019〕6 号）

2019 年，《云南省新时代扩大和深化对外开放政策要点》

2019 年 5 月 20 日，《云南省人民政府办公厅关于印发促进云台经济文化交流合作若干措施的通知》（云政办发〔2019〕51 号）

2019 年 7 月 17 日，《云南省人民政府关于切实解决吸引外资"盲点""痛点""难点"促进外资增长的意见》（云政发〔2019〕20 号）

2020 年 2 月 14 日，《云南省人民政府关于推动创新创业高质量发展打造"双创"升级版的实施意见》（云政发〔2020〕6 号）

2020 年 6 月 2 日，《云南省人民政府关于支持中国（云南）自由贸易试验区高质量发展的若干意见》（云政发〔2020〕15 号）

2020 年 8 月 1 日，《云南省优化营商环境办法》

2020 年，《云南省应对新冠肺炎疫情促进外贸稳增长 12 条措施》

大 事 记

Memorabilia

2010～2020年沿边九省区沿边开放大事记

蓝皮书编写组整理

2010年

1月1日 中国—东盟自由贸易区正式启动，成为新世纪沿边开放的典范。

6月5日 中共中央政治局委员、国务院副总理王岐山在云南省考察时强调，要站在战略和全局的高度，以开放促改革，以开放促发展，全面提升沿边开放水平，促进边疆地区经济社会又好又快发展。

2013年

8月17日 国务院正式批准设立中国（上海）自由贸易试验区。截至2018年11月，自贸试验区试点由上海逐步扩大至广东、天津、福建、辽宁、浙江、河南、湖北、重庆、四川、陕西、海南等地。

9月7日 国家主席习近平在哈萨克斯坦纳扎尔巴耶夫大学发表题为《弘扬人民友谊 共创美好未来》的重要演讲，提出建设"新丝绸之路经济带"的合作倡议，全面提高沿边地区对外开放水平成为构建人类命运共同体的关键一环。

9月17日 海关总署副署长、政治部主任胡伟在呼和浩特出席全国沿边、内陆省（区、市）打私办主任会议，充分肯定了沿边、内陆省（区、市）贯彻落实中央领导重要讲话精神和打击走私工作座谈会部署取得的阶段性成效，就全面开展打击走私专项斗争和联合行动提出5项要求。

2014年

4月28日 中共中央政治局常委、国务院总理李克强在重庆主持召开座谈会，研究依托黄金水道建设长江经济带。李克强强调，建设长江经济带也是深化改革开放、打破行政区划壁垒、建设统一开放和竞争有序全流域现代市场体系的重要举措。

8月14日 新疆维吾尔自治区政协召开月度协商座谈会，围绕"沿边开放和建设沿边经济带"建言献策。与会者建议，要进一步对已经具备优势条件的企业给予重点支持，促进"走出去"的企业项目尽早落地开工，带动沿边经济带发展。

9月5日 辽宁省首票出境加工货物——价值23万美元的服装面辅料在丹东口岸申报出口。

9月25日 国务院印发《关于依托黄金水道推动长江经济带发展的指导意见》，部署将长江经济带建设成为具有全球影响力的内河经济带、东中西互动合作的协调发展带、沿海沿江沿边全面推进的对内对外开放带和生态文明建设的先行示范。

11月11日 亚太经合组织第二十二次领导人非正式会议在北京举行。习近平主持会议并发表讲话，倡导共建互信、包容、合作、共赢的亚太伙伴关系。会议决定启动亚太自由贸易区（FTAAP）进程。

2015年

3月28日　《推动共建丝绸之路经济带和21世纪海上丝绸之路的愿景与行动》发布，将实现政策沟通、设施联通、贸易畅通、资金融通、民心相通确立为"一带一路"建设的目标，为重塑沿边地区对外开放格局提供了契机。

12月6日　国务院印发《关于加快实施自由贸易区战略的若干意见》。

2016年

3月4日　全国人大代表、牡丹江市委书记张雨浦在接受媒体采访时表示，黑龙江省牡丹江市正抢抓"丝绸之路经济带"发展战略新机遇，努力打造全国对俄沿边开放"枢纽站"。牡丹江真正成为龙江对外开放的"排头兵"和全国对俄沿边开放的"枢纽站"。

9月3日　习近平出席在浙江杭州举行的二十国集团工商峰会开幕式并发表主旨演讲，提出建设创新、开放、联动、包容型世界经济，强调全球经济治理应该以平等为基础，更好反映世界经济格局新现实。4日至5日，以"构建创新、活力、联动、包容的世界经济"为主题的二十国集团领导人第十一次峰会在杭州举行，习近平全程主持会议。

11月13日　云南省委书记、省长陈豪主持召开省政府第101次常务会议，研究云南省"十三五"科技创新规划和沿边开放经济带发展规划。会议审议通过《云南省沿边开放经济带发展规划（2016—2020年)》。

12月23日　云南省政府印发《云南省沿边开放经济带发展规划(2016—2020年)》，提出沿边开放经济带的规划范围包括怒江、保山、德宏、临沧、普洱、西双版纳、红河、文山等8个边境州、市的25个边境县、市。

2017年

1月12日 国务院发出《关于扩大对外开放积极利用外资若干措施的通知》。2017年8月8日、2018年6月10日，又相继发出《关于促进外资增长若干措施的通知》《关于积极有效利用外资推动经济高质量发展若干措施的通知》。

5月14~15日 首届"一带一路"国际合作高峰论坛在北京举行。习近平出席开幕式并发表主旨演讲，强调要将"一带一路"建成和平之路、繁荣之路、开放之路、创新之路、文明之路。15日，高峰论坛举行领导人圆桌峰会，习近平全程主持会议。

2018年

5月14日 广西壮族自治区印发《关于做好广西加快沿边开发开放政策落地工作的通知》，加快沿边开发开放政策在广西落地，大力提升沿边地区人民生产生活水平。

9月3日 中非合作论坛北京峰会开幕式在人民大会堂举行。论坛峰会主题为"合作共赢，携手构建更加紧密的中非命运共同体"。中国国家主席习近平主持峰会并举行相关活动。

11月4日 第一届中国国际进口博览会新闻中心正式运营；11月5~10日第一届中国国际进口博览会在国家会展中心（上海）举行，中国国家主席习近平出席开幕式并举行相关活动。

11月25日 广西凭祥中越边关旅游节在广西凭祥举行。中越边关旅游节包括国际陆海新通道—凭祥口岸加工业发展研讨会等系列活动。26日上午，X9102次货运班列完成货检标志着广西首个口岸性质的铁路物流中心开通启用，这是国际陆海贸易新通道开通的首个陆运铁路口岸物流中心。

2019年

11 月 15 日　国务院印发《关于在自由贸易试验区开展"证照分离"改革全覆盖试点的通知》，部署自 2019 年 12 月 1 日起，在全国自贸试验区开展"证照分离"改革全覆盖试点。国务院有关部门要聚焦企业关切，协调指导支持各自贸试验区妥善解决改革推进中遇到的困难和问题。

11 月 26 日　国家发展改革委在广西壮族自治区凭祥市召开沿边重点开发开放试验区建设现场会。会议强调，试验区建设要坚持以习近平新时代中国特色社会主义思想为指导，不断推陈出新，不断创造经验，不断取得突破，在推进"一带一路"建设和全国改革发展大局中发挥更大作用。

2020年

3 月 23 日　商务部办公厅印发《中国进出口银行办公室关于应对新冠肺炎疫情支持边境（跨境）经济合作区建设促进边境贸易创新发展有关工作的通知》，强调了边境经济合作区、跨境经济合作区是沿边地区贸易投资的重要平台、经济社会发展的重要支撑作用。

4 月 1 日　新疆维吾尔自治区人民政府办公厅印发 2020〔13〕号文件，文件中提到，要贯彻落实党中央、国务院"放管服"改革决策部署，以"一港、两区、五大中心、口岸经济带"建设为主要抓手，促进丝绸之路经济带核心区建设，加强旅游基础设施建设，提升旅游服务质量，壮大文化旅游市场。

8 月 23 日　新疆维吾尔自治区人民政府办公厅印发 2020〔49〕号文件，文件中提到，进一步提高进出口通关效率。

9 月 25 日　中央新疆工作座谈会在北京召开。中共中央总书记、国家主席、中央军委主席习近平出席会议并发表重要讲话。习近平指出，要发挥新疆区位优势，以推进丝绸之路经济带核心区建设为驱动，把新疆自身的区域性开放战略纳入国家向西开放的总体布局中，丰富对外开放载体，提升对外开放层次，创新开放型经济体制，打造内陆开放和沿边开放的高地。

10 月 16 日　黑龙江省政府印发并施行《中国（黑龙江）自由贸易试验区管理试行办法》。《办法》鼓励自贸试验区先行先试，探索制度创新，充分激发创新活力，营造自主改革、积极创新的环境。

图书在版编目（CIP）数据

沿边开放发展报告. 2020—2021 / 曹立主编. -- 北
京：社会科学文献出版社，2021.12
ISBN 978 - 7 - 5201 - 9453 - 2

Ⅰ. ①沿… Ⅱ. ①曹… Ⅲ. ①沿边开放 – 研究报告 –
中国 – 2020 – 2021 Ⅳ. ①F125

中国版本图书馆 CIP 数据核字（2021）第 247315 号

沿边开放发展报告（2020～2021）

主　　编／曹　立

出 版 人／王利民
组稿编辑／任文武
责任编辑／连凌云
责任印制／王京美

出　　版／社会科学文献出版社·城市和绿色发展分社（010）59367143
　　　　　　地址：北京市北三环中路甲 29 号院华龙大厦　邮编：100029
　　　　　　网址：www. ssap. com. cn
发　　行／市场营销中心（010）59367081　59367083
印　　装／三河市尚艺印装有限公司

规　　格／开　本：787mm × 1092mm　1/16
　　　　　　印　张：27.25　字　数：418 千字
版　　次／2021 年 12 月第 1 版　2021 年 12 月第 1 次印刷
书　　号／ISBN 978 - 7 - 5201 - 9453 - 2
定　　价／98.00 元